本书获得国家社会科学基金项目"中国公民幸福指数测评与应用研究"
（项目编号：12BSH050）资助。

中国人
幸福感研究

ZHONGGUOREN XINGFUGAN YANJIU

苗元江　　陈浩彬◎著

北京师范大学出版集团
BEIJING NORMAL UNIVERSITY PUBLISHING GROUP
北京师范大学出版社

图书在版编目(CIP)数据

中国人幸福感研究/苗元江,陈浩彬著. —北京:北京师范大学出版社,2020.8

(中国文化心理学丛书)

ISBN 978-7-303-25186-5

Ⅰ.①中… Ⅱ.①苗…②陈… Ⅲ.①居民－幸福－研究－中国 Ⅳ.①D668

中国版本图书馆 CIP 数据核字(2019)第 221242 号

营 销 中 心 电 话 010-58807651
北师大出版社高等教育分社微信公众号 新外大街拾玖号

ZHONGGUOREN XINGFUGAN YANJIU

出版发行:北京师范大学出版社 www.bnupg.com
          北京市西城区新街口外大街 12-3 号
          邮政编码:100088

印   刷:北京溢漾印刷有限公司
经   销:全国新华书店
开   本:730 mm×980 mm 1/16
印   张:28
字   数:493 千字
版   次:2020 年 8 月第 1 版
印   次:2020 年 8 月第 1 次印刷
定   价:88.00 元

策划编辑:何 琳   责任编辑:杨磊磊 葛子森
美术编辑:李向昕   装帧设计:尚世视觉
责任校对:康 悦   责任印制:马 洁

序

　　幸福是哲学、伦理学、经济学、社会学的中心议题，幸福感是心理学的科学命题，幸福指数则是政府关注的时代课题。如果说国内生产总值和国民生产总值是衡量国富、民富的标准，那么国民幸福指数就是衡量人们幸福快乐的标准。随着经济全球化和改革开放深入化，中国经济飞速发展，综合国力不断增强，社会财富总量不断增加，社会建设由以物质经济追求为导向转变为以精神文明建设为导向。关注人民的生活质量，提升人民的幸福感，创造美好生活的理念深入人心。幸福感是衡量社会和谐发展的重要指标。人民幸福是政府制定公共政策的最终目标，也是检验公共政策的最终标准。因此，在全面贯彻落实党的十九大精神，努力让人民过上更美好幸福生活的今天，研究和提升中国人的幸福感具有重要意义。

　　本研究采用理论与实证相结合的方法，尝试从本土化、整合化、应用化视角研究中国人的幸福感，以期通过深入研究中国人幸福感的特征及其影响因素，为现代化中国全面建设小康、促进社会稳定和谐、优化社会结构等方面提供有价值的成果。全书共有二十二章。

　　第一章的主要内容包括"中国人幸福感的理论建构"。幸福感是衡量社会和谐的重要指标，是科学发展观的必然要求。正如奚恺元（Christopher K. Hsee）所言：我们追求的最终目标不是财富最大化，而是人们的幸福最大化。幸福是个人追求，幸福指数是安居指标，提升人民的幸福感是国家使命。幸福是一个复杂的概念，具有内在多义性。心理学对幸福（well-being）的界定在哲学传统上主要有"快乐论"和"实现论"两条主线，形成了以"快乐论"为基础的主观幸福感（subjective well-being，SWB）范式，以及以"实现论"为基础的心理幸福感（psychological well-being，PWB）、实现幸福感（eudaimonic well-being，EWB）、社会幸福感（social well-being，SWB）3 种范式。第一章检视理论预设及研究范式，试图建立整合的测量框架，为后续幸福感指标的构建奠定科学的理论基础。

第二章的主要内容包括"中国人幸福感的测评工具"。将幸福量化，使之具有可操作性，是实现中国人幸福感研究的首要步骤。本部分以心理学中的幸福感研究为切入点，进行跨文化、跨学科、多视角整合，构建既与国际学术研究接轨，又具有中国特色的中国人幸福感指标体系的理论与测量框架。构建4个模块19个维度的《中国人综合幸福感问卷》，形成从快乐到实现，从个体到社会，从享受到发展的综合评价指标体系，具体包括：①主观幸福感(生活满意、正性情感、负性情感)；②心理幸福感(人格成长、自我价值、生命活力、交好关系、利他行为、健康关注)；③社会幸福感(社会实现、社会和谐、社会认同、社会整合、社会贡献)；④实现幸福感(自我发现、生活目的、潜能感知、才智追求、人格展现)的核心要素。在此基础上，实证检验《中国人综合幸福感问卷》的信度和效度，构建中国人幸福感测量的指标体系。

第三章至第五章的主要内容为"中国人幸福感的调查研究"。为了解中国人幸福感的总体状况，本部分报告了3项调查研究。①跨群体研究，比较不同群体阶层的幸福感水平与差异，拟对国家与社会管理者阶层、经理人员阶层、私营企业主阶层、专业技术人员阶层、办事人员阶层、个体工商户阶层、商业服务人员阶层、产业工人阶层、农业劳动者阶层和城乡无业失业半失业阶层10个社会阶层与群体进行分层抽样调查；②跨区域研究，以东、中、西部三大区域为基准，对不同经济发展水平区域的人群进行幸福感比较研究；③跨城市研究，对大中型城市中的中国人幸福感数据，进行系统评价和定量分析，根据权重计算出合并效应值，并得出综合结论。以此动态、实时地检测公民对物质环境、社会福利和精神文化满足感的变化趋势。

第六章到第二十章的主要内容为"中国人幸福感的影响因素研究"。幸福是一种体验，但源于事实。本部分采用相关分析、回归分析等统计方法检验不同变量对幸福感的直接效应与间接效应，并采用结构方程的路径分析方法检验幸福感的因果关系模型，包括：①深度休闲与居民幸福感的关系研究；②婚姻质量、依恋与幸福感的关系研究；③健身运动、心理韧性与幸福感的关系研究；④品味与幸福感的关系研究；⑤宽恕与幸福感的关系研究；⑥积极幻想与幸福感的关系研究；⑦幸福智力与幸福感的关系研究；⑧物质主义、幸福流与幸福感的关系研究；⑨希望、组织承诺与幸福感的关系研究；⑩主动性人格、工作投入与幸福感的关系研究；⑪积极人格特质与幸福感的关系研究；⑫心理契约、工作绩效与幸福感的关系研究；⑬自我效能感、个人奋斗与幸福感的关系研究；⑭胜任力、自我效能感与幸福感的关系研究；⑮职业韧性与幸福感的关系研究等。

第二十一章和第二十二章的主要内容为"中国人幸福感的提升研究"。从公共政策与心理技术两个层面探索中国人幸福感的提升策略。①通过相关因素探索提升幸福感的策略与建议。把幸福感作为新的参考标准和评价机制，构建广博性政策干预框架，建立协同性政策干预体系，凸显关键性政策干预节点，发挥幸福感对实践科学发展观的价值导向、评估、监测、调节、激励等作用，用幸福引领社会的跨越发展；②导入积极心理学理论，操控幸福感，增加幸福量。当代积极心理学在全球掀起了一场"幸福的革命"，促进心理学从疾病治疗(ill-being)转向追求幸福，其立足于积极的情绪、积极的个人特质和积极的组织机构，提升个体幸福感。本部分通过幽默干预和正念训练两种心理技术探索提升人们幸福感的方法。

本书是国家社会科学基金项目的研究成果，也是这些年来我们从事幸福感研究工作的总结。书中的各项实证调查都是在苗元江教授的设计与指导下由研究生们共同努力完成的。他们所做的贡献分别如下：谢蓉蓉《〈中国公民幸福感量表〉的质量分析和实证研究》(2016)；曾昊《中国社会阶层的幸福指数比较研究》(2015)；马敏娜《中国三大区域幸福指数比较研究》(2015)；敖清扬《幽默干预对大学新生幸福感的影响研究》(2014)；李珊珊《大中城市居民幸福感的比较研究》(2014)；汪静莹《正念训练对幸福感的影响研究》(2014)；付姣珑《大学生幸福智力与幸福感的关系研究》(2014)；肖旻《城市居民深度休闲与主观幸福感的相关研究》(2014)；潘琼翼《杭州市居民品味心理及其与幸福感的关系研究》(2013)；海柳娟《大学生健身运动、心理韧性与幸福感关系研究》(2012)；王旭光《物质与幸福——大学生物质主义价值观对幸福感与幸福流的影响研究》(2011)；李钉《青年企业员工个人奋斗、自我效能感与幸福感关系研究》(2011)；马晓丽《大学生积极幻想及其与幸福感的关系研究》(2011)；卢颖《青少年宽恕状况及其对幸福感的影响研究》(2011)；董浩《员工主动性人格、工作投入与幸福感关系研究》(2011)；陈燕飞《员工希望、幸福感与组织承诺的关系研究》(2011)；沈晔《知识型员工职业韧性及其与幸福感的相关研究》(2011)；赵姗《高中教师胜任力、教学效能感与幸福感的关系研究》(2011)；冯骥《员工心理契约、幸福感与工作绩效关系模型研究》(2010)；白苏好《城市居民婚姻幸福感及其与依恋的关系研究》(2010)；杜夏华《大学生积极人格特质及其与幸福感的关系研究》(2009)。本书根据苗元江教授申请的国家社会科学基金项目申报书内容制订写作框架，由我整理、统稿，并修改和定稿。

本书的出版获得国家社会科学基金项目"中国公民幸福指数测评与应

用研究"（项目编号：12BSH050）资助。本书在撰写过程中，参阅和引用了许多专家和学者的论文与论著，这些在脚注和参考文献中都予以列出，但难免会有疏忽，未能全部注明来源，借此书付梓之际，谨向他们的辛勤劳动表示诚挚的谢意！同时，也向所有关心和帮助过我们的领导、老师、同学和亲人致以衷心的感谢！

陈浩彬

2019 年 5 月 10 日

目　录

第一章

幸福感的理论模型与研究发展

幸福的哲学意义源自古希腊时代的"快乐论"和"实现论"。心理学对幸福的探究表现为主观幸福感、心理幸福感、社会幸福感和实现幸福感四种形态，在半个世纪的发展中，经历了调查比较、理论解释、测量发展、社会应用四个阶段。现代走向显示：相关因素从经济因素转移到非经济因素；心理机制从特质论转移到建构论；测量模式从各自为阵走向系统化、理论化；幸福干预从心理实验走向社会服务。21世纪，幸福感成为社会关注的中心，表现出宏观国家幸福指数、中观社会学幸福指数和微观心理学幸福感模式，从幸福—幸福感—幸福指数的演化脉络，折射出人类永恒的对"美好生活"的追求。

第一节　幸福感的历史沿革

自1967年万纳·威尔逊（Wanner Wilson）撰写《自称幸福感的相关因素》以来，心理学对幸福的科学研究已经走过50多年的历程。幸福感研究兴起并得到广泛重视主要与以下因素有关：一是积极心理学的产生与发展，积极心理学以人类的健康幸福与和谐发展为主要内容，倡导了"幸福革命"；二是第二次世界大战后国际社会发展价值观发生了由物本到人本的转换，人的主观感受成为社会科学的重要研究主题；三是20世纪60年代开始的社会指标运动、生活质量运动极大地影响了社会科学理论研究议程，幸福问题成为社会科学研究的热点问题。

英语关于幸福感的表达有"happiness""well-being""subjective well-being""psychological well-being"等。现代心理学研究使用的是合成词

"well-being"，反映出西方人对人类存在的思考取向，有幸福、健康、福利之意。《韦氏高阶美语英汉双解词典》对"well-being"的解释为：一种健康、幸福、康乐和安康的状态（a state of health，happiness，comfort，and prosperity）。《新英汉词典》释义为安宁、幸福、富裕、福利。哲学家倾向用"flourishing""well-being""eudaimonia"来表示幸福，包含着幸福就是过美好生活（lead the good life）的意蕴。

心理学家对人类心理行为隐含着的理论框架或理论设定的探索无不体现其独特的文化精神。受文字和文化的影响，在使用幸福一词进行交流时，西方的幸福观念含义是完全不同的。我国的《辞海》将幸福定义为：①祈望得福；②人们在为理想奋斗过程中以及实现了预定目标和理想时感到满足的状况和体验。在《汉语大词典》中，幸福的含义为：①使人心情舒畅的境遇和生活；②（生活、境遇）称心如意。虽然"幸福感""幸福指数"是近年来才出现的新名词，但我国福文化有很长的历史渊源，中华福文化是中华民族文化的重要组成部分，所谓"福"，在过去是指福气、福运，而现代人对福的理解是幸福。"福"是一切美好事物和谐的集合，同时又是一种现实的存在。另外，"乐"也与现代的幸福含义颇为接近，其内涵很丰富。"乐"是个体在心理上一种愉悦、舒适、满足的心理体验，是主体意识（主要是情感意识）自我完成、自我实现中的自我享受而又超越自我的精神境界。①

"人文知识的基本问题不是真理问题，而是幸福问题。"②人类的发展史就是一部对幸福的追求史，就是一部通过追求幸福而不断探究人的存在意义、存在方式、存在内容的反思史。当代研究者已将幸福概念的哲学起源追溯到古希腊时代。"快乐主义幸福观"（hedonic view）始自阿里斯底波（Aristippus）的哲学。阿里斯底波提倡将快乐的最大化作为生活的目标和幸福的源泉。伊壁鸠鲁学派（Epicureans）后来追随这一观点，并以更温和的方式来阐释。"实现论的幸福观"（eudaimonic view），来自亚里士多德学派（Aristotelian）的视角。亚里士多德认为，一个人在生活中善的程度是评价幸福的决定性标准。善的生活，不只是快乐的生活，还是获得幸福的关键因素。以密尔为集大成者的功利主义，则在苦乐原理上以快乐原则通感所有的幸福心境。这是与现代主观幸福感的概念联系最密切的观点。人们对幸福的理解总是徘徊于客观主义与主观主义、理性主义与感性主义之

<hr>

① 张晓明：《中西心理学传统中"乐"的比较研究》，载《吉林师范大学学报（人文社会科学版）》，2009（1）。

② 赵汀阳：《知识，命运和幸福》，载《哲学研究》，2001（8）。

间，尽管持不同观点的学者对幸福的定义和主要来源经常持有异议，但他们的理论最终都丰富了人们对于幸福本质的看法。

20 世纪中期，有关幸福的争论由哲学转移到心理学。道奇（Dodge）在 1930 年提出幸福理论但并未超出古希腊哲学家们的界定。威尔逊（Wilson）于 1960 年在其博士论文中提出主观幸福感的个体差异的理论假设。在具有里程碑意义的贾哈（Jaha）的论文里，他认为幸福的定义应包含积极状态，没有心理疾病并不意味着心理健康，幸福感同样重要。以 1967 年万纳·威尔逊撰写的《自称幸福感的相关因素》为标志，心理学中的幸福感研究开始纳入实证研究，共经历了四个阶段。第一阶段主要是调查比较研究阶段（20 世纪 60 年代到 70 年代中期）。这一时期研究的兴趣和重点在于比较不同人口统计维度间幸福感的差异，此阶段最重要的研究结论是年龄、性别、教育、婚姻状况等人口学变量在解释主观幸福感变异方面的作用是有限的。阿盖尔（Argyle，1999）对这一阶段有关的研究进行了总结，估计人口学变量对主观幸福感变异的解释率为 15%。第二阶段主要是理论模型的建构阶段（20 世纪 70 年代中期到 80 年代中期），研究者依循不同的理论基础，建立不同的解释幸福感的理论，这些理论解释的重点是个人幸福感产生的心理机制。主要的幸福感理论包括：人格理论（personality theory）、目标理论（telic theory）、活动理论（activity theory）及判断理论（judgment theory）。上述理论可分为由上而下/由下而上（top-down/bottom-up models）两种思考模式：第一种思考幸福感的来源的方式是由上而下的思考模式，支持这类思考模式的理论认为幸福来自在整体人格特质影响下人对事物的反应方式；第二种思考方式认为幸福感是由短期、微小的生活目标达成或者是个人需求获得满足之后逐步累积而成的，这是一种由下而上的思考模式。两者最大的共通点是认为个体的幸福感是通过生活经验的累积来满足自我需求而获得的感受。第三阶段侧重测量技术的发展（从 20 世纪 80 年代中期到 90 年代末期），建构并应用具有更高信度、效度的多种测量技术与测量方法，形成了以结构化问卷测量为主体，并结合其他评估技术的多样化测量体系，使主观幸福感测量的方法更加丰富，使实验研究的方法更多地被用于主观幸福感研究领域。[①] 第四阶段则走向社会指标的应用（21 世纪开始至现在）。迪纳（Diener）在其《主观幸福感——快乐科学与社会指标》中指出，关注与促进人类生存和发展，是幸福感研究的最终目

---

① Diener，E. D. & Diener，R. B.，"New direction in subjective well-being research: The cutting edge,"*Indian Journal of Clinical Psychology*，2000，27(1)，pp. 21-33.

标。社会指标系统应该包括经济指标、生活质量指标和幸福感指标。幸福感应该成为社会目标实现程度的重要"指示器"、了解民众情绪波动和变化的"晴雨表"、检测社会良性运转的"预警器"。①

第二节 幸福感的理论模型

幸福是一个复杂的概念，具有内在多义性。人们对幸福的理解是伴随着时代变迁与文化价值的转移而不断发生变化的。西方对幸福的界定在哲学传统上主要有"快乐论"和"实现论"两条主线，在现代心理科学中形成了以"快乐论"为基础的主观幸福感范式，以及以"实现论"为基础的心理幸福感、实现幸福感、社会幸福感3种范式。4种研究范式从不同视角丰富着人们对幸福的理解，不同视角的互补、交融、统合构成了幸福的总体框架。

主观幸福感源自哲学上的快乐论。伊壁鸠鲁认为，幸福生活是我们天生的善，我们的一切取舍都从快乐出发，我们的最终目标是得到快乐。沿着这种思路，迪纳把幸福感定义为正性情感、负性情感以及对生活满意度的认知评价。迪纳等研究者提出了主观幸福感的多层次结构模型，将主观幸福感分为"三个层次四个领域"，其中处于最高层次的就是主观幸福感，它反映了人们对生活的整体评价。第二层次包括积极情感、消极情感、一般生活满意度和具体领域的生活满意度。第三层次是第二层次更为具体的可操作的成分，如积极情感的具体可操作成分包括喜悦、满足、快乐和爱等。对生活的整体评价包括充实感、有意义感和成就感等。②

心理幸福感是建立在亚里士多德提出的幸福论或自我实现论基础上的。研究者认为幸福不能等同于快乐，而应该定义为"努力表现完美的真实的潜力"。心理幸福感涉及良好的心理机能、生命意义、自我实现等，是个体对完美实现的真实潜能的追求。里夫（Ryff）提出了心理幸福感六维度模型，每一维度都表明了个体在发展过程中面临的挑战，是个体努力发挥潜能和实现才能的过程，具体包括自我接受、机能自主、生活目的、人

---

① Diener，E.D.，"Subjective well-being：The science of happiness and a proposal for a national index，"*American Psychologist*，2000，55(1)，pp. 34-43.

② ［美］威廉·佩沃特：《主观幸福感研究综述》，李莹译，载《广西社会科学》，2009(6)。

格成长、积极关系、环境控制。①

实现幸福感是根植于实现同一性理论、自我决定理论、自我目的性理论，并经由自我实现、心流理论与人格展现几个阶段而形成的一种全新的幸福感模型，是指个体能成功地认同、发展以及利用他们自身的潜能并以此提高和完善其生活意义的程度。② 实现幸福感是个体试图"找到自我"的过程，并在这一过程中从事促进个体成长和自我实现的活动，主要包括6个维度。①自我发现。要求个体朝着自我实现的方向努力奋斗。但在这之前，个体必须认识自我并了解自我。②生活目的。为了体验到实现幸福感，个体必须在识别自身能力的基础上追求个人目标，并在这一过程中找到运用技巧和能力的方式。③潜能感知。个体需要努力将个体最佳状态的潜能发挥出来，这样个体就能获得充分的发展。④才智追求。需要个体充分运用自身才能来达到自我实现，个体投入该活动的努力水平必须比个体在从事其他活动时要多得多。⑤活动投入，指个体感受到的强烈投入某项活动的频率。⑥人格展现。具有高水平实现幸福感的个体报告他们在从事某项活动时会产生人格展现体验，并在一定范围内比低实现幸福感的人更经常地产生这种体验。实现幸福感的主观要素是指个体在成功实现个人潜能时的主观体验，客观要素是指能够促进个体追求"实现"这一目标的行为要素。实现论不仅指个体满意自己的生活，也指个体了解在自己的生命进程中，何者值得追求和拥有。因此，实现论不仅是一种主观状态，同时也是个体对生活的客观陈述。

如果说心理幸福感主要集中在个人在生活领域中面临的挑战上，那么社会幸福感则更加重视人的社会生活层面。社会幸福感研究源于社会混乱与社会疏离问题的出现。凯斯（Keyes）提出了社会幸福感的5个维度：①社会实现，对社会的发展潜力具有信心，并且相信能够通过社会的法律规范和公民行为得以实现；②社会和谐，包括对认识世界的关注，认为社会是可知的、公平的、可预料的，关心社会、对社会充满兴趣；③社会整合，感觉自己是群体中的一部分，感觉自己属于社会，能得到社会的支持，分享社会福利；④社会认同，对他人抱有积极的态度，信任他人，认为他人是善良的，相信他人是勤奋的，与他人在一起感到舒适，承认别人

---

① 严标宾、郑雪、邱林：《SWB 和 PWB：两种幸福研究取向的分野与整合》，载《心理科学》，2004，27(4)。

② Waterman, A. S., Schwartz, S. J., Zamboanga, B. L., Ravert, R. D., Williams, M. K., Agocha, B. et al., "The questionnaire for eudaimonic well-being: psychometric properties, demographic comparisons, and evidence of validity", *Journal of Positive Psychology*, 2010, 5(1), pp. 41-61.

并接受大部分人；⑤社会贡献，相信自己对社会的重要性，以及怀有能够为社会创造价值的信念，觉得自己有奉献价值和社会价值。社会幸福感把个体与他人和环境的联系作为主要目标，强调个体在社会中面临的挑战，从个体的社会价值、社会贡献和良好的社会存在的角度诠释幸福。①

幸福感丰富多彩、复杂多变的理论模型构成了一幅心理画卷。从早期对幸福感的哲学理解到现代的心理学科学研究，研究者不断丰富对幸福概念的理解。从主观幸福感的"一统天下"到主观幸福感、心理幸福感的"双峰对峙"，再发展到现代主观幸福感、心理幸福感、社会幸福感和实现幸福感，幸福这个神秘莫测的映像，终于在现代心理科学实证研究中现出真形。幸福的内涵是开放的，幸福的理解是历史性的。有人认为，幸福感是单一成分，主观幸福感（subjective well-being）、心理幸福感（psychological well-being）和幸福（happiness）这几个词都是等价的，不能搞"概念崇拜"。②但这种简单的处理掩饰了幸福概念的复杂性和多面性。"我们应该对幸福的多元意义与表现保持开放的态度。"正如乔根森（Jorgensen）和纳弗斯塔德（Nafstad）指出的，美好生活的轮廓具有一种从简单到复杂的发展特性，实现最佳机能的发展可分为四个层次，包括愉快的生活（the pleasant life）、美好的生活（the good life）。有意义的生活（the meaningful life）及充实的生活（the full life），因此，美好的生活不是一种固定状态，而是始终用一种更好的方式努力发掘自身真实的正向人类潜能。

第三节　幸福感的研究趋势

迪纳于1999年在其《主观幸福感30年发展》一文中，对幸福感30年的发展进行了全面总结，并指出今后的研究方向：①因果方向的研究，通过更成熟的方法，如非自我报告法、纵向研究法、因果模型、跨文化调查等来研究幸福与其相关因素的因果方向；②重点放在内部因素与外在环境的交互作用上，找出人格在塑造人们所处环境时所起的作用以及人格如何使人在相同的环境下做出相异反应；③进一步了解适应过程研究、应对策略和改变目标如何影响适应，了解适应发生的时机、过程和局限性；④理论

---

① 苗元江、陈浩彬、白苏妤：《幸福感研究新视角——社会幸福感概述》，载《社会心理科学》，2008，23(2)。

② 任俊：《积极心理学》，106页，上海，上海教育出版社，2006。

研究精细化，从而可以具体预言输入变量如何影响主观幸福感的不同内容。① 在 1999 年以后的 10 年中，幸福感研究发生了如下变化。

首先，影响因素从经济因素转移到非经济因素。在传统的经济学视野里，增加财富是提升人的幸福程度的最有力手段，因此，财富增加似乎就意味着幸福增加。但是，心理学对于财富数量与幸福程度之间关系的研究却得出了一些值得瞩目的发现：当一个国家的收入水平处在较低阶段时，人们的收入与幸福感之间的相关程度非常紧密，但是，一旦超过了水平线，这种相关性就会减弱，甚至消失。在影响人们幸福感的所有变量中，收入水平决定幸福感的比例不会超过 2%。这种幸福与收入相悖的现象又被称作伊斯特林悖论（Easterlin paradox）、幸福鸿沟（happiness gap）。高速驰骋的物质主义鼓励了生产力以及创新力的发展，全球都在收获经济增长，却也一致地付出了代价：幸福的感觉开始变得飘摇不定。各种研究都表明，在收入水平非常低的时候，收入与快乐之间的关联度更为紧密。当经济发展到一定水平后，财富对幸福感的影响逐渐减弱，而其他因素诸如职业成就、教育程度、婚姻质量、宗教信仰、生活事件、社会支持等对幸福感的影响逐渐增强。美国前总统罗伯特·肯尼迪认为国内生产总值可以衡量一切，但并不包括使我们的生活变得有意义的幸福感。因此，现代研究重心逐渐从经济因素转移到非经济因素，从单变量转移到多变量，并注意到多变量的综合作用。前期大多数研究都是横断面的调查研究、相关研究，所以未来必须重视通过跨时间的纵向设计研究、交叉滞后调查设计来确定预测变量和被预测变量之间可能出现的因果关系，以便理解幸福感产生的因果关系。②

其次，心理机制从特质论转移到建构论。美国心理学家塞利格曼认为，人的总体幸福取决于三个因素：一是个人先天的遗传素质，二是后天的环境事件，三是能主动控制的心理力量。早期的研究把心理看成静态、固定的系统，把遗传和环境视为幸福感最重要的决定因素，忽视人的认知加工对幸福感的作用。现代的研究更加重视认知建构在幸福感中扮演的重要角色。建构主义认为，人不是被动接收信息刺激，而是主动地建构意义的，是根据自己的经验背景对外部信息进行主动地选择、加工和处理，对新信息重新认识和编码的，是认知主体，是意义的主动建构者。在这个过

---

① 吴明霞：《30 年来西方关于主观幸福感的理论发展》，载《心理学动态》，2000，8(4)。

② 陈惠雄：《快乐经济学的理论难点、发展向度与现实价值》，载《光明日报》，2006-11-20(10)。

程中，个体建构自己的理解，从而获得自己的意义。社会联想论（social association theory）认为，基于人的记忆、认知模式等因素，每个人都有自己的记忆网络及认知模式。不同个体激活的积极或消极的记忆网络不同，采用的认知方式及应对方式各异，由此诱发个体不同的情绪反应，产生幸福感或不幸福感。荷兰阿姆斯特丹大学心理学教授尼科·弗里达提出"幸福不对称论"。他认为，即便引起愉快感觉的环境一直存在，这种感觉也很容易消散。然而，消极的情绪却会伴随着环境而持续存在。就是说，人类很容易适应快乐，却永远不能习惯悲哀，情感是不对称的。塞利格曼也提出了"乐观型解释风格"和"悲观型解释风格"，"悲观型解释风格"的人就容易形成压抑、焦虑等心理问题。柳博米尔斯基（Lyubomirsky）等人研究发现，人不是被动地体验事件和环境的，相反，所有的生活事件都是"认知过程"，是个体的分析与建构、预期与回忆、评价与解释的过程，所以理解人的认知差异具有重大的理论与实践意义，这种研究途径为实施积极的心理调控与干预提供了一个有效的方向和可行的策略。①

再次，测量工具从分离到系统整合。迪纳指出，不管研究目标是什么，建议尽可能分别评价幸福感的多个组成因素。早期大量主观幸福感的研究以"非系统化"的方式进行。许多研究只注重主观幸福感的某一方面，如积极情感或生活满意度，而不包括对主观幸福感其他方面的测量。虽然有很多研究都涉及了主观幸福感的各个维度，但是很少有研究涉及主观幸福感的全部维度。从历史发展看，心理学对幸福感测量的系统化经历了四次重大变革。第一次是情绪幸福感与认知幸福感的融合，奠定了经典主观幸福感模型。第二次是主观幸福感与心理幸福感的融合，形成了主观与客观相融合的潮流。科里（Corey）对主观幸福感与心理幸福感的结构关系进行了拟合，认为主观幸福感和心理幸福感是积极心理机能的两个截然不同但相互联系的方面，只有将主观幸福感与心理幸福感整合起来才能更好更全面地理解幸福感。第三次则是主观幸福感、心理幸福感与社会幸福感的融合，推动了积极心理健康模型（positive mental health，PMH）的发展。凯斯和里夫在"美国中年人健康调查"（the Midlife in the United States，MIDUS）中就对主观幸福感、心理幸福感和社会幸福感进行了整合，构建全方位测量平台，形成了现代幸福感测量的标准测量框架。② 第四次是主

---

① Lyubomirsky, S., "Why are some people happier than others: The role of cognitive and motivational processes in well-being,"*American Psychologist*, 2001, 56(3), pp. 239-249.

② 苗元江、朱晓红、陈浩彬：《从理论到测量——幸福感心理结构研究发展》，载《徐州师范大学学报（哲学社会科学版）》，2009，35(2)。

观幸福感、心理幸福感、社会幸福感和实现幸福感的整合。四种幸福感从四种不同视角，构建了个体幸福论的完整图景，激发了人们对幸福的重新思考和审视，为促进幸福感理论从快乐走向实现、促进幸福感理论模型融合、促进社会和谐健康发展提供了新的方向。①

最后，幸福干预从心理实验走向社会服务。进入 21 世纪，开发提升幸福感的技术也日益得到研究者的青睐。积极的心理干预可以给人们的生活带来更多的快乐、投入和意义，为现代人们的积极心理治疗以及获得长久的快乐提供了契机。福代斯(Fordyce)最早尝试干预幸福感，采用 14 种技术对大学生进行训练，这些技术包括花时间进行社交、着眼于现在、停止担忧、进行积极思考等。柳博米尔斯基也研究了感恩训练、利他或善良行为对幸福感的积极影响。塞利格曼和其两名助手经过 6 年的不断实验和研究，设计出了一整套建立在真正幸福论基础上的临床积极心理疗法。他们为真正幸福论中的快乐生活、充实生活和有意义生活设计了相关的积极心理疗法练习，并率先在宾夕法尼亚州立大学开设了幸福课程。泰勒·本-沙哈尔博士 2007 年在哈佛大学开设"积极心理学"，讲授幸福的方法，深入浅出地讲授如何更快乐、更充实、更幸福。开课以来，"积极心理学"课程成为该学校上座率最高的课程，沙哈尔博士被誉为"最受欢迎讲师"和"人生导师"。英国最具名气的私立贵族学校所开设的"威灵顿公学幸福课"，由剑桥大学教授尼克·贝里斯设计，旨在增进学生获得完美人生的可能性。该课程涉及如何获得更多的幸福体验，如何获得健康身心、成就感和永恒的友谊。现代人的心理面临巨大的挑战。积极心理学的干预激发每个人某些实际的或潜在的积极品质和积极力量，从而使每个人都能顺利地走向属于自己的幸福彼岸。

第四节　幸福感的社会应用

虽然以前人们已经认识到幸福感研究的实际作用，但研究结果的应用仍非常有限。经济的繁荣、以人为本理念的深入发展及综合发展理念的形成，使人们对幸福感的关注程度骤然升温，大大地促进了幸福感研究的社会应用。幸福是发展的最终目标，也是检验发展的最终标准。2000 年迪纳敏感地捕捉到这一趋势，在其《主观幸福感：快乐科学与社会指标》中提出

---

① 苗元江、胡亚琳、周堃：《从快乐到实现：实现幸福感概观》，载《广东社会科学》，2011(5)。

幸福感应用的新方向——幸福指数。以往研究更多地沉浸于纯学术兴趣的心理学，现在迪纳以其独有的视角，在幸福指数这个领域终于得以大显身手，一展宏图。目前幸福感显示出以下研究取向。

第一类是宏观层面的国民幸福指数。幸福指数从单纯关注经济的增长，到注重经济的真正发展，再到重视人类的发展，最后到回归人类的幸福生活。人们的价值观已经发生了极大转变，世界各国掀起了构建幸福指数指标体系、测算国内幸福指数的热潮。幸福指数是衡量人们对生活满意度的指标，宏观上综合反映经济、政治、社会、道德、环境等各项指标，涉及民生的收入、就业、医疗、卫生、教育、住房、环保、治安、道德等各个方面。澳大利亚墨尔本大学心理学专家库克教授等人认为幸福指数应该包括个人幸福指数（生活水平、健康状况、在生活中所取得的成就、人际关系、安全状况、社会参与、自己的未来保障）和国家幸福指数（国家的经济形势、自然环境状况、社会状况、政府、商业形势、国家安全状况）两种。[①] 世界各国从不同角度、不同层面研究了国民幸福理论，如不丹的"四轮驱动式"、美国的"微观体验式"、日本的"文化驱动式"等。不同国家的国民幸福离不开特定的社会环境、精神世界和伦理传统，同时体现出宏观治国的理念。

第二类是中观的社会学层面的幸福指数。"欧洲社会调查"从 2001 年开始进行抽样调查，调查结果为幸福感研究提供了宝贵的数据资料。此外，"欧洲晴雨表"舆论调查和汇集多国数据的"世界价值调查"也为幸福感研究提供了大量有价值的数据。北京统计局在 2007 年 2 月发布了《北京市和谐社会状况调查》，建立了和谐社会评价指标体系，其中有关市民幸福感的研究，包括居民收入差距、安全评价、居民应急避难场所面积等 15 个指标。深圳市《个人幸福量表》分三类指标测量居民的幸福感：A 类指标包括认知范畴的生活满意程度，B 类指标包括情感范畴的心态和情绪愉悦程度，C 类指标包括人际以及个体与社会的和谐程度。[②] 叶南客主持的南京居民幸福感指标体系共包括三个层次，由两大类 7 个因素 19 个指标组成。第一层次为社会生活和个人生活两大类别；第二层次由社会生活中的经济、政治、社会和文化建设 4 个因素，以及个人生活中的经济、人际关系、个人状态 3 个因素，共 7 个因素组成；第三层次由 19 个具体的有关社会生活和个人生活的指标组成，其中每个二级因素分别有 2～4 个指标，涉及社会生

---

① 罗新阳：《幸福指数：和谐社会的新追求》，载《桂海论丛》，2006，22(6)。
② 乐正：《幸福指数的构成和影响因素》，载《南方日报》，2006-06-22。

活中与老百姓利益密切联系的和谐南京建设的主要内容及个人生活中与其幸福感密切相关的主要方面。[①] 自 2007 年起，《瞭望东方周刊》发起并主办的"中国最具幸福感城市"调查推选活动已经持续了 12 年。幸福感城市的调查采用了美国芝加哥大学商学院教授奚恺元的幸福学评价体系。调查内容涉及自然环境、交通状况、发展速度、文明程度、赚钱机会、医疗卫生水平、教育水平、房价、人情味、治安状况、就业环境、生活便利 12 个具体指标。

　　第三类是微观的心理学研究的幸福指数。心理学者认为幸福指数测量的是人的幸福感，主要包含三方面的内容：①人们对生活总体以及主要生活领域的满意感；②人们所体验到的快乐；③人们由于潜能实现而获得的价值感。美国密歇根大学教授罗纳德·英格哈特（Ronald Inglehart）负责的世界价值研究机构（the World Values Survey，WVS）公布的幸福指数（happiness index）调查，该调查的问题只有一个：把所有的事情加在一起，你认为你是非常幸福、比较幸福、不很幸福还是不幸福？迪纳等人编制的《国际大学调查》，以主观幸福感理论为基础，包括总体主观幸福感、生活满意感、积极情感、消极情感、外在准则、自我体验等方面的内容。邢占军以体验论主观幸福感的研究思路编制了《中国城市居民主观幸福感量表》（SWBS-CS），从知足充裕体验、心理健康体验、社会信心体验、成长进步体验、目标价值体验、自我接受体验、身体健康体验、心态平衡体验、人际适应体验、家庭氛围体验 10 个维度对城市居民主观幸福感进行了测量。[②] 苗元江从整合心理幸福感和主观幸福感的理论框架与测评指标的角度出发，编制了《综合幸福问卷》（MHQ），包括 1 个指数（幸福指数），2 个模块（主观幸福感、心理幸福感），9 个维度（生活满意、正性情感、负性情感、生命活力、健康关注、利他行为、自我价值、友好关系、人格成长），对幸福指数进行测评。[③] 陆洛的《中国人幸福感量表》（CHD）包括自尊的满足、家庭与朋友等人际关系的和谐、对金钱的追求、工作上的成就、对生活的乐天知命、活得比旁人好、自我的控制和理想的实现、短暂的快乐、

　　① 叶南客、陈如、饶红等：《幸福感、幸福取向：和谐社会的主体动力、终极目标与深层战略——以南京为例》，载《南京社会科学》，2008（1）。

　　② 邢占军：《测量幸福——主观幸福感测量研究》，北京，人民出版社，2005。

　　③ 苗元江：《心理学视野中的幸福——幸福感理论与测评研究》，天津，天津人民出版社，2009。

对健康的需求 9 个方面的内容。①

幸福属于主观感受的范畴，而指数属于经济学领域；指数是经济学的强项，而幸福是心理学的强项。因此，幸福指数的界定与测量是现代研究的核心与难点。幸福指数的内涵多元化影响指标的科学性，幸福指数测量体系的不一致影响评估的可比性。幸福指数跨年代和地区的宏观比较缺乏有效性。尽管幸福指数研究的层面和视角存在差异，但幸福指数的意义是从关注公民的物质需要、经济条件，转移到关注公民的精神追求和心理感受上，以新的视角去审视公民的物质需要、经济条件、生活质量、生存环境和社会环境，这一点是确定的，其核心和基础是人的主观感受。幸福感是一种心理体验，它既是对生活的客观条件和所处状态的事实判断，又是对生活的主观意义和满足程度的一种价值判断，表现为在生活满意度的基础上产生的一种积极的心理体验，而幸福指数就是衡量这种感受具体程度的主观指标数值。② 简言之，幸福包括"好收入""好生活"与"好心情"，如果说经济指标衡量的是经济状况，生活质量衡量的是生活状况，那么幸福指数衡量的是人的心理状况，尤其是主观感受状况。③

社会进化史可以用三个主题词来概括：农业化的主题词是"温饱"；工业化的主题词是"富强"；信息化时代的主题词是"幸福"。2002 年诺贝尔经济学奖得主丹尼尔·卡尼曼（Daniel Kahneman）提出构建一门新型科学——幸福学（hedonomics）。幸福问题的研究将突破传统学科的壁垒，形成更加开放自由的格局。研究者充分利用人类的一切智慧成果，在方法上整合，在内容上创新，在应用中拓展。如果说经济学为我们创造了一个富裕的世界，那么，幸福学将会为我们创造一个幸福的世界。

---

① 陆洛：《中国人幸福感之内涵、测量及相关因素探讨》，载《国家科学委员会研究汇刊（人文及社会科学）》，1998，8(1)。

② 沈杰：《从 GDP 崇拜到幸福指数关怀——发展理论视野中发展观的几次深刻转折》，载《江苏行政学院学报》，2006(3)。

③ 苗元江、余嘉元：《幸福感：生活质量研究的新视角》，载《新视野》，2003(4)。

第二章

中国人综合幸福感问卷的编制

幸福感的界定与测量是幸福感研究的核心和难点。幸福感内涵的多元化影响指标的科学性，幸福感测量体系的不一致影响评估的可比性。幸福感跨年代和地区的宏观比较缺乏有效性。幸福是一个复杂的概念，具有内在多义性。西方对幸福感的界定在哲学传统上主要有"快乐论"和"实现论"两条主线，形成了以"快乐论"为基础的主观幸福感取向以及以"实现论"为基础的心理幸福感、实现幸福感、社会幸福感三种取向。本章阐述了幸福感的理论预设及研究范式，试图建立整合的测量框架，为后续幸福感测量研究奠定科学基础。

第一节　中国人综合幸福感的指标体系

一、幸福感的四种研究取向

自 1967 年万纳·威尔逊撰写《自称幸福感的相关因素》以来，心理学家基于不同的研究视角，不断深化对幸福感的阐释，日益丰富、深化和拓展幸福的内涵。幸福感理论模型始终处于动态发展中，经历了由单一到多元的发展过程，出现了主观幸福感、心理幸福感、实现幸福感及社会幸福感四种研究取向。

（一）主观幸福感

主观幸福感基于"快乐论"，由情感模型和认知模型整合而来，包括人们对生活状况满意程度的评价以及积极情绪与消极情绪之间的平衡。在迪纳的构想中，主观幸福感包括积极情感和没有消极情感的两个情感成分再加上一个认知成分，即主观幸福感个体由对生活的满意度、积极情感的体验和消极情感的缺乏构成。对整体生活的满意程度越高，体验到的积极情感越多，消极情感越少，则个体的幸福感越强。[1] 2000 年，迪纳总结了自己 30 年来对主观幸福感的研究，提出了主观幸福感的四维度结构，包括：对过去、现在、未来生活的满意度；积极的情感体验，如快乐、成就感、自豪等；消极的情感体验，如羞耻、焦虑、压抑等；对生活各个方面的满意度，如工作、家庭、健康、经济状况及自我等。[2]

主观幸福感具有三个特征。一是主观性，幸福感的产生虽然以某种客观的外在标准为基础，但其评价主要依赖于个体的主观感受，即根据评价者自己的标准进行衡量，在进行主观幸福感测量时主要依据主观测量的方法。二是外显性，虽然幸福感主要受自身内部特质的影响，如具有某种内部特质的人更加幸福，但是内部因素是以与外部因素相结合的方式对幸福感产生影响的，主观幸福感的测量主要基于个体对情绪和生活满意度的评价，这两个方面往往易于被感知、判断和权衡。三是波动性，人们的生活满意度总会受到积极和消极生活事件的影响，如果在某一时期个体遭遇了消极事件，如失去某位亲人，那么在这个时期其生活满意度会相对较低。另外，情绪本身的波动性也导致了幸福感的波动，因而主观幸福感测量的是一种相对的、即时性的情感体验。[3] 主观幸福感在很长一段时间内是幸福感研究的主流，成为幸福感的代名词。

(二)心理幸福感

心理幸福感基于"实现论"，该研究取向认为幸福是不以自己主观意志为转移的自我完善、自我实现、自我成就，是自我潜能的完美实现。心理幸福感与主观幸福感专注于探索个体主观状态的不同，心理幸福感更注重探索主观状态背后复杂的心理因素及广阔的积极行为机制，把幸福定义为人的自我成长、自我实现。[4] 心理幸福感弥补了主观幸福感只强调个体对于生活状态的主观感知的缺陷，涉及自我完善、自我实现、心理机能、生

---

[1] E. Diener，"Subjective well-being,"*Psychological Bulletin*，1984，95(3)，pp. 542-575.

[2] E. Diener，"Subjective well-being：The science of happiness and a proposal for a national index,"*American Psychologist*，2000，55(1)，pp. 34-43.

[3] Ryan，R. M. & Deci，E. L."On happiness and human potentials：A review of research on hedonic and eudaimonic well-being,"*Annual Review of Psychology*，2001，52(1)，pp. 141-166.

[4] Ryan，R. M. & Deci，E. L.，"On happiness and human potentials：A review of research on hedonic and eudaimonic well-being,"*Annual Review of Psychology*，2001，52(1)，pp. 141-166.

命意义、内部动机以及潜能挖掘等客观个体行为指标，更加关注对个体自我发展和存在的生命挑战。心理幸福感的提出把幸福感研究推向了一个新的高度。沃特曼（Waterman）提出，心理幸福感涉及的是个体与真实自我的协调一致。他认为幸福发生在个体从事与深层价值最匹配的活动中，是一种全身心的投入。① 里夫认为幸福不能等同于快乐，仅对情感进行评估并不能明确地表明幸福的含义，幸福感应该定义为"努力表现完美的真实的潜力"。他提出了心理幸福感的六维度模型，包括自我接受、机能自主、生活目的、人格成长、积极关系以及环境控制。② 瑞安（Ryan）和德西（Deci）提出了自我决定理论，认为自我决定不仅是个体的一种能力，而且是个体的一种需要，当这种需要获得满足时个体的幸福感得到提升。③ 里夫的心理幸福感模型容纳了比只有积极情感和生活满意度的主观幸福感模型更加宽泛的含义，体现了"实现论"的研究倾向。

（三）实现幸福感

进入 21 世纪后，美国心理学家沃特曼等在主观幸福感、心理幸福感的研究，以及实现同一性理论、自我决定理论、自我目的性理论、心流、人格展现理论的基础上，进一步发展"实现论"思想，将主观体验指标和客观评价指标相结合，构建了实现幸福感研究取向。他提出的实现幸福感理论意指个体通过发展自己的潜能并充分利用这种潜能实现"人格展现"和"自我和谐"，鼓励个体认识并追求真正的自我，发展个体的潜能。沃特曼认为，个体的幸福感不是仅凭一时冲动所感受到的享乐过程，而是源于个体发展个人潜能以追求卓越的自我实现过程。④ 实现幸福感的崛起激发了人们对幸福的重新思考和审视，为促进幸福感理论从快乐走向实现、促进幸

---

① Waterman, A. S., "Two conceptions of happiness: contrasts of personal expressiveness (eudaimonia)and hedonic enjoyment,"*Journal of Personality and Social Psychology*，1993，64(4)，pp. 678-691.

② Ryff, C. D. & Keyes, C. L. M., "The structure of psychological well-being revisited," *Journal of Personality and Social Psychology*，1995，69(4), pp. 719-727.

③ Ryan R. M. & Deci E. L., "Self-determination theory and the facilitation of intrinsic motivation, social development, and well-being,"*American Psychologist*，2000，55(1), pp. 68-78.

④ Waterman, A. S., Schwartz, S. J., Zamboanga, B. L., Ravert, R. D., Williams, M. K., Agocha, B. et al., "The questionnaire for eudaimonic well-being: Psychometric properties, demographic comparisons, and evidence of validity,"*Journal of Positive Psychology*，2010，5(1), pp. 41-61.

福感理论模型融合、促进社会和谐健康发展提供了新的方向。① 实现幸福感和心理幸福感都源于"实现论"，都以探讨个体积极体验背后的心理机制为研究内容。但是，心理幸福感以探讨个体的积极特质为旨趣，忽视了对个体即时体验的研究，而实现幸福感以个体活动视角为切入点对个体的积极特质进行研究。

（四）社会幸福感

社会幸福感研究源自社会学中关于社会道德沦丧、社会疏远的主题。社会幸福感反映了人们在公共领域所面临的社会挑战，把人还原为根植于社会环境里的人，试图在更为广阔的社会领域里探索人的良好存在状态。麦克道尔（Mcdowell）将社会幸福感定义为个体对自己与他人相处的质量，以及对自己与社会组织等社会机构的联结程度的评估。沃恩（Wann）和皮尔斯（Pierce）认为社会幸福感是个体对社会生活的满意感或社会方面的幸福感，而且认为可用社会生活满意度量表对其进行评价。凯斯是社会幸福感研究的代表人物，他将社会幸福感定义为个体对自己与他人、集体、社会之间的关系质量，以及对其生活环境和社会功能的自我评估。② 他认为社会幸福感包含社会整合、社会认同、社会贡献、社会实现以及社会和谐五个维度。社会幸福感的融入进一步丰富了幸福感的内涵，实现了个人与社会的统一，把个体对自己与他人、集体、社会之间的关系质量，以及对其生活环境和社会功能的自我评估纳入个体的幸福评价体系中，从更广阔、开放的社会领域来探索幸福的深层次内涵。

二、《中国人综合幸福感问卷》的理论架构

融合幸福感多元化的理论模型，整合不同的概念框架，对不同的测量模型进行比较分析，提供多种理论框架支持的幸福感整合模型，建构更为有效的幸福感测量指标，成为当代幸福感研究的新趋势。自 2003 年以来，苗元江编制的《综合幸福问卷》在主观幸福感测量领域得到广泛运用，但随着对幸福感研究的深入，学者们对幸福感的理解也不断深化和丰富，理论的深化要求幸福感的测量工具也要不断完善和改进。在此基础上，《中国人综合幸福感问卷》也在与时俱进，不断增进新的测量指标，力图尽可能

---

① 苗元江、胡亚琳、周坐：《从快乐到实现：实现幸福感概观》，载《广东社会科学》，2011(5)。

② Keyes, C. L. M., "Social well-being," *Social Psychology Quarterly*, 1998, 61(2), pp. 121-140.

完整地展现幸福感测评的全貌。

（一）主观幸福感与心理幸福感测量——《综合幸福问卷》

基于"快乐论"和"实现论"两种不同的哲学观点，幸福感研究出现了主观幸福感与心理幸福感两种研究取向，在很长一段时间内成为国内幸福感研究的主流。2003年，苗元江提出了主观幸福感和心理幸福感概念的整合框架，编制了《综合幸福问卷》（Multiple Happiness Questionnaire, MHQ）。[①] 该问卷涵盖了1个指数（幸福指数），2个模块（心理幸福感、主观幸福感），9个维度（生活满意、正性情感、负性情感、人格成长、自我价值、生命活力、友好关系、利他行为、健康关注）。

自编制以来，《综合幸福问卷》在大学生[②]、军人[③]、中学生[④]、研究生[⑤]、老年人[⑥]、高校教师[⑦]等人群中得到广泛应用。《综合幸福问卷》在大学生群体中应用的同质性信度克伦巴赫（Cronbach）α系数为0.674~0.906，分半系数为0.660~0.883，量表总的重测系数为0.860，各分量表的重测系数为0.330~0.830。测量老年人的幸福感时，各维度的Cronbach α系数为0.692~0.912，分半系数为0.645~0.911，问卷的信度和效度良好[⑧]；测量硕士研究生的幸福感时，各维度的Cronbach α系数为0.568~0.913，分半系数为0.554~0.856，问卷的效度良好[⑨]；测量医务人员的幸福感时，各维度的Cronbach α系数为0.570~0.910[⑩]；测量高校教师的幸福感时，各维度的Cronbach α系数为0.719~0.911，分半系数为0.527~0.825，问卷的结构效度良好。在不同人群中使用《综合幸福问卷》，均证明了问卷具有良好的内容效度、结构效度与效标效度。

---

① 苗元江：《心理学视野中的幸福——幸福感理论与测评研究》，博士学位论文，南京师范大学，2003。

② 凌宇：《民、普高校大学生幸福感与自我概念、生活事件相关的比较研究》，硕士学位论文，湖南师范大学，2004。

③ 翁维玲：《基层部队士兵幸福感状况分析》，载《中国临床康复杂志》，2005(36)。

④ 陈咏媛：《中学生同伴关系与其幸福感的关系研究》，载《医学与社会》，2006，19(8)。

⑤ 郑霞、苗元江、高红英：《研究生幸福感调查研究》，载《陕西教育（理论版）》，2006(C2)。

⑥ 高红英：《南昌市社区老年人幸福感研究》，硕士学位论文，南昌大学，2007。

⑦ 黄海蓉：《高校教师幸福的实证研究》，硕士学位论文，南昌大学，2008。

⑧ 苗元江、高红英：《〈综合幸福问卷〉在老年人群中应用分析》，载《新余高专学报》，2008，13(3)。

⑨ 郑霞：《硕士研究生主观幸福感影响因素研究》，硕士学位论文，南昌大学，2008。

⑩ 漆隽玮：《综合医院医务人员幸福感状况调查及管理对策》，硕士学位论文，南昌大学，2007。

（二）社会幸福感测量——《社会幸福感问卷》

从 2007 年开始，苗元江等将社会幸福感纳入自己的研究范畴。陈浩彬参考了凯斯应用于美国中年人调查的社会幸福感问卷，考虑了中国文化因素与语言习惯，对原量表进行了改编，并在大学生群体中进行了预测。改编后的《社会幸福感问卷》分为社会实现、社会和谐、社会认同、社会整合、社会贡献 5 个维度，共有 10 个项目，采用 7 级评分。[①] 这是苗元江等对社会幸福感的初步探索。2010 年，王青华进一步修订了《社会幸福感问卷》，仍包括社会实现、社会和谐、社会认同、社会整合、社会贡献 5 个维度，但是由 10 个项目变为 20 个项目。[②] 问卷的信度较之前有明显的提高。王青华以《综合幸福问卷》和《中国城市居民主观幸福感量表简本》(SWBS—CC)作为效标，利用相关分析和回归分析来探索社会幸福感问卷与两者之间的关系，结果表明，社会幸福感与主观幸福感、心理幸福感存在显著相关，具有良好的效标效度。问卷的总体 Cronbach α 系数为 0.840～0.940，分半信度为 0.760～0.920，信度较高。

（三）实现幸福感测量——《实现幸福感问卷》

在对实现幸福感的理论进行梳理后，胡亚琳修订了沃特曼等人编制的《实现幸福感问卷》，并在大学生及研究生群体中进行施测，经统计分析，最终提取了自我发现、生活目的、潜能感知、才智追求及人格展现 5 个维度，共 20 个项目。问卷的总体 Cronbach α 系数为 0.925，各维度内部一致性信度系数为 0.725～0.860，问卷内部一致性信度较好，且具有良好的内容效度、结构效度和效标效度。[③]

（四）综合幸福感测量——《中国人综合幸福感问卷》

至此，在《综合幸福问卷》的基础上，经过进一步的扩展与整合，《中国人综合幸福感问卷》测评架构已经形成。该问卷包含 1 个指数（幸福指数），4 个模块（主观幸福感、心理幸福感、社会幸福感、实现幸福感），19 个维度（生活满意、正性情感、负性情感、人格成长、自我价值、生命活力、友好关系、利他行为、健康关注、社会实现、社会和谐、社会整合、

---

① 陈浩彬：《幸福感理论模型探索——基于大学生的实证研究》，硕士学位论文，南昌大学，2008。

② 王青华：《社会幸福感心理结构的跨群体研究》，硕士学位论文，南昌大学，2011。

③ 胡亚琳：《大学生及研究生实现幸福感心理结构研究》，硕士学位论文，南昌大学，2011。

社会认同、社会贡献、自我发现、生活目的、潜能感知、才智追求、人格
展现），共包含 91 个项目。除了幸福指数采取 9 级记分外，其他项目均采
取 7 级记分。在理论构想中，《中国人综合幸福感问卷》构建了主观与客观、
快乐与意义、享受与发展、个人与社会相统一的幸福概念模型，既可以测
量人们对幸福的综合评估，也可以了解人们在不同幸福维度上的感受。各
维度具体含义见表 2-1。

表 2-1 《中国人综合幸福感问卷》的维度及含义

模块	维度	含义
主观幸福感	生活满意	个体各方面的需求与愿望得到满足的程度，即个体对自己生活状况的满意程度
	正性情感	个体对爱、高兴、愉快、自豪、乐观等积极情绪的体验
	负性情感	个体对抑郁、焦虑、妒忌、愤怒、内疚等消极情绪的体验
心理幸福感	人格成长	与人格成长有关的内容，包括积极接纳自我的态度，不断发展的感觉，积累新的经验，有自知之明，能够自主决定自己的行为
	自我价值	个体对自我价值或自尊的评估，相信自己的能力和重要性
	生命活力	个体的生命能量、精力和生活热情
	友好关系	个体是否具有温暖、安全、真诚、持久的人际关系
	利他行为	个体通过自身行为促进社会、社区与他人的发展，试图使世界变得更加美好
	健康关注	个体对身体健康的关注，对健康行为的重视以及对生命的珍爱
社会幸福感	社会实现	个体对社会潜能和社会发展轨迹的评估，是对社会进步的信任
	社会和谐	对社会生活质量、社会组织及其运作的感知，包括对社会的可认识性、可感知性、可预测性的评估
	社会整合	个体对自己所属的社会和集体的归属感，是个体对自己与集体、社会之间关系质量的评估
	社会认同	是个体性格和品质的社会构建，是个体对社会性质、社会组织和社会合作的感知
	社会贡献	对个体社会价值的评估，包括个体相信自己对社会的重要性以及能够为社会创造价值的信念

模块	维度	含义
实现幸福感	自我发现	个体对自我的解剖和认知
	生活目的	个体对未来生活的规划和生活目标的设定，即个体对生活目的、意义的感知
	潜能感知	个体对自身潜能的感知和对自身潜能开发的认识程度
	才智追求	个体在活动中努力发挥自身才能及投入努力的程度
	人格展现	个体对活动的强烈投入，并在此过程中获得的人格展现体验

综上所述，随着幸福感理论的丰富，《综合幸福问卷》囊括了社会幸福感与实现幸福感，实现了从《综合幸福问卷》到《中国人综合幸福感问卷》指标体系的构建。本章旨在对《中国人综合幸福感问卷》进行信、效度检验，对其内在结构的合理性进行分析，从而为幸福感测评做好铺垫。

第二节　中国人综合幸福感问卷的信、效度

一、研究对象

以在校本科生为研究对象，在南昌大学、南昌航空大学、南京航空航天大学及滁州学院 4 所高校共发放问卷 1500 份，回收问卷 1482 份，剔除无效问卷 94 份，获得有效问卷 1388 份，有效回收率为 92.5％。

二、研究工具

《中国人综合幸福感问卷》。

三、效度分析

（一）探索性因素分析

探索性因素分析（explore factory analysis，EFA）是确定心理特质的一种主要方法，是探索与验证测验结构的重要手段。它通过研究众多变量的内部依赖关系，探求观测数据中的基本结构，反映信息的本质特征，是一种从已有数据中探索与发现规律的方法。

因素分析之前先进行采样充足性检验（Kaiser-Meyer-Olkin，KMO）和

Bartlett 球形检验。KMO 值越大，表示变量间的共同因素越多，越适合进行因素分析。根据凯泽(Kaiser)1974 年的观点，KMO 的值小于 0.50 时较不宜进行因素分析；0.6＜KMO＜0.7 时，不太适合；0.7＜KMO＜0.8 时，一般；0.8＜KMO＜0.9 时，适合；KMO＞0.9 时，非常适合。本研究中，主观幸福感、心理幸福感、社会幸福感与实现幸福感各分量表的 KMO 系数分别为 0.863、0.948、0.923 与 0.933，非常适合做因素分析。Bartlett 球形检验以变量的相关系数矩阵为出发点，检验相关阵是否是单位阵。各分量表的球形检验 χ^2 值分别为 4619.203($df=136$，$p<0.001$)、16170.667($df=528$，$p<0.001$)、7078.406($df=190$，$p<0.001$)与8139.029($df=190$，$p<0.001$)，说明变量内部有共享因素的可能性，也满足因素分析的先决条件。

探索性因素分析包括两个步骤：第一步，对 21 个项目进行一阶因素分析，提取出基本因子结构；第二步，对一阶因素分析提取的因子计算相关矩阵，考查各个维度间的结构关系。本问卷的项目比较多，为了避免各分量表项目之间的交叉，对各分量表分别进行了探索性因素分析。研究先使用主成分分析(principal factor analysis，PFA)，以特征根大于 1 提取共同因素(common factor)，再用方差极大法(varimax)旋转，结合碎石图检验，主观幸福感可以抽取 3 个因子，对项目总方差的累积贡献率为 56.4%；心理幸福感可以抽取 6 个因子，对项目总方差的累积贡献率为 68.5%；社会幸福感可以抽取 5 个因子，对项目总方差的累积贡献率为 67.1%；实现幸福感可以抽取 5 个因子，对项目总方差的累积贡献率为 69.1%，具体见表 2-2。各分量表因素分析方差变异解释表，显示了各维度不同因子对项目总方差的解释，即贡献率。

表 2-2　各分量表因素分析方差变异解释表

	因素	特征值	贡献率(%)	累积贡献率(%)
主观幸福感	1	5.049	29.7	29.7
	2	2.738	16.1	45.8
	3	1.807	10.6	56.4
心理幸福感	1	14.544	44.1	44.1
	2	2.385	7.2	51.3
	3	1.720	5.2	56.5
	4	1.608	4.9	61.4
	5	1.219	3.7	65.1
	6	1.128	3.4	68.5

	因素	特征值	贡献率(%)	累积贡献率(%)
	1	8.299	41.5	41.5
	2	1.769	8.8	50.3
社会幸福感	3	1.314	6.6	56.9
	4	1.133	5.7	62.6
	5	1.007	4.5	67.1
	1	9.101	45.5	45.5
	2	1.671	8.4	53.9
实现幸福感	3	1.176	5.9	59.7
	4	1.053	5.3	65.0
	5	1.002	4.1	69.1

参照项目的负荷值(见表 2-3),结合理论构想与各项目的意义,对提取的因素命名如下。

生活满意:项目 A1—A5,共 5 个项目,涉及对生活状况的满意程度、现实生活与理想的吻合、对生活意义的感悟,项目负荷为 0.637~0.756。

正性情感:项目 B2、B4、B6、B9、B10、B12,共 6 个项目,内容涉及高兴、爱、愉快、感激、快乐等积极情绪,项目负荷为 0.597~0.686。

负性情感:项目 B1、B3、B5、B7、B8、B11,共 6 个项目,内容涉及愤怒、耻辱、忧虑、嫉妒等消极情绪,项目负荷为 0.441~0.680。

人格成长:项目 A6—A14,共 9 个项目,内容涉及自我接受、自我决定以及对自我的感知等,项目负荷为 0.429~0.676。

自我价值:项目 A15—A19,共 5 个项目,内容涉及对自身价值及品质的认可、对自己的肯定等,项目负荷为 0.709~0.758。

生命活力:项目 A20—A25,共 6 个项目,内容涉及精神状况、生活热情和精力,项目负荷为 0.619~0.736。

友好关系:项目 A26—A28,共 3 个项目,内容涉及个体是否拥有可以信任、依赖及关系亲密的朋友,项目负荷为 0.645~0.663。

利他行为:项目 A29—A33,共 5 个项目,内容涉及帮助他人,为社会、世界的美好而奋斗,项目负荷为 0.619~0.666。

健康关注:项目 A34—A38,共 5 个项目,内容涉及身体健康水平、生活方式等,项目负荷为 0.552~0.719。

社会实现:项目 D1—D4,共 4 个项目,内容涉及个体对社会发展与进步的信心与展望,项目负荷为 0.605~0.769。

社会和谐：项目 D5—D8，共 4 个项目，内容涉及对社会的理解以及对社会运行规则的了解与接受，项目负荷为 0.550～0.692。

社会整合：项目 D9—D12，共 4 个项目，内容涉及个体对自己所属社会和集体的归属感的认知与评价，项目负荷为 0.590～0.702。

社会认同：项目 D13—D16，共 4 个项目，内容涉及对人性、人际关系与人际信任的态度和评判，项目负荷为 0.605～0.634。

社会贡献：项目 D17—D20，共 4 个项目，内容涉及个体对自己、对社会的价值与意义的判断，项目负荷为 0.675～0.711。

自我发现：项目 E1—E4，共 4 个项目，内容涉及个体对自我的解剖、认知与评价，项目负荷为 0.634～0.763。

生活目的：项目 E5—E7，共 3 个项目，内容涉及个体对未来生活的规划及生活目标的设定，即个体对生活目的和意义的感知，项目负荷 0.560～0.622。

潜能感知：项目 E8—E11，共 4 个项目，内容涉及个体对自身潜能的感知和对自身潜能开发的认识程度，项目负荷为 0.656～0.728。

才智追求：项目 E12—E14，共 3 个项目，内容涉及个体在活动中努力发挥自身才能，以及投入努力的程度，项目负荷为 0.597～0.694。

人格展现：项目 E15—E20，共 6 个项目，内容涉及个体对活动的强烈投入，以及在此过程中所产生的人格展现体验，项目负荷为 0.564～0.705。

表 2-3　旋转后的因子负荷矩阵

	题项	因子 1	因子 2	因子 3	因子 4	因子 5	因子 6
	A1	0.637					
	A2	0.748					
	A3	0.756					
	A4	0.687					
	A5	0.682					
主观幸福感	B1		0.601				
	B3		0.605				
	B5		0.686				
	B7		0.615				
	B8		0.640				
	B11		0.597				
	B2			0.441			
	B4			0.631			

续表

	题项	因子 1	因子 2	因子 3	因子 4	因子 5	因子 6
主观幸福感	B6			0.636			
	B9			0.559			
	B10			0.680			
	B12			0.593			
心理幸福感	A6	0.674					
	A7	0.621					
	A8	0.635					
	A9	0.631					
	A10	0.604					
	A11	0.595					
	A12	0.429					
	A13	0.684					
	A14	0.676					
	A15		0.716				
	A16		0.739				
	A17		0.758				
	A18		0.709				
	A19		0.754				
	A20			0.733			
	A21			0.619			
	A22			0.724			
	A23			0.697			
	A24			0.707			
	A25			0.736			
	A26				0.647		
	A27				0.663		
	A28				0.645		
	A29					0.619	
	A30					0.666	
	A31					0.630	
	A32					0.623	
	A33					0.645	
	A34						0.674
	A35						0.719
	A36						0.711
	A37						0.552
	A38						0.561

	题项	因子 1	因子 2	因子 3	因子 4	因子 5	因子 6
	D1	0.605					
	D2	0.637					
	D3	0.703					
	D4	0.769					
	D5		0.593				
	D6		0.550				
	D7		0.611				
	D8		0.692				
	D9			0.590			
社会	D10			0.702			
幸福感	D11			0.656			
	D12			0.653			
	D13				0.629		
	D14				0.634		
	D15				0.610		
	D16				0.605		
	D17					0.701	
	D18					0.711	
	D19					0.675	
	D20					0.696	
	E1	0.634					
	E2	0.655					
	E3	0.698					
	E4	0.763					
	E5		0.560				
	E6		0.585				
实现	E7		0.622				
幸福感	E8			0.681			
	E9			0.728			
	E10			0.702			
	E11			0.656			
	E12					0.597	
	E13					0.644	

	题项	因子1	因子2	因子3	因子4	因子5	因子6
	E14					0.694	
	E15						0.673
	E16						0.603
实现 幸福感	E17						0.564
	E18						0.705
	E19						0.688
	E20						0.660

(二)验证性因素分析

为进一步揭示主观幸福感、心理幸福感、社会幸福感和实现幸福感之间的关系，本研究利用 LISREL8.7 软件进行验证性因素分析。

研究采用以下几项指标对《中国人综合幸福感问卷》的构想模型进行拟合度检验。①卡方检验，即 χ^2/df，称为正规卡方值（normed chi-square）。χ^2/df 的值越接近 1，表明拟合越好，公认 χ^2/df 值应小于 5。②拟合指数，包括"拟合优度指数"（GFI）、"调整拟合优度指数"（AGFI）、"正规拟合指数"（NFI）、"非赋范拟合指数"（NNFI）、"相对拟合指数"（CFI）以及"增值拟合指数"（IFI）等。拟合指数的取值在 0 和 1 之间，其数值越接近 1，表示模型越理想。③替代指数，选用"近似均方根误差"（RMSEA），一般情况要求 RMSEA 值低于 0.10，其值越接近 0，表示模型越理想。模型各项拟合度指数见表 2-4。以生活满意、正性情感、负性情感等 19 个维度为显变量，以主观幸福感、心理幸福感、社会幸福感和实现幸福感为潜在变量，所得结构方程模型如图 2-1 所示。

表 2-4　《中国人综合幸福感问卷》模型拟合度指数

χ^2	df	χ^2/df	GFI	AGFI	NFI	NNFI	CFI	IFI	RMSEA
565.24	146	3.872	0.83	0.78	0.96	0.96	0.97	0.97	0.098

从表 2-4 中的数据可以看出，量表的各项指标都接近标准要求，说明《中国人综合幸福感问卷》具有较好的结构效度，可以作为测量中国人幸福感的有效问卷。

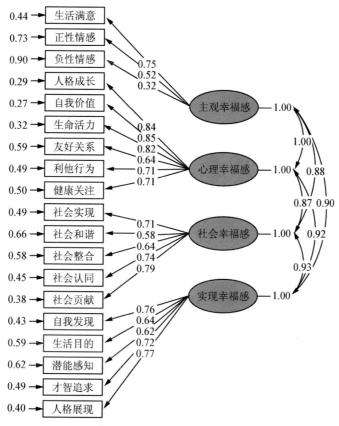

图 2-1 综合幸福感的结构方程模型图

(三)各维度间以及各维度与总问卷间的相关

因素分析理论认为，问卷各维度之间具有中等程度的相关比较好。这是因为相关系数太高，则说明维度之间可能有重合；相关过低，则说明各维度测量的特质不同，有的维度可能测的是与想要测量的完全不同的内容，与所测的特质无关。一般情况下，问卷各维度之间的相关系数在0.1和0.6之间是较好的，且各维度与总问卷的相关应高于维度间的相关，以保证各维度之间既有区别又能够测量同一心理特征。从表2-5可以看出问卷中19个维度之间、各个维度与总问卷之间的相关关系。

表2-5 《中国人综合幸福感问卷》各维度间及维度与总问卷间的相关

	1	2	3	4	5	6	7	8	9	10	11	12	13	14	15	16	17	18	19
1	1																		
2	0.673**	1																	
3	0.599**	0.709**	1																
4	0.588**	0.680**	0.670**	1															
5	0.394**	0.479**	0.554**	0.478**	1														
6	0.432**	0.536**	0.576**	0.566**	0.528**	1													
7	0.467**	0.534**	0.614**	0.591**	0.525**	0.551**	1												
8	0.281**	0.257**	0.300**	0.196**	0.281**	0.168**	0.281**	1											
9	0.384**	0.365**	0.372**	0.468**	0.330**	0.347**	0.337**	0.117**	1										
10	0.400**	0.420**	0.454**	0.558**	0.382**	0.484**	0.451**	0.244**	0.331**	1									
11	0.372**	0.368**	0.297**	0.419**	0.193**	0.341**	0.280**	0.055**	0.260**	0.397**	1								
12	0.499**	0.469**	0.448**	0.447**	0.361**	0.465**	0.379**	0.139**	0.394**	0.525**	0.612**	1							
13	0.385**	0.446**	0.479**	0.489**	0.450**	0.543**	0.483**	0.256**	0.353**	0.550**	0.335**	0.505**	1						
14	0.472**	0.502**	0.565**	0.545**	0.380**	0.567**	0.486**	0.162**	0.340**	0.500**	0.443**	0.539**	0.511**	1					
15	0.439**	0.588**	0.577**	0.491**	0.438**	0.470**	0.471**	0.213**	0.343**	0.459**	0.367**	0.443**	0.444**	0.539**	1				
16	0.405**	0.480**	0.399**	0.464**	0.254**	0.375**	0.361**	0.087**	0.312**	0.307**	0.373**	0.376**	0.289**	0.478**	0.518**	1			
17	0.424**	0.515**	0.535**	0.563**	0.407**	0.488**	0.483**	0.154**	0.349**	0.400**	0.370**	0.420**	0.458**	0.550**	0.542**	0.496**	1		
18	0.428**	0.495**	0.488**	0.566**	0.324**	0.504**	0.447**	0.136**	0.348**	0.419**	0.405**	0.464**	0.468**	0.517**	0.544**	0.483**	0.583**	1	
19	0.381**	0.522**	0.556**	0.507**	0.454**	0.553**	0.538**	0.229**	0.326**	0.450**	0.272**	0.361**	0.546**	0.526**	0.563**	0.401**	0.598**	0.566**	1
总分	0.718**	0.805**	0.802**	0.805**	0.632**	0.734**	0.724**	0.357**	0.566**	0.652**	0.542**	0.678**	0.734**	0.679**	0.720**	0.597**	0.715**	0.694**	0.720**

注：1=生活满意；2=人格成长；3=自我价值；4=生命活力；5=友好关系；6=利他行为；7=健康关注；8=负性情感；9=正性情感；10=社会实现；11=社会和谐；12=社会整合；13=社会认同；14=社会贡献；15=自我发现；16=生活目的；17=潜能感知；18=才智追求；19=人格展现。

四、信度分析

信度是指量表或问卷所测得结果的稳定性及一致性。一般来说，问卷的信度越高，则其可靠性越高，测量标准误越小。本研究主要采用内部一致性信度（Cronbach α 系数）和分半信度（Split-half）两个指标检验问卷的信度。Cronbach α 系数是目前社会科学研究中最常使用的信度指标，α 系数越大表示项目间相关性越好。一般而言，α 大于 0.8 表示内部一致性极好，α 在 0.6 到 0.8 之间表示较好，而 α 低于 0.6 表示内部一致性较差。分半信度也是常用信度检验方法之一，其值越高表示信度越高或内部一致性程度越高。

本研究中，《中国人综合幸福感问卷》总体 Cronbach α 系数为 0.972，分半信度为 0.908；四个分量表的 Cronbach α 系数均在 0.8 以上，分半信度系数也都在 0.6 以上；19 个维度的 Cronbach α 系数和分半信度均在 0.7 以上，见表 2-6 和表 2-7。《中国人综合幸福感问卷》具有较好的内部一致性信度，作为中国人幸福感的测量工具是稳定、可信的。

表 2-6　《中国人综合幸福感问卷》各分量表及总问卷信度分析一览表

	主观幸福感	心理幸福感	社会幸福感	实现幸福感	总量表
Cronbach α 系数	0.829	0.956	0.911	0.925	0.972
分半信度	0.674	0.906	0.880	0.844	0.908

表 2-7　《中国人综合幸福感问卷》各维度的信度

	维度	Cronbach α 系数	分半信度
主观幸福感	生活满意	0.851	0.765
	正性情感	0.810	0.797
	负性情感	0.757	0.756
心理幸福感	人格成长	0.858	0.822
	自我价值	0.889	0.844
	生命活力	0.900	0.876
	友好关系	0.917	0.910
	利他行为	0.874	0.843
	健康关注	0.894	0.855

	维度	Cronbach α 系数	分半信度
	社会实现	0.827	0.810
	社会和谐	0.716	0.717
社会幸福感	社会整合	0.802	0.803
	社会认同	0.769	0.720
	社会贡献	0.868	0.847
	自我发现	0.833	0.809
	生活目的	0.899	0.879
实现幸福感	潜能感知	0.784	0.751
	才智追求	0.739	0.745
	人格展现	0.835	0.805

第三节　讨论与结论

《中国人综合幸福感问卷》是一个本土化、综合化的幸福感测评工具，该问卷有效地整合了主观幸福感、心理幸福感、社会幸福感和实现幸福感4种概念模型，建构起融合主观与客观、快乐与意义、享受与发展、个人与社会的统一理论框架，从多维度展示了幸福的内涵与结构。该问卷分19个维度，共91个项目。

对该问卷的信度分析表明，《中国人综合幸福感问卷》的总体 Cronbach α 系数为 0.972，分半信度为 0.908；4 个分量表的 Cronbach α 系数均在 0.8 以上，分半信度也都在 0.6 以上；19 个维度的 Cronbach α 系数和分半信度均在 0.7 以上。根据 Cronbach α 系数和分半信度的评判标准，该问卷的信度系数基本达到心理测量学要求。《中国人综合幸福感问卷》具有较好的内部一致性信度，作为中国人幸福感的测量工具是稳定、可信的。

经探索性因素分析，采用主成分分析法抽取因素，并进行正交旋转，主观幸福感抽取得到生活满意、正性情感和负性情感 3 个维度，可以解释项目总方差的 56.4%；心理幸福感抽取得到人格成长、自我价值、生命活力、友好关系、利他行为、健康关注 6 个维度，可以解释项目总方差的68.5%；社会幸福感抽取得到社会实现、社会和谐、社会整合、社会认同和社会贡献 5 个维度，可以解释项目总方差的 67.1%；实现幸福感抽取得到自我发现、生活目的、潜能感知、才智追求和人格展现 5 个维度，可以解释项目总方差的 69.1%。19 个维度之间的相关系数为 0.1~0.6，均达到显著水平；各维度与总分之间的相关系数为 0.357~0.805，且各维度与总分的相关明显高于维度之间的相关，说明该量表具有良好的结构效度。经过验证性因素分析发现，4 种幸福感与各自所包含的因子的拟合程度比较好，模型比较理想。以上分析说明，《中国人综合幸福感问卷》具有良好的效度。

幸福感是个体对自己幸福状况最为直接的评估，反映个体对自己生活状况的直观、全面的判断。将"幸福"量化，使之具有可操作性，是实现中国人幸福感测评的必要步骤。本研究以心理学中的幸福感研究为切入点，进行跨文化、跨学科、多视角整合，构建了既与国际学术研究接轨，又具有中国特色的中国人幸福感测量指标与测量框架。本研究构建 4 个模块 19 个维度的《中国人综合幸福感问卷》，形成了从快乐到实现，从个体到社会，从享受到发展的综合评价指标体系，具体包括：主观幸福感（生活满意、正性情感、负性情感），心理幸福感（人格成长、自我价值、生命活力、友好关系、利他行为、健康关注），社会幸福感（社会实现、社会和谐、社会整合、社会认同、社会贡献）和实现幸福感（自我发现、生活目的、潜能感知、才智追求、人格展现）的核心要素。

第三章

中国东、中、西部公民幸福感现状调查

国家各项政策更加重视民生问题，国家、地区、城市的幸福感成为社会和谐的衡量指标，政府希望用幸福指标拓宽经济发展的决心显而易见。本章旨在通过对中国东、中、西部三大区域公民幸福感的对比，了解中国人幸福感的全貌。

第一节　中国东、中、西部区域的划分

中国陆地总面积约为 960 万平方千米，居世界第三，幅员辽阔，人口众多。由于历史、地理分布以及诸多现实情况，中国各地区在发展水平上存在巨大差异。将中国划分成若干不同的区域，有助于研究中国区域的各种问题。在本研究中，我们参照国家发展和改革委员会的划分形式，将我国分为东、中、西部三大区域。

我国的东、中、西部的确切划分情况为：东部地区包括 12 个省、自治区、直辖市所构成的区域，分别是北京、天津、河北、辽宁、上海、江苏、浙江、福建、山东、广东、广西、海南；中部地区包括 9 个省、自治区所构成的区域，分别是黑龙江、吉林、内蒙古、山西、安徽、江西、河南、湖北、湖南；西部地区包括 10 个省、自治区、直辖市，分别是四川、重庆、贵州、云南、西藏、陕西、甘肃、青海、宁夏、新疆；[①] 另外，我国还将湖南的湘西地区、湖北的鄂西地区、吉林的延边地区也划分到了西部地区，使其同样享受西部大开发带来的优惠政策。

---

① 参见袁华斌、岑国璋：《经济地理学》，149 页，成都，电子科技大学出版社，2017。暂不包括香港、澳门特别行政区和台湾省。

总之，东、中、西部三大区域不仅地理环境、历史人文、经济发展水平、民族构成不同，而且在文化传统、生活方式等方面也存在巨大差异，这些因素都在一定程度上影响着三个区域公民的幸福感。本章旨在分析三大区域公民幸福感的现状，比较三大区域公民幸福感在各变量上的差异，并根据研究结论提出提升公民幸福感的对策与建议。

第二节　研究对象与研究工具

一、研究对象

以中国东、中、西部三大区域范围内 18 岁以上公民为研究对象，东部主要选择河北、广东、天津等地，中部主要选择江西、安徽、湖北等地，西部主要选择陕西、甘肃、云南等地。采用纸质与网络问卷相结合的方式进行调查，共回收问卷 1511 份，剔除无效问卷 106 份，共收回有效问卷 1405 份，有效回收率为 93.0%。

二、研究工具

《中国人综合幸福感问卷》、自编的一般资料问卷（12 个项目）、城市发展状况问卷（13 个项目）。

第三节　中国东、中、西部公民幸福感的状况

一、东、中、西部公民幸福感的总体状况

对东、中、西部公民的幸福感及幸福指数进行调查，总体得分情况见表 3-1 和表 3-2。

表 3-1　东、中、西部公民幸福感各维度的得分情况

	东部		中部		西部	
	M	SD	M	SD	M	SD
生活满意	4.446	1.218	4.413	1.165	4.264	1.492
正性情感	4.467	1.025	4.394	1.070	4.412	1.215
负性情感	3.198	1.387	2.921	1.165	2.563	1.099
人格成长	4.776	1.256	4.750	0.973	4.685	1.276
自我价值	4.949	1.103	5.123	1.007	5.273	1.247

	东部		中部		西部	
	M	SD	M	SD	M	SD
生命活力	4.730	1.121	4.713	1.157	4.662	1.195
友好关系	4.963	1.145	5.090	1.195	4.910	1.582
利他行为	4.896	1.080	4.935	1.047	5.051	1.110
健康关注	5.021	1.370	5.034	1.164	5.311	1.236
社会实现	4.748	1.068	4.635	1.075	4.578	1.189
社会和谐	4.938	1.143	5.054	1.158	5.294	1.160
社会认同	5.040	1.055	4.978	1.125	5.094	1.163
社会整合	5.029	1.230	5.156	1.040	5.306	1.499
社会贡献	4.781	1.065	4.663	1.014	4.541	1.159
自我发现	5.003	1.282	5.060	1.101	5.190	1.138
生活目的	4.821	1.160	4.795	1.223	4.859	1.262
潜能感知	4.896	1.075	4.885	1.099	4.864	1.223
才智追求	4.906	1.070	4.879	1.121	5.069	1.141
人格展现	5.090	1.014	5.119	1.034	5.348	1.023

从表 3-1 我们可以看出，东、中、西部公民除了负性情感外，其他维度得分均超过中值（4 分），而负性情感越低则表明消极情绪越少，幸福感越高。负性情感维持在 4 分以下，表明消极情绪体验较少。东部地区各维度得分最高的 3 个维度为人格展现、社会认同和社会整合；中部地区各维度得分最高的 3 个维度为社会整合、自我价值和人格展现；西部地区各维度得分最高的 3 个维度依次为人格展现、健康关注与社会和谐。

表 3-2　东、中、西部公民的综合幸福感状况

	东部		中部		西部		F	Sig.	LSD
	M	SD	M	SD	M	SD			
主观幸福感	4.573	0.817	4.629	0.760	4.704	0.844	3.334	0.036*	西＞东*
心理幸福感	4.889	1.005	4.941	0.927	4.982	1.001	1.148	0.318	
社会幸福感	4.907	0.975	4.897	0.920	4.963	0.978	0.575	0.563	
实现幸福感	4.943	0.978	4.948	1.004	5.066	1.001	2.222	0.109	
总体幸福感	19.312	3.389	19.414	3.257	19.715	3.274	1.906	0.149	
幸福指数	6.124	1.434	5.793	1.423	6.009	1.331	6.353	0.002**	东＞中* 西＞中*

注：* 表示 $p < 0.05$，** 表示 $p < 0.01$，*** 表示 $p < 0.001$，下同。

从表 3-2 可以看出，在东、中、西部三大区域中，公民幸福指数得分的排名依次为东部＞西部＞中部，总体幸福感的排名为西部＞中部＞东部。主观幸福感的排名依次为西部＞中部＞东部，心理幸福感的排名依次为西部＞中部＞东部，社会幸福感的排名依次为西部＞东部＞中部，实现幸福感的排名依次为西部＞中部＞东部。

为进一步检验东、中、西部公民幸福感的差异情况，对东、中、西部公民的总体幸福感进行方差分析。结果表明，东、中、西部三大区域公民在主观幸福感和幸福指数上存在显著差异：事后 LSD 检验表明，在主观幸福感上，西部地区显著高于东部地区；在幸福指数上，东部与西部地区均显著高于中部地区，中部的幸福指数最低。

二、东、中、西部公民幸福感的差异比较

(一)不同社会阶层公民幸福感的差异比较

表 3-3　不同社会阶层公民幸福感的差异比较

幸福感	社会阶层	东部		中部		西部	
		M	SD	M	SD	M	SD
总体幸福感	T1	19.350	3.578	17.941	4.017	21.488	2.946
	T2	19.948	3.321	20.310	3.042	20.468	3.369
	T3	18.716	3.433	20.358	3.151	19.763	4.284
	T4	19.931	3.504	20.174	3.072	20.129	3.616
	T5	18.896	3.058	19.300	2.747	18.760	4.055
	T6	18.990	2.984	20.789	2.679	19.937	2.418
	T7	19.320	3.756	19.404	3.496	19.218	2.878
	T8	18.143	3.770	18.079	3.669	19.174	3.088
	T9	19.262	2.646	20.000	2.601	19.363	2.890
	T10	19.208	3.154	18.280	2.470	19.546	3.268
	F	1.955*		3.688		1.458	
	Sig.	0.042		0.000***		0.161	

幸福感	社会阶层	东部		中部		西部	
		M	SD	M	SD	M	SD
幸福指数	T1	6.056	1.655	5.237	1.881	6.375	1.258
	T2	6.210	1.421	6.107	1.100	6.150	0.933
	T3	6.017	1.395	6.222	1.641	5.833	1.618
	T4	6.360	1.445	5.947	1.512	6.344	1.323
	T5	5.967	1.175	5.983	1.277	5.730	1.194
	T6	6.195	1.209	6.440	1.003	6.277	1.125
	T7	5.795	1.592	5.520	1.229	5.539	1.303
	T8	5.776	1.490	5.244	1.200	5.692	1.289
	T9	6.179	1.188	6.412	1.228	5.892	1.234
	T10	6.256	1.846	5.286	1.243	5.849	1.511
	F	1.263		3.424		2.130	
	Sig.	0.254		0.000***		0.026*	
主观幸福感	T1	4.584	0.780	4.194	0.475	5.106	0.762
	T2	4.652	0.763	4.709	0.794	4.867	0.743
	T3	4.440	0.664	5.004	0.972	4.614	0.925
	T4	4.726	0.890	4.766	0.779	4.836	0.974
	T5	4.546	0.711	4.613	0.701	4.507	1.123
	T6	4.568	0.843	5.027	0.543	4.788	0.669
	T7	4.535	0.897	4.661	0.790	4.392	0.605
	T8	4.408	0.795	4.406	0.798	4.533	0.677
	T9	4.448	0.880	4.796	0.741	4.709	0.813
	T10	4.393	0.918	4.432	0.803	4.588	0.750
	F	1.380		3.694		1.709	
	Sig.	0.193		0.000***		0.085	
心理幸福感	T1	4.924	1.042	4.594	0.979	5.503	0.778
	T2	5.066	1.008	5.207	0.842	5.111	0.910
	T3	4.783	1.014	5.142	1.154	4.990	1.230
	T4	5.026	0.947	5.207	0.804	5.114	0.954
	T5	4.674	0.952	4.819	0.780	4.690	1.027
	T6	4.789	1.014	5.328	0.839	5.034	0.842
	T7	5.018	0.995	5.001	1.149	4.935	0.876

幸福感	社会阶层	东部		中部		西部	
		M	SD	M	SD	M	SD
心理幸福感	T8	4.472	1.194	4.569	1.062	4.881	1.027
	T9	5.062	0.890	4.905	1.050	4.854	1.114
	T10	4.985	0.962	4.606	0.688	4.935	1.099
	F	2.363*		3.736		1.257	
	Sig.	0.013		0.000***		0.259	
社会幸福感	T1	4.897	1.056	4.422	1.411	5.350	0.792
	T2	5.130	0.942	5.188	0.787	5.160	1.031
	T3	4.705	0.991	4.822	0.683	4.958	1.229
	T4	5.058	0.967	5.105	0.812	5.015	1.080
	T5	4.866	0.843	4.966	0.735	4.849	1.284
	T6	4.837	0.770	5.134	0.800	5.003	0.722
	T7	4.853	1.191	4.860	0.911	4.779	0.846
	T8	4.571	1.184	4.585	1.040	4.987	0.950
	T9	4.813	0.855	5.074	0.529	4.814	0.900
	T10	4.876	0.903	4.605	0.708	4.997	0.952
	F	1.911		3.280		0.765	
	Sig.	0.048*		0.001**		0.649	
实现幸福感	T1	4.945	1.021	4.731	1.498	5.529	0.909
	T2	5.100	0.932	5.207	0.852	5.330	0.970
	T3	4.787	1.029	5.391	0.936	5.200	1.213
	T4	5.122	0.974	5.097	0.973	5.165	1.026
	T5	4.811	0.926	4.901	0.814	4.715	1.138
	T6	4.797	1.022	5.301	0.952	5.112	0.857
	T7	4.915	1.081	4.882	0.929	5.112	1.015
	T8	4.692	1.103	4.520	1.018	4.774	1.023
	T9	4.939	0.894	5.226	0.656	4.987	0.951
	T10	4.953	0.723	4.637	0.772	5.026	0.990
	F	1.625		2.568		1.521	
	Sig.	0.105		0.007**		0.138	

注：T1＝国家与社会管理者阶层；T2＝经理人员阶层；T3＝私营企业主阶层；T4＝专业技术人员阶层；T5＝办事人员阶层；T6＝个体工商户阶层；T7＝商业服务人员阶层；T8＝产业工人阶层；T9＝农业劳动者阶层；T10＝城乡无业失业半失业者阶层。

根据表 3-3 所示，东、中、西部不同社会阶层公民的幸福感与幸福指数存在差异。东部地区不同社会阶层在总体幸福感、心理幸福感和社会幸福感上存在显著差异；中部地区不同社会阶层在总体幸福感、幸福指数、主观幸福感、心理幸福感、社会幸福感以及实现幸福感上都有显著差异；西部地区不同社会阶层仅在幸福指数上有显著差异。

（二）不同性别公民幸福感的差异比较

表 3-4　不同性别公民幸福感的差异比较

性别		东部		中部		西部	
		男	女	男	女	男	女
主观幸福感	M	4.537	4.614	4.623	4.635	4.623	4.796
	SD	0.835	0.794	0.769	0.753	0.768	0.915
	t		−1.168		−0.145		−2.131*
	Sig.		0.243		0.885		0.034

独立样本 t 检验表明，东、中、西部公民的心理幸福感、社会幸福感、实现幸福感、总体幸福感与幸福指数均不存在显著性别差异，只有在西部地区，女性（$t = −2.131$，$p = 0.034$）的主观幸福感显著高于男性，如表 3-4 所示。

（三）不同年龄公民幸福感的差异比较

表 3-5　不同年龄公民幸福感的差异比较

幸福感	年龄	东部		中部		西部	
		M	SD	M	SD	M	SD
总体幸福感	N1	19.413	2.994	18.903	3.313	18.960	2.603
	N2	19.323	3.593	19.390	3.050	20.291	3.546
	N3	19.159	3.354	20.105	3.310	19.721	2.995
	N4	18.938	3.292	19.512	3.861	18.633	3.526
	N5	20.500	3.522	20.697	1.095	17.277	5.558
	F	0.444		1.908		3.506	
	Sig.	0.777		0.109		0.008**	

幸福感	年龄	东部		中部		西部	
		M	SD	M	SD	M	SD
幸福指数	N1	6.096	1.325	5.398	1.377	5.587	1.222
	N2	6.142	1.513	5.729	1.362	6.184	1.448
	N3	6.074	1.342	6.337	1.417	6.093	1.175
	N4	6.091	1.601	6.130	1.456	5.528	1.383
	N5	6.778	1.481	6.600	0.894	5.000	2.345
	F	0.536		6.569		3.987	
	Sig.	0.709		0.000**		0.003**	
主观幸福感	N1	4.537	0.766	4.518	0.783	4.471	0.538
	N2	4.583	0.847	4.628	0.696	4.814	0.962
	N3	4.532	0.821	4.711	0.784	4.754	0.770
	N4	4.721	0.648	4.912	0.898	4.422	0.851
	N5	5.025	0.861	4.707	0.235	3.747	0.978
	F	1.035		1.719		4.419	
	Sig.	0.388		0.145		0.002**	
心理幸福感	N1	5.008	0.924	4.925	0.885	4.866	0.754
	N2	4.885	1.031	4.897	0.931	5.150	1.010
	N3	4.799	1.052	5.047	0.951	4.963	1.003
	N4	4.666	0.880	4.783	1.114	4.654	1.087
	N5	5.031	0.895	5.414	0.340	4.211	1.222
	F	1.098		0.845		2.969	
	Sig.	0.357		0.498		0.019*	
社会幸福感	N1	4.891	0.926	4.688	0.949	4.745	0.883
	N2	4.916	1.007	4.926	0.831	5.126	1.047
	N3	4.892	0.965	5.157	0.947	4.928	0.900
	N4	4.836	1.038	4.870	1.025	4.831	0.999
	N5	5.256	0.798	5.120	0.148	4.460	1.872
	F	0.340		3.444		2.178	
	Sig.	0.851		0.009**		0.071	

幸福感	年龄	东部		中部		西部	
		M	SD	M	SD	M	SD
实现幸福感	N1	4.978	0.854	4.773	1.075	4.879	0.845
	N2	4.939	1.031	4.939	0.880	5.201	1.017
	N3	4.936	0.988	5.189	1.042	5.076	0.974
	N4	4.715	0.988	4.947	1.046	4.726	1.105
	N5	5.189	1.018	5.457	0.614	4.860	1.612
	F	0.487		2.504		2.190	
	Sig.	0.745		0.042*		0.069	

注：N1=18～25 岁；N2=26～35 岁；N3=36～45 岁；N4=46～55 岁；N5=56 岁及以上。

表 3-5 中的结果显示，东部地区公民的幸福感各项指标在不同年龄上均不存在显著性差异；中部地区公民的幸福指数、社会幸福感、实现幸福感在不同年龄上存在显著差异；西部地区公民的总体幸福感、幸福指数、主观幸福感、心理幸福感在不同年龄上均存在显著性差异。

（四）不同户籍公民幸福感的差异比较

表 3-6　不同户籍公民幸福感的差异比较

	户籍	东部		中部		西部	
		城镇	农村	城镇	农村	城镇	农村
幸福指数	M	6.251	5.807	5.932	5.535	6.038	5.974
	SD	1.445	1.359	1.413	1.413	1.372	1.281
	t	3.504		2.552		0.496	
	Sig.	0.000**		0.011*		0.620	
主观幸福感	M	4.647	4.386	4.652	4.585	4.655	4.765
	SD	0.840	0.726	0.746	0.787	0.922	0.735
	t	3.850		0.799		−1.338	
	Sig.	0.000***		0.425		0.182	

户籍		东部		中部		西部	
		城镇	农村	城镇	农村	城镇	农村
社会幸福感	M	4.988	4.707	4.981	4.742	4.920	5.014
	SD	0.990	0.910	0.873	0.986	1.068	0.857
	t	3.254		2.376		−1.008	
	Sig.	0.001**		0.018		0.314	
实现幸福感	M	5.001	4.798	4.997	4.857	5.086	5.042
	SD	0.993	0.929	0.991	1.025	1.027	0.971
	t	3.261		1.266		0.457	
	Sig.	0.020*		0.206		0.648	
总体幸福感	M	19.574	18.660	19.633	19.008	19.617	19.834
	SD	3.510	2.979	3.147	3.430	3.592	2.844
	t	3.261		1.748		−0.695	
	Sig.	0.001**		0.081		0.487	

从表 3-6 来看，东部和中部公民的幸福感与幸福指数在不同户籍上差异显著，而西部则差异不显著。具体来说，东部在主观幸福感、社会幸福感、实现幸福感、总体幸福感及幸福指数上均表现出城镇户籍人群显著高于农村户籍人群的特征。中部地区城镇户籍人群只有在幸福指数上显著高于农村户籍人群。西部城镇户籍人群与农村户籍人群在幸福体验上无显著差异。

（五）不同政治面貌公民幸福感的差异比较

表 3-7　不同政治面貌公民幸福感的差异比较

幸福感	政治面貌	东部		中部		西部	
		M	SD	M	SD	M	SD
总体幸福感	中共党员	19.939	3.020	19.435	3.140	20.648	3.100
	共青团员	21.332	2.948	20.807	4.488	18.767	2.780
	群众	19.188	3.430	19.397	3.278	19.426	3.286
	其他党派党员	22.206	1.630	18.158	3.711	21.029	3.748
	F	2.518		0.615		4.161	
	Sig.	0.057		0.605		0.006**	

幸福感	政治面貌	东部		中部		西部	
		M	SD	M	SD	M	SD
幸福指数	中共党员	5.986	1.379	5.505	1.365	6.220	1.315
	共青团员	7.167	1.169	6.500	1.643	5.700	1.160
	群众	6.133	1.442	5.918	1.432	5.946	1.323
	其他党派党员	5.667	1.528	5.200	1.095	6.800	1.483
	F	1.391		2.942		1.872	
	Sig.	0.245		0.033*		0.134	
主观幸福感	中共党员	4.723	0.917	4.625	0.700	4.798	0.950
	共青团员	5.220	0.729	5.017	1.417	4.520	0.707
	群众	4.542	0.800	4.621	0.772	4.673	0.800
	其他党派党员	5.057	0.663	4.629	0.521	5.191	1.373
	F	2.663		0.528		1.276	
	Sig.	0.047*		0.663		0.282	
心理幸福感	中共党员	5.016	0.964	5.020	0.797	5.279	0.930
	共青团员	5.544	0.777	5.221	1.066	4.680	0.788
	群众	4.860	1.011	4.908	0.971	4.889	1.010
	其他党派党员	5.645	0.365	4.466	1.255	5.497	1.042
	F	1.950		0.988		4.694	
	Sig.	0.120		0.398		0.003**	
社会幸福感	中共党员	5.069	0.862	4.873	0.955	5.233	0.987
	共青团员	5.208	1.054	5.233	1.078	4.570	0.791
	群众	4.877	0.988	4.910	0.902	4.885	0.968
	其他党派党员	5.683	0.506	4.400	0.913	5.210	0.900
	F	1.653		0.792		3.931	
	Sig.	0.176		0.499		0.009**	
实现幸福感	中共党员	5.133	0.870	4.916	1.001	5.339	0.954
	共青团员	5.361	0.607	5.336	0.948	4.997	0.866
	群众	4.908	0.993	4.958	1.007	4.980	1.009
	其他党派党员	5.822	0.215	4.663	1.121	5.130	1.006
	F	2.323		0.475		3.321	
	Sig.	0.074		0.700		0.020*	

表 3-7 显示，在东部地区，共青团员的主观幸福感显著高于群众，其他各项无显著差异；在中部地区，群众的幸福指数显著高于中共党员；在西部地区，公民的总体幸福感、心理幸福感、社会幸福感以及实现幸福感在不同政治面貌上均有显著差异，在总体幸福感、心理幸福感与实现幸福感上表现出中共党员显著高于群众的特征，在社会幸福感上表现出中共党员显著高于群众和共青团员。

（六）不同婚姻状况公民幸福感的差异比较

表 3-8　不同婚姻状况公民幸福感的差异比较

幸福感	婚姻状况	东部		中部		西部	
		M	SD	M	SD	M	SD
总体幸福感	未婚	18.850	3.236	18.569	3.606	18.799	3.113
	已婚	19.501	3.452	19.689	3.073	19.766	3.300
	离异/分居	19.719	3.571	18.800	3.637	21.180	2.527
	丧偶	20.045	2.343	20.917	2.262	18.578	3.213
	F	1.785		3.507		2.226	
	Sig.	0.149		0.016*		0.084	
幸福指数	未婚	5.863	1.488	5.480	1.545	5.738	1.380
	已婚	6.307	1.384	5.963	1.374	6.054	1.324
	离异/分居	5.050	1.276	5.212	1.386	5.933	1.163
	丧偶	5.833	0.408	5.909	1.044	5.000	0.000
	F	8.357		4.344		1.133	
	Sig.	0.000**		0.005**		0.335	
主观幸福感	未婚	4.470	0.797	4.538	0.743	4.607	0.666
	已婚	4.621	0.818	4.653	0.769	4.716	0.862
	离异/分居	4.591	1.032	4.516	0.731	4.668	0.846
	丧偶	4.552	0.281	5.060	0.668	4.850	1.249
	F	1.462		1.867		0.240	
	Sig.	0.224		0.135		0.869	

幸福感	婚姻状况	东部		中部		西部	
		M	SD	M	SD	M	SD
心理幸福感	未婚	4.834	0.969	4.737	0.997	4.745	0.901
	已婚	4.909	1.025	4.993	0.890	4.984	1.014
	离异/分居	4.975	1.042	4.882	1.069	5.586	0.751
	丧偶	5.063	0.766	5.358	0.557	5.028	0.762
	F	0.350		2.273		2.640	
	Sig.	0.789		0.080		0.049*	
社会幸福感	未婚	4.742	0.951	4.589	1.036	4.716	0.865
	已婚	4.977	0.981	5.003	0.849	4.973	0.994
	离异/分居	5.033	1.002	4.717	1.037	5.443	0.766
	丧偶	5.067	0.814	5.186	0.727	4.525	0.247
	F	2.680		4.810		2.269	
	Sig.	0.046*		0.003**		0.080	
实现幸福感	未婚	4.804	0.954	4.705	1.123	4.732	0.997
	已婚	4.994	0.985	5.041	0.939	5.092	1.001
	离异/分居	5.121	1.040	4.684	1.166	5.482	0.801
	丧偶	5.364	0.708	5.314	0.577	4.175	0.955
	F	2.249		3.484		3.078	
	Sig.	0.082		0.016*		0.027*	

　　表 3-8 中的结果显示，东、中、西部公民的幸福指数在不同婚姻状况上均有显著差异。具体而言，东部公民的幸福指数与社会幸福感在婚姻状况上存在显著差异；中部公民的总体幸福感、幸福指数、社会幸福感与实现幸福感在婚姻状况上存在显著差异；西部公民的心理幸福感与实现幸福感在婚姻状况上存在差异，离异或分居人群的心理幸福感高于未婚与已婚人群，已婚和离异或分居人群的实现幸福感高于未婚人群。

（七）不同学历公民幸福感的差异比较

表3-9　不同学历公民幸福感的差异比较

幸福感	学历	东部		中部		西部	
		M	SD	M	SD	M	SD
幸福指数	高中及以下	5.957	1.319	5.825	1.583	6.040	1.283
	大专	5.830	1.428	5.730	1.293	5.659	1.323
	本科	6.234	1.469	5.955	1.479	6.189	1.345
	硕士	6.469	1.047	5.188	1.256	6.833	1.602
	博士	8.000	1.732	5.750	0.500		
	F	4.083		2.035		3.546	
	Sig.	0.003**		0.089		0.015*	
主观幸福感	高中及以下	4.404	0.765	4.552	0.818	4.707	0.749
	大专	4.484	0.743	4.701	0.807	4.589	0.721
	本科	4.640	0.853	4.604	0.746	4.799	1.092
	硕士	4.638	0.751	4.568	0.489	4.467	0.346
	博士	5.241	1.029	5.097	0.856		
	F	2.591		0.875		1.157	
	Sig.	0.036*		0.479		0.326	
社会幸福感	高中及以下	4.746	0.906	4.711	1.023	5.033	0.886
	大专	4.747	0.871	4.916	0.860	4.778	0.906
	本科	4.991	1.024	4.959	0.971	4.968	1.182
	硕士	5.072	0.956	4.866	0.639	4.817	1.021
	博士	5.550	0.087	4.875	1.010		
	F	2.793		0.774		1.455	
	Sig.	0.026*		0.543		0.226	

根据表3-9中的结果，东部地区公民的幸福指数、主观幸福感和社会幸福感在不同学历上差异显著；中部地区不同学历公民的幸福指数差异不显著；西部地区不同学历公民的幸福指数差异显著。

（八）不同年收入公民幸福感的差异比较

表 3-10　不同年收入公民幸福感的差异比较

幸福感	年收入	东部		中部		西部	
		M	SD	M	SD	M	SD
总体 幸福感	A1	19.179	3.312	19.088	3.219	18.899	3.205
	A2	19.084	3.093	19.129	2.790	19.267	3.001
	A3	18.290	3.384	19.571	3.046	20.412	3.447
	A4	19.258	3.053	19.385	4.130	19.658	2.843
	A5	21.314	3.827	20.253	4.394	18.969	3.079
总体 幸福感	A6	21.738	2.859	21.891	1.195	20.394	2.656
	A7	19.739	3.003	16.513	1.511	21.172	5.625
	A8	19.391	3.011	19.511	2.703	21.472	1.829
	A9	19.390	4.526			21.532	0.771
	F	6.941		1.566		2.541	
	Sig.	0.000**		0.144		0.001*	
幸福 指数	A1	6.064	1.759	5.677	1.348	5.796	1.323
	A2	5.830	1.358	5.714	1.238	5.975	1.143
	A3	5.868	1.248	5.903	1.518	6.215	1.441
	A4	6.182	1.273	5.632	1.644	5.868	1.331
	A5	6.850	1.655	6.278	1.809	6.571	0.976
	A6	6.643	1.830	6.182	0.751	5.900	1.197
	A7	6.237	1.025	6.000	0.000	5.909	0.831
	A8	6.500	1.549	6.000	0.000	7.000	1.118
	A9	5.429	1.902			5.500	0.707
	F	4.084		0.724		1.677	
	Sig.	0.000**		0.652		0.102	
主观 幸福感	A1	4.487	0.813	4.526	0.851	4.498	0.778
	A2	4.437	0.808	4.596	0.766	4.542	0.783
	A3	4.420	0.761	4.648	0.689	4.889	0.883
	A4	4.565	0.768	4.604	0.685	4.778	0.678
	A5	5.030	0.978	4.788	0.955	4.564	0.611

幸福感	年收入	东部		中部		西部	
		M	SD	M	SD	M	SD
主观 幸福感	A6	5.003	0.736	5.422	0.435	4.874	0.582
	A7	4.690	0.675	4.056	0.550	5.063	1.789
	A8	4.547	0.828	4.239	0.416	5.095	0.539
	A9	4.598	1.022			5.306	0.039
	F	4.774		2.337		2.811	
	Sig.	0.000**		0.024*		0.005*	
心理 幸福感	A1	4.994	1.049	4.896	0.854	4.769	1.067
	A2	4.771	0.949	4.846	0.789	4.898	0.947
	A3	4.559	1.001	4.927	0.907	5.193	1.027
	A4	4.871	0.915	5.017	1.195	4.874	0.872
	A5	5.452	1.026	5.102	1.190	4.982	1.136
	A6	5.540	0.848	5.696	0.417	4.964	0.848
	A7	5.101	0.850	4.282	0.399	5.272	1.333
	A8	4.894	0.862	4.972	1.037	5.405	0.566
	A9	5.056	1.420			5.085	0.249
	F	7.050		1.517		1.740	
	Sig.	0.000**		0.160		0.087	
社会 幸福感	A1	4.829	1.004	4.792	0.865	4.794	0.993
	A2	4.895	0.888	4.808	0.768	4.866	0.915
	A3	4.640	0.997	5.021	0.880	5.083	0.982
	A4	4.926	0.884	4.852	1.236	4.911	0.876
	A5	5.434	1.023	5.086	1.198	4.929	1.054
	A6	5.559	0.889	5.236	0.406	5.280	0.853
	A7	4.905	0.939	4.200	0.283	5.482	1.849
	A8	4.819	0.811	5.075	0.530	5.417	0.454
	A9	4.757	1.031			5.225	0.106
	F	5.735		1.048		1.527	
	Sig.	0.000**		0.397		0.146	

幸福感	年收入	东部		中部		西部	
		M	SD	M	SD	M	SD
实现幸福感	A1	4.868	0.937	4.874	0.861	4.837	1.002
	A2	4.981	0.976	4.880	0.854	4.961	1.004
	A3	4.671	0.985	4.975	0.974	5.248	1.017
	A4	4.895	0.848	4.913	1.402	5.095	0.882
	A5	5.398	1.009	5.277	1.129	4.495	0.737
	A6	5.635	0.876	5.536	0.411	5.275	1.016
	A7	5.042	0.915	3.975	1.379	5.356	1.201
	A8	5.131	1.183	5.225	0.719	5.556	0.729
	A9	4.979	1.354			5.917	0.377
	F	5.516		1.252		2.233	
	Sig.	0.000**		0.274		0.024*	

注：A1＝3万及以下；A2＝3.1万到4.9万；A3＝5万到7.9万；A4＝8万到11.9万；A5＝12万到14.9万；A6＝15万到19.9万；A7＝20万到29.9万；A8＝30万到49.9万；A9＝50及50万以上。

根据表 3-10 可知，不同年收入人群的幸福感与幸福指数存在差异。东部地区不同年收入公民的总体幸福感、幸福指数、主观幸福感、心理幸福感、社会幸福感和实现幸福感都有差异；中部地区公民只有主观幸福感在收入上有显著差异；西部地区人群总体幸福感、主观幸福感与实现幸福感在收入上有显著差异。

（九）不同住房面积公民幸福感的差异比较

表 3-11　不同住房面积公民幸福感的差异比较

幸福感	住房面积	东部		中部		西部	
		M	SD	M	SD	M	SD
总体幸福感	M1	18.094	3.728	18.675	3.247	18.953	2.831
	M2	18.289	3.158	19.099	3.614	18.825	3.564
	M3	19.187	2.878	19.322	3.177	19.407	2.820
	M4	19.297	3.077	20.046	3.029	21.144	3.432
	M5	20.470	3.750	19.860	3.229	19.668	3.755
	M6	19.594	3.629	18.686	3.427	19.885	2.538
	F	6.301***		2.062		5.516***	

幸福感	住房面积	东部		中部		西部	
		M	*SD*	*M*	*SD*	*M*	*SD*
幸福指数	M1	5.346	1.322	5.554	1.387	5.800	1.178
	M2	5.850	1.294	5.936	1.914	5.900	1.559
	M3	6.052	1.296	5.794	1.531	5.887	1.196
	M4	6.066	1.340	5.716	1.072	6.387	1.437
	M5	6.615	1.449	6.197	1.405	6.140	1.043
	M6	6.436	1.761	5.455	1.454	5.926	1.269
	F	8.017***		2.190		2.323*	
主观幸福感	M1	4.245	0.929	4.453	0.774	4.420	0.777
	M2	4.334	0.710	4.733	0.943	4.442	0.817
	M3	4.543	0.730	4.562	0.797	4.710	0.705
	M4	4.537	0.763	4.787	0.671	5.046	0.862
	M5	4.901	0.874	4.631	0.686	4.733	1.080
	M6	4.633	0.808	4.563	0.803	4.545	0.680
	F	7.904***		1.670		5.868***	
心理幸福感	M1	4.611	1.120	4.712	0.882	4.880	1.113
	M2	4.530	1.033	4.853	0.989	4.662	1.160
	M3	4.846	0.839	4.976	0.933	4.931	0.926
	M4	4.901	0.930	5.134	0.911	5.306	0.968
	M5	5.157	1.077	4.977	0.924	4.937	0.924
	M6	5.103	1.039	4.790	0.929	5.133	0.784
	F	5.544**		1.801		3.600**	
社会幸福感	M1	4.564	1.027	4.797	0.929	4.722	0.827
	M2	4.696	0.998	4.794	1.045	4.846	1.068
	M3	4.894	0.856	4.827	0.811	4.811	0.845
	M4	4.913	0.899	5.026	0.831	5.360	0.968
	M5	5.190	1.053	5.116	0.964	5.009	1.200
	M6	4.906	1.023	4.569	0.977	4.991	0.863
	F	4.430**		2.671*		4.742***	

幸福感	住房面积	东部		中部		西部	
		M	SD	M	SD	M	SD
实现幸福感	M1	4.674	1.178	4.714	0.983	4.931	0.926
	M2	4.729	0.950	4.719	1.107	4.876	1.097
	M3	4.903	0.841	4.956	0.922	4.955	0.924
	M4	4.946	0.870	5.099	0.959	5.433	1.028
	M5	5.223	1.075	5.136	0.999	4.989	1.049
	M6	4.952	1.027	4.764	1.101		
	F	3.859**		2.194		3.767**	

注：M1＝60平方米以下；M2＝60至79平方米；M3＝80至99平方米；M4＝100至119平方米；M5＝120至149平方米；M6＝150平方米及以上。

从表3-11来看，不同住房面积公民的幸福感与幸福指数存在差异，东部地区不同住房面积的公民的总体幸福感、幸福指数、主观幸福感、心理幸福感、社会幸福感和实现幸福感存在显著差异。中部地区不同住房面积的公民的社会幸福感和实现幸福感存在显著差异。西部地区不同住房面积的公民在总体幸福感、幸福指数、主观幸福感、心理幸福感、社会幸福感和实现幸福感上存在显著差异。

三、城市发展状况与公民幸福感的关系

采用自编城市发展状况问卷，考查公民对城市发展状况的看法，并考查城市发展状况与公民幸福感的关系，结果见表3-12。

表3-12　主观幸福感、总体幸福感、幸福指数与城市发展状况关系的相关矩阵

	总体状况	经济状况	收入水平	房产价格	物价水平	休闲状况	教育状况	社会风气	交通状况	社会治安	环境质量	医疗卫生	可持续发展
主观幸福感	0.530**	0.473**	0.366**	0.235**	0.304**	0.400**	0.372**	0.440**	0.316**	0.436**	0.316**	0.381**	0.420**
总体幸福感	0.575**	0.515**	0.450**	0.312**	0.384**	0.476**	0.455**	0.519**	0.431**	0.528**	0.430**	0.468**	0.520**
幸福指数	0.358**	0.325**	0.302**	0.237**	0.165**	0.286**	0.283**	0.290**	0.255**	0.302**	0.246**	0.295**	0.297**

从表3-12中可以发现，幸福指数与所有的城市发展状况评分都存在显著相关，说明表格中呈现的13项评估指标对幸福感具有影响，可能对幸福感有预测作用。

表 3-13　东、中、西部城市发展状况的差异比较

影响因素	东部		中部		西部		F	LSD
	M	SD	M	SD	M	SD		
总体状况	3.301	0.831	3.127	0.740	3.245	0.710	5.845	东＞中*
经济状况	3.256	0.893	2.986	0.763	3.035	0.738	15.708***	东＞中* 东＞西*
收入水平	3.178	0.886	2.849	0.748	2.839	0.786	28.572***	东＞中* 东＞西*
房产价格	3.046	1.063	2.934	0.858	2.879	1.010	3.790*	东＞西*
物价水平	3.129	0.980	2.950	0.806	2.984	2.297	2.072	
休闲状况	3.295	0.899	3.050	0.806	2.930	0.868	23.990***	东＞中* 东＞西*
教育状况	3.366	0.895	3.270	0.813	3.217	0.811	4.122*	东＞西*
社会风气	3.347	0.869	3.138	0.796	3.287	0.857	7.024**	东＞中*
交通状况	3.111	0.936	3.066	0.902	3.079	0.950	0.299	
社会治安	3.366	0.872	3.339	0.785	3.442	0.740	1.780	
环境质量	2.852	1.110	2.967	0.919	3.227	0.856	18.284***	西＞东* 西＞中*
医疗卫生	3.272	0.870	3.072	0.844	3.091	0.809	8.773***	东＞中* 东＞西*
可持续发展	3.362	0.915	3.218	0.850	3.292	0.850	3.106*	东＞中*

表 3-13 为东、中、西部在城市发展状况的 13 个评估项目上的得分情况，东部地区得分最高的是教育状况和社会治安，最低是环境质量；中部地区得分最高的是社会治安，最低的是收入水平；西部地区得分最高的是社会治安，最低的是收入水平。F 检验表明，除物价水平、交通状况、社会治安 3 个项目东、中、西部得分差异不显著外，其余各项目在东、中、西部区域均有显著差异。在总体状况、社会风气和可持续发展上，东部显著高于中部，在经济状况、收入水平、休闲状况及医疗卫生上，东部显著高于中部和西部，在房产价格满意度和教育状况上，东部高于西部，在环境质量上西部显著高于东部与中部。

为进一步了解城市发展状况对东、中、西部公民幸福感的影响，我们以城市发展状况满意度的 12 个项目作为自变量，进行逐步多元线性回归分析。

首先，为分析城市发展状况对东、中、西部公民主观幸福感的影响，我们以主观幸福感得分为因变量，城市发展状况的 12 个项目为自变量，进行逐步回归分析，结果见表 3-14。

表 3-14　城市发展状况对东、中、西部公民主观幸福感的影响分析

区域	自变量	R	R^2	调整 R^2	t	Sig.	B	标准回归系数 β	影响力排名
东部地区	经济状况	0.387	0.150	0.148	4.784	0.000	0.194	0.212	1
	社会风气	0.431	0.186	0.183	3.189	0.002	0.133	0.141	2
	可持续发展能力	0.451	0.203	0.199	2.994	0.003	0.119	0.133	3
	休闲状况	0.458	0.210	0.204	2.234	0.026	0.090	0.099	4
中部地区	经济状况	0.390	0.152	0.150	5.319	0.000	0.353	0.355	1
	社会治安	0.459	0.211	0.206	4.945	0.000	0.229	0.237	2
	房产价格	0.476	0.227	0.220	3.100	0.002	0.145	0.163	3
	收入水平	0.486	0.236	0.228	2.099	0.036	0.139	0.137	4
西部地区	收入水平	0.347	0.120	0.118	4.225	0.000	0.216	0.201	2
	物价水平	0.429	0.184	0.180	5.551	0.000	0.090	0.244	1
	社会风气	0.465	0.217	0.211	2.995	0.003	0.147	0.150	3
	环境质量状况	0.477	0.228	0.220	2.469	0.014	0.118	0.120	4

从表 3-14 可知，12 个预测变量在预测因变量（主观幸福感）时，进入东部地区回归方程的显著变量共有 4 个，分别是经济状况、社会风气、可持续发展能力与休闲状况。多元回归系数为 0.458，表中的 4 个变量能联合预测主观幸福感 20.4％的变异量。这 4 个因素对幸福指数的相对影响力由大到小依次为经济状况、社会风气、可持续发展能力与休闲状况（标准回归系数 β 的绝对值越大，相对影响力越大）。这 4 个城市影响因素越好，则公民的主观幸福感就会越高。进入中部地区回归方程的显著变量共有 4 个，分别是经济状况、社会治安、房产价格和收入水平，多元回归系数为 0.486，联合解释变异量的 22.8％。进入西部地区回归方程的显著变量共有 4 个，分别是收入水平、物价水平、社会风气和环境质量状况。多元回归系数为 0.477，联合解释变异量的 22.0％。

总之，在主观幸福感因变量上，东部地区受经济状况、社会风气、可持续发展能力和休闲状况 4 个自变量的影响；中部受经济状况、社会治安、

房产价格和收入水平4个自变量的影响；西部受收入水平、物价水平、社会风气和环境质量状况4个自变量的影响。

其次，为分析城市发展状况对东、中、西部公民幸福指数的影响，以幸福指数得分为因变量，城市发展状况的12个项目为自变量，进行逐步回归分析，结果见表3-15。

表 **3-15** 城市发展状况对东、中、西部公民幸福指数的影响分析

区域	自变量	R	R^2	调整 R^2	t	Sig.	B	标准回归系数 β	影响力排名
东部地区	休闲状况	0.366	0.134	0.133	3.570	0.000	0.261	0.164	2
	交通状况	0.425	0.181	0.178	4.258	0.000	0.271	0.177	1
	教育状况	0.448	0.201	0.197	3.284	0.001	0.238	0.149	3
	收入水平	0.457	0.209	0.203	2.414	0.016	0.174	0.108	4
中部地区	经济状况	0.386	0.149	0.147	4.647	0.000	0.452	0.243	2
	社会治安状况	0.464	0.215	0.211	5.315	0.000	0.458	0.253	1
	房产价格	0.492	0.242	0.236	3.587	0.000	0.306	0.184	3
西部地区	经济状况	0.316	0.100	0.098	4.401	0.000	0.386	0.219	1
	可持续发展能力	0.359	0.129	0.125	2.844	0.005	0.223	0.146	2
	社会治安状况	0.378	0.143	0.137	2.605	0.009	0.227	0.129	3

表3-15显示，在东部幸福指数的解释模型中，进入东部地区回归方程的显著变量共有4个，分别是休闲状况、交通状况、教育状况和收入水平。多元回归系数为0.457，表中7个变量能联合预测幸福指数20.3％的变异量。进入中部地区回归方程的显著变量共有3个，分别是经济状况、社会治安状况和房产价格。多元回归系数为0.492，联合解释变异量的23.6％。进入西部地区回归方程的显著变量共有3个，分别是经济状况、可持续发展能力和社会治安状况。多元回归系数为0.378，联合解释变异量的13.7％。

在幸福指数这个因变量上，东部地区影响幸福指数的4个自变量是休闲状况、交通状况、教育状况和收入水平；中部城市受经济状况、社会治安状况和房产价格3个自变量的影响；西部受经济状况、可持续发展能力及社会治安状况3个自变量的影响。影响东、中、西部地区的因素有差异，东部更多受城市的设施环境影响更多，中、西部则更多受到经济水平和治安方面因素的影响。

最后，为分析城市发展状况对东、中、西部公民总体幸福感的影响，以主观幸福感、心理幸福感、社会幸福感及实现幸福感的总分表示公民的幸福感总体状况，并作为因变量，以城市发展状况的 12 个项目为自变量，进行逐步回归分析，结果见表 3-16。

表 3-16　城市发展状况对东、中、西部公民总体幸福感的影响分析

区域	自变量	R	R^2	调整 R^2	t	Sig.	B	标准回归系数 β	影响力排名
东部地区	社会风气	0.456	0.208	0.207	3.645	0.000	0.626	0.161	1
	休闲状况	0.521	0.271	0.269	3.448	0.001	0.558	0.148	2
	可持续发展能力	0.551	0.303	0.300	2.866	0.004	0.457	0.123	4
	经济状况	0.562	0.316	0.312	2.719	0.007	0.432	0.114	5
	社会治安状况	0.571	0.327	0.321	2.927	0.004	0.482	0.124	3
	教育状况	0.576	0.331	0.325	2.062	0.040	0.353	0.093	6
中部地区	经济状况	0.430	0.184	0.182	6.430	0.000	1.720	0.403	1
	社会治安状况	0.516	0.267	0.263	5.235	0.000	1.025	0.247	2
	物价水平	0.542	0.294	0.288	3.801	0.000	0.734	0.182	3
	收入水平	0.554	0.307	0.299	2.882	0.004	0.782	0.180	4
	休闲状况	0.560	0.314	0.304	1.971	0.049	0.387	0.096	5
西部地区	社会治安状况	0.395	0.156	0.154	4.004	0.000	0.897	0.203	1
	收入水平	0.474	0.224	0.221	3.725	0.000	0.739	0.177	2
	可持续发展能力	0.495	0.245	0.239	2.769	0.006	0.516	0.134	4
	物价水平	0.513	0.263	0.256	3.317	0.001	0.202	0.142	3
	社会风气	0.523	0.273	0.264	2.374	0.018	0.473	0.124	5

从表 3-16 可知，12 个预测变量预测因变量（总体幸福感）时，进入东部地区回归方程的显著变量共有 6 个，分别是社会风气、休闲状况、可持续发展能力、经济状况、社会治安状况和教育状况。多元回归系数为 0.576，表中的 6 个变量能联合预测总体幸福感的 32.5% 的变异量。进入中部地区回归方程的显著变量共有 5 个，分别是经济状况、社会治安状况、物价水平、收入水平和休闲状况。多元回归系数为 0.560，联合解释变异量的 30.4%。进入西部地区回归方程的显著变量共有 3 个，分别是社会治安状况、可持续发展能力和总体状况。多元回归系数为 0.523，联合解释变异量的 26.4%。

从总体幸福感来看，同幸福指数一样，影响东部幸福感的城市因素有

6个，中部和西部各有 5 个。总体来看，影响东部幸福感与幸福指数的因素是多元的，有环境设施因素也有经济方面的因素；影响中部的主要是经济方面的因素；影响西部的则是经济与可持续发展能力。

第四节　讨论与结论

一、中国东、中、西部公民幸福感状况的讨论

中国东、中、西部公民的幸福感各维度得分均高于中间值，说明公民整体上幸福指数处于中间偏上水平。我们在东、中、西部公民幸福指数研究中发现，东、中、西部公民的幸福指数都处于中间偏上水平。在 4 个分量表上，东、中、西部公民的幸福感得分在所有维度上得分均高于中间值。另外，研究发现，东、中、西部公民在主观幸福感及主观幸福感各维度上得分均不高。不同的是主观幸福感、心理幸福感、社会幸福感和实现幸福感都是西部较高，幸福指数则是东部最高。公民主观幸福感和幸福指数在东、中、西部上存在显著差异。

研究显示，东、中、西部公民的主观幸福感和幸福指数存在显著差异，在主观幸福感上，西部显著高于东部；在幸福指数上，东部与西部均显著高于中部。东、中、西部三大区域的经济发展水平存在显著差异，而各个区域在社会文化制度方面的共性与差异性同时存在，因此，各个区域居民对幸福感可能产生不同的体验。东部的幸福指数显著高于中部，这与曹大宇[①]的研究结果一致。东部地区整体经济发展水平高于中部，城镇化水平高于中部，各项基础设施及先进技术也是领先于中部，这可能是东部的幸福指数高于中部的重要原因。但在 1999 年西部大开发政策实施后，国家对西部投入了大量财力物力，西部地区的经济水平快速提升，居住在占国土三分之二的西部地区的人民的生活方式也在逐渐发生着改变，西部地区人民的生活质量有了很大改善，短期内公民的幸福感可能会出现上升趋势，因此，近些年西部地区公民更能体验到发展带来的幸福感。

二、中国东、中、西部公民幸福感差异的讨论

社会阶层是人在社会活动中地位、权利的表现。研究显示，不论是东部还是中部、西部，幸福指数在社会阶层上都有显著差异，社会阶层的划

---

① 曹大宇：《我国居民收入与幸福感关系的研究》，博士学位论文，华中科技大学，2009。

分与幸福指数存在一定的相关。社会阶层与情感之间的关系隐含在许多社会学理论中。比如，科塞在其冲突理论中就曾提到，相对剥夺比绝对剥夺更可能引起不公平感。一方面，可能是因为它可以提供物质支持，满足人们基本的生存需要；另一方面，有些工作可以带给人们积极的社会联系，以及一种合理的社会认同和自我认同。在本研究中，东部地区经理人员阶层与专业技术人员阶层幸福感较高，办事人员阶层与产业工人阶层的幸福感相对较低；中部地区则表现出不同社会阶层群体的一般幸福感间存在显著差异；西部地区表现出国家与社会管理者阶层、办事人员阶层和个体工商户阶层幸福指数较高，而商业服务业、产业工人、农业劳动者与失业无业者阶层幸福指数较低的现状。《2012 年度中国职场心理健康调研报告》显示机关公务员的幸福感排倒数第一，这可能是由这一阶层所面临的事务过多、工作繁杂、晋升困难、职业压力较大造成的。在三大区域中，产业工人的幸福感相对都较低，这可能由于工人阶级处于一线工作中，整日面对枯燥的流水线工作，更容易产生抑郁情绪，工资待遇也比较低，很容易产生职业倦怠，由此影响幸福感。

从来没有性别对幸福感的影响的确切说法。有的研究认为男性比女性有更高的幸福感，但也有研究认为女性更能体验到幸福，还有研究显示男性与女性并没有差异。本研究中，东部与中部在性别变量上没有显著差异；只有在西部，女性的主观幸福感更高。从社会角色的角度考虑，男性在社会中承受着更高的期待和压力，他们不能肆意地发泄情绪，表达方式更为含蓄内敛，从而使主观幸福感水平较低。女性则正好相反，女性在思考问题时感性多于理性，情感比较细腻、外露，能更快地将负面情绪发泄出去。

中部地区和西部地区公民的幸福指数在年龄上存在显著差异，中部地区表现为 36～45 岁群体的幸福感较高，18～25 岁较低；西部地区则是 26～35 岁群体的幸福感较高，18～25 岁群体较低，但中部与西部公民的幸福感并没有随着年龄的增加而升高，反而是呈现出倒 U 形的态势。很多研究发现，随着年龄的增长，人们的生活满意度不但没有下降，反而有升高的趋势，至少幸福水平会保持稳定。弗雷（Frey）和施蒂策（Stutzer）研究发现，年龄的平方与幸福感呈 U 形关系。[1] 但是也有许多研究者发现年龄与幸福感呈 U 形关系。本研究中对幸福的体验群体较为年轻化，可能是年

---

[1] Frey, B. & Stutzer, A., "Maximizing happiness?"*German Economic Review*, 1997(1), pp. 145-168.

轻人更加有活力，对现代生活更加适应，他们处于蓬勃发展的年纪，对未来有更多的期望和希冀，另外，现代社会的生活为年轻人提供了更为便利的资源与沟通条件，因此更能体验到生活中的乐趣，以及能够发掘更宽广的发展空间。

关于农村、城镇与幸福感的关系研究分析，目前为止还没有达成统一的认识，有些学者得出农村居民比城镇居民更幸福，同样也有学者得出城镇居民更幸福。罗楚亮通过对城镇、农村不同人群主观幸福感现状及影响因素的分析研究发现，农村居民的主观幸福感高于城镇居民。[1] 邢占军利用多个潜在变量对幸福感进行测度，得出了农村居民幸福感低于城镇居民。[2] 在本研究中东部与中部城镇公民的幸福感与幸福指数有显著差异，城镇公民的幸福水平显著高于农村；但西部地区城镇与农村并没有显著差异。由于我国地域广阔，自然环境差异较大，资源分配不均衡，导致区域间经济发展不平衡，贫富差距不断扩大，特别是城乡之间的贫富差距扩大。不断扩大的区域差距、城乡差距、贫富差距限制了农村居民幸福感的提升，城乡差距的存在，使得农村地区居民的生活条件与城市居民相比，还有很大的差距，这些差距的存在，都必然会影响居民的幸福感。加上城市各项基础设施、服务体系、生活便利程度都要比农村更好，因此城镇居民幸福感高于农村居民也属于正常现象。

政治面貌在东、中、西部有显著差异。东部地区的共青团员的主观幸福感高于群众，西部中共党员幸福指数、社会幸福感与实现幸福感高于群众。这说明在东部与西部，党员有更好的社会融入感与优越感，对自我满意度较高。一般而言，党员拥有更良好的社会关系，更突出的社会表现，人际关系和谐，更容易产生较高的社会幸福感与实现幸福感。

东、中、西部公民的幸福指数在不同婚姻状况上存在显著差异，很多研究中都显示婚姻状况对幸福感有显著影响。本研究中，东、中、西部在婚姻上总体都表现为已婚状态的幸福指数高于未婚状态，另外东、中、西部地区的已婚人群的幸福指数高于离异与分居人群。这与奥斯瓦尔德（Oswald）的研究结果一致。[3] 美国、加拿大、挪威等国家在幸福感的研究中也发现婚姻与主观幸福感之间存在正相关，与本研究的结果相一致。婚姻关系作为重要的社会关系，对促进家庭和睦、社会和谐有积极作用，这

---

① 罗楚亮：《城乡分割、就业状况与主观幸福感差异》，载《经济学（季刊）》，2006(3)。

② 邢占军：《城乡居民主观生活质量比较研究初探》，载《社会》，2006(1)。

③ Oswald, A. J., "Happiness and economic performance," *Economic Journal*, 1997, 107, pp. 1815-1831.

不仅为个体提供了重要的社会支持，扩大了社交网络，满足了爱与归属的需要，同时为个体情感沟通与宣泄提供了途径。因此高质量的婚姻能够增加个体的积极情绪体验，进而增强个体幸福感。此外，本次调查发现，中部地区丧偶群体在总体幸福感、幸福指数和社会幸福感三项上得分比未婚群体略高，这种结果可能与两者目前的心态和所处社会环境有关。有研究显示，丧偶的确会给人带来压抑感，但随着时间的推移，影响会随之减小，大部分丧偶老人能较好地调整自己的心态，亲朋好友的抚慰也可以缓减他们的心理抑郁。[1]

东部与西部公民的幸福指数在受教育程度上存在显著差异，受教育程度在本科以上的人有更好的幸福体验，随着受教育程度的提高，人们的幸福感水平会得到一定程度地提升，硕士、博士有更高的幸福感。受教育程度不同，对收入、生活环境及未来的期望就会不同，随着受教育程度的提高、能力的提高，个体就会产生一定的优越感。在中国，学历的确在资源分配中占有一定的优势，高学历者比低学历者拥有更多的机会与资源，客观生活质量相对较好。我国传统文化认为"万般皆下品，唯有读书高"，这也塑造了中国人喜欢看学历论人的特征，学历成为衡量一个人价值的手段。潘明策的研究发现，教育水平对人们的幸福感指数具有正向的影响作用，人们幸福感指数会随着受教育程度的提高而增加，即两者会同方向变化。[2] 个体接受更高的教育，提高了自身的素质，就可能提高收入，提高社会地位，从而增加积极情绪，增强幸福体验。

经济发展是幸福的物质基础，本研究结果证实了收入对幸福指数有显著影响，总体来说，无论是东部、中部还是西部，收入低的人群幸福水平普遍较低，收入越高幸福指数越高，但幸福指数并不会随着收入的上升一直提高，收入较高的人群幸福指数并没有太高，这说明在本研究中收入与幸福指数呈倒 U 形关系，这与伊斯特林悖论相一致。本研究发现，年收入为 8 万～20 万的人群较为幸福，这样的收入可以满足个体的生存需要。满足了基本需求后，多余的金钱不仅可以改善个体生活水平，同时也能促使个体追求精神层面的需要，由低层次的生存需要转向更高层次的精神发展需要，使个体追求自我实现的目标，从而带来更强的社会幸福感与实现幸福感。一旦物质层面的需求满足后，收入对幸福感的积极作用就会减弱。

---

① Lee，G. R.，DeMaris，A.，Bavin，S. & Sullivan，R.，"Gender differences in the depressive effect of widowhood in later life,"*Journals of Gerontology*，2001，56(1)，pp. S56-S61.

② 潘明策：《沿海发达地区城乡居民幸福指数比较研究——基于宁波市鄞州区社情民意调查的实证检验》，载《中国城市经济》，2010(8)。

由于低收入群体的生存需要更突出，收入的高低无疑对其生存需求有较大的影响。研究认为收入高不一定幸福感高，但收入低幸福感则一定低。我国目前属于发展中国家，收入对于居民而言仍具有重要的意义。

本研究证实住房面积对幸福感有显著的影响，无论是东部、中部还是西部，住房面积过小都意味着较低的幸福感。根据孙伟增和郑思齐的研究，家庭自有住房对居民的幸福感有显著的正向影响[①]，但并不是面积越大幸福感越强，研究发现，在东部、中部和西部，住房面积100～149平方米的群体有更好的幸福体验，有属于自己的房子，就更会增强归属感，房间空间的大小也提供了相应的舒适度与自由空间，房间过大可能反而降低了充实感，因此，良好舒适的居住环境也成为影响幸福感的一个因素。

三、城市发展状况对东、中、西部公民幸福感影响的讨论

本研究为了探索外部因素对区域幸福指数的影响，筛选出12项可能影响区域幸福指数的项目进行施测。结果发现，除了在物价水平、交通状况和社会治安3项上差异不显著外，东、中、西部公民的幸福感在其他项目上均有显著差异。在经济状况、收入水平、休闲状况和医疗卫生项目上东部均高于中部与西部；在总体状况、社会风气和可持续发展上，东部显著高于中部；在房产价格和教育状况上东部显著高于西部；在环境质量上，西部显著高于东部与中部。

从幸福指数的城市影响因素来看，在总体状况、经济状况、收入水平、房产价格、物价水平、休闲状况、教育状况、社会风气、交通状况、医疗卫生和可持续发展能力这些项目上东部地区得分最高，这可能跟东部经济状况更好有很大关系，较好的经济基础可以提供更好的教育、医疗与休闲等设施，是生活便利的保障。西部地区在社会治安和环境质量上的得分最高，可能由于西部地域辽阔，城市人口并不太密集，城市管理更容易开展，地广人稀也使得工业基地较少，污染地较扩散，环境质量相对较好。

东部地区在经济发展的基础上，主要还受到城市基础设施完善的影响，如休闲状况、教育交通状况等，人类对幸福的追求不仅限于物质条件，随着经济发展水平的提高，人类生活中非经济因素的影响也相应增多。休闲对幸福感有一定作用，长期的体育休闲可以提高幸福体验，基础设施的完善也可以提高居民的居住幸福感。另外，环境质量也日益成为影

---

① 孙伟增、郑思齐：《住房与幸福感：从住房价值、产权类型和入市时间视角的分析》，载《经济问题探索》，2013(3)。

响幸福感的重要因素，生态环境是人类赖以生存和获得美好生活体验的基础。当今社会，生态环境已经成为制约人类生命健康与获得幸福生活的重要因素。一些地区近期出现严重的空气质量问题、污染问题，这些都对幸福指数有影响。

中部地区与西部地区主要面临的还是经济发展问题。比如，经济状况、收入状况、物价状况都是影响两个地区公民幸福感的因素。因此，中部与西部要在可持续发展的基础上进一步推进经济建设，保障人民生活稳定，提升精神文化与基础建设水平。

此外，教育事业的蓬勃发展，可以为社会创造良好的环境，在这种环境下，全民素质会逐渐地提高，人们精神境界也会提高一个层次，这对于人们的幸福感是一个积极的推动因素，尤其是如今学历也对幸福感有显著影响，接受良好的教育更能适应社会，也就有更好的社会体验；交通状况也成为影响居民幸福感的可能因素，城市规划与出行方便才更加有利于提高生活质量，提高良好的主观感受。

总之，东、中、西部的经济差异造成了社会资源的分配不均、社会阶层的待遇不同等，这些都会使居民产生不平衡感，由此产生不满，影响幸福感。因此，无论是东部、中部还是西部，都应从城市的现状出发，制订适合的发展规划，从各方面提高居民的幸福感，提高城市幸福指数。

第四章

中国社会阶层幸福感现状调查

自改革开放以来，中国经济飞速发展，综合国力不断上升，社会财富总量不断增加，然而贫富差距仍未得到根本扭转，甚至出现扩大的趋势。另外，对社会资源占有的不同，使得新的社会阶层不断出现，原有的社会阶层也被赋予新的内涵，社会阶层结构发生了急剧分化。在我国部分城市，市民幸福感的差异开始显现分层的趋势。因此，研究不同阶层的幸福感状况，能够为改革开放 40 多年来处于社会阶层不断流动变化的现代化中国在全面建设小康、促进社会稳定和谐、优化社会结构等方面提供重要参考。

第一节　不同社会阶层幸福感的研究现状

社会阶层是指在特定的政治、经济、文化等背景下，在整体的社会结构中按照一定标准将各类人群分成不同类的阶层或等级。中国社会科学院 2002 年初公布的《当代中国社会阶层研究报告》提出以职业分类为基础，以组织资源、经济资源、文化资源占有状况作为划分社会阶层的标准，把当今中国的群体划分为 10 个阶层：①国家与社会管理者阶层；②经理人员阶层；③私营企业主阶层；④专业技术人员阶层；⑤办事人员阶层；⑥个体工商户阶层；⑦商业服务人员阶层；⑧产业工人阶层；⑨农业劳动者阶层；⑩城乡无业失业半失业者阶层。① 本研究将以此为标准，调查各社会阶层的幸福感状况及影响因素等。

据美联储、美国芝加哥大学国家民意研究中心（NORC）发布的综合社

---

① 陆学艺：《当代中国社会阶层研究报告》，北京，社会科学文献出版社，2002。

会调查(GSS)表明，牧师、演员、建筑师、消防队员、警官的幸福指数名列前五，而建筑工人、数据录入员、看门人的幸福感排在最后，这说明社会阶层对他们的幸福感受程度有影响。[1] 皮尤研究中心在 2012 年对 2508 名成人关于社会阶层和生活体验方面的相关研究表明，将自己定位为高层或高—中层的成人都普遍更快乐、更健康并且比那些处于中层和下层阶级的人对自己的工作更满意。荷兰在 2011 年对 40000 名成人开展关于幸福与工作的调查数据表明，船甲板上工人的平均分达到 8.11 分，是最幸福的，而清洁工的平均分最低，是最不幸福的。[2] 在影响因素方面，GSS 调查得出，学历与幸福之间存在一个 U 形关系，高中学历群体是统计学上幸福感最低的群体。与皮尤研究中心的民意调查结果一致，GSS 中显示绝对收入对幸福和工作满意度有一定影响，但是相对收入要比绝对收入在幸福度和工作满意度上起到更具决定性的作用。不同种族、不同年龄段的人在幸福感差异报告中没有显示出差异。婚姻状况对幸福感有一定的影响，已婚人士相比单身人士报告自己"非常幸福"的可能性要高 20.7 个百分点。

2003、2005、2006 年中国人民大学中国调查与数据中心进行的中国综合社会调查(CGSS)中对中国居民主观幸福感进行的全国范围随机入户调查表明，政府机关工作人员幸福感最高。[3] 在 2012 年全国两会民生系列调查中，国家公务员也被评为最幸福的人，59.3％的居民认为幸福的人是国家公务员。但在《2012 年度中国职场心理健康调研报告》中，政府机关对自己的幸福感评估分排名倒数第一。不过这份报告中的政府机关人员有74.8％为 30 岁以下的基层公务员，由此可见并不是所有公务员的幸福感都很高。另一些调查显示，基层公务员并不感到很幸福，尤其是一些基层的青年公务员。青年公务员自信度调查显示受访的 23.9％的青年公务员对自己不自信，不自信多半因为薪酬收入低。[4] 陈朋对部分地区基层公务员的幸福状态调查得出，基层公务员绝大多数对现状不满，对幸福的追求表示困惑。[5] 但是随着年龄的增大幸福感越强，已婚公务员在主观幸福感的各

① Powdthavee N., "Would you like to know what makes people happy? An overview of the data sets on subjective well-being," *Australian Economic Review*，2015，48(3)，pp. 314-320.

② Veenhoven R., "World database of happiness," *Encyclopedia of Quality of Life and Well-Being Research*，Springer Netherlands，2004，34(3)，pp. 7257-7260.

③ 陈婉婷、张秀梅：《我国居民主观幸福感及其影响因素分析——基于 CGSS2010 年数据》，载《调研世界》，2013(10)。

④ 共青团贵州省委调研组：《青年公务员自信度调查》，载《决策》，2013(7)。

⑤ 陈朋：《基层公务员的幸福感》，载《中国党政干部论坛》，2014(5)。

个维度和幸福指数上的得分显著高于未婚公务员，在生命活力维度上显著低于未婚公务员。[①] 邢占军在 2005 年进行的研究发现，在被调查的 8 种群体中，国家干部的幸福感最强，并且在 2010 年对 7 个社会群体的主观生活质量的调查中同样发现领导干部得分最高。[②] 曹大宇在 2009 年以职业为基础对我国社会阶层进行划分并调查我国居民主观幸福感，发现国家干部与企业经营管理者阶层和下层办公室人员阶层的平均幸福感水平最高。[③] 谢爱武对中共广东省委党校学员（职务级别都在副处及以上）的调查发现，他们的总体主观幸福感和工作幸福感都较高，但是工作幸福感不能完全解释主观幸福感，对于他们来说工作绩效达到一定水平对幸福感的影响就不明显了。[④] 调查还发现职位越高、年龄越轻的学员的工作幸福感越高。从性别来看，女性领导者的幸福感高于男性领导者。

邢占军在 2005 年调查发现新兴阶层（包括私营企业主、外企管理人员、自由职业者等）与国企管理者的幸福排名分别排在第二、第三位。在近几年的调查中，经理人的幸福感排名在上升，《CCTV 经济生活大调查（2011—2012）》中加入了职业信息，《CCTV 经济生活大调查（2012—2013）》中发现调查的九类职业中，行政事业单位人员、企业管理人员幸福感较高。2006—2009 年的调查结果均显示，企业外部经营环境越好，经理人感受到的压力越小，因此他们的幸福感开始增高。另外，女性经理人比男性经理人的幸福感低；任职时间越长、职位越高的经理人的心理幸福感越高；高级经理人的主观幸福感会随着身体健康程度的提高而增加。

根据已有调查显示，"产业工人"的幸福感处于中等或中下水平。大部分工人的幸福感偏低。高建立在 2008 年测评河南省城市居民幸福指数时，根据全国人口普查使用的《职业分类标准》，将被调查者分为八大类，其中工作辛苦、待遇低、社会地位低的生活人员、运输人员等幸福感最低。[⑤]

在《CCTV 经济生活大调查（2011—2012）》中，教科文卫专业人员幸福感相对较高。不过，也有一些调查显示无论是中小学还是高校的老师总体幸福感水平都是中等或中下水平。例如，李佳在小学教师职业幸福感研究中发

① 冯瑛：《基层公务员主观幸福感研究——以岳阳市为例》，硕士学位论文，湖南师范大学，2014。

② 邢占军、黄立清：《当前主要社会群体主观生活质量研究——以沿海某省调查为例》，载《南京社会科学》，2007(1)。

③ 曹大宇：《阶层分化、社会地位与主观幸福感的实证考量》，载《统计与决策》，2009(10)。

④ 谢爱武：《领导干部的幸福感与工作绩效》，载《广东社会科学》，2010(4)。

⑤ 高建立：《河南省城市居民幸福指数测评与和谐社会的构建》，载《商丘师范学院学报》，2008(7)。

现，虽然小学教师的幸福感在职称、学历、性别等方面没有差异，但是在行政职务、科研项目、获得荣誉上有明显的不同，那些行政职务低、基本没有科研项目的或从未获得过荣誉的教师幸福感显著偏低。① 韩竹青在对青岛市中小学教师幸福感现状调查中虽然未发现职称对教师幸福感的影响，但是年收入和同事的评价、学生的评价对幸福感影响很大，尤其是当学生向老师表达感激以及成绩获得同事的认可越多时幸福感越高。② 可是与城镇相比，一些少数民族地区由于地理、经济等原因，教育相对滞后，中小学教师的幸福感有限，幸福感指数呈现县镇教师＞乡镇教师＞农村教师。一些针对少数民族的中小学教师研究，如对川西少数民族地区小学教师主观幸福感③、四川彝族地区小学教师幸福感调查④研究发现，因为生活条件所限使得少数民族地区的小学教师幸福感会受工作区域影响。与中小学相似，在高校中教师的幸福感也与职称、收入显著相关，与教龄、自我实现有一定的相关。无论是小学教师还是高校教师，女性教师的幸福感都普遍高于男教师。

农民在我国是人口最多的群体。2014 年华中师范大学中国农村研究院发布我国首个"农民幸福指数"，通过 2009—2013 年的调查，计算得出农民幸福指数为 0.5578(1 为满值)超过全国平均值，属于中等水平。调查对比2013 年联合国大会发布的世界幸福指数报告，发现我国测得农民幸福指数高于联合国测得的中国人幸福指数，说明农民幸福感可能超过城市居民的幸福感，这与中国大力改善农业政策、着力解决三农问题、打破城乡二元体制的长期努力密不可分。调查还发现了一个与很多人的认知不相符的结果，务农农民幸福指数在农民群体中最高，而务工的农民最低，何勇认为这种情况是因为外出务工和留在农村务农的幸福指数对比人群不同所致。⑤

唐璐瑶在 2014 年对合肥的新生代农民工调查显示，虽然他们对幸福的界定有所偏差，但对幸福的看法大部分是积极向上的。调查的近 300 个新生代农民工中有三分之二的人觉得自己很幸福或比较幸福，有近三分之一的人认为自己不幸福或不确定是否幸福，其中八成以上的人觉得家庭和

---

① 李佳：《小学教师职业幸福感的现状及其影响因素——以天津市 S 小学为例》，硕士学位论文，天津师范大学，2012。

② 韩竹青：《青岛市中小学教师幸福感现状调查研究》，硕士学位论文，青岛大学，2012。

③ 舒远雪：《川西少数民族地区小学教师主观幸福感的调查研究》，硕士学位论文，四川师范大学，2008。

④ 祝修理：《四川彝族地区小学教师幸福感调查研究——以凉山彝族自治州为例》，硕士学位论文，四川师范大学，2011。

⑤ 何勇：《"务农农民很幸福"只因参照系不同》，载《中国老区建设》，2014(7)。

睦、身体健康对于幸福感是必不可少的，六成的人觉得虽然不是金钱越多越幸福，不过生活需要一定的保障。① 新生代农民工幸福感在不同地区有很大差异，人力资源和社会保障部 2011 年 5 月发布的数据显示，在调查的 20 个城市中泉州、青岛、武汉的新生代农民工幸福感最高，而上海、东莞、深圳的新生代农民工幸福感最低，出现这种情况与他们的自身期待、当地环境及政府政策有密切关系。

华南理工大学政府绩效评价中心在 2014 年公布的《2013 年度广东公众幸福指数测量报告》显示，对广东 21 个地级以上近 3 万样本调查，发现幸福指数确实与经济挂钩，只有超过一定的拐点时，经济对幸福的影响才会减弱。报告中的样本幸福指数均值为 62.93，对于具有保障性的公务员群体幸福指数最高，为 72.43，而下岗、失业人员幸福指数只有 55.83，为最低。《CCTV 经济生活大调查（2011—2012）》，冯冬燕、王敏艳对西安下岗职工的调查②，都显示城市贫困群体、失业群体幸福感很低。

本章旨在分析比较中国十大社会阶层人员的幸福感状况，探究不同社会阶层人员幸福感的影响因素，并根据研究结论提出提升社会阶层人员幸福感的建议及对策。

第二节　研究对象与研究工具

一、研究对象

依据《当代中国社会阶层研究报告》中对 10 个阶层的描述，采用分层随机抽样方式，抽取年满 18 周岁的公民（学生除外），共发放问卷 1015 份，剔除无效问卷 37 份，有效问卷共 978 份，有效回收率为 96.4%。

二、研究工具

《中国人综合幸福感问卷》。在本次调查中，《中国人综合幸福感问卷》总问卷的 Cronbach α 系数为 0.985，分半信度为 0.927；主观幸福感、心理幸福感、社会幸福感和实现幸福感 4 个分问卷的 Cronbach α 系数分别为：0.847、0.981、0.963、0.970；分半信度分别为 0.761、0.957、0.945、0.953。内部一致性信度和分半信度都大于 0.7，说明该问卷在本

---

① 唐璐瑶：《城镇化背景下新生代农民工幸福观研究》，硕士学位论文，安徽大学，2014。

② 冯冬燕、王敏艳：《西安市下岗失业人员主观幸福感影响因素研究》，载《西安工程大学学报》，2008(5)。

次调查中具有较好的信度。验证性因素分析表明，模型的各项拟合指数分别为：$\chi^2/df = 4.441$，GFI＝0.85，CFI＝0.98，NFI＝0.97，IFI＝0.98，RMSEA＝0.093，说明该问卷具有良好的结构效度。

第三节　中国社会阶层幸福感的总体状况

一、各社会阶层幸福感的得分状况

计算各社会阶层 4 种幸福感的均值以及总体幸福感和幸福指数的得分与排名，结果见表 4-1。

表 4-1　各社会阶层的 4 种幸福感和幸福指数得分与排名

	T1	T2	T3	T4	T5	T6	T7	T8	T9	T10
主观幸福感(M)	5.034	5.063	4.799	4.727	4.473	4.692	4.313	4.346	4.339	4.044
主观幸福感排名	2	1	3	4	6	5	9	7	8	10
心理幸福感(M)	5.186	5.197	4.719	5.034	4.541	4.928	4.864	4.755	4.981	4.354
心理幸福感排名	2	1	8	3	9	5	6	7	4	10
社会幸福感(M)	5.201	5.249	4.981	5.028	4.882	5.014	4.639	4.816	4.939	4.475
社会幸福感排名	2	1	5	3	7	4	9	8	6	10
实现幸福感(M)	5.224	5.215	4.943	5.070	4.688	4.961	4.870	4.804	4.997	4.467
实现幸福感排名	1	2	6	3	9	5	7	8	4	10
总体幸福感(M)	5.161	5.181	4.861	4.965	4.646	4.899	4.672	4.680	4.814	4.335
总体幸福感排名	2	1	5	3	9	4	8	7	6	10
幸福指数(M)	5.676	5.421	5.013	5.408	5.109	5.767	5.000	4.952	5.074	4.712
幸福指数排名	1	2	7	3	4	6	8	9	5	10

注：T1＝国家与社会管理者阶层；T2＝经理人员阶层；T3＝私营企业主阶层；T4＝专业技术人员阶层；T5＝办事人员阶层；T6＝个体工商户阶层；T7＝商业服务人员阶层；T8＝产业工人阶层；T9＝农业劳动者阶层；T10＝城乡无业失业半失业者阶层。

从表 4-1 中可以看到，主观幸福感排名前三位的是经理人员阶层、国家与社会管理者阶层、私营企业主阶层，排在后三位的是农业劳动者阶层、商业服务人员阶层、城乡无业失业半失业者阶层；心理幸福感排名前三位的是经理人员阶层、国家与社会管理者阶层、专业技术人员阶层，排在后三位的是私营企业主阶层、办事人员阶层、城乡无业失业半失业者阶层；社会幸福感排名前三位的是经理人员阶层、国家与社会管理者阶层、专业技术人员阶层，排在后三位的是产业工人阶层、商业服务人员阶层、城乡无业失业半失业者阶层；实现幸福感排名前三位的是国家与社会管理者阶层、经理人员阶层、专业技术人员阶层，排在后三位的是产业工人阶层、办事人员阶层、城乡无业失业半失业者阶层；总体幸福感是四种幸福感相加后取均数，排名前三位的是经理人员阶层、国家与社会管理者阶层、专业技术人员阶层，排在后三位的是商业服务人员阶层、办事人员阶层、城乡无业失业半失业者阶层；幸福指数排名前三位的是个体工商户阶层、国家与社会管理者阶层、经理人员阶层，排在后三位的是商业服务人员阶层、产业工人阶层、城乡无业失业半失业者阶层。

对不同社会阶层的幸福指数进行差异分析，结果显示差异显著，结果见表 4-2。

表 4-2　不同社会阶层幸福指数的差异比较

		T1	T2	T3	T4	T5	T6	T7	T8	T9	T10
幸福指数	M	5.680	5.420	5.010	5.410	5.110	5.050	5.000	4.950	5.070	4.710
	SD	1.296	1.237	1.268	1.296	1.096	0.816	1.076	1.011	0.787	1.136
	F					5.263***					
主观幸福感	M	5.033	5.063	4.799	4.727	4.473	4.692	4.313	4.346	4.339	4.044
	SD	0.780	0.685	0.645	0.785	0.811	0.707	0.730	0.880	0.665	0.937
	F					15.973***					
心理幸福感	M	5.186	5.197	4.719	5.034	4.541	4.928	4.864	4.755	4.981	4.354
	SD	0.954	0.889	1.021	0.932	0.898	0.625	0.894	0.762	0.515	1.156
	F					8.776***					
社会幸福感	M	5.201	5.249	4.981	5.028	4.882	5.014	4.639	4.816	4.939	4.475
	SD	0.967	0.823	0.721	0.936	0.694	0.677	0.785	0.519	0.550	1.202
	F					6.938***					
实现幸福感	M	5.224	5.215	4.943	5.070	4.688	4.961	4.869	4.804	4.997	4.467
	SD	0.977	0.865	0.745	0.962	0.892	0.639	0.969	0.579	0.597	1.165
	F					6.505***					
总体幸福感	M	5.161	5.181	4.861	4.965	4.646	4.899	4.672	4.680	4.814	4.335
	SD	0.840	0.756	0.712	0.825	0.726	0.569	0.754	0.601	0.453	1.039
	F					10.117***					

注：* 表示 $p < 0.05$，** 表示 $p < 0.01$，*** 表示 $p < 0.001$，下同。

从表 4-2 中可以看到，在幸福指数得分上，国家与社会管理阶层的幸福指数显著高于个体工商户阶层、商业服务人员阶层、产业工人阶层、农业劳动者阶层、城乡无业失业半失业者阶层；经理人员阶层、专业技术人员阶层显著高于城乡无业失业半失业者阶层。

进一步对不同社会阶层的 19 个幸福感维度得分进行差异分析，结果见表 4-3。

表 4-3　不同社会阶层幸福感维度差异比较

		T1	T2	T3	T4	T5	T6	T7	T8	T9	T10
生活满意	M	5.039	4.976	4.438	4.707	4.177	4.822	4.356	4.229	4.390	3.975
	SD	1.051	1.076	1.141	1.257	1.082	0.836	1.149	0.910	0.764	1.285
	F					9.662***					
正性情感	M	4.852	4.849	4.452	4.619	4.300	4.607	4.121	4.309	4.397	3.932
	SD	1.111	1.073	1.101	1.057	0.882	0.777	0.860	1.021	0.575	1.119
	F					7.928***					
负性情感	M	5.209	5.363	5.508	4.855	4.940	4.646	4.463	4.500	4.230	4.224
	SD	1.132	0.833	0.877	1.169	1.401	1.377	1.346	1.557	1.587	1.497
	F					10.599***					
生命活力	M	5.110	5.156	4.731	4.948	4.388	4.938	4.810	4.745	4.942	4.123
	SD	1.114	0.949	1.082	1.053	1.049	0.669	0.987	0.832	0.556	1.288
	F					9.646***					
健康关注	M	5.189	5.301	4.825	5.121	4.553	4.959	4.829	4.942	5.064	4.466
	SD	1.144	0.960	1.190	1.049	1.014	0.777	1.108	0.641	0.656	1.224
	F					7.218***					
利他行为	M	5.183	5.179	4.675	5.048	4.565	4.929	4.865	4.571	4.985	4.386
	SD	1.032	0.948	1.148	1.014	0.976	0.740	0.849	0.748	0.597	1.308
	F					7.785***					
自我价值	M	5.400	5.279	4.688	5.123	4.680	4.934	4.912	4.790	4.980	4.564
	SD	0.862	1.011	1.204	1.034	0.989	0.594	0.886	0.804	0.546	1.201
	F					7.376***					
友好关系	M	5.155	5.165	4.729	5.054	4.603	4.973	4.931	4.807	5.016	4.274
	SD	1.048	1.005	1.139	1.034	1.093	0.666	0.950	0.940	0.465	1.451
	F					6.660***					

		T1	T2	T3	T4	T5	T6	T7	T8	T9	T10
人格成长	M	5.078	5.104	4.668	4.908	4.455	4.837	4.838	4.676	4.896	4.311
	SD	0.963	0.913	1.047	1.008	0.976	0.692	0.963	0.859	0.577	1.196
	F					6.831***					
社会和谐	M	5.211	5.255	4.853	5.085	4.907	5.021	4.422	4.925	5.068	4.596
	SD	1.134	0.996	0.779	1.141	0.822	0.775	0.942	0.501	0.664	1.477
	F					6.061***					
社会贡献	M	5.232	5.243	5.041	4.865	4.827	5.017	4.769	4.837	4.725	4.291
	SD	0.996	0.944	0.770	1.103	0.774	0.675	0.914	0.689	0.642	1.310
	F					7.213***					
社会实现	M	5.085	5.217	5.019	4.880	4.776	5.000	4.708	4.750	4.846	4.360
	SD	1.116	0.920	0.785	1.016	0.737	0.744	0.857	0.630	0.718	1.379
	F					5.691***					
社会整合	M	5.268	5.164	4.991	5.112	4.881	4.969	4.737	5.033	5.049	4.476
	SD	1.012	0.910	0.843	0.988	0.899	0.709	0.732	0.494	0.571	1.269
	F					5.403***					
社会认同	M	5.211	5.367	5.000	5.198	5.018	5.062	4.558	4.533	5.006	4.654
	SD	0.987	0.909	0.834	0.995	0.821	0.713	0.853	0.784	0.646	1.328
	F					9.085***					
自我发现	M	5.190	5.206	4.872	5.069	4.648	4.969	4.870	4.946	4.988	4.610
	SD	1.074	0.991	0.813	1.074	1.027	0.681	1.100	0.389	0.666	1.344
	F					4.250***					
生活目的	M	5.174	5.283	4.929	5.020	4.603	4.936	4.896	4.920	4.926	4.365
	SD	1.125	0.943	0.853	1.144	1.040	0.728	1.111	0.728	0.693	1.444
	F					6.082***					
潜能感知	M	5.236	5.224	4.978	5.032	4.668	4.969	4.737	4.678	4.963	4.301
	SD	1.007	0.988	0.799	1.057	0.979	0.678	1.082	0.845	0.636	1.302
	F					7.522***					

		T1	T2	T3	T4	T5	T6	T7	T8	T9	T10
才智追求	M	5.216	5.121	4.971	5.065	4.689	4.941	4.879	4.779	5.000	4.370
	SD	1.114	0.874	0.842	1.053	1.044	0.725	1.088	0.778	0.654	1.242
	F					5.504***					
人格展现	M	5.303	5.241	4.965	5.162	4.835	4.991	4.965	4.699	5.107	4.687
	SD	1.005	0.963	0.799	0.971	0.919	0.681	0.898	0.644	0.585	1.214
	F					5.146***					

表 4-3 显示，不同社会阶层在 19 个维度上也都存在显著差异。

二、各社会阶层幸福感在人口学变量的差异比较

(一)各社会阶层幸福感在性别上的差异

表 4-4　不同阶层幸福感在性别上的差异比较

			T1	T2	T3	T4	T5	T6	T7	T8	T9	T10
幸福指数	男	M	5.829	5.500	5.049	5.356	5.028	5.111	4.792	5.079	5.100	4.898
		SD	1.395	1.229	1.139	1.154	0.910	0.854	1.184	0.829	0.441	1.229
	女	M	5.467	5.365	4.974	5.453	5.197	5.000	5.345	4.550	5.049	4.333
		SD	1.137	1.248	1.405	1.408	1.268	0.782	0.769	1.395	1.024	0.816
		t	1.116	0.553	0.26	−0.523	−0.890	0.580	−2.243	2.081	0.294	2.332
		p	0.247	0.581	0.795	0.602	0.375	0.564	0.028*	0.041*	0.770	0.023*
总体幸福感	男	M	5.221	5.318	4.838	4.981	4.530	4.961	4.601	4.743	4.920	4.538
		SD	0.884	0.728	0.724	0.714	0.660	0.506	0.820	0.573	0.330	1.043
	女	M	5.079	5.086	4.885	4.951	4.771	4.839	4.789	4.484	4.711	3.921
		SD	0.782	0.766	0.709	0.912	0.776	0.626	0.626	0.659	0.530	0.917
		t	0.702	1.571	−0.293	0.259	−1.963	0.915	−1.063	1.696	2.132	2.465
		p	0.485	0.119	0.770	0.796	0.052	0.363	0.291	0.094	0.037*	0.016*
主观幸福感	男	M	5.151	5.189	4.821	4.691	4.333	4.728	4.259	4.387	4.384	4.143
		SD	0.727	0.678	0.644	0.735	0.790	0.714	0.767	0.815	0.577	0.974
	女	M	4.873	4.975	4.776	4.758	4.622	4.657	4.403	4.218	4.296	3.841
		SD	0.832	0.681	0.654	0.828	0.813	0.708	0.668	1.073	0.746	0.840
		t	1.498	1.602	0.309	−0.599	−2.110	0.429	−0.836	0.743	0.593	1.301
		p	0.139	0.112	0.758	0.550	0.037*	0.669	0.406	0.460	0.555	0.198

		T1	T2	T3	T4	T5	T6	T7	T8	T9	T10
心理幸福感	男 M	5.260	5.337	4.683	5.088	4.438	4.972	4.846	4.849	5.155	4.559
	男 SD	1.010	0.873	0.944	0.810	0.791	0.628	0.906	0.745	0.373	1.122
	女 M	5.084	5.100	4.758	4.988	4.652	4.886	4.894	4.460	4.810	3.935
	女 SD	0.879	0.894	1.108	1.025	0.994	0.627	0.890	0.760	0.578	1.133
	t	0.764	1.365	−0.325	0.753	−1.403	0.587	−0.227	2.027	3.183	2.225
	p	0.447	0.175	0.746	0.452	0.163	0.559	0.821	0.046*	0.002**	0.029*
社会幸福感	男 M	5.231	5.369	4.937	5.044	4.789	5.124	4.602	4.873	5.055	4.713
	男 SD	1.054	0.777	0.739	0.841	0.658	0.621	0.876	0.493	0.406	1.200
	女 M	5.162	5.165	5.027	5.015	4.982	4.907	4.700	4.635	4.826	3.990
	女 SD	0.850	0.849	0.708	1.014	0.721	0.720	0.616	0.571	0.646	1.074
	t	0.294	1.267	−0.558	0.218	−1.638	1.376	−0.528	1.810	1.908	2.502
	p	0.770	0.208	0.579	0.828	0.104	0.173	0.599	0.074	0.060	0.015*
实现幸福感	男 M	5.243	5.375	4.910	5.102	4.559	5.019	4.695	4.862	5.084	4.735
	男 SD	1.065	0.823	0.797	0.893	0.865	0.611	1.011	0.550	0.358	1.128
	女 M	5.197	5.104	4.978	5.042	4.827	4.905	5.159	4.623	4.911	3.919
	女 SD	0.859	0.882	0.694	1.020	0.905	0.669	0.833	0.644	0.756	1.059
	t	0.194	1.609	−0.406	0.436	−1.771	0.760	−2.079	1.627	1.308	2.961
	p	0.847	0.111	0.686	0.663	0.079	0.450	0.041*	0.108	0.195	0.004**

研究表明，男性的幸福感大体上高于女性，在专业技术人员阶层、办事人员阶层、商业服务人员阶层中女性的幸福感高于男性。商业服务人员阶层、产业工人阶层、城乡无业失业半失业者阶层的幸福指数在男女性别上有显著差异，商业服务人员阶层女性的幸福感显著高于男性（$t = -2.243$，$p < 0.05$）；产业工人阶层男性的幸福感显著高于女性（$t = 2.081$，$p < 0.05$）；城乡无业失业半失业者阶层男性的幸福感显著高于女性（$t = 2.332$，$p < 0.05$）。

（二）各社会阶层幸福感在城乡户籍上的差异

表 4-5　不同阶层幸福感在城乡户籍上的差异比较

			T1	T2	T3	T4	T5	T6	T7	T8	T9	T10
幸福指数	城镇	M	5.774	5.365	5.159	5.420	5.000	5.078	5.071	5.023		4.740
		SD	1.247	1.232	1.285	1.335	1.079	0.803	0.997	0.913		1.154
	农村	M	5.000	5.909	4.471	5.318	5.714	4.889	4.914	4.875	5.074	4.400
		SD	1.500	1.237	1.068	0.945	1.007	0.928	1.173	1.114	0.787	0.894
		t	1.697	-1.389	2.024	0.449	-2.817	0.650	0.636	0.665		0.634
		p	0.094	0.168	0.046*	0.656	0.006**	0.518	0.527	0.508		0.528
总体幸福感	城镇	M	5.160	5.170	4.923	4.948	4.567	4.941	4.625	4.733		4.331
		SD	0.793	0.755	0.714	0.838	0.681	0.576	0.737	0.579		1.043
	农村	M	5.166	5.276	4.629	5.094	5.084	4.601	4.727	4.623	4.814	4.382
		SD	1.173	0.796	0.676	0.718	0.823	0.438	0.781	0.627	0.453	1.099
		t	-0.015	-0.438	1.520	-0.776	-3.099	1.700	-0.591	0.833		-0.104
		p	0.989	0.662	0.132	0.438	0.002**	0.093	0.557	0.408		0.917
主观幸福感	城镇	M	5.031	5.085	4.834	4.737	4.408	4.756	4.282	4.447		4.056
		SD	0.801	0.688	0.645	0.799	0.764	0.710	0.667	0.814		0.954
	农村	M	5.050	4.869	4.672	4.652	4.828	4.233	4.352	4.237	4.339	3.876
		SD	0.657	0.653	0.651	0.682	0.981	0.511	0.808	0.944	0.665	0.728
		t	-0.069	0.991	0.917	0.473	-2.210	2.132	-0.416	1.088		0.413
		p	0.945	0.324	0.362	0.637	0.029*	0.037	0.678	0.280		0.681
心理幸福感	城镇	M	5.176	5.176	4.790	5.016	4.456	4.949	4.758	4.786		4.338
		SD	0.898	0.879	0.976	0.953	0.834	0.630	0.923	0.752		1.154
	农村	M	5.252	5.381	4.459	5.176	5.008	4.779	4.991	4.723	4.981	4.579
		SD	1.347	0.997	1.169	0.744	1.098	0.602	0.855	0.782	0.515	1.310
		t	-0.220	-0.721	1.190	-0.759	-2.647	0.766	-1.143	0.372		-0.449
		p	0.826	0.473	0.238	0.449	0.009**	0.446	0.257	0.711		0.655

		T1	T2	T3	T4	T5	T6	T7	T8	T9	T10
社会幸福感	城镇 M	5.203	5.221	5.061	4.998	4.803	5.047	4.591	4.857		4.475
	SD	0.909	0.826	0.725	0.945	0.668	0.669	0.788	0.492		1.198
	农村 M	5.189	5.491	4.682	5.266	5.319	4.778	4.697	4.771	4.939	4.480
	SD	1.375	0.784	0.642	0.843	0.685	0.732	0.789	0.550	0.550	1.410
	t	0.041	−1.030	1.956	−1.267	−3.248	1.118	−0.591	0.749		−0.009
	p	0.967	0.306	0.054	0.207	0.001**	0.267	0.556	0.456		0.993
实现幸福感	城镇 M	5.231	5.198	5.007	5.043	4.599	5.010	4.870	4.844		4.457
	SD	0.899	0.845	0.770	0.963	0.881	0.642	0.968	0.547		1.180
	农村 M	5.174	5.364	4.705	5.280	5.182	4.613	4.869	4.762	4.997	4.593
	SD	1.478	1.060	0.604	0.953	0.801	0.526	0.985	0.616	0.597	1.035
	t	0.162	−0.599	1.496	−1.087	−2.826	1.771	0.004	0.643		−0.250
	p	0.872	0.550	0.139	0.279	0.005**	0.081	0.997	0.522		0.803

城镇户口群体的幸福感大体上高于农村户口群体，在经理人员阶层、办事人员中农村户口群体的幸福感高于城镇群体。在私营企业主阶层和办事人员阶层上城乡不同户籍的幸福指数有显著差异，城镇户籍的私营企业主阶层的幸福指数显著高于农村户口($t=2.024$，$p<0.05$)；农村户籍的办事人员阶层的幸福指数要显著高于城镇($t=-2.817$，$p<0.01$)。

（三）各社会阶层幸福感在民族上的差异

表 4-6　不同社会阶层幸福感在民族上的差异

		T1	T2	T3	T4	T5	T6	T7	T8	T9	T10
幸福指数	汉族 M	5.631	5.390	5.039	5.423	5.105	5.069	5.040	4.970	5.087	4.712
	SD	1.306	1.221	1.2483	1.293	1.110	0.811	1.058	1.058	0.836	1.136
	非汉族 M	6.167	7.000	4.500	5.000	5.250	4.000	3.500	4.875	5.000	
	SD	1.169	1.237	1.732	1.414	0.500	0.000	0.707	0.806	0.426	
	t	−0.969	−1.844	0.828	0.848	−0.259	1.310	2.039	0.3361	0.351	
	p	0.336	0.068	0.410	0.397	0.796	0.194	0.045*	0.737	0.726	

		T1	T2	T3	T4	T5	T6	T7	T8	T9	T10
总体幸福感	汉族 *M*	5.066	5.173	4.854	4.965	4.636	4.900	4.683	4.668	4.807	4.335
	汉族 *SD*	0.812	0.754	0.715	0.832	0.732	0.573	0.761	0.641	0.473	1.039
	非汉族 *M*	6.191	5.629	4.981	4.945	4.969	4.847	4.244	4.733	4.852	
	非汉族 *SD*	0.215	1.064	0.744	0.657	0.396	0.000	0.023	0.402	0.324	
	t	−3.365	−0.845	−0.345	0.063	−0.904	0.091	0.811	−0.384	−0.312	
	p	0.001**	0.400	0.731	0.950	0.368	0.928	0.420	0.702	0.756	
主观幸福感	汉族 *M*	4.963	5.061	4.785	4.732	4.451	4.696	4.319	4.355	4.316	4.044
	汉族 *SD*	0.770	0.682	0.635	0.787	0.811	0.711	0.737	0.924	0.682	0.937
	非汉族 *M*	5.794	5.167	5.076	4.584	5.180	4.389	4.111	4.311	4.473	
	非汉族 *SD*	0.411	1.147	0.885	0.775	0.433	0.000	0.501	0.689	0.571	
	t	−2.597	−0.216	−0.878	0.489	−1.784	0.429	0.395	0.177	−0.751	
	p	0.011*	0.830	0.383	0.625	0.077	0.669	0.694	0.860	0.455	
心理幸福感	汉族 *M*	5.090	5.184	4.713	5.035	4.540	4.927	4.866	4.748	4.991	4.354
	汉族 *SD*	0.933	0.888	1.031	0.941	0.904	0.629	0.902	0.826	0.537	1.156
	非汉族 *M*	6.221	5.893	4.840	5.007	4.577	5.000	4.797	4.787	4.919	
	非汉族 *SD*	0.440	0.930	0.938	0.687	0.759	0.000	0.787	0.418	0.373	
	t	−2.922	−1.118	−0.241	0.077	−0.081	−0.115	0.106	−0.182	0.447	
	p	0.005**	0.266	0.810	0.938	0.935	0.909	0.916	0.856	0.656	
社会幸福感	汉族 *M*	5.099	5.247	4.974	5.027	4.874	5.014	4.652	4.778	4.924	4.475
	汉族 *SD*	0.942	0.817	0.727	0.943	0.701	0.682	0.792	0.558	0.575	1.202
	非汉族 *M*	6.317	5.375	5.100	5.064	5.150	5.000	4.150	4.972	5.025	
	非汉族 *SD*	0.352	1.520	0.675	0.798	0.311	0.000	0.000	0.267	0.377	
	t	−3.132	−0.218	−0.338	−0.104	−0.784	0.020	0.891	−1.345	−0.586	
	p	0.003**	0.828	0.736	0.917	0.434	0.984	0.376	0.182	0.560	

		T1	T2	T3	T4	T5	T6	T7	T8	T9	T10
	汉族 M	5.112	5.199	4.945	5.068	4.680	4.961	4.895	4.791	4.998	4.467
	SD	0.936	0.862	0.754	0.964	0.903	0.644	0.968	0.622	0.632	1.165
实现 幸福感	非汉族 M	6.433	6.083	4.908	5.126	4.971	5.000	3.917	4.860	4.990	
	SD	0.487	0.660	0.629	0.988	0.274	0.000	0.377	0.355	0.343	
	t	−3.400	−1.440	0.095	−0.158	−1.844	−0.061	1.418	−0.430	0.040	
	p	0.001**	0.153	0.925	0.875	0.122	0.952	0.160	0.668	0.968	

汉族的幸福感大多高于少数民族的幸福感，在国家与社会管理者阶层、经理人员阶层、办事人员阶层中少数民族的幸福感高于汉族。商业服务人员阶层中汉族与少数民族的幸福指数差异显著，汉族的商业服务人员显著高于少数民族($t=2.039$，$p<0.05$)。

(四)各社会阶层幸福感在宗教信仰上的差异

表4-7　各阶层幸福感在有无宗教信仰上的差异比较

		T1	T2	T3	T4	T5	T6	T7	T8	T9	T10
	有宗教 M	5.250	5.000	5.500	6.105	5.444	5.294	5.750	5.438	5.571	5.333
	SD	1.035	0.816	1.378	1.696	1.130	0.686	0.957	0.727	0.976	1.033
幸福 指数	无宗教 M	5.730	5.450	4.973	5.333	5.086	4.982	4.959	4.836	5.027	4.657
	SD	1.322	1.258	1.260	1.228	1.094	0.842	1.073	1.039	0.758	1.136
	t	−0.987	−0.930	0.979	2.501	0.948	1.392	1.442	2.188	1.772	1.407
	p	0.327	0.354	0.331	0.013*	0.345	0.168	0.154	0.032*	0.080	0.164
	有宗教 M	4.844	4.835	5.135	5.454	4.712	5.099	4.838	4.968	4.930	4.511
	SD	0.641	0.655	0.805	1.054	0.770	0.639	0.647	0.297	0.373	0.433
总体 幸福感	无宗教 M	5.201	5.205	4.838	4.912	4.641	4.838	4.662	4.612	4.803	4.319
	SD	0.857	0.760	0.706	0.782	0.726	0.538	0.762	0.636	0.460	1.077
	t	−1.135	−1.256	0.982	2.177	0.279	1.678	0.452	3.319	0.710	0.432
	p	0.260	0.212	0.329	0.042*	0.780	0.098	0.652	0.002**	0.480	0.192

		T1	T2	T3	T4	T5	T6	T7	T8	T9	T10
主观幸福感	有宗教 M	4.765	4.702	4.758	5.018	4.461	4.822	4.780	4.795	4.334	4.309
	SD	0.570	0.848	0.612	1.095	0.873	0.708	0.891	0.671	0.580	0.247
	无宗教 M	5.068	5.088	4.803	4.696	4.473	4.652	4.288	4.239	4.340	4.020
	SD	0.800	0.670	0.652	0.742	0.811	0.708	0.719	0.894	0.676	0.973
	t	−1.033	−1.450	−0.162	1.707	−0.046	0.863	1.319	2.331	−0.023	0.722
	p	0.305	0.150	0.872	0.089	0.964	0.391	0.191	0.022*	0.982	0.473
心理幸福感	有宗教 M	5.014	4.926	5.169	5.602	4.613	5.205	4.899	5.015	5.138	4.564
	SD	1.072	0.799	1.242	1.159	0.818	0.675	0.823	0.428	0.381	0.535
	无宗教 M	5.208	5.216	4.683	4.973	4.536	4.844	4.862	4.693	4.966	4.335
	SD	0.946	0.896	1.002	0.886	0.906	0.590	0.903	0.813	0.525	1.197
	t	−0.537	−0.834	1.123	2.845	0.249	2.133	0.079	1.525	0.842	0.461
	p	0.593	0.406	0.265	0.005**	0.804	0.036*	0.937	0.131	0.402	0.646
社会幸福感	有宗教 M	4.881	4.821	5.300	5.511	4.939	5.247	4.613	5.034	5.107	4.525
	SD	0.676	0.555	0.723	1.197	0.846	0.761	0.694	0.275	0.394	0.585
	无宗教 M	5.242	5.279	4.955	4.976	4.878	4.943	4.640	4.763	4.923	4.471
	SD	0.995	0.832	0.720	0.893	0.685	0.641	0.794	0.551	0.562	1.245
	t	−0.994	−1.430	1.130	2.392	0.255	1.640	−0.069	1.904	0.846	0.105
	p	0.324	0.156	0.262	0.018*	0.799	0.105	0.945	0.060	0.400	0.917
实现幸福感	有宗教 M	4.717	4.891	5.314	5.685	4.833	5.124	5.063	5.029	5.143	4.647
	SD	0.648	0.739	0.848	0.984	1.124	0.758	0.969	0.156	0.378	0.639
	无宗教 M	5.288	5.238	4.913	5.004	4.678	4.912	4.859	4.751	4.983	4.451
	SD	0.996	0.872	0.734	0.939	0.877	0.597	0.975	0.629	0.614	1.202
	t	−1.575	−1.028	1.273	2.993	0.503	1.199	0.407	1.751	0.676	0.394
	p	0.120	0.306	0.207	0.003**	0.616	0.234	0.685	0.084	0.501	0.695

　　有宗教信仰的群体的幸福感基本上高于没有宗教信仰的群体，而国家与社会管理者阶层、经理人员阶层中无宗教信仰群体的幸福感高于有宗教信仰的群体。专业技术人员阶层中有宗教信仰群体的幸福指数显著高于无宗教信仰群体($t=2.501$，$p<0.05$)，产业工人阶层中也是有宗教信仰群体的幸福感显著高于无宗教信仰的群体($t=2.188$，$p<0.05$)。

（五）各社会阶层幸福感在有无党派上的差异

表 4-8　各社会阶层幸福感在有无党派上的差异比较

			T1	T2	T3	T4	T5	T6	T7	T8	T9	T10
幸福指数	有党派	M	5.676	5.479	5.041	5.425	5.119	4.333	4.833	5.063	5.400	6.200
		SD	1.296	1.205	1.286	1.300	1.095	0.577	0.753	0.250	0.894	0.837
	无党派	M		4.909	4.667	5.273	5.053	5.086	5.014	4.925	5.053	4.603
		SD		1.446	1.032	1.279	1.129	0.812	1.102	1.119	0.781	1.081
		t		1.456	0.692	0.519	0.243	−1.583	−0.393	0.485	0.955	3.225
		p		0.148	0.491	0.604	0.809	0.118	0.696	0.629	0.342	0.002**
总体幸福感	有党派	M	5.161	5.206	4.858	4.964	4.659	4.783	4.773	4.811	4.922	5.234
		SD	0.840	0.772	0.716	0.845	0.745	0.185	0.822	0.096	0.449	1.093
	无党派	M		4.963	4.892	4.973	4.566	4.904	4.663	4.649	4.807	4.269
		SD		0.590	0.725	0.668	0.602	0.580	0.754	0.665	0.455	1.012
		t		1.009	−0.113	−0.053	0.515	−0.357	0.342	1.908	0.551	2.049
		p		0.315	0.910	0.958	0.608	0.722	0.733	0.060	0.583	0.044*
主观幸福感	有党派	M	5.034	5.099	4.816	4.738	4.478	4.296	4.416	4.459	4.129	4.940
		SD	0.780	0.675	0.656	0.792	0.828	0.463	0.818	0.318	0.460	0.833
	无党派	M		4.747	4.586	4.639	4.441	4.709	4.305	4.319	4.353	3.978
		SD		0.726	0.483	0.743	0.721	0.713	0.728	0.967	0.677	0.915
		t		1.628	0.839	0.558	0.185	−0.990	0.358	0.987	−0.726	2.280
		p		0.107	0.404	0.577	0.854	0.325	0.722	0.327	0.470	0.026*
心理幸福感	有党派	M	5.186	5.213	4.714	5.027	4.532	5.259	4.868	4.811	5.200	5.399
		SD	0.954	0.899	1.029	0.954	0.903	0.449	0.913	0.098	0.447	1.160
	无党派	M		5.061	4.780	5.092	4.596	4.914	4.864	4.742	4.966	4.277
		SD		0.818	1.010	0.743	0.884	0.630	0.899	0.848	0.518	1.127
		t		0.536	−0.151	−0.310	−0.288	0.936	0.011	0.321	0.984	2.144
		p		0.593	0.880	0.757	0.774	0.352	0.991	0.749	0.328	0.035*

		T1	T2	T3	T4	T5	T6	T7	T8	T9	T10
社会幸福感	有党派 M	5.201	5.277	4.964	5.025	4.895	4.767	4.892	5.006	5.160	5.290
	SD	0.967	0.836	0.727	0.952	0.714	0.404	0.832	0.175	0.470	1.204
	无党派 M		5.005	5.183	5.055	4.797	5.024	4.618	4.770	4.924	4.415
	SD		0.675	0.662	0.815	0.562	0.687	0.784	0.563	0.554	1.189
	t		−0.714	−0.140	0.570	−0.642	0.819	1.650	0.928	1.586	1.041
	p		0.478	0.888	0.570	0.523	0.415	0.103	0.356	0.117	0.300
实现幸福感	有党派 M	5.224	5.235	4.937	5.065	4.730	4.811	4.917	4.967	5.200	5.307
	SD	0.977	0.896	0.745	0.989	0.909	0.327	0.951	0.067	0.447	1.212
	无党派 M		5.041	5.019	5.108	4.431	4.968	4.866	4.765	4.983	4.405
	SD		0.514	0.807	0.737	0.745	0.650	0.977	0.638	0.605	1.146
	t		0.704	−0.260	−0.200	1.362	−0.413	0.123	2.523	0.784	1.693
	p		0.483	0.795	0.842	0.175	0.681	0.902	0.014*	0.435	0.095

在不同阶层上有党派人士的幸福感基本高于无党派人士，其中个体工商户阶层、商业服务人员阶层上无党派人士的幸福感高于有党派人士。在城乡无业失业半失业者阶层上有无党派人士的幸福指数有显著差异，有党派人士要显著高于无党派人士（$t=3.225$，$p<0.01$）。

（六）各社会阶层幸福感在年龄上的差异

表 4-9　各社会阶层幸福感在年龄上的差异比较

		T1	T2	T3	T4	T5	T6	T7	T8	T9	T10
幸福指数	A1 M	5.250	5.110	5.640	4.920	4.670	4.843	5.171	4.800	4.892	
	SD		1.131	1.323	1.573	0.997	0.651	0.958	1.09	1.105	1.066
	A2 M	5.460	5.811	4.833	5.273	5.461	5.200	4.800	4.930	5.091	5.003
	SD	1.613	1.125	1.272	1.191	1.010	0.826	1.064	0.979	0.446	1.206
	A3 M	5.761	4.330	5.442	5.354	4.613	4.500	6.334	4.000	4.670	4.390
	SD	1.131	1.231	1.014	1.051	1.270	0.577	1.033	0.000	1.155	0.778
	A4 M	5.183	4.000	4.000	5.000		4.500	6.000		6.500	3.251
	SD	1.250	1.414	0.000	1.095		0.707			1.000	1.500

		T1	T2	T3	T4	T5	T6	T7	T8	T9	T10
幸福指数	A5										
	M	8.000			6.330						
	SD	0.000			1.155						
	F	3.111	7.102	0.759	1.288	6.791	2.577	5.758	2.411	6.613	3.824
	Sig.	0.032*	0.000***	0.457	0.276	0.002**	0.061	0.001**	0.096	0.000***	0.014*
总体幸福感	A1										
	M		5.134	4.889	5.050	4.611	4.742	4.537	4.624	4.655	4.379
	SD		0.667	0.765	0.907	0.710	0.816	0.609	0.632	0.630	0.760
	A2										
	M	5.344	5.352	4.746	4.934	4.800	4.945	4.741	4.674	4.846	4.515
	SD	1.105	0.728	0.705	0.818	0.723	0.457	0.936	0.603	0.266	1.232
	A3										
	M	5.156	4.680	5.161	4.939	4.318	5.087	5.278	5.106	4.329	4.303
	SD	0.750	0.790	0.489	0.757	0.678	1.025	0.489	0.053	0.847	0.954
	A4										
	M	4.894	4.156	5.176	4.577		4.210	4.487		5.535	3.140
	SD	0.916	1.253	0.000	0.441		0.287	0.211		0.329	1.497
	A5										
	M	5.565			5.318						
	SD	0.110			0.927						
	F	0.723	4.387	0.917	0.662	3.939	1.581	1.915	1.117	6.575	2.108
	Sig.	0.542	0.006**	0.437	0.619	0.022*	0.202	0.135	0.332	0.001**	0.107
主观幸福感	A1										
	M		5.097	4.807	4.876	4.457	4.557	4.218	4.303	4.161	4.242
	SD		0.662	0.673	0.810	0.867	0.796	0.622	1.145	0.722	0.680
	A2										
	M	4.979	5.161	4.762	4.725	4.595	4.738	4.268	4.343	4.383	4.165
	SD	0.661	0.659	0.683	0.811	0.784	0.580	0.789	0.780	0.542	1.068
	A3										
	M	5.005	4.592	4.867	4.571	4.185	5.217	5.119	4.644	3.540	3.859
	SD	0.808	0.685	0.411	0.696	0.699	0.535	0.628	0.186	1.301	0.877
	A4										
	M	5.133	4.473	5.246	4.320		3.172	4.331		5.239	2.781
	SD	0.879	0.981	0.000	0.482		1.987	0.866		0.469	1.172
	A5										
	M	5.477			4.755						
	SD	0.550			0.896						
	F	0.307	2.964	0.227	1.340	2.185	4.658	2.888	0.255	5.116	3.540
	Sig.	0.820	0.036*	0.877	0.257	0.117	0.005**	0.041*	0.776	0.003**	0.019

			T1	T2	T3	T4	T5	T6	T7	T8	T9	T10
心理幸福感	A1	M		5.132	4.759	5.111	4.493	4.728	4.754	4.817	4.847	4.409
		SD		0.826	1.137	1.050	0.878	0.993	0.726	0.876	0.533	0.805
	A2	M	5.374	5.389	4.565	5.002	4.712	4.994	4.898	4.681	5.005	4.488
		SD	1.241	0.880	0.954	0.876	0.873	0.472	1.055	0.719	0.386	1.415
	A3	M	5.187	4.639	5.140	5.042	4.198	4.942	5.623	5.402	4.570	4.371
		SD	0.866	0.832	0.789	0.890	0.934	1.112	1.007	0.000	1.509	1.126
	A4	M	4.815	4.250	4.924	4.490		4.309	4.493		5.633	3.121
		SD	0.920	1.061	0.000	0.800		0.168	0.000		0.491	1.486
	A5	M	5.982			5.430						
		SD	0.769			0.932						
		F	1.196	3.520	0.798	0.771	2.940	1.283	1.940	1.810	3.589	1.688
		Sig.	0.318	0.018*	0.499	0.545	0.056	0.287	0.131	0.170	0.017*	0.178
社会幸福感	A1	M		5.176	4.991	5.111	4.865	4.913	4.489	4.575	4.780	4.443
		SD		0.670	0.754	1.012	0.624	0.881	0.605	0.391	0.955	0.974
	A2	M	5.446	5.444	4.871	4.953	5.033	5.037	4.828	4.861	4.966	4.704
		SD	1.338	0.821	0.706	0.932	0.740	0.588	1.013	0.516	0.249	1.353
	A3	M	5.213	4.758	5.361	5.073	4.520	5.150	4.592	5.638	4.600	4.500
		SD	0.847	0.826	0.617	0.889	0.599	1.328	0.302	0.132	0.229	1.182
	A4	M	4.809	3.950	5.000	4.817		4.700	4.675		5.625	3.275
		SD	0.989	1.485	0.000	0.646		0.354	0.718		0.479	1.575
	A5	M	5.500			5.417						
		SD	0.141			0.843						
		F	0.944	4.687	1.110	0.479	4.858	0.299	1.042	9.382	3.323	1.661
		Sig.	0.424	0.004**	0.350	0.751	0.009**	0.826	0.379	0.000**	0.024*	0.183

		T1	T2	T3	T4	T5	T6	T7	T8	T9	T10
实现幸福感	A1 M		5.131	4.997	5.100	4.630	4.769	4.688	4.800	4.833	4.420
	A1 SD		0.788	0.792	1.039	0.850	0.949	0.817	0.477	1.049	0.860
	A2 M	5.576	5.415	4.786	5.056	4.860	5.009	4.968	4.811	5.031	4.701
	A2 SD	1.365	0.803	0.689	0.918	0.857	0.512	1.124	0.641	0.256	1.318
	A3 M	5.218	4.731	5.278	5.069	4.370	5.038	5.778	4.742	4.606	4.482
	A3 SD	0.841	0.985	0.714	0.992	1.002	1.221	0.836	0.134	0.593	1.179
	A4 M	4.818	3.950	5.533	4.681		4.658	4.450		5.642	3.383
	A4 SD	0.981	1.485	0.000	0.561		0.318	0.000		0.474	1.808
	A5 M	5.300			5.672						
	A5 SD	0.519			1.146						
	F	1.209	4.150	1.415	0.554	2.780	0.619	2.715	0.027	2.709	1.511
	Sig.	0.313	0.008**	0.245	0.697	0.066	0.605	0.051	0.974	0.051	0.219

注：A1＝0～24 岁；A2＝25～34 岁；A3＝35～44 岁；A4＝45～54 岁；A5＝55 岁及以上。

根据表 4-9 显示，国家与社会管理者阶层、经理人员阶层、办事人员阶层、商业服务人员阶层、农业劳动者阶层、城乡无业失业半失业者阶层中不同年龄段在幸福感上的评分有显著差异。结果显示经理人员阶层、办事人员阶层、农业劳动者阶层上总体幸福感在不同年龄段上的得分有差异。

（七）各社会阶层幸福感在年收入上的差异

表 4-10　各社会阶层幸福感在年收入的差异比较

		T1	T2	T3	T4	T5	T6	T7	T8	T9	T10
幸福指数	S1 M		6.200		5.330	4.200	4.600	4.900	4.500	4.667	4.490
	S1 SD		1.643		1.278	0.447	0.894	1.729	1.453	1.155	1.120
	S2 M	5.562	5.500	4.941	5.231	5.410	4.125	4.600	5.250	5.038	5.300
	S2 SD	1.396	0.855	1.478	1.423	1.044	0.354	1.430	0.856	0.517	0.979
	S3 M	5.773	5.000	4.273	5.520	5.111	5.306	4.946	5.029	5.625	
	S3 SD	1.193	1.202	1.009	1.297	0.979	0.713	0.229	0.169	1.061	

		T1	T2	T3	T4	T5	T6	T7	T8	T9	T10
幸福指数	S4 M	5.730	5.553	5.033	5.286	5.458	4.818	4.700	6.250	5.800	
	S4 SD	1.316	1.288	1.180	1.331	1.062	0.874	1.636	0.500	0.837	
	S5 M		5.600	5.059	5.933	4.650		5.667		4.667	
	S5 SD		1.242	1.221	0.799	0.862		0.516		1.155	
	S6 M		5.000	5.500	5.286	4.630		6.500			
	S6 SD		1.604	0.707	1.496	1.455		0.577			
	S7 M		4.667	5.710	5.750						
	S7 SD		1.155	1.380	1.035						
	S8 M		5.600	5.670							
	S8 SD		0.548	1.528							
	F	5.720	1.021	1.199	0.788	3.239	7.426	2.772	5.320	3.454	8.095
	Sig.	1.308	0.421	0.316	0.581	0.009**	0.000**	0.024*	0.002**	0.012*	0.006**
总体幸福感	S1 M		5.526		5.056	3.885	4.497	4.308	4.399	4.416	4.284
	S1 SD		0.997		0.782	0.438	0.673	1.164	0.858	0.549	1.099
	S2 M	5.161	5.122	4.937	5.037	4.719	4.560	4.770	4.919	4.796	4.470
	S2 SD	0.911	0.637	0.759	0.890	0.780	0.598	0.630	0.552	0.334	0.870
	S3 M	5.125	4.992	4.479	5.013	4.622	5.013	4.722	4.783	5.257	
	S3 SD	0.804	0.695	0.635	0.794	0.639	0.457	0.446	0.204	0.452	
	S4 M	5.197	5.244	4.748	4.767	4.818	4.821	4.297	4.798	4.983	
	S4 SD	0.821	0.760	0.610	0.845	0.779	0.810	1.196	0.272	0.287	
	S5 M		5.311	4.767	5.218	4.508		4.955		5.252	
	S5 SD		0.582	0.593	0.500	0.754		0.605		0.802	
	S6 M		5.080	4.940	4.754	4.648		5.376			
	S6 SD		1.097	0.073	1.194	0.646		0.260			
	S7 M		4.681	5.750	5.166						
	S7 SD		1.169	0.724	0.750						
	S8 M		5.310	5.126							
	S8 SD		0.831	0.950							
	F	0.039	0.644	3.000	1.048	1.614	2.670	2.021	3.592	6.572	0.464
	Sig.	0.962	0.718	0.011*	0.396	0.161	0.054	0.086	0.017*	0.000**	0.498

			T1	T2	T3	T4	T5	T6	T7	T8	T9	T10
主观幸福感	S1	M		5.425		4.741	3.898	4.145	4.220	4.165	3.809	4.051
		SD		0.940		0.876	0.571	0.465	0.958	1.200	0.800	0.928
	S2	M	5.015	5.123	4.785	4.776	4.569	4.471	4.229	4.524	4.359	4.024
		SD	0.878	0.524	0.686	0.817	0.839	0.703	0.668	0.956	0.580	0.984
	S3	M	5.047	4.890	4.353	4.728	4.532	4.860	4.345	4.371	4.670	
		SD	0.653	0.706	0.645	0.713	0.787	0.542	0.522	0.468	0.811	
	S4	M	5.043	5.093	4.776	4.621	4.582	4.354	3.950	4.683	4.600	
		SD	0.804	0.706	0.565	0.757	0.846	1.143	1.087	0.705	0.498	
	S5	M		5.155	4.7812	5.059	4.207		4.520		4.786	
		SD		0.616	0.569	0.770	0.850		0.671		0.206	
	S6	M		4.946	5.161	4.395	4.402		5.064			
		SD		0.747	0.024	1.213	0.732		0.706			
	S7	M		4.567	5.471	4.858						
		SD		0.897	0.704	0.629						
	S8	M		5.162	4.996							
		SD		0.713	0.384							
		F	0.012	0.697	2.299	0.885	1.133	3.309	1.567	0.813	3.274	0.011
		Sig.	0.988	0.674	0.036*	0.507	0.346	0.025*	0.180	0.491	0.016*	0.915
心理幸福感	S1	M		5.718		5.084	3.539	4.473	4.471	4.443	4.569	4.304
		SD		0.966		0.881	0.560	0.791	1.372	1.041	0.882	1.241
	S2	M	5.119	5.077	4.763	5.042	4.605	4.607	4.963	5.129	5.013	4.486
		SD	0.990	0.863	1.095	1.010	0.873	0.758	0.760	0.838	0.212	0.908
	S3	M	5.172	5.000	4.022	5.145	4.472	5.049	4.891	4.826	5.372	
		SD	0.865	0.783	1.079	0.941	0.808	0.459	0.598	0.168	0.735	
	S4	M	5.282	5.298	4.709	4.825	4.797	4.832	4.485	4.828	5.024	
		SD	1.029	0.905	0.888	0.941	0.979	0.938	1.195	0.770	0.530	
	S5	M		5.274	4.530	5.235	4.345		5.110		4.933	
		SD		0.767	0.800	0.471	0.919		0.988		1.013	

			T1	T2	T3	T4	T5	T6	T7	T8	T9	T10
心理幸福感	S6	M		4.970	5.209	5.019	4.676		5.927			
		SD		1.195	0.113	1.345	0.933		0.174			
	S7	M		4.769	5.766	5.267						
		SD		1.332	0.934	0.832						
	S8	M		5.387	5.051							
		SD		0.913	1.332							
		F	0.176	0.692	2.547	0.792	2.028	2.424	2.147	3.191	3.537	0.355
		Sig.	0.839	0.678	0.028*	0.577	0.079	0.073	0.070	0.028*	0.011*	0.553
社会幸福感	S1	M		5.580		5.136	4.310	4.710	4.170	4.577	4.633	4.399
		SD		1.084		0.873	0.263	0.918	1.153	0.771	0.543	1.289
	S2	M	5.263	5.164	5.127	5.110	4.928	4.563	4.915	4.897	4.890	4.678
		SD	1.031	0.717	0.716	0.985	0.748	0.773	0.723	0.286	0.441	0.936
	S3	M	5.134	5.040	4.750	5.122	4.818	5.099	4.761	5.003	5.444	
		SD	0.990	0.729	0.497	0.902	0.600	0.553	0.529	0.202	0.720	
	S4	M	5.193	5.325	4.755	4.771	5.015	5.100	4.350	4.525	5.020	
		SD	0.901	0.791	0.633	1.000	0.722	0.911	1.264	0.266	0.475	
	S5	M		5.403	4.881	5.237	4.924		4.758		5.550	
		SD		0.731	0.629	0.639	0.821		0.413		0.958	
	S6	M		5.169	4.875	4.900	4.847		4.538			
		SD		1.174	0.035	1.107	0.643		0.375			
	S7	M		4.700	5.936	5.281						
		SD		1.343	0.756	0.835						
	S8	M		5.370	5.383							
		SD		0.981	1.091							
		F	0.106	0.636	3.621	1.135	0.971	1.905	1.497	4.562	4.276	0.776
		Sig.	0.900	0.725	0.003**	0.344	0.438	0.137	0.202	0.005**	0.004**	0.381

		T1	T2	T3	T4	T5	T6	T7	T8	T9	T10
	M		5.383		5.263	3.793	4.660	4.372	4.410	4.650	4.381
S1	SD		1.064		0.993	0.484	0.766	1.447	0.795	0.469	1.247
	M	5.248	5.123	5.075	5.221	4.773	4.598	4.973	5.126	4.923	4.693
S2	SD	1.073	0.792	0.811	1.054	0.980	0.693	1.033	0.390	0.472	0.901
	M	5.149	5.040	4.791	5.055	4.665	5.043	4.891	4.933	5.544	
S3	SD	0.946	0.806	0.589	0.939	0.760	0.531	0.479	0.173	0.795	
	M	5.269	5.261	4.751	4.852	4.879	5.000	4.402	5.154	5.287	
S4	SD	0.923	0.848	0.612	0.957	0.862	0.912	1.508	0.104	0.263	
	M		5.412	4.876	5.339	4.557		5.433		5.739	
S5	SD		0.702	0.741	0.544	0.953		0.631		1.344	
	M		5.235	4.517	4.702	4.669		5.975			
S6	SD		1.381	0.118	1.260	0.944		0.452			
	M		4.689	5.829	5.258						
S7	SD		1.107	0.780	0.823						
	M		5.320	5.072							
S8	SD		0.892	1.147							
	F	0.095	0.440	2.539	1.207	1.399	1.544	2.753	9.148	5.278	1.044
	Sig.	0.910	0.875	0.027*	0.304	0.229	0.211	0.025*	0.000***	0.001**	0.310

（实现幸福感 对应 S1—S8 各行）

注：S1＝0～3万；S2＝3.1万～4.9万；S3＝5万～7.9万；S4＝8万～11.9万；S5＝12万～14.9万；S6＝15万～19.9万；S7＝20万～29.9万；S8＝30万及以上。

根据表4-10结果显示，办事人员阶层、个体工商户阶层、商业服务人员阶层、产业工人阶层、农业劳动者阶层、城乡无业失业半失业者阶层的幸福感在不同年收入上的得分有显著差异。根据表格结果显示，私营企业主阶层、产业工人阶层、农业劳动者阶层上总体幸福感在不同年收入上的得分有显著差异。

（八）各阶层幸福感在家庭住房面积上的差异

表 **4-11**　不同的阶层幸福感在家庭住房面积上的差异比较

			T1	T2	T3	T4	T5	T6	T7	T8	T9	T10
幸福指数	M1	M		3.500		5.000	4.864	4.750	5.333	5.400	5.167	4.810
		SD		0.707		1.472	0.941	0.957	1.366	2.074	1.115	0.928
	M2	M	4.846	5.400	4.867	5.406	4.905	4.667	5.000	4.733	4.944	4.588
		SD	1.625	1.046	0.915	1.266	1.261	0.516	1.124	1.710	0.475	1.278
	M3	M	5.686	5.343	5.069	5.574	5.048	5.216	5.000	4.961	4.955	4.737
		SD	1.051	1.235	1.163	1.396	1.229	0.783	0.365	0.564	0.575	1.284
	M4	M	6.133	5.600	5.286	5.292	5.419	4.333	5.000	5.000	5.750	4.688
		SD	1.302	1.429	1.309	1.202	0.958	0.577	0.756	0.853	1.389	1.138
	M5	M	5.833	5.364	5.375	5.650	5.176	4.714	5.333		5.333	
		SD	1.169	1.286	1.188	0.933	0.951	0.951	1.033		1.155	
	M6	M	7.000	5.667	3.857	5.500	5.500	5.000	4.333			
		SD	1.414	0.707	1.864	1.354	1.000	1.414	2.733			
		F	2.552	1.208	2.024	0.921	1.005	1.557	0.676	0.562	2.075	0.120
		Sig.	0.047	0.311	0.100	0.469	0.418	0.184	0.643	0.641	0.092	0.948
总体幸福感	M1	M		5.221		4.831	4.438	4.637	4.908	4.577	4.672	4.506
		SD		0.322		0.980	0.755	1.241	0.833	0.560	0.621	0.651
	M2	M	4.895	4.932	4.635	4.879	5.071	4.607	4.807	4.893	4.770	4.456
		SD	1.191	0.715	0.609	0.742	0.759	0.623	0.525	0.569	0.232	1.048
	M3	M	5.039	5.068	4.855	5.040	4.556	4.961	4.620	4.599	4.771	4.031
		SD	0.687	0.836	0.670	0.888	0.725	0.389	0.372	0.617	0.501	1.280
	M4	M	5.621	5.207	4.984	4.954	4.638	4.486	4.981	4.801	5.111	4.343
		SD	0.823	0.812	0.599	0.773	0.670	0.831	0.827	0.568	0.572	1.142
	M5	M	5.365	5.614	5.198	5.070	4.577	4.951	4.550		5.433	
		SD	0.515	0.452	0.699	0.655	0.683	0.776	0.568		0.489	

		T1	T2	T3	T4	T5	T6	T7	T8	T9	T10
总体 幸福感	M6											
		M	4.978	5.551	4.610	4.956	4.858	5.147	3.959			
		SD	0.719	0.336	1.245	0.934	0.331	1.612	1.963			
		F	1.835	1.816	1.215	0.365	2.113	1.008	1.727	1.150	2.958	0.800
		Sig.	0.133	0.116	0.312	0.872	0.068	0.420	0.139	0.334	0.025*	0.498

			T1	T2	T3	T4	T5	T6	T7	T8	T9	T10
主观 幸福感	M1	*M*		5.039		4.583	4.305	4.595	4.672	4.309	4.151	4.191
		SD		0.478		0.683	0.920	1.002	0.854	0.802	0.822	0.641
	M2	*M*	4.773	4.768	4.641	4.691	4.840	4.912	4.385	4.788	4.281	4.211
		SD	1.051	0.816	0.642	0.726	0.961	0.622	0.626	1.157	0.597	0.686
	M3	*M*	4.935	5.046	4.860	4.837	4.276	4.720	4.258	4.262	4.253	3.724
		SD	0.680	0.733	0.499	0.874	0.753	0.543	0.482	0.727	0.655	1.155
	M4	*M*	5.374	5.023	4.793	4.667	4.506	4.070	4.765	4.165	4.865	4.052
		SD	0.813	0.622	0.527	0.853	0.717	0.659	0.598	1.047	0.547	1.172
	M5	*M*	5.369	5.535	5.044	4.764	4.648	4.826	4.002		5.011	
		SD	0.349	0.338	0.543	0.587	0.720	0.710	0.633		0.250	
	M6	*M*	4.888	5.343	4.623	4.752	4.522	3.972	3.713			
		SD	0.282	0.394	1.377	0.720	0.471	3.118	1.586			
		F	1.558	2.237	0.698	0.483	1.763	1.083	2.158	1.625	2.608	1.092
		Sig.	0.196	0.056	0.595	0.789	0.125	0.378	0.068	0.190	0.042*	0.358
心理 幸福感	M1	*M*		5.435		4.908	4.292	4.592	5.307	4.857	4.824	4.559
		SD		0.351		1.086	0.816	1.285	1.129	1.050	1.015	0.752
	M2	*M*	4.999	4.916	4.374	4.910	4.965	4.430	5.073	4.929	4.947	4.425
		SD	1.234	0.863	0.872	0.959	0.925	0.567	0.553	0.694	0.202	1.222
	M3	*M*	5.093	5.073	4.784	5.099	4.453	5.026	4.741	4.585	5.050	3.983
		SD	0.868	0.915	0.958	0.975	0.979	0.478	0.440	0.715	0.304	1.393
	M4	*M*	5.583	5.228	4.922	5.040	4.579	4.519	5.277	5.220	5.129	4.451
		SD	0.860	1.023	0.820	0.803	0.877	0.947	1.138	0.761	0.809	1.224

		T1	T2	T3	T4	T5	T6	T7	T8	T9	T10
心理幸福感	M5 M	5.061	5.600	5.110	5.268	4.427	4.922	4.783		5.109	
	M5 SD	0.864	0.567	0.871	0.717	0.774	0.800	0.879		0.787	
	M6 M	5.416	5.658	4.138	4.852	4.791	5.249	3.888			
	M6 SD	1.570	0.442	1.865	1.188	0.423	1.161	2.011			
	F	0.904	1.547	1.568	0.588	1.510	1.681	2.677	2.792	0.613	0.928
	Sig.	0.467	0.182	0.192	0.709	0.191	0.151	0.028*	0.046*	0.655	0.432
社会幸福感	M1 M		5.000		4.908	4.732	4.663	4.475	4.510	4.775	4.612
	M1 SD		0.424		1.140	0.717	1.359	0.605	0.332	0.465	0.817
	M2 M	4.827	5.008	4.797	4.923	5.274	4.542	4.835	5.020	4.904	4.632
	M2 SD	1.348	0.737	0.615	0.795	0.720	0.815	0.599	0.491	0.319	1.333
	M3 M	5.046	5.101	4.928	5.083	4.880	5.065	4.708	4.799	4.889	4.203
	M3 SD	0.779	0.925	0.723	1.033	0.693	0.466	0.492	0.565	0.743	1.427
	M4 M	5.837	5.340	5.114	5.045	4.781	4.783	4.756	4.758	5.238	4.453
	M4 SD	0.882	0.888	0.676	0.837	0.639	1.107	0.704	0.331	0.616	1.251
	M5 M	5.433	5.705	5.325	5.090	4.727	5.150	4.542		5.583	
	M5 SD	0.697	0.459	0.804	0.750	0.666	1.046	0.282		0.900	
	M6 M	4.900	5.556	4.800	5.125	5.113	5.700	3.733			
	M6 SD	0.707	0.462	0.944	1.126	0.425	1.061	2.047			
	F	2.706	1.654	1.031	0.241	2.010	1.434	2.150	1.440	2.075	0.504
	Sig.	0.038*	0.153	0.397	0.944	0.081	0.224	0.069	0.238	0.092	0.681
实现幸福感	M1 M		5.408		4.925	4.424	4.700	5.178	4.633	4.936	4.662
	M1 SD		0.035		1.231	0.911	1.400	1.146	0.605	0.450	0.883
	M2 M	4.980	5.036	4.727	4.992	5.206	4.544	4.933	4.834	4.948	4.554
	M2 SD	1.415	0.753	0.550	0.814	0.977	0.796	0.835	0.485	0.436	1.224
	M3 M	5.080	5.052	4.848	5.142	4.614	5.034	4.774	4.751	4.891	4.216
	M3 SD	0.754	0.954	0.740	0.968	0.911	0.426	0.379	0.644	0.717	1.377
	M4 M	5.691	5.236	5.108	5.062	4.686	4.572	5.125	5.063	5.213	4.416
	M4 SD	1.019	0.973	0.764	0.926	0.743	1.020	0.992	0.289	0.687	1.206

			T1	T2	T3	T4	T5	T6	T7	T8	T9	T10
实现幸福感	M5	M	5.597	5.615	5.315	5.160	4.508	4.905	4.872		6.028	
		SD	0.735	0.586	0.806	0.862	0.855	0.907	0.891		0.892	
	M6	M	4.708	5.646	4.881	5.093	5.004	5.667	4.500			
		SD	0.318	0.444	0.947	1.141	0.559	1.108	2.613			
	F		1.672	1.387	1.215	0.257	2.193	1.553	0.468	1.101	3.047	0.522
	Sig.		0.167	0.236	0.311	0.936	0.059	0.186	0.799	0.354	0.022*	0.668

注：M1＝0～60平方米；M2＝61～80平方米；M3＝81～100平方米；M4＝101～120平方米；M5＝121～150平方米；M6＝151平方米及以上。

表 4-11 结果显示，各个阶层在不同家庭面积上幸福感的得分基本没差异，只有国家与社会管理者阶层中幸福感有显著差异。表 4-11 结果显示，各个阶层在不同家庭面积上总体幸福感的得分基本没差异，只有农业劳动者阶层中总体幸福感有显著差异。

（九）各社会阶层幸福感在学历上的差异

表 4-12　各社会阶层幸福感在学历上的差异比较

			T1	T2	T3	T4	T5	T6	T7	T8	T9	T10
幸福指数	X1	M			3.670		4.235	4.667	5.750	4.862	5.029	4.813
		SD			0.577		1.091	0.816	0.856	0.639	0.707	1.601
	X2	M	5.462	5.440	4.670	4.778	5.107	5.163	4.740	4.444	5.500	4.703
		SD	1.613	1.365	1.317	1.155	1.166	0.825	0.682	1.121	1.195	0.845
	X3	M	5.851	5.343	5.181	5.507	5.163	4.889	4.870	5.556	5.000	4.650
		SD	1.197	1.213	1.273	1.248	0.944	0.758	1.332	0.934	1.155	1.226
	X4	M	5.222	6.254	5.600	5.611	6.833					
		SD	1.302	1.035	0.548	1.577	0.408					
	X5	M	5.000		5.00	5.000						
		SD	1.414		0.000	2.000						
	F		0.952	2.028	1.791	2.734	10.411	1.510	5.617	10.198	1.313	0.091
	Sig.		0.421	0.137	0.139	0.045*	0.000**	0.228	0.005**	0.000**	0.275	0.913

			T1	T2	T3	T4	T5	T6	T7	T8	T9	T10
总体幸福感	X1	M			4.035		4.187	4.808	4.998	4.593	4.838	4.580
		SD			0.272		0.629	0.801	0.418	0.701	0.466	1.166
	X2	M	5.344	5.026	4.760	4.596	4.767	4.858	4.531	4.563	4.778	4.359
		SD	1.105	0.573	0.632	0.921	0.618	0.381	0.417	0.394	0.394	0.741
	X3	M	5.123	5.163	4.952	5.017	4.629	5.041	4.642	4.891	4.463	4.094
		SD	0.755	0.773	0.766	0.803	0.691	0.864	1.067	0.621	0.079	1.365
	X4	M	5.025	5.681	4.788	5.122	5.622					
		SD	0.963	0.778	0.288	0.808	0.975					
	X5	M	5.471		5.248	4.748						
		SD	0.414		0.000	0.233						
		F	0.396	2.150	1.435	2.330	6.971	0.755	2.124	2.580	1.337	0.994
		Sig.	0.756	0.122	0.231	0.760	0.000***	0.474	0.127	0.082	0.269	0.375
主观幸福感	X1	M			4.357		3.746	4.805	4.584	4.368	4.344	4.011
		SD			0.406		0.603	0.747	0.715	0.691	0.685	1.218
	X2	M	4.979	4.994	4.506	4.478	4.500	4.636	4.136	3.921	4.615	4.063
		SD	0.661	0.569	0.590	0.767	0.784	0.672	0.452	0.691	0.421	0.667
	X3	M	5.006	5.034	4.918	4.763	4.532	4.807	4.353	4.748	3.703	4.033
		SD	0.809	0.694	0.658	0.786	0.736	0.806	0.920	1.046	0.138	1.145
	X4	M	5.284	5.500	5.067	4.918	5.552					
		SD	0.904	0.726	0.480	0.735	0.983					
	X5	M	4.912		4.990	4.063						
		SD	0.203		0.000	0.735						
		F	0.356	1.814	2.229	2.114	9.856	0.462	2.119	6.828	2.621	0.018
		Sig.	0.785	0.168	0.074	0.100	0.000**	0.632	0.127	0.002**	0.079	0.982
心理幸福感	X1	M			3.684		4.044	4.691	5.309	4.551	5.011	4.519
		SD			0.593		0.879	0.878	0.636	0.835	0.500	1.122
	X2	M	5.374	5.092	4.653	4.654	4.737	4.886	4.571	4.637	4.644	4.422
		SD	1.241	0.681	0.992	1.027	0.872	0.447	0.503	0.450	0.628	0.892

			T1	T2	T3	T4	T5	T6	T7	T8	T9	T10
心理幸福感	X3	M	5.159	5.152	4.815	5.082	4.506	5.123	4.930	5.094	5.133	4.096
		SD	0.884	0.915	1.079	0.907	0.829	0.894	1.192	0.836	0.359	1.570
	X4	M	4.942	5.876	4.609	5.219	5.533					
		SD	0.971	0.768	0.516	0.918	1.177					
	X5	M	5.691		4.985	4.983						
		SD	0.437		0.000	0.938						
		F	0.554	2.630	0.931	1.889	5.094	1.432	4.026	4.354	2.061	0.721
		Sig.	0.647	0.077	0.450	0.133	0.002**	0.246	0.022*	0.016*	0.134	0.490
社会幸福感	X1	M				4.100		4.715	4.892	4.813	4.793	4.973	4.909
		SD				0.173		0.700	1.008	0.447	0.741	0.559	1.282
	X2	M	5.446	5.044	4.938	4.630	4.977	4.974	4.674	4.913	4.913	4.505
		SD	1.338	0.620	0.616	1.061	0.593	0.386	0.573	0.257	0.453	0.878
	X3	M	5.153	5.243	5.063	5.088	4.828	5.164	4.510	4.743	4.400	4.073
		SD	0.840	0.841	0.783	0.897	0.678	1.091	1.067	0.423	0.289	1.546
	X4	M	4.933	5.725	4.770	5.136	5.683					
		SD	1.054	0.891	0.241	0.953	0.915					
	X5	M	5.950		5.450	5.017						
		SD	0.071		0.000	1.173						
		F	0.944	1.869	1.555	1.939	3.535	0.619	0.822	0.764	2.124	2.252
		Sig.	0.425	0.159	0.195	0.125	0.017*	0.541	0.443	0.469	0.126	0.113
实现幸福感	X1	M				4.000		4.241	4.844	5.288	4.660	5.025	4.882
		SD				0.000		1.010	0.873	0.672	0.747	0.613	1.289
	X2	M	5.576	4.975	4.942	4.623	4.854	4.936	4.744	4.782	4.942	4.445
		SD	1.365	0.778	0.690	1.167	0.770	0.373	0.557	0.349	0.514	0.858
	X3	M	5.176	5.223	5.011	5.136	4.651	5.069	4.777	4.982	4.617	4.175
		SD	0.839	0.875	0.791	0.915	0.846	1.046	1.336	0.527	0.366	1.482

			T1	T2	T3	T4	T5	T6	T7	T8	T9	T10
实现幸福感	X4	M	4.943	5.621	4.707	5.216	5.719					
		SD	1.044	0.863	0.159	0.881	0.926					
	X5	M	5.333		5.567	4.928						
		SD	0.943		0.000	1.082						
		F	0.852	1.515	1.661	2.387	4.851	0.385	1.934	2.254	0.921	1.684
		Sig.	0.471	0.225	0.168	0.070	0.003**	0.682	0.152	0.112	0.402	0.193

注：X1＝高中及以下；X2＝中专或大专；X3＝本科；X4＝研究生；X5＝博士。

表 4-12 结果显示，专业技术人员阶层、办事人员阶层、商业服务人员阶层、产业工人阶层中不同学历人的幸福感存在显著差异。根据表格结果显示各个阶层在不同学历上总体幸福感的得分基本没差异，只有办事人员阶层具有差异。

（十）各社会阶层幸福感在婚姻上的差异

表 4-13　各社会阶层的幸福感在婚姻上的差异比较

			T1	T2	T3	T4	T5	T6	T7	T8	T9	T10
幸福指数	H1	M	5.000	4.812	4.471	4.623	4.823	4.968	4.721	5.050	5.750	4.444
		SD	1.309	1.109	1.219	1.284	0.983	0.836	1.334	0.769	1.165	0.964
	H2	M	5.862	5.553	5.182	5.500	5.181	5.119	5.171	4.000	5.000	4.781
		SD	1.242	1.234	1.245	1.274	1.119	0.803	0.859	2.138	0.707	1.182
	H3	M		4.500		4.000	5.000					5.000
		SD		0.707		0.000	1.000					1.414
	H4	M					6.500					
		SD					0.707					
		F	5.510	3.099	4.712	4.682	2.050	0.612	3.144	8.572	7.042	0.628
		Sig.	0.022*	0.049*	0.033*	0.010**	0.110	0.437	0.080	0.004**	0.010**	0.536

		T1	T2	T3	T4	T5	T6	T7	T8	T9	T10
总体幸福感	H1 M	5.053	4.797	4.522	4.592	4.694	4.760	4.490	4.718	4.982	4.128
	H1 SD	1.033	0.637	0.670	0.719	0.803	0.345	1.025	0.604	0.572	0.648
	H2 M	5.190	5.263	4.966	5.011	4.604	5.001	4.781	4.324	4.795	4.364
	H2 SD	0.788	0.754	0.697	0.832	0.686	0.676	0.511	0.462	0.439	1.132
	H3 M	5.053	4.616		4.880	4.751					5.183
	H3 SD		0.981		0.429	0.909					0.102
	H4 M					5.758					
	H4 SD					0.714					
	F	0.310	3.273	5.995	2.460	1.772	3.308	2.750	3.187	1.230	1.008
	Sig.	0.579	0.042	0.017*	0.088	0.156	0.073	0.101	0.078	0.271	0.370
主观幸福感	H1 M	5.025	4.843	4.577	4.532	4.526	4.618	4.102	4.392	4.319	4.068
	H1 SD	0.607	0.551	0.718	0.664	0.771	0.516	0.853	0.836	0.693	0.529
	H2 M	5.036	5.109	4.868	4.751	4.428	4.747	4.441	3.911	4.341	4.010
	H2 SD	0.825	0.702	0.611	0.802	0.807	0.822	0.620	1.196	0.667	1.035
	H3 M		4.745		4.723	4.692					4.767
	H3 SD		0.823		0.313	1.320					0.096
	H4 M					5.461					
	H4 SD					0.918					
	F	0.002	1.251	3.018	0.723	1.217	0.593	4.066	2.194	0.008	0.629
	Sig.	0.962	0.291	0.086	0.487	0.306	0.444	0.047*	0.142	0.930	0.536
心理幸福感	H1 M	5.122	4.699	4.109	4.616	4.570	4.824	4.733	4.819	5.355	4.247
	H1 SD	1.148	0.815	1.105	0.878	1.047	0.471	1.108	0.770	0.334	0.788
	H2 M	5.203	5.305	4.910	5.083	4.505	5.006	4.943	4.159	4.940	4.337
	H2 SD	0.907	0.867	0.923	0.933	0.838	0.713	0.739	0.303	0.516	1.239
	H3 M		4.370		5.205	4.696					5.692
	H3 SD		1.160		0.096	1.073					0.512
	H4 M					5.612					
	H4 SD					0.913					
	F	0.085	4.285	9.927	2.418	1.045	1.523	0.996	5.722	4.929	1.430
	Sig.	0.772	0.016*	0.002	0.092	0.375	0.221	0.321	0.019*	0.029*	0.246

			T1	T2	T3	T4	T5	T6	T7	T8	T9	T10
社会幸福感	H1	M	4.980	4.956	4.695	4.610	4.988	4.813	4.517	4.833	5.088	4.150
		SD	1.223	0.699	0.535	0.761	0.736	0.439	1.081	0.539	0.798	0.913
	H2	M	5.261	5.311	5.070	5.080	4.825	5.162	4.713	4.650	4.923	4.540
		SD	0.891	0.838	0.752	0.949	0.670	0.782	0.535	0.228	0.521	1.278
	H3	M		4.825		4.950	4.833					5.300
		SD		0.742		0.566	0.548					0.212
	H4	M					6.025					
		SD					0.460					
	F		0.996	1.549	4.069	2.404	2.366	4.996	1.119	0.899	0.646	1.140
	Sig.		0.322	0.217	0.047*	0.093	0.074	0.029*	0.294	0.346	0.424	0.326
实现幸福感	H1	M	5.087	4.691	4.706	4.610	4.692	4.786	4.609	4.828	5.167	4.046
		SD	1.272	0.748	0.600	0.942	0.969	0.442	1.253	0.574	0.643	0.707
	H2	M	5.260	5.325	5.017	5.130	4.659	5.091	5.027	4.577	4.978	4.571
		SD	0.892	0.846	0.774	0.955	0.863	0.731	0.718	0.621	0.593	1.262
	H3	M		2.000		4.642	4.783					4.975
		SD		4.525		0.742	0.876					0.412
	H4	M					5.933					
		SD					0.566					
	F		0.371	4.591	2.568	2.995	1.357	4.256	3.481	1.368	0.717	1.473
	Sig.		0.545	0.012*	0.113	0.052	0.259	0.043*	0.066	0.246	0.400	0.236

注：H1＝未婚；H2＝已婚；H3＝离异；H4＝丧偶。

表 4-14 结果显示，国家与社会管理者阶层、经理人员阶层、私营企业主阶层、专业技术人员阶层、产业工人阶层、农业劳动者阶层中不同婚姻状况群体的幸福感得分是有显著差异的。根据表格结果显示各个阶层在不同学历上总体幸福感的得分基本没差异，只有私营企业主阶层上已婚群体的幸福感显著高于未婚群体。

表 4-14　幸福感与幸福影响因素的相关矩阵

	幸福指数	总体评价	经济状况	收入水平	房产价格	物价水平	休闲状况	教育状况	社会风气	交通状况	社会治安	环境质量	医疗卫生	可持续发展能力
幸福指数	1													
总体印象	0.432*	1												
经济状况	0.447*	0.625*	1											
收入水平	0.407*	0.498*	0.674*	1										
房产价格	0.376*	0.366*	0.364*	0.514*	1									
物价水平	0.362*	0.350*	0.324*	0.338*	0.551*	1								
休闲状况	0.408*	0.470*	0.420*	0.392*	0.350*	0.555*	1							
教育状况	0.399*	0.497*	0.553*	0.536*	0.382*	0.354*	0.501*	1						
社会风气	0.412*	0.419*	0.489*	0.432*	0.310*	0.310*	0.417*	0.557*	1					
交通状况	0.389*	0.385*	0.383*	0.375*	0.340*	0.433*	0.392*	0.368*	0.537*	1				
社会治安	0.386*	0.379*	0.438*	0.389*	0.251*	0.299*	0.391*	0.447*	0.546*	0.495*	1			
环境质量	0.406*	0.360*	0.338*	0.361*	0.335*	0.390*	0.382*	0.380*	0.427*	0.530*	0.514*	1		
医疗卫生	0.395*	0.441*	0.466*	0.442*	0.345*	0.349*	0.464*	0.544*	0.537*	0.400*	0.501*	0.513*	1	
持续发展	0.414*	0.484*	0.464*	0.407*	0.305*	0.307*	0.438*	0.475*	0.529*	0.414*	0.485*	0.430*	0.570*	1

三、各社会阶层幸福感的影响因素分析

(一)各社会阶层幸福感影响因素的总体情况

将 10 个阶层的群体的幸福感与影响幸福感的 12 个城市发展评分项目进行相关分析,发现幸福感与所有评分项目都呈显著相关。

对比各社会阶层在影响幸福感项目上的评分,发现在 12 个评分项目上各社会阶层的方差分析都呈显著差异。

表 4-15　各社会阶层在幸福感影响因素上的得分差异

		T1	T2	T3	T4	T5	T6	T7	T8	T9	T10
经济状况	M	3.268	3.542	3.250	3.454	3.182	3.219	3.182	3.145	2.975	2.836
	SD	0.878	0.792	0.961	0.843	0.741	0.559	0.790	0.566	0.651	1.014
	F					6.675					
	p					0.000					
收入水平	M	3.225	3.495	3.425	3.429	3.015	3.192	3.156	2.952	2.926	2.767
	SD	0.882	0.873	0.868	0.835	0.786	0.490	0.875	0.491	0.648	0.921
	F					9.492					
	p					0.000					
房产价格	M	3.296	3.561	3.363	3.321	2.949	3.205	2.922	2.759	2.951	2.836
	SD	0.901	0.838	0.833	0.862	1.059	0.686	0.957	0.821	0.444	1.118
	F					8.887					
	p					0.000					
物价水平	M	3.479	3.318	3.400	3.204	2.934	3.164	3.052	2.904	2.852	2.904
	SD	0.908	1.104	0.936	1.118	0.851	0.707	0.857	0.532	0.615	1.016
	F					5.170					
	p					0.000					
休闲状况	M	3.352	3.514	3.425	3.214	3.051	3.137	3.104	3.193	2.926	3.014
	SD	0.864	0.915	0.952	1.033	0.798	0.585	0.882	0.505	0.685	0.965
	F					4.350					
	p					0.000					

		T1	T2	T3	T4	T5	T6	T7	T8	T9	T10
教育状况	M	3.479	3.720	3.425	3.490	3.255	3.192	3.286	3.241	2.975	2.932
	SD	0.826	0.787	1.003	0.838	0.786	0.569	0.723	0.532	0.689	0.933
	F					8.645					
	p					0.000					
社会风气	M	3.563	3.598	3.463	3.357	3.226	3.123	3.104	3.807	3.000	3.082
	SD	0.874	0.751	0.885	0.868	0.776	0.610	0.852	0.397	0.548	0.878
	F					10.011					
	p					0.000					
交通状况	M	3.296	3.336	3.350	3.199	3.029	3.014	3.052	3.193	2.975	2.945
	SD	0.916	1.018	0.969	1.016	0.757	0.677	0.972	0.505	0.418	0.984
	F					2.745					
	p					0.004					
社会治安	M	3.535	3.607	3.400	3.474	3.321	3.164	3.649	3.639	3.025	3.274
	SD	0.876	0.762	0.894	0.868	0.785	0.646	0.807	0.616	0.612	0.854
	F					8.439					
	p					0.000					
环境质量	M	3.535	3.262	3.175	3.219	2.927	3.123	3.026	3.711	2.901	2.808
	SD	0.939	1.093	1.003	1.037	0.913	0.526	1.038	0.553	0.700	0.981
	F					7.857					
	p					0.000					
医疗卫生	M	3.479	3.607	3.438	3.378	3.175	3.192	3.208	3.731	2.962	3.068
	SD	0.876	0.866	0.979	0.877	0.727	0.593	0.864	0.543	0.600	0.933
	F					7.545					
	p					0.000					
可持续发展能力	M	3.761	3.776	3.513	3.495	3.234	3.205	3.714	3.855	3.173	2.986
	SD	0.853	0.781	0.871	0.880	0.788	0.499	0.944	0.566	0.441	0.965
	F					12.466					
	p					0.000					

		T1	T2	T3	T4	T5	T6	T7	T8	T9	T10
总体印象	M	3.254	3.533	3.100	3.459	3.204	3.767	3.338	3.193	3.074	2.932
	SD	0.806	0.904	0.908	0.849	0.709	0.566	0.771	0.505	0.565	0.887
	F					8.633					
	p					0.000					

(二)各社会阶层幸福感与影响因素的回归分析

为了了解各社会阶层的幸福感都受到哪些因素的影响，研究者以各社会阶层的幸福指数和总体幸福感为因变量，用幸福感影响因素的 12 个项目得分(均为 1—5 的 5 点计分法，得分当作连续变量处理)作为自变量，进行逐步多元回归分析，见表 4-16。

表 4-16　各社会阶层的幸福感影响因素对幸福指数的回归

因变量	自变量	R^2	回归系数 B	标准回归系数 β	t	Sig.
国家与社会管理阶层的幸福指数	常数项	0.466	1.268		2.237	0.029
	可持续发展能力		0.460	0.303	2.537	0.014
	休闲状况		0.440	0.293	2.529	0.014
	社会风气		0.338	0.228	2.068	0.042
经理人员阶层的幸福指数	常数项	0.363	1.331		2.522	0.013
	社会风气		0.617	0.375	4.414	0.000
	房产价格		0.525	0.356	4.191	0.000
私营企业主阶层的幸福指数	常数项	0.388	1.169		2.083	0.041
	环境质量状况		0.371	0.294	2.881	0.005
	物价水平		0.439	0.324	3.276	0.002
	社会风气		0.338	0.236	2.531	0.013
专业技术人员阶层的幸福指数	常数项	0.482	0.933		2.719	0.007
	经济状况		0.435	0.283	4.334	0.000
	休闲状况		0.228	0.181	2.855	0.005
	交通状况		0.232	0.182	2.729	0.007
	房产价格		0.244	0.162	2.676	0.008
	社会风气		0.205	0.138	2.114	0.036

因变量	自变量	R^2	回归系数 B	标准回归系数 β	t	Sig.
办事人员阶层的幸福指数	常数项	0.210	2.400		5.436	0.000
	可持续发展能力		0.337	0.242	2.857	0.005
	休闲状况		0.310	0.226	2.703	0.008
	环境质量状况		0.231	0.192	2.438	0.016
个体工商户阶层的幸福指数	常数项	0.345	4.080		4.879	0.000
	交通状况		0.853	0.590	4.444	0.000
	收入水平		0.862	0.432	3.813	0.000
	教育状况		−0.771	−0.448	−3.971	0.000
	环境质量状况		−0.586	−0.315	−2.322	0.023
	休闲状况		0.653	0.390	3.259	0.002
	社会治安状态		−0.441	−0.291	−2.045	0.045
商业服务人员阶层的幸福指数	常数项	0.432	1.445		3.020	0.003
	教育状况		0.362	0.243	2.230	0.029
	房产价格		0.289	0.257	2.750	0.008
	休闲状况		0.270	0.221	2.250	0.028
	环境质量状况		0.226	0.218	2.121	0.037
产业工人阶层的幸福指数	常数项	0.815	−15.257		−12.072	0.000
	可持续发展能力		2.156	1.207	15.460	0.000
	收入水平		4.571	2.222	9.124	0.000
	教育状况		1.639	0.862	9.286	0.000
	社会风气		0.708	0.278	5.452	0.000
	经济状况		−1.790	−1.002	−7.277	0.000
	房产价格		−1.440	−1.169	−6.540	0.000

因变量	自变量	R^2	回归系数 B	标准回归系数 β	t	Sig.
农业劳动者阶层的幸福指数	常数项	0.609	−0.193		−0.372	0.711
	交通状况		1.031	0.547	5.599	0.000
	可持续发展能力		0.884	0.496	6.172	0.000
	社会风气		−0.914	−0.636	−4.617	0.000
	社会治安状态		0.592	0.460	3.868	0.000
	休闲状况		0.520	0.453	2.984	0.004
	教育状况		−0.395	−0.346	−2.125	0.037
城乡无业失业半失业者阶层的幸福指数	常数项	0.441	2.086		5.851	0.000
	交通状况		0.505	0.438	4.474	0.000
	经济状况		0.401	0.358	3.658	0.000

　　表 4-16 显示，对国家与社会管理者阶层的幸福指数解释的模型中，共有 3 个因素进入回归方程，并达到显著（$p<0.05$），总共解释了因变量的 46.6%，对国家与社会管理者阶层的幸福指数影响由大到小分别是可持续发展能力、休闲状况、社会风气；对经理人员阶层的幸福指数解释的模型中，共有 2 个因素进入回归方程，并达到显著（$p<0.05$），总共解释了因变量的 36.3%。对经理人员阶层的幸福指数影响由大到小分别是社会风气、房产价格；对私营企业主阶层的幸福指数解释的模型中，共有 3 个因素进入回归方程，并达到显著（$p<0.05$），总共解释了因变量的 38.8%。对私营企业主阶层幸福指数影响由大到小分别是物价水平、环境质量状况、社会风气；对专业技术人员阶层的幸福指数解释的模型中，共有 3 个因素进入回归方程，并达到显著（$p<0.05$），总共解释了因变量的 48.2%。对专业技术人员阶层的幸福指数影响由大到小分别是经济状况、交通状况、休闲状况、房产价格、社会风气；对办事人员阶层的幸福指数解释的模型中，共有 3 个因素进入回归方程，并达到显著（$p<0.05$），总共解释了因变量的 21.0%。对办事人员阶层的幸福指数影响由大到小分别是可持续发展能力、休闲状况、环境质量状况；对个体工商户阶层的幸福指数解释的模型中，共有 6 个因素进入回归方程，并达到显著（$p<0.05$），总共解释了因变量的 34.5%。对个体工商户阶层的幸福指数影响由大到小分别是交通状况、教育状况、收入水平、休闲状况、环境质量状况、社会治安

状态；对商业服务人员阶层的幸福指数解释的模型中，共有 6 个因素进入回归方程，并达到显著（$p < 0.05$），总共解释了因变量的 43.2%。对个体工商户阶层的幸福指数影响由大到小分别是房产价格、教育状况、休闲状况、环境质量状况；对产业工人阶层的幸福指数解释的模型中，共有 6 个因素进入回归方程，并达到显著（$p < 0.05$），总共解释了因变量的 81.5%。对产业工人阶层的幸福指数影响由大到小分别是收入水平、可持续发展能力、房产价格、经济状况、教育状况、社会风气；对农业劳动者阶层的幸福指数解释的模型中，共有 6 个因素进入回归方程，并达到显著（$p < 0.05$），总共解释了因变量的 60.9%。对农业劳动者阶层的幸福指数影响由大到小分别是社会风气、交通状况、可持续发展能力、社会治安状态、休闲状况、教育状况；对城乡无业失业半失业者阶层的幸福指数解释的模型中，共有 2 个因素进入回归方程，并达到显著（$p < 0.05$），总共解释了因变量的 44.1%。对城乡无业失业半失业者阶层的幸福指数影响由大到小分别是交通状况、经济状况。

用 12 个可能影响幸福感的项目的得分对 10 大阶层总体幸福感进行逐步回归。结果发现共有 6 个因素进入回归方程，并达到显著（$p < 0.05$），总共解释了因变量的 33.6%，对 10 大阶层的总体幸福感产生显著影响的有经济状况、环境质量状况、休闲状况、房产价格、可持续发展能力、社会风气，见表 4-17。

表 4-17　幸福感影响因素对总体幸福感的回归

因变量	自变量	R^2	回归系数 B	标准回归系数 β	t
十大阶层的总体幸福感	常数项	0.336	1.572		9.454***
	经济状况		0.270	0.189	5.832***
	环境质量状况		0.190	0.156	5.045***
	休闲状况		0.175	0.131	4.179***
	房产价格		0.188	0.147	5.010***
	可持续发展能力		0.148	0.106	3.157**
	社会风气		0.140	0.096	2.870**

第四节　讨论与结论

一、对各社会阶层幸福感总体状况的讨论

通过对 10 个不同社会阶层人员的调查，发现幸福指数排名由高到低依次是国家与社会管理者阶层、经理人员阶层、专业技术人员阶层、办事人员阶层、农业劳动者阶层、个体工商户阶层、私营企业主阶层、商业服务人员阶层、产业工人阶层和城乡无业失业半失业人员阶层。所有阶层的主观幸福感、心理幸福感、社会幸福感、实现幸福感等 19 个维度上分值都超过中值 4 分，其中除了产业工人阶层和城乡无业失业半失业阶层幸福指数低于中值（5 分）外，其他 8 个阶层都在 5 分以上，这说明总体的幸福感状况是良好的，但是一些社会阶层人士仍需要大众的关心，得分最低的城乡无业失业半失业阶层与得分最高的国家与社会管理者阶层幸福感的差异十分显著，相差 0.97。国家与社会管理者阶层的幸福感高居榜首，这一调查的结果与 2009 年曹大宇的调查、2010 年中国城市居民幸福感调查[1]、2014 年中国幸福小康指数调查[2]结果相一致。国家与社会阶层处于社会流动链条最高端，掌握了较多的组织资源，在一些控制项目、行政执法、发展规划方面有一定的权力，是中国社会地位较高、较受到尊重的群体，所以幸福感普遍高。

城乡无业失业半失业阶层的幸福感最低。一些失业、半失业人员是由于残障或长期卧病，一些是因为外来务工或新进劳动力暂时不能找到合适的职业，他们目前的目标是要维持日常生计的状态。根据马斯洛的需要层次理论，他们都处于求生存和温饱的最低层次，在乎的是生理的需要和安全的需要，自然还达不到追求高层次的幸福。

在我们调查的 10 个阶层的人群中，收入相对较高的私营企业主阶层的幸福感排名比较低，这说明金钱不是幸福的决定因素，还有很多因素在影响幸福感。2009 年，中国企业家调查发现，89.5% 的企业家认为自己"压力很大"或"压力较大"，伴随压力的是幸福感的下降，半数以上的企业家认为"大量透支时间和精力""承受很大的心理压力"和"对家庭、亲人关照不够"。虽然私营企业主阶层的幸福指数排名偏低，但是在主观幸福感和

---

① 王俊秀：《你幸福吗？——2010 中国城市居民幸福感调查》，载《民主与科学》，2010(6)。
② 鄂璠：《中国人的幸福之道》，载《小康》，2014(11)。

社会幸福感上排名比较靠前，私营企业主在19个维度上得分居前三的是负性情感、社会贡献和社会实现，说明他们较少体会到愤怒、内疚等消极情绪，并且相信自己能为社会发展做出贡献，也有良好的人际关系。高收入群体需要社会大众的关心，毕竟企业家在承受很大压力的同时也在为社会创造物质财富，推动社会进步。

相比私营企业主阶层，经理人员阶层的幸福感排名第二，幸福指数很高，这点与2014"中国幸福小康指数调查"结果是一致的。经理人员一般负责的是企业的经营，有明确的目标和丰厚的报酬，他们凭借能力和业绩体现自己的价值。相对私营企业主来说，经理人员不用过多涉及公司的重大决策和背负企业生存的压力，相对来说更幸福些。

农业劳动者阶层的收入虽然没有一部分私营企业主、个体户、商业服务人员的高，但是其幸福感并没有因此减少，而是处于10个阶层的中间位置。这一结果与我国历来对农业予以高度重视息息相关，中央一号文件都会聚焦三农问题，近些年除了保证农民的粮食收益外，还加大了对新农村的建设投入，大力发展农村的民生、医疗、教育等，让这些在农村的务农者的生活有了日新月异的改善。农业劳动者阶层幸福感得分前三的是人格展现、社会和谐、健康关注，说明农民具备对社会现状良好的认知能力，并且积极关注自身健康，但是农业劳动者阶层的主观幸福感排名倒数第二，19个维度上得分最低的是正性情感、生活满意度、负性情感，这说明农业劳动者对目前的生活状况不满意，生活中的愿望与需求没有得到满足。

办事人员阶层包括一些基层公务员和基层白领，他们在幸福感排名上为中上水平，但在心理幸福感和实现幸福感上都是倒数第二。社会上很多人认为"公务员很幸福"，但是《2012年度中国职场心理健康调研报告》中显示机关公务员的幸福感排倒数第一，研究结果显示基层的公务员在心理幸福感和实现幸福感上并不幸福。一方面，一些刚进入公务员队伍中的基层人员，由于工作不好干且收入不高，工作程序繁杂，疲于应对各种事务而感到压力大，使得心理幸福感降低，如生命活力、健康关注、自我价值偏低，苗元江和赵姗等人对129名公务员的幸福感调查也发现不少公务员处于非健康状态[1]；另一方面，他们因为自身观念出现了认知失调，在一些人看来公务员稳定，福利待遇好，但是由于基层公务员的职业特质使得晋

---

① 苗元江、赵姗、吴华荣等：《129名公务员幸福感调查及对策思考》，载《江西行政学院学报》，2010，12(4)。

升、薪资提高等困难重重，使得他们越来越感到不幸福，如实现幸福感的自我发现、生活目的、潜能感知、人格展现得分偏低。总的来说，办事人员对生活和工作的追求、自我价值的实现、自我认同等方面有待加强。

二、对不同社会阶层幸福感在人口学变量上的差异讨论

本研究显示男性幸福感普遍高于女性，这与对公务员、经理人、城市居民等群体的研究相一致。女性因为生育、工作环境和家庭冲突所感受到的不安全感会使得幸福感降低，而男性在抗压力方面要强于女性，比较看重个人的成绩及职位的高低，在国家管理者、经理人、私营业主等阶层中男性往往取得一定的成绩，并意识到自我价值的实现，所以幸福感相对高。在专业技术人员阶层、办事人员阶层、商业服务人员阶层中女性的幸福感高于男性，这可能与所从事的职业有关。在专业技术人员阶层和办事人员阶层中大多数人从事相对稳定的职业，或者具有广阔发展空间。这些阶层中女性设定的目标不高，感受到的压力小从而幸福感高，研究结果也显示女性办事人员的主观幸福感显著高于男性。在商业服务人员阶层中，女性商业服务人员的实现幸福感显著高于男性，说明商业服务的职业定位与女性的自我预期更相符，使得女性自我实现愿望更强并从中获得了幸福感。

具有城镇户籍居民的幸福感基本上都高于农村户籍居民，这与现有研究相一致。陈钊、徐彤等基于"和谐社区与社会资本研究"的调查数据分析上海和深圳社区居民的幸福感发现，城市本地户籍居民的幸福感显著高于农村户籍的幸福感。[①] 发生这种情况可能是由于户籍制度的限制，外来人口无法使用城市的公共服务，一些地方的基础设施、居住房屋、就业、医疗、教育等社会保障只针对城镇户口的居民。外来人口在语言、文化上与城镇居民有一定的隔阂，使得他们在城镇中生活的幸福度下降。值得注意的是农村户籍办事人员的幸福指数、主观幸福感、心理幸福感、社会幸福感、实现幸福感都显著高于城镇户籍的被试。这可能是因为农村户口的居民考上公务员后转为城镇户口，可以享受到和城镇居民一样的社会福利待遇，工作也比较稳定，对生活质量满意。另外，从农村奋斗到具有一定级别的办事人员，对自己的能力有一定的肯定，对未来的生活充满期望所以实现幸福感、社会幸福感、主观幸福感比较高。

不同阶层中汉族与非汉族群体的幸福感基本没有显著差异，这与一些

---

① 陈钊、徐彤、刘晓峰：《户籍身份、示范效应与居民幸福感：来自上海和深圳社区的证据》，载《世界经济》，2012(4)。

文献有所不同。一些文献显示在专业技术人员阶层上汉族与少数民族群体的幸福感会有差异。例如，舒远雪在川西少数民族地区小学教师主观幸福感的调查研究显示少数民族教师的主观幸福感高于汉族，祝修理在四川彝族地区小学教师幸福感调查研究中得出彝族教师的幸福指数显著高于汉族。这可能与取样的地域有关，在江西居住的少数民族相对较少，汉族占总人口的99％以上，因此少数民族的人士可能会由于文化、交流等原因而不适应。在国家与社会管理者阶层中少数民族群体的主观幸福感、心理幸福感、社会幸福感和实现幸福感显著高于汉族群体。这可能与国家非常重视选拔少数民族干部有关，因为我国是一个多民族的社会主义国家，需要通过团结各民族群众，使得社会和谐和祖国统一，所以党中央不仅关注一般少数民族干部的培养，还重视对少数民族高中级干部的培养。国家与社会管理阶层中的少数民族人员则肩负着加强各民族团结的重任，这使得他们体会到的幸福感相对较高。

有宗教信仰的社会阶层人士的幸福感基本上高于没有宗教信仰的人士，但是有宗教信仰与没有宗教信仰只在专业技术人员阶层和产业工人阶层上有显著差异，这点在一些文献中得到认同。例如，罗燕在西安市郊县对农民的宗教信仰与总体幸福感调查发现，农民的总体幸福感在是否信教方面没有显著差异[1]；赵秧对辽沈地区群众宗教信仰的调查发现，虽然宗教派别之间的主观幸福感没有差异，但是宗教信仰与主观幸福感有显著相关，信仰能够正向预测主观幸福感[2]；王彤、黄希庭、毕翠华在对全国31个地区(不含港澳台)抽样调查中发现宗教信仰对幸福感的主效应不显著。[3]但是宗教信仰的确能在某种程度上帮助我们，王彤、黄希庭、毕翠华的研究显示宗教信仰在身体健康程度和幸福感之间起到了调和作用，宗教信仰可以减少由身体不健康带来的负面情绪，而身体不健康在很多人群中都可能出现，如体力劳动居多的产业工人和企业中从事专业技术的人员。有无宗教信仰的群体在幸福感上没有显著差异也可能是因为地域的原因。例如，拉萨曾经在2012年中国城市幸福感排名中位列第一，这与拉萨居民的信仰密不可分。在人均GDP排名靠后的拉萨，因为当地宗教信仰对其信

① 罗燕：《西安市郊县农民宗教信仰与总体幸福感、心理控制源的关系研究》，载《中国健康心理学杂志》，2012，20(1)。

② 赵秧：《辽沈地区信众宗教信仰现状及其与主观幸福感的关系研究》，硕士学位论文，沈阳师范大学，2011。

③ 王彤、黄希庭、毕翠华：《身体健康对中国人幸福感的影响：宗教信仰的调节作用》，载《中国临床心理学杂志》，2014(6)。

徒产生积极的影响，帮助人们自我实现，在完善道德的同时带给人们希望，宗教信仰还能影响信徒的经济行为，使他们努力创造物质财富。[1]

不同阶层的幸福感在有无党派上基本上无显著差异，但是有党派人士的幸福感基本高于无党派人士。这点与一些政府调查结果一致，《北京社会心态蓝皮书》2014年对北京市16个区县中的100个社区采用多阶段分层随机抽样，调查结果显示党员的幸福感高于群众。本研究中城乡无固定职业者在有无党派上有显著差异，这可能更多与精神信仰有关，加入党派成为组织中的一员就能找到更多志同道合的朋友，并且在个人价值多元化的社会中树立自己的理想信仰，这些对于城乡无固定职业的人士来说精神的收获远大于物质的所得。

除私营企业主阶层、专业技术人员阶层、个体工商户阶层、产业工人阶层之外，其他阶层在不同年龄段上的幸福感都有显著差异。私营企业主阶层、个体工商户阶层可能是因为职业不受到年龄的影响，所以没有差异。以教师群体为主的专业技术人员中55岁以上的幸福感最高，而这一群体中45～54岁的幸福感最低，这一结果与国外研究相一致。国外研究认为，主观幸福感或一般幸福感与年龄呈U形关系，即年轻人和老年人的幸福感水平高，而中青年的职业幸福感水平低。[2] 对于产业工人阶层，有研究显示年龄大的幸福感低，李成贵、欧雪慧等人对中国石油化工的一采油厂员工进行调查，发现占比例最少的50岁以上的员工的幸福感最低[3]，24岁左右的青年产业工人得分最高，随着年龄增大幸福指数在降低，这可能因为随年龄上升自己晋升空间缩小而产生的工作压力，并且组建家庭后需要承担家庭的开支，所以幸福感有所降低。55岁以上国家与社会管理者阶层的幸福感得分显著高于其他年龄段，这与一些研究相吻合。例如，王丽对长治市公务员调查发现41～50岁公务员的总体幸福感显著高于30岁及以下的公务员；陈旭峰对领导干部的主观幸福感调查发现50岁以上的领导干部较30岁及以下的领导干部的主观幸福感强，并且随着年龄增大主观幸

---

① 孟唯一：《宗教信仰与幸福感——以拉萨市为例》，载《中国宗教》，2013(5)。

② Mock, S. E. & Eibach, R. P., "Aging attitudes moderate the effect of subjective age on psychological well-being: evidence from a 10-year longitudinal study," *Psychology and Aging*, 2011, 26(4): 979-986。

③ 李成贵、欧雪慧、操银香等：《影响员工幸福感的因素调查及研究》，载《经营管理者》，2015(3)。

福感增强。① 这反映出 55 岁以上的领导干部在经济收入、社会资源、薪资待遇等方面能满足自己的需求，心理压力较年轻干部小。年轻干部起初都有远大理想、抱负，这一特点可以在该研究中 25～34 岁年轻干部的实现幸福感最高的结果中可以看出，但是在实际工作中产生的问题可能与自身预期有差距，导致幸福感降低。经理人员阶层中 24 岁左右的青年和 24～34 岁青年的幸福感显著高于 35 岁以后的中年。这一结果与吕晓燕的调查结果不一致，吕晓燕在 2008 年对广东省国有企业高级经理人的调查结果显示 25～30 岁高级经理人的总体幸福感和生活满意度显著低于 41～50 岁的高级经理人。② 笔者认为出现这一现象，可能一方面是高学历人才普遍化、年轻化，使得用人企业乐意接受年轻的人才，另一方面是由于职场新人往往更愿意学习，乐于与人交流，待人处事更有激情、更富有创新意识，因此在研究结果中 24～34 岁的经理人在主观幸福感、心理幸福感、社会幸福感、实现幸福感上分数都很高。35 岁以上的商业服务人员的幸福感显著高于 35 岁以下的，从主观幸福感上可看出 35～44 岁的中年商业服务人员阶层显著高于 35 岁以下的商业服务人员阶层。45～54 岁的农业劳动者阶层的幸福指数要显著高于 45 岁以下的，35～44 岁的幸福指数最低，34 岁以下、35～44 岁、45～55 岁的幸福指数呈现出 U 形态势，这与熊彩云等人对我国农民的幸福指数的调查结果类似。熊彩云等人以全国 200 多个村庄 3648 位农民为对象调查幸福指数发现，39 岁以下、40～59 岁、60 岁以上年龄段农民的幸福指数呈现出两头高、中间低的 U 形。③ 但是也有一些文献显示中年农民的幸福指数随着年龄的增长会递减。例如，姚晓萍、冯焱对山西省太谷县 300 名农民的幸福指数测算后得出，年龄与农民幸福指数呈负相关关系。④

除了国家与社会管理者阶层、经理人员阶层、私营企业主阶层和专业技术人员阶层外，其他阶层的幸福感在不同年收入上都有显著差异。国家与社会管理者阶层中幸福感最高的是年收入为 5 万～7.9 万的群体，并且年收入

---

① 陈旭峰：《领导干部主观幸福感影响因素的实证研究》，载《浙江伦理学论坛》，2014：160-171。

② 吕晓燕：《广东省国有企业高级经理人主观幸福感调查及其相关研究》，硕士学位论文，暨南大学，2008。

③ 熊彩云、孟荣钊、史亚峰：《我国农民幸福指数的实证研究》，载《农业经济问题》，2014，35(12)。

④ 姚晓萍、冯焱：《农民幸福指数及影响因素实证研究——以山西省太谷县为例》，载《农学学报》，2014，4(1)。

为 3.1 万~4.9 万、5 万~7.9 万、8 万~11.9 万的群体的幸福感呈倒 U 形，这说明国家与社会管理者的基础需求得到了满足，而财富的增长并不能完全决定他们幸福感的高低，经济收入对幸福感的影响呈现边际效应递减。经理人员阶层与国家与社会管理者阶层相似，他们在不同年收入上也没有显著差异，并且大体呈现 U 形曲线，收入较低的和收入较高的比较幸福，收入中等的经理人的幸福感相对较差，但是收入最高的经理人并不是最幸福的，这可能与高收入经理人面临的高压力有关，《财富（中文版）》联合北京易普斯咨询有限责任公司进行的市场调查显示，过半的经理人感觉承受比较大的压力，超过两成的经理人认为压力很大，他们面临着必须完成的任务，以及公司紧张的人际关系和激烈的竞争，即使是高级经理人在心理和身体上也会时常感受到负面情绪。私营企业主阶层的幸福指数在不同年收入上没有显著差异，但是可以看出，随着年收入的增加，幸福指数也随之增加，呈正相关趋势。私营企业主为了适应市场竞争的优胜劣汰，必然要把企业做大做强，这带来的就是高收入。高收入的私营企业主在主观幸福感、心理幸福感、社会幸福感、实现幸福感上显著高于低收入的，这说明高收入使私营企业主得到他人的认可和尊重，他们实现了自我目标，给家庭带来了舒适的生活，同时增强了生活的满意度，从而提高自身的幸福感。在专业技术人员阶层中，收入与幸福感没有显著相关，这一结果与一些文献有所不同。关于教师幸福感的一些研究显示，收入会显著影响幸福感。例如，韩竹青对青岛中小学教师的幸福感调查，刘秋红对广州市 1390 名中小学教师进行职业幸福感调查都发现收入对幸福感有很重要的影响。[①] 低收入专业技术人员阶层的幸福指数也相对较高，这种情况可能是因为部分科教人员将本职工作作为幸福的来源，他们不是一味追求物质，而是追求心中崇高的道德标准，并且能在平常工作中找到幸福。在办事人员阶层、个体工商户阶层、商业服务人员阶层、产业工人阶层、农业劳动者阶层中收入相对较高的群体的幸福感显著高于收入偏低群体的幸福感，这与一些研究相符。邢占军在《我国居民收入与幸福感关系的研究》中得出，在总体幸福感及幸福感的各维度上，高收入群体得分均高于低收入群体。对于办事人员，尤其是基层的公务人员，他们非常关注收入、福利待遇，但是很多基层公务员表示对薪资不满意。物质保障显著影响幸福感的高低，杨华对深圳市公务员群体调查发现，收入状况在影响生活状况幸福感上排第三，尽管工资有所增加，但是生活压力仍显著影响公务员的幸

---

① 刘秋红、刘荣秀：《教师职业幸福感水平及其影响因素调查研究》，载《教育导刊》，2014(6)。

福感。① 熊彩云对农民幸福指数的研究得出，收入对幸福指数有显著影响，随着农民家庭收入的递增，农民的幸福指数也呈现递增趋势。

只有在国家与社会管理者阶层中不同住房面积对幸福感有显著影响，结果表明住 81～100 平方米、101～120 平方米和 151 平方米及以上房子的国家与社会管理者阶层人士的幸福感显著高于住 61～80 平方米房子的该阶层群体的幸福感，但是住房面积越大并不说明越幸福，因为居住在 120～150 平方米房子的国家与社会管理者阶层的幸福感就低于住在 101～120 平方米房子的该阶层群体的幸福感。在农业劳动者阶层中，不同家庭住房面积对幸福指数没有显著影响，但是对主观幸福感和实现幸福感有显著影响，此结果与孙伟增、郑思齐研究得出的住房和幸福指数的关系有所差异，孙伟增、郑思齐根据 4 个城市的微观调查数据得出家庭自有住房对居民的幸福感有显著的正向影响。② 出现这种不一致可能因为农业劳动者与城市居民不同，农村房子普遍偏大，住较大面积的房屋仅仅说明居民对目前生活条件比较满意，并且有信心去实现自己的目标，但是并未因住大房子而感受到过多的幸福。

在专业技术人员阶层中，研究生、本科生的幸福感显著高于中专或大专学历的幸福感，而且从中专或大专到本科再到研究生，幸福感呈现正相关趋势。这可能与当前社会需求相关，近年来越来越多的学校、企业将学历作为聘用的标准之一，学历越高越受尊重，相比之下一些低学历的个体由于受教育程度的限制，无法用平和心态对待工作而产生抵触情绪，影响自身幸福感。徐浩在对幼儿教师主观幸福感的研究中认为，受教育水平高的个体会关注自己的内在价值，而内在价值有利于幸福感的提升。③ 办事人员在不同学历上差异十分显著，研究生学历的办事人员要显著高于其他学历的，本科和大专或中专学历的要显著高于高中及以下学历的办事人员。王丽对长治公务员的主观幸福感调查也得出学历越高的公务员主观幸福感越高，张登浩对基层党政干部的调查研究同样表明在基层党政干部中高中、大专、本科、研究生学历群体的幸福感呈现递增趋势。④ 这种情况的出现与高学历公务员对自身要求和期望有关，随着教育程度的提高，人

① 杨华：《深圳市公务员群体幸福感研究》，载《岭南学刊》，2013(1)。

② 孙伟增、郑思齐：《住房与幸福感：从住房价值、产权类型和入市时间视角的分析》，载《经济问题探索》，2013(3)。

③ 徐浩：《幼儿教师主观幸福感的影响因素及提升策略》，载《科教导刊(上旬刊)》，2010(3)。

④ 张登浩：《基层党政干部的人格特质、成就动机与幸福感》，博士学位论文，北京大学，2008。

们会开始由追求物质转向追求目标、自我价值的实现，这点可以从办事人员阶层的学历对实现幸福感的显著影响上看出，研究生学历的办事人员的实现幸福感要显著高于高中及以下、大专或中专和本科的。本科学历的产业工人阶层的幸福指数显著高于高中及以下和大专或中专学历的。这可能因为学历高的产业工人的发展前景比低学历的好。社会经济的快速发展，一方面导致国家大力扶持新生代产业工人，另一方面一些产业工人自觉开始转型，成为有技术的蓝领工人。高中及以下学历的商业服务人员的幸福指数显著高于大专或中专和本科的商业服务人员。花费了大量财力和精力读完本科后从事一个不需要太多技术的职业，这在一些人看来是浪费和不尊重人才，而且本科生会因为职位受尊重程度不高而降低幸福感。

除了办事人员阶层、个体工商户阶层、商业服务人员阶层、城乡无业失业半失业者阶层外，其他阶层的幸福感都在有无婚姻上有显著差异。几乎在所有阶层中都是已婚的幸福感高于未婚的，但未婚的产业工人阶层和农业劳动者阶层的幸福感显著高于已婚的。已婚的产业工人和农业劳动者一方面要顾及自己的生活状况，另一方面要承担家庭责任，努力提高生活水平，他们在工作上和生活上的压力增大使得幸福感降低。姚晓萍、冯焱针对农民幸福指数的调查支持这一结果，即未婚农民的幸福指数高于已婚的。但是也有一些研究得到不同的答案，张峰以山东省为例研究农村居民幸福感，得出在幸福感总分上已婚者高于未婚者[1]，王金花研究农村居民的幸福指数得出婚姻状况对幸福感无显著影响。[2]

在国家与社会管理者阶层、经理人员阶层、私营企业主阶层、专业技术人员阶层中，已婚者的幸福感要显著高于未婚者，此结果与现实相符。婚姻是人生不可或缺的一部分，许多研究者认为婚姻产生的亲密关系是幸福感的重要组成部分，西方很多研究把婚姻作为影响幸福感的重要因素。江麒在对南昌市居民幸福感的研究中也得出已婚者的幸福感显著高于未婚者和离异者[3]。

三、对不同社会阶层幸福感影响因素的讨论

为了探索外部因素对各阶层幸福感的影响，我们结合已有的研究列出

---

① 张峰：《社会认同视角下农村居民幸福感研究——以山东省为例》，博士学位论文，中国海洋大学，2012。

② 王金花：《农民幸福指数影响因素的实证研究——以 L 市 G 村为例》，硕士学位论文，山西师范大学，2010。

③ 江麒：《南昌市居民幸福感研究》，硕士学位论文，南昌大学，2012。

12个可能影响幸福感的因素，这些因素代表了居民对生活不同方面的满意度评价，本文试图分析居民对生活各方面的满意度与自身幸福感的关系。将12个因素在每个阶层间进行对比，结果发现不同阶层在12个因素上的得分都有显著差异。这说明对于同一个地区的居民而言，他们会因所处社会地位、占有资源不同而对客观条件产生不同的主观评价。比如，在收入水平、房产价格和物价水平方面的评价上，收入相对高的经理人员阶层、私营业主阶层的满意度都显著高于产业工人、农业劳动者和部分其他阶层。在休闲状况的评价中，农业劳动者阶层的满意度显著低于国家与社会管理者阶层、经理人员阶层、私营企业主和专业技术人员阶层，这可能是由生活环境和个人经济状况导致的。农业劳动者收入相对较低，为了满足日常生活所需必定定时劳作，较少有时间休闲，因此他们对休闲状况的评价低。产业工人阶层对社会风气和环境质量状况、医疗卫生状况的评价都最高，说明产业工人的生活环境、社会保障比较符合自身要求。在对城市发展的总体印象上个体工商户评分最高，这可能与政府出台的人性化政策有关，各地开展的简政放权使得一些小微企业家投资创业热情高涨，个体工商户的满意度也随着上升。

10个阶层的群体由于受到组织资源、经济资源、文化资源差异的影响，他们对经济发展状况、教育医疗、社会保障等需求不同，不同的需求对幸福感产生不同的影响，具体表现为国家与社会管理者阶层的幸福指数受到可持续发展能力、休闲状况、社会风气的影响。经理人员阶层的幸福指数受到社会风气、房产价格的影响。私营企业主阶层的幸福指数受到物价水平、环境质量状况、社会风气的影响。专业技术人员阶层的幸福指数受到经济状况、交通状况、休闲状况、房产价格、社会风气的影响。办事人员阶层的幸福指数受到可持续发展能力、休闲状况、环境质量状况的影响。个体工商户阶层的幸福指数受到交通状况、休闲状况、收入水平的影响。商业服务人员阶层的幸福指数受到教育状况、房产价格、环境质量状况、可持续发展能力、社会风气的影响。产业工人阶层的幸福指数感受到收入水平、可持续发展能力、房产价格、经济状况、教育状况、社会风气的影响。农业劳动者阶层的幸福指数受到社会风气、交通状况、可持续发展能力、社会治安状态、休闲状况、教育状况的影响。城乡无业失业半失业者阶层的幸福指数受到交通状况、经济状况的影响。

不区分阶层研究幸福感的影响因素，从总体看来幸福指数受到经济状况、环境质量状况、休闲状况、房产价格、可持续发展能力、社会风气的影响。大量研究表明经济状况对幸福感有显著影响，李青青在研究收入与幸福感的相关性时得出收入满意度与幸福感的相关性非常显著①，任海燕在中国幸福研究中也得出收入对幸福感影响很大，而且家庭经济状况满意度对总体幸福感的影响最大。② 对休闲状况的满意度高说明个体会积极参与其中，在一些研究中休闲被认为对幸福感的产生至关重要，还可以通过长期地参与休闲活动提高幸福感。环境问题一直备受关注，一些地区由于工业发展使得当地生态遭受迫害，PM2.5等生态指标严重超标，雾霾天气频发，可吸入物质还会对人体造成损害，所以人们特别重视环境质量状况和可持续发展能力，曹大宇等的研究表明城市居民生活满意度与空气环境质量存在显著的相关。住房状况关乎百姓的安居乐业，有满意的住房情况会给家庭和个人带来幸福，2014年中国家庭幸福感热点问题调查结果显示住房状况对家庭幸福感有显著的影响，住房面积越大家庭幸福感越高。社会风气是社会各方面的综合反映，也是人们价值观念、思想观念的行为外化，对幸福感有显著的影响。良好的社会风气是构建和谐社会必不可少的条件，一个公平正义、诚信友爱、充满活力的社会可以提高居民的整体幸福感。

---

① 李青青：《收入与幸福感相关性的经济学分析——基于对深圳市的问卷调查》，硕士学位论文，暨南大学，2011。

② 任海燕：《经济学视角下的中国幸福研究——以国外幸福经济学发展为参照》，博士学位论文，华东师范大学，2012。

第五章

中国大中城市幸福感现状调查

　　随着中国城市化进程加快，城市居民幸福感成为衡量社会发展的重要社会指标。国内外研究者或科研机构发布了多项幸福感排名、幸福城市排名。2012年联合国与哥伦比亚大学共同发布的《全球幸福指数报告》，对全球150多个国家和地区连续6年（2005—2011年）的幸福指数进行测算。国内著名的幸福感排名调查是由《瞭望东方周刊》与华裔学者奚恺元等共同发起的中国城市居民幸福感调查。一些社会调查也将幸福感相关内容加入调查，如自2003年起，中国人民大学进行的中国综合社会调查（CGSS）就涵盖了幸福感的内容。各种各样的幸福城市排名见诸报端，标志着幸福感研究从纯粹的学术探讨逐渐转到为社会管理服务。城市居民幸福感研究是根据不同文明区域人为划分样本来研究国民幸福指数的，非常适用于幅员辽阔、区域经济发展各有特点，文化习俗各有特色的现代化中国，可为政府制定相关政策、保持社会稳定、优化社会管理等提供重要参考。

第一节　中国城市居民幸福感的研究现状

　　国外相关研究强调"城市"特色的较少，尤其是在欧洲，国家面积较小，整体发展水平较高，同一国家的城市之间差异较小。国外城市居民幸福感研究主要集中于国民总体幸福指数研究及国家之间的差异研究。例如，英国提出"国民发展指数"，编制了"总体幸福指数"。澳大利亚的卡明斯（Cummins）将幸福指数分为个人幸福指数（personal well-being index，PWI）和国家幸福指数（national well-being index，NWI），国家幸福指数包括人们对当前国家的经济形势、自然环境状况、社会状况、政府、商业形势、国家安全状况 6 个方面的评价。① 国家间幸福指数存在的差异可由国情的不同来解释，如充足的食品、医疗，较少的腐败等。有证据表明，即使在文明地域受限于社会收入的条件下，也会出现一些文明地域比另一些更趋于幸福。例如，在物质条件被控制的情况下，拉丁美洲国家表现出比东亚更高的幸福感。对于这类现象的解释包括感受和表达积极情绪的文化标准差异、社会支持的差异及积极性的差异等。

国内相关研究可归结为两类：一类是了解所调查群体或城市居民的幸福感水平；另一类是分析影响城市居民幸福感的因素。关于城市老年人的社会支持、应激水平、社会角色对主观幸福感的影响的调查发现，社会支持对老年人主观幸福感有促进作用；应激水平与主观幸福感显著相关；当老年人对自己的社会角色感到满意时，其主观幸福感有显著提高。② 对农民工群体的研究表明，第二代农民工的城市幸福感高于第一代。相比第一代农民工，他们能更好地融入城市，具有更高的人力资本、更好的社会支持。③ 对城市教师人格特质、主观幸福感及幸福行为的关系研究发现，教师群体的幸福感偏低，教师幸福行为表现仅能部分预测教师的主观幸福感。④ 对城市公园或其他旅游资源对幸福感的影响研究发现，旅游者幸福感在交通工具选择、出游次数、停留时间、消费行为等方面差异显著，但不受信息渠道、旅游距离等的影响。⑤ 研究者在杭州开展的调查发现，公园游憩幸福感存在社会差异性，不同收入、年龄、文化卷入和职业的被试的幸福感存在显著差异。⑥

针对影响城市居民幸福感的影响因素研究，如《瞭望东方周刊》采用奚恺元的幸福学评价体系，进行连续的"中国最具幸福感城市"调查活动，调查内容涉及自然环境、交通状况、发展速度、文明程度、赚钱机会、医疗

---

① Waterman, A. S., Schwartz, S. J., Zamboanga, B. L., et al., "The Questionnaire for eudaimonic well-being: Psychometric properties, demographic comparisons, and evidence of validity," *The Journal of Positive Psychology*. 2010, 5(1): 41-61.

② 蒋重清、姚潇囡、刘亚轩等：《三维透视城市老年人社会角色对其主观幸福感的影响》，载《中国健康心理学杂志》，2009(12)。

③ 叶鹏飞：《农民工城市生活主观幸福感的一个实证分析》，载《青年研究》，2011(3)。

④ 罗芳、杨仙萍、叶映华：《城市教师人格特质、主观幸福感与幸福行为表现的关系》，载《浙江教育学院学报》，2010(4)。

⑤ 粟路军、何学欢：《城市居民主观幸福感与游憩行为关系研究——以长沙市为例》，载《北京第二外国语学院学报》，2009(3)。

⑥ 张海霞、周玲强：《城市居民公园游憩幸福感的因素构成与差异分析——以杭州市为例》，载《地理科学》，2013(9)。

卫生水平、教育水平、房价、人情味、治安状况、就业环境、生活便利12个具体指标，调查结果显示居民治安幸福感越高，其城市总体幸福感也越高，人情、赚钱机会、生活便利程度、建筑的美观程度、自然环境、文化娱乐、治安、城市发展等因素与市民对城市的幸福感均有很大相关。① 陈有真等人对国内外城市居民幸福感的相关研究进行了总结，发现幸福感的影响因素可以分为五大类。② 第一类是人格因素，如内向与外向、自尊心、乐观或悲观等。人格影响个体的行为及态度导致幸福感体验的变化。例如，与内倾型人格相比，外倾型人格更容易获得积极的心理体验，外倾型人格的个体所获得的幸福感将会强于内倾型人格。第二类是社会人口因素，如性别、年龄、婚姻状况、受教育程度、宗教信仰等。研究发现，年龄与幸福感之间呈U形关系，即40岁左右的中年人幸福感最低，随着年龄的增加或降低，幸福感逐渐增高。一般来说女性的幸福感要高于男性，但是两者之间的差异并不明显。受教育水平对幸福感的影响表现在两个方面。从积极的角度看，接受良好的教育能够使人们获得更好的适应能力，从而提高自己的幸福感。从消极的角度来看，受教育程度越高，人们对自己的期望就越高，当期望与现实之间反差较大时，就会产生对现状的不满，进而降低幸福感。宗教信仰往往对幸福感有促进作用，有宗教信仰的人往往能够保持比较平和的心态，能够较好地应对生活中的负面影响。第三类是经济因素，其中最主要的三个因素为收入、失业和通货膨胀。从宏观层面上看，国家和地区的经济状况直接反映在人均收入、就业率和通货膨胀率上。从微观看，公民个人的收入水平反映其社会经济地位、消费能力等。第四类是情境性因素，包括工作状况、人际关系、健康状况等。个人的成就、专业技能的高低属于工作的内在特征。在工作中能够取得成就、得到别人的支持、满足自我实现的人的幸福感最高。人际关系主要包括婚姻、朋友、亲戚等关系。这些因素将会影响个人的归属感，归属感越高的人幸福感越高。第五类是体制性因素或称为政治因素。生活在政治自由、经济开放的国家，民众的幸福感更高。政治状况往往影响社会稳定，稳定的社会环境下的群体容易产生较高的幸福感。

目前国内外对城市居民幸福感的研究呈现火热之势，城市居民幸福感研究的领域从最早的心理学领域拓展到经济学、社会学、统计学、医学等

---

① 吴刚：《我市首次获最具幸福感城市》，载《重庆日报》，2010-12-27。

② 陈有真、贾志永、周庭锐：《城市居民幸福感的影响因素分析》，载《城市发展研究》，2009(6)。

领域。各学科领域的研究者得出了相关研究结果，但是可以看出研究者在取样、问卷编制、问卷选择、数据处理、结果分析等方面存在差异，导致部分研究结果并不能推广开来。本研究将分析北京和南昌两个城市的居民幸福感现状及特点、影响因素，并根据研究结论提出提升城市居民幸福感的建议及对策。

第二节　研究对象与研究工具

一、研究对象

以北京市和南昌市年满 18 周岁的常住居民（学生除外）为研究对象，采用方便抽样方法，共发放问卷 640 份，剔除无效问卷 21 份，有效问卷 619 份，有效回收率为 96.7%。

二、研究工具

《中国人综合幸福感问卷》。在本次调查中，问卷的总体 Cronbach α 系数为 0.97，分半信度为 0.94；主观幸福感分量表的 Cronbach α 系数为 0.83，分半信度为 0.86；心理幸福感分量表的 Cronbach α 系数为 0.92，分半信度为 0.94；社会幸福感分量表的 Cronbach α 系数为 0.94，分半信度为 0.92；实现幸福感分量表的 Cronbach α 系数为 0.95，分半信度为 0.94；各分量表中各维度的 Cronbach α 系数在 0.75 和 0.93 之间，分半信度在 0.64 和 0.87 之间，表明问卷具有良好的信度。

第三节　中国大中城市幸福感的总体状况

一、北京市和南昌市居民幸福感的总体状况

表 5-1　北京市和南昌市居民幸福感的比较分析

	北京市		南昌市		t
	M	SD	M	SD	
生活满意	4.17	1.17	3.95	1.22	2.26*
正性情感	4.50	1.21	4.40	1.10	1.10
负性情感	4.68	1.35	4.88	1.20	−1.93

	北京市		南昌市		t
	M	SD	M	SD	
生命活力	4.49	1.21	4.28	1.14	2.19*
健康关注	4.68	1.26	4.73	1.19	−0.48
利他行为	4.53	1.26	4.46	1.21	0.78
自我价值	4.93	1.18	4.79	1.18	1.41
友好关系	4.85	1.39	4.86	1.36	−0.08
人格成长	4.46	0.92	4.21	0.93	3.32**
社会实现	4.53	1.19	4.46	1.24	0.70
社会和谐	4.41	1.08	4.27	1.05	1.65
社会整合	4.26	1.17	4.16	1.14	0.98
社会认同	4.72	1.13	4.71	1.23	0.09
社会贡献	4.68	1.23	4.57	1.27	1.11
自我发现	4.76	1.18	4.68	1.13	0.87
生活目的	4.56	1.41	4.36	1.26	1.89
潜能感知	4.68	1.24	4.41	1.13	2.87**
才智追求	4.60	1.26	4.55	1.13	0.46
人格展现	4.92	1.15	4.82	1.19	1.07
主观幸福感	4.47	0.80	4.44	0.74	0.49
心理幸福感	4.62	0.96	4.49	0.93	1.70
社会幸福感	4.52	0.94	4.43	1.00	1.08
实现幸福感	4.74	1.06	4.60	0.99	1.68
幸福指数	5.71	1.74	5.45	1.58	1.95

注：* 表示 $p < 0.05$，** 表示 $p < 0.01$，*** 表示 $p < 0.001$，下同。

从表 5-1 中我们可看出，北京市居民主观幸福感、心理幸福感、社会幸福感和实现幸福感的均值均高于中值（4 分），各维度均值也均在 4 分以上，高于中值（4 分）。北京市居民幸福感及各维度得分在中等以上程度，幸福感得分由高到低依次为：实现幸福感、心理幸福感、社会幸福感、主观幸福感。各维度上得分最高的 3 个维度为自我价值、人格展现和友好关系，得分最低的 3 个维度为生活满意、社会整合和社会和谐。南昌市居民主观幸福感、心理幸福感、社会幸福感和实现幸福感的均值均高于中值（4 分），各维度均值也均在 4 分以上，幸福指数得分高于中值（4 分）。南昌市居民幸福感及各维度得分在中等以上程度，幸福感得分由高到低依次为：实现幸福感、心理幸福感、主观幸福感、社会幸福感。北京市和南昌市的居民在生活满意、生命活力、人格成长、潜能感知等维度上有显著差异。

表 5-2　北京市居民幸福指数频数分布表

	1—非常痛苦	2—很痛苦	3—痛苦	4—有些痛苦	5—居于中间	6—有些幸福	7—幸福	8—很幸福	9—非常幸福
频数	5	8	13	33	61	60	49	30	12
百分比	1.8	3.0	4.8	12.2	22.5	22.1	18.1	11.1	4.4

从表 5-1 和表 5-2 中我们可看出,北京市居民幸福指数均值为 5.71,标准差为 1.74,最高分 9 分,最低分 1 分,超过中值(5 分)的居民占北京市调查居民总人数的 78.2%,说明北京市居民总体感觉比较幸福。

表 5-3　南昌市居民幸福指数频数分布表

	1—非常痛苦	2—很痛苦	3—痛苦	4—有些痛苦	5—居于中间	6—有些幸福	7—幸福	8—很幸福	9—非常幸福
频数	6	11	15	56	84	87	60	23	6
百分比	1.7	3.2	4.3	16.1	24.1	25.0	17.2	6.6	1.7

从表 5-1 和表 5-3 我们可看出,南昌市居民幸福指数均值为 5.45,标准差为 1.58,最高分 9 分,最低分 1 分,超过中值(5 分)的居民占调查的南昌市居民总人数的 74.7%,说明南昌市居民总体感觉比较幸福。

二、北京市和南昌市居民幸福感在人口学变量上的差异

根据统计检验,北京市居民幸福感在户籍、有无宗教信仰、有无小孩、年龄、居住时间、婚姻状况、房屋属性和上下班方式等人口学变量上无显著差异,在社会阶层、性别、最高学历、收入、房产数量、住房面积和上下班时间等人口学变量上有显著差异。南昌市居民的幸福感在性别、年龄、有无宗教信仰、有无小孩、房屋属性、上下班方式和上下班时间等人口学变量上无显著差异,在社会阶层、户籍、城市居住时间、婚姻状况、最高学历、年收入、房产数量和住房面积等人口学变量上有显著差异。

表 5-4   两市居民幸福感在社会阶层变量的差异检验

城市	幸福感	社会阶层	M	SD	F	Sig.
北京	实现幸福感	T1	4.49	1.18	2.89	0.00
		T2	4.82	0.91		
		T3	4.25	0.97		
		T4	5.02	0.90		
		T5	4.54	0.98		
		T6	5.47	1.26		
		T7	5.11	1.03		
		T8	4.35	0.81		
		T9	4.88	0.90		
		T10	4.90	1.54		
南昌	实现幸福感	T1	4.51	1.08	2.27	0.02
		T2	4.22	1.19		
		T3	4.63	0.94		
		T4	4.79	0.92		
		T5	4.78	0.80		
		T6	4.45	0.86		
		T7	4.75	0.75		
		T8	4.66	1.06		
		T9	3.87	1.48		
		T10	4.40	0.98		

注：T1＝国家与社会管理者阶层；T2＝经理人员阶层；T3＝私营企业主阶层；T4＝专业技术人员阶层；T5＝办事人员阶层；T6＝个体工商户阶层；T7＝商业服务人员阶层；T8＝产业工人阶层；T9＝农业劳动者阶层；T10＝城乡无业失业半失业者阶层。

根据表 5-4 中的结果显示，北京市居民的实现幸福感在社会阶层这一人口学变量上差异显著；南昌市居民的实现幸福感在社会阶层这一人口学变量上差异显著。

表 5-5   两市居民幸福感及幸福指数在性别变量上的差异检验

	主观幸福感	心理幸福感	社会幸福感	实现幸福感	幸福指数
男(n=128)	4.32±0.72	4.54±1.01	4.46±1.01	4.67±1.13	5.66±1.53
女(n=143)	4.60±1.01	4.68±0.90	4.57±0.88	4.80±0.99	5.15±1.62
t	−2.87**	−1.19	−0.96	−1.00	3.00**

根据表 5-5 中的结果显示，北京市居民主观幸福感和幸福指数在性别变量上存在显著差异，女性主观幸福感显著高于男性，而男性的幸福指数显著高于女性。北京市居民的心理幸福感、社会幸福感和实现幸福感在男

性和女性上无显著差异。南昌市居民幸福感在性别变量上无显著差异。

表 5-6　南昌市居民幸福感及幸福指数在是否本市户籍变量上的比较

	主观幸福感		心理幸福感		社会幸福感		实现幸福感		幸福指数	
	M	SD	M	SD	M	SD	M	SD	M	SD
是($n=206$)	4.53	0.79	4.55	0.91	4.49	0.99	4.71	0.92	5.66	1.53
否($n=142$)	4.30	0.62	4.39	0.96	4.36	1.00	4.45	1.06	5.15	1.62
t	2.82**		1.55		1.16		2.39*		3.00**	

根据表 5-6 中的结果显示，南昌市居民主观幸福感、实现幸福感和幸福指数在是否本市户籍变量上存在显著差异，本市户籍被试在主观幸福感、实现幸福感和幸福指数 3 个维度上的得分显著高于非本市户籍的被试。北京市居民幸福感在是否本市户籍上无显著差异。

表 5-7　南昌市居民幸福感在居住时间变量上的差异检验

	居住时间	M	SD	F	Sig.
心理幸福感	Z1	4.41	0.99	2.69	0.04
	Z2	4.30	0.99		
	Z3	4.61	0.88		
	Z4	4.63	0.82		
实现幸福感	Z1	4.40	1.12	4.37	0.01
	Z2	4.45	0.99		
	Z3	4.69	0.92		
	Z4	4.81	0.83		
幸福指数	Z1	5.17	1.83	4.37	0.01
	Z2	5.16	1.37		
	Z3	5.62	1.49		
	Z4	5.80	1.46		

注：Z1＝5 年及以下；Z2＝6～10 年；Z3＝11～15 年；Z4＝16 年及以上。

根据表 5-7 中的结果显示，南昌市居民心理幸福感、实现幸福感和幸福指数在该城市居住时间变量上有差异。北京市居民在该变量上无显著差异。

表 5-8　南昌市居民幸福感在婚姻状况变量上的差异检验

	婚姻状况	M	SD	F	Sig.
实现幸福感	V1	4.73	0.93	2.91	0.03
	V2	4.50	1.02		
	V3	4.27	0.93		
	V4	3.83	0.98		

注：V1＝未婚；V2＝已婚；V3＝离异；V4＝丧偶。

表 5-8 中的结果显示，南昌市居民实现幸福感在婚姻状况变量上有差异。其中未婚被试在实现幸福感上的得分显著高于已婚被试。北京市居民在这一变量上无显著差异。

表 5-9　两市居民幸福感和幸福指数在最高学历变量上的差异检验

城市	幸福感	最高学历	M	SD	F	Sig.
北京	主观幸福感	U1	4.13	0.71	3.72	0.01
		U2	4.33	0.66		
		U3	4.54	0.82		
		U4	4.66	0.86		
	心理幸福感	U1	4.22	1.05	6.08	0.00
		U2	4.39	0.94		
		U3	4.68	0.85		
		U4	5.05	1.07		
	幸福指数	U1	5.09	1.66	6.23	0.00
		U2	5.08	1.94		
		U3	6.04	1.53		
		U4	5.97	1.86		
南昌	主观幸福感	U1	4.17	0.74	7.44	0.00
		U2	4.43	0.70		
		U3	4.44	0.68		
		U4	4.84	0.78		
	心理幸福感	U1	4.15	1.14	6.34	0.00
		U2	4.43	0.85		
		U3	4.54	0.87		
		U4	4.92	0.72		
	实现幸福感	U1	4.21	1.15	7.22	0.00
		U2	4.47	0.91		
		U3	4.77	0.92		
		U4	4.92	0.80		

注：U1＝高中及以下(中专、职高等)；U2＝大专；U3＝本科；U4＝硕士及以上。

表 5-9 中的结果显示，北京市居民主观幸福感、心理幸福感和幸福指数在最高学历变量上存在显著差异。南昌市居民主观幸福感、心理幸福感和实现幸福感在最高学历变量上有显著差异。两城市的研究结果均显示，居民学历越高，其幸福感水平越高。

表 5-10　两市居民幸福感和幸福指数在年收入变量的差异检验

城市	幸福感	收入	M	SD	F	Sig.
北京	主观幸福感	A1	4.28	0.75	2.14	0.04
		A2	4.33	0.79		
		A3	4.54	0.64		
		A4	4.62	0.78		
		A5	4.42	0.73		
		A6	4.89	0.95		
		A7	4.50	1.11		
		A8	5.03	0.92		
	幸福指数	A1	5.16	1.91	2.85	0.00
		A2	5.68	1.58		
		A3	6.11	1.49		
		A4	5.59	1.75		
		A5	6.28	1.54		
		A6	5.60	1.51		
		A7	5.23	1.87		
		A8	7.00	1.67		
南昌	社会幸福感	A1	4.16	1.05	2.41	0.02
		A2	4.51	1.03		
		A3	4.66	0.64		
		A4	4.45	0.97		
		A5	4.54	0.89		
		A6	5.45	0.60		
		A7	4.34	1.21		
		A8	5.30	1.83		

注: A1＝3万及以下; A2＝3.1万～4.9万; A3＝5万～7.9万; A4＝8万～11.9万; A5＝12万～14.9万; A6＝15万～19.9万; A7＝20万～29.9万; A8＝30万及以上。

根据表 5-10 中的结果，北京市居民主观幸福感和幸福指数在年收入变量上存在显著差异。南昌市居民社会幸福感在年收入变量上有显著差异。两城市研究结果显示，年收入较高的居民的幸福感要相对高于年收入较低的居民。

表 5-11　两市居民幸福感和幸福指数在房产数量变量的差异检验

城市	幸福感	房产数量	M	SD	F	Sig.
北京	幸福指数	B1	5.32	1.79	3.00	0.03
		B2	5.96	1.59		
		B3	5.95	1.82		
		B4	6.00	1.74		

城市	幸福感	房产数量	M	SD	F	Sig.
南昌	心理幸福感	B1	4.29	0.98	2.77	0.04
		B2	4.59	0.85		
		B3	4.52	0.90		
		B4	4.64	0.97		
	幸福指数	B1	5.05	1.63	4.38	0.00
		B2	5.67	1.37		
		B3	5.43	1.77		
		B4	5.83	1.66		

注：B1＝没有；B2＝1 套；B3＝2 套；B4＝3 套及以上。

根据表 5-11 中的结果显示，北京市居民幸福指数在房产数量上存在显著差异。其中拥有房产数量为"1 套"和"2 套"的被试的幸福感得分显著高于"没有"房产的被试。南昌市居民的心理幸福感和幸福指数在房产数量上有显著差异。其中拥有房产数量为"1 套"和"3 套及以上"的被试在心理幸福感和幸福指数上的得分显著高于没有房产的被试。总体上，两城市居民拥有房产数量多的居民幸福感高于较少或者没有房产的居民。

表 5-12　两市居民幸福感和幸福指数在住房面积变量上的差异检验

城市	幸福感	住房面积	M	SD	F	Sig.
北京	主观幸福感	C1	4.48	0.77	2.17	0.04
		C2	4.41	0.81		
		C3	4.64	0.80		
		C4	4.20	0.61		
		C5	4.62	0.83		
		C6	5.09	1.17		
		C7	4.17	0.88		
	实现幸福指数	C1	4.63	1.04	2.22	0.04
		C2	4.90	0.97		
		C3	5.10	0.95		
		C4	4.47	0.96		
		C5	4.55	1.08		
		C6	4.76	0.99		
		C7	4.33	1.86		

城市	幸福感	住房面积	M	SD	F	Sig.
南昌	主观幸福感	C1	4.33	0.79	2.25	0.03
		C2	4.33	0.60		
		C3	4.50	0.68		
		C4	4.48	0.73		
		C5	4.62	0.75		
		C6	5.28	0.71		
		C7	4.42	1.00		
	心理幸福感	C1	4.20	1.05	2.84	0.01
		C2	4.48	0.83		
		C3	4.58	0.79		
		C4	4.63	0.90		
		C5	4.82	0.85		
		C6	4.82	0.85		
		C7	4.23	1.21		
	实现幸福感	C1	4.32	1.16	3.40	0.00
		C2	4.52	0.86		
		C3	4.77	0.81		
		C4	4.67	0.88		
		C5	5.05	0.93		
		C6	5.13	1.00		
		C7	4.33	1.22		
	幸福指数	C1	5.01	1.77	2.48	0.02
		C2	5.37	1.53		
		C3	5.47	1.14		
		C4	5.78	1.59		
		C5	6.02	1.44		
		C6	5.80	2.16		
		C7	5.66	1.95		

注：C1＝60平方米或以下；C2＝61～80平方米；C3＝81～100平方米；C4＝101～120平方米；C5＝121～150平方米；C6＝151～200平方米；C7＝201平方米及以上。

根据表5-12，北京市居民主观幸福感和实现幸福感在住房面积变量上存在显著差异。南昌市居民的主观幸福感、心理幸福感、实现幸福感和幸福指数在住房面积变量上存在显著差异。

表 5-13　北京市居民幸福感和幸福指数在上下班时间变量上的差异检验

	上下班时间	M	SD	F	Sig.
心理幸福感	D1	4.25	1.08	2.82	0.03
	D2	4.56	1.03		
	D3	4.77	0.82		
	D4	4.70	0.91		
	D5	3.71	0.96		
幸福指数	D1	4.85	1.52	3.05	0.02
	D2	5.81	1.89		
	D3	5.87	1.67		
	D4	5.91	1.64		
	D5	4.33	0.58		

注：D1＝10 分钟之内；D2＝10～30 分钟；D3＝30 分钟～1 小时；D4＝1 小时以上；D5＝其他。

表 5-13 中的结果显示，北京市居民的心理幸福感和幸福指数在上下班时间变量上存在显著差异。其中上下班时间（单程）为"10～30 分钟"的被试幸福感得分显著高于"10 分钟之内"的被试。南昌市居民在这一变量上则无显著差异。

三、北京市和南昌市居民幸福感的影响因素分析

表 5-14　北京市和南昌市居民幸福感影响因素得分情况

影响因素	北京市（$n=271$）		南昌市（$n=348$）		t
	M	SD	M	SD	
经济水平	6.46	2.41	5.19	2.10	6.99**
娱乐设施	6.72	2.11	5.41	1.97	7.93**
交通状况	4.91	2.44	4.58	1.99	1.87
就业机会	6.20	1.96	5.07	1.88	7.26**
空气质量	3.85	2.64	4.97	2.10	−5.84**
气候状况	4.84	2.22	5.07	1.98	−1.34
自然环境	5.04	2.20	5.57	2.01	−3.13**
建筑美观	5.96	2.09	5.43	1.91	3.29**
治安状况	6.85	1.87	5.73	1.94	7.17**
城市发展	6.90	1.93	6.22	2.08	4.16**
卫生状况	6.22	1.99	5.23	2.07	6.00**

影响因素	北京市($n=271$)		南昌市($n=348$)		t
	M	SD	M	SD	
教育水平	6.87	1.91	5.88	2.10	6.07**
生活便利	6.81	1.93	5.92	2.02	5.52**
经济水平	6.46	2.41	5.19	2.10	6.99**
城市文明	6.41	2.11	5.21	2.04	7.09**
城市规划	6.07	2.26	5.31	2.03	4.42**
总体印象	6.31	1.82	5.65	1.83	4.47**

表 5-14 为北京市和南昌市居民幸福感影响因素项目的得分情况，除了在交通状况、气候状况和人情友好 3 个项目上的得分不显著外，其余各项目得分均为显著。南昌市居民在空气质量和自然环境项目上的均分显著高于北京市居民；在经济水平、娱乐设施、就业机会、建筑美观、治安状况、城市发展、医疗条件、卫生状况、市政服务、教育水平、生活便利、社会风气、城市文明、城市规划和总体印象 15 个项目的得分上，北京市的均分均显著高于南昌市。

为进一步了解两市居民 4 个幸福感的影响因素，分别以北京市和南昌市的 4 个幸福感分量表以及总量表的得分为因变量，有关城市评价的 20 个题目得分为自变量（这 20 个题目均为 1—10 的 10 点计分法，在此将其当作连续变量处理），进行多元线性逐步回归分析。

表 5-15　北京市居民主观幸福感多元回归分析结果

自变量	R^2	回归系数 B	标准回归系数 β	t	Sig.	影响力排名
常数项	0.316	50.20		16.38	0.00	
城市文明		1.29	0.20	2.56	0.01	2
城市发展		1.02	0.14	2.51	0.01	5
空气质量		−1.67	−0.32	−4.65	0.00	1
气候状况		0.98	0.16	2.02	0.04	4
人情友好		1.10	0.17	2.19	0.02	3
就业机会		0.89	0.12	2.09	0.03	6

表 5-15 显示，共有 6 个因素进入回归方程，并达到显著（$p<0.05$），

可解释主观幸福感总变异量的 31.6%。它们对主观幸福感的相对影响力（β 值的绝对值越大，相对影响力越大）由大到小依次为空气质量、城市文明、人情友好、气候状况、城市发展、就业机会。

表 5-16　南昌市居民主观幸福感的多元回归分析结果

自变量	R^2	回归系数 B	标准回归系数 β	t	Sig.	影响力排名
常数项	0.303	57.93		27.11	0.00	
城市发展		1.29	0.21	3.13	0.00	6
空气质量		1.53	0.25	3.98	0.00	2
气候状况		−1.37	−0.21	−3.26	0.00	5
经济水平		1.47	0.24	4.19	0.00	4
卫生状况		−1.60	−0.26	−3.93	0.00	1
社会风气		1.30	0.20	2.91	0.00	8
治安状况		1.54	0.25	4.06	0.00	3
城市规划		−1.32	−0.21	−3.15	0.00	7

　　表 5-16 显示，共有 8 个因素进入回归方程，并达到显著（$p < 0.05$），可解释主观幸福感总变异量的 30.3%。它们对主观幸福感的相对影响力由大到小依次为卫生状况、空气质量、治安状况、经济水平、气候状况、城市发展、城市规划、社会风气。

表 5-17　北京市居民心理幸福感的多元回归分析结果

自变量	R^2	回归系数 B	标准回归系数 β	t	Sig.	影响力排名
常数项	0.455	58.97		9.06	0.00	
生活便利		4.73	0.29	4.76	0.00	1
总体印象		3.95	0.22	3.97	0.00	2
就业机会		2.94	0.18	3.48	0.00	3
城市发展		2.59	0.15	2.86	0.00	4

　　表 5-17 显示，共有 4 个因素进入回归方程，并达到显著（$p < 0.05$），可解释心理幸福感总变异量的 45.5%。它们对心理幸福感的相对影响力由大到小依次为生活便利、总体印象、就业机会、城市发展。

表 5-18　南昌市居民心理幸福感的多元回归分析结果

自变量	R^2	回归系数 B	标准回归系数 β	t	Sig.	影响力排名
常数项	0.455	78.84		16.77	0.00	
城市发展		2.75	0.18	3.09	0.00	4
社会风气		4.65	0.30	4.99	0.00	1
空气质量		3.02	0.20	4.11	0.00	2
卫生状况		−3.03	−0.20	−3.34	0.00	3
教育水平		2.00	0.13	2.18	0.02	7
治安状况		2.86	0.18	2.84	0.00	5
交通状况		−2.47	−0.16	−2.82	0.00	6
娱乐设施		2.06	0.13	2.52	0.01	8

　　表 5-18 显示，共有 8 个因素进入回归方程，并达到显著（$p<0.05$），可解释心理幸福感总变异量的 45.5％。它们对心理幸福感的相对影响力由大到小依次为社会风气、空气质量、卫生状况、城市发展、治安状况、交通状况、教育水平、娱乐设施。

表 5-19　北京市居民社会幸福感的多元回归分析结果

自变量	R^2	回归系数 B	标准回归系数 β	t	Sig.	影响力排名
常数项	0.531	33.16		9.15	0.00	
城市文明		2.26	0.25	3.79	0.00	2
医疗条件		2.64	0.28	4.85	0.00	1
就业机会		0.94	0.09	1.81	0.07	7
人情友好		2.05	0.23	3.75	0.00	3
治安状况		1.90	0.19	3.45	0.00	5
卫生状况		−1.89	−0.20	−3.20	0.00	4
经济水平		0.89	0.11	2.20	0.02	6

　　表 5-19 显示，共有 7 个因素进入回归方程，其中有 6 个达到显著（$p<$ 0.05），可解释社会幸福感总变异量的 53.1％，就业机会评价没有达到 0.05 的显著性水平（系统筛选进入方程的标准是显著性水平小于 0.1）。它

们对社会幸福感的相对影响力由大到小依次为医疗条件、城市文明、人情友好、卫生状况、治安状况、经济水平。

表 5-20　南昌市居民社会幸福感的多元回归分析结果

自变量	R^2	回归系数 B	标准回归系数 β	t	Sig.	影响力排名
常数项	0.392	47.45		15.29	0.00	
治安状况		2.67	0.26	3.96	0.00	1
卫生状况		−2.13	−0.22	−3.62	0.00	3
社会风气		2.49	0.25	3.96	0.00	2
城市发展		1.52	0.16	2.67	0.00	5
教育水平		1.51	0.16	2.46	0.01	4
空气质量		1.07	0.11	2.32	0.02	6

表 5-20 显示，共有 6 个因素进入回归方程，并达到显著（$p<0.05$），可解释社会幸福感总变异量的 39.2%。它们对社会幸福感的相对影响力由大到小依次为治安状况、社会风气、卫生状况、教育水平、城市发展、空气质量。

表 5-21　北京市居民实现幸福感的多元回归分析结果

自变量	R^2	回归系数 B	标准回归系数 β	t	Sig.	影响力排名
常数项	0.358	40.61		8.66	0.00	
城市文明		2.22	0.22	3.37	0.00	2
就业机会		2.48	0.23	3.94	0.00	1
治安状况		2.03	0.18	3.07	0.00	3
生活便利		1.56	0.14	2.12	0.03	4

表 5-21 显示，共有 4 个因素进入回归方程，并达到显著（$p<0.05$），可解释实现幸福感总变异量的 35.8%。它们对实现幸福感的相对影响力由大到小依次为就业机会、城市文明、治安状况、生活便利。

表 5-22　南昌市居民实现幸福感的多元回归分析结果

自变量	R^2	回归系数 B	标准回归系数 β	t	Sig.	影响力排名
常数项	0.337	55.30		16.95	0.00	
治安状况		2.28	0.22	3.34	0.00	3
生活便利		2.65	0.27	3.87	0.00	1
城市发展		1.69	0.17	2.85	0.00	4
卫生状况		−2.43	−0.25	−3.81	0.00	2
空气质量		1.62	0.17	3.19	0.00	5
交通状况		−1.39	−0.14	−2.33	0.02	7
人情友好		1.46	0.15	2.28	0.02	6

表 5-22 显示，共有 7 个因素进入回归方程，并达到显著（$p < 0.05$），可解释实现幸福感总变异量的 33.7%。它们对实现幸福感的相对影响力由大到小依次为生活便利、卫生状况、治安状况、城市发展、空气质量、人情友好、交通状况。

表 5-23　北京市居民幸福指数的多元回归分析结果

自变量	R^2	回归系数 B	标准回归系数 β	t	Sig.	影响力排名
常数项	0.408	1.22		3.19	0.00	
教育水平		0.21	0.23	3.31	0.00	1
就业机会		0.16	0.19	3.00	0.00	4
人情友好		0.17	0.21	3.29	0.00	3
交通状况		−0.11	−0.15	−2.60	0.01	7
气候状况		0.14	0.18	3.09	0.00	5
娱乐设施		0.15	0.18	3.15	0.00	6
市政服务		−0.19	−0.21	−3.04	0.00	2
城市发展		0.13	0.15	2.39	0.01	8

表 5-23 显示，共有 8 个因素进入回归方程，并达到显著（$p < 0.05$），可解释幸福指数总变异量的 40.8%。它们对幸福指数的相对影响力由大到小依次为教育水平、市政服务、人情友好、就业机会、气候状况、娱乐设

施、交通状况和城市发展。

表 5-24 南昌市居民实现幸福感的多元回归分析结果

自变量	R^2	回归系数 B	标准回归系数 β	t	Sig.	影响力排名
常数项	0.373	2.63		10.26	0.00	
经济水平		0.18	0.24	4.50	0.00	4
空气质量		0.24	0.32	5.38	0.00	1
城市发展		0.24	0.32	5.01	0.00	2
卫生状况		−0.20	−0.26	−4.18	0.00	3
城市规划		0.15	0.20	3.42	0.00	5
气候状况		−0.14	−0.18	−2.83	0.00	6
生活便利		0.13	0.16	2.65	0.00	7
建筑美观		−0.12	−0.15	−2.10	0.03	8

表 5-24 显示，共有 8 个因素进入回归方程，并达到显著（$p < 0.05$），可解释实现幸福感总变异量的 37.3%。它们对实现幸福感的相对影响力由大到小依次为空气质量、城市发展、卫生状况、经济水平、城市规划、气候状况、生活便利、建筑美观。

表 5-25 北京市居民总体幸福感的多元回归分析结果

自变量	R^2	回归系数 B	标准回归系数 β	t	Sig.	影响力排名
常数项	0.508	180.72		11.85	0.00	
城市文明		7.47	0.20	2.82	0.00	2
治安状况		7.69	0.19	3.69	0.00	3
就业机会		9.08	0.23	4.34	0.00	1
生活便利		7.01	0.17	2.98	0.00	4
总体印象		7.18	0.17	2.47	0.01	5
交通状况		−3.48	−0.11	−2.22	0.02	6

表 5-25 显示，共有 6 个因素进入回归方程，并达到显著（$p < 0.05$），可解释总体幸福感总变异量的 50.8%。它们对总体幸福感的相对影响力由大到小依次为就业机会、城市文明、治安状况、生活便利、总体印象、交通状况。

表 5-26 南昌市居民总体幸福感的多元回归分析结果

自变量	R^2	回归系数 B	标准回归系数 β	t	Sig.	影响力排名
常数项	0.454	238.27		20.80	0.00	
社会风气		10.38	0.27	4.57	0.00	1
城市发展		6.33	0.17	2.91	0.00	5
治安状况		9.46	0.24	3.85	0.00	3
卫生状况		−9.33	−0.25	−4.22	0.00	2
空气质量		6.89	0.19	3.84	0.00	4
教育水平		5.11	0.14	2.28	0.02	7
交通状况		−6.08	−0.16	−2.85	0.00	6
娱乐设施		5.40	0.14	2.70	0.00	8

表 5-26 显示,共有 8 个因素进入回归方程,并达到显著($p<0.05$),可解释总体幸福感总变异量的 45.4%。它们对总体幸福感的相对影响力由大到小依次为社会风气、卫生状况、治安状况、空气质量、城市发展、交通状况、教育水平、娱乐设施。

第四节 讨论与结论

一、对两城市居民幸福感总体状况的讨论

北京市居民主观幸福感、心理幸福感、社会幸福感和实现幸福感的得分均高于中值(4 分),幸福指数均值为 5.71,结果表明北京市居民的城市幸福感和幸福指数处于中等以上水平。这说明北京市居民较为相信自己的能力,有成就感和价值感,具有较高的自尊,对活动具有较强烈的投入,以及普遍具有温暖、安全、真诚和持久的人际关系。北京作为经济发展迅速的城市,其外来人口较多。压力高、机会多、竞争大的环境,一方面会给居民带来更多的交友机会、更高的成就感以及对生活工作更深的投入,另一方面资源的竞争和新环境的适应等也会给居民带来低生活满意度、低城市归属感等消极影响。南昌市居民主观幸福感、心理幸福感、社会幸福感和实现幸福感的得分均高于中值(4 分),各维度均值也均在 4 分以上,幸福指数均值为 5.45,表明南昌市居民的城市幸福感也处于中等以上水

平。但我们仍可以看出，南昌市居民对自己的生活状况满意度较低，对城市归属感、自我接受程度、自控能力较低。

二、对两城市居民幸福感在人口学变量差异的讨论

研究结果显示，北京市居民幸福感在户籍、有无宗教信仰、有无小孩、年龄、居住时间、婚姻状况等人口学变量上无显著差异，在社会阶层、性别、最高学历、年收入、房产数量、住房面积和上下班时间等人口学变量上有显著差异；南昌市居民的幸福感在性别、年龄、有无宗教信仰、有无小孩、上下班时间等人口学变量上无显著差异，在社会阶层、户籍、城市居住时间、婚姻状况、最高学历、年收入、房产数量和住房面积等人口学变量上有显著差异。北京市和南昌市居民在有无宗教信仰、有无小孩、年龄、房屋属性、上下班方式等人口学变量上均无显著差异；在最高学历、年薪、房产数量、住房面积上均有显著差异，这些结果与研究假设较为一致。

本研究与张倩妹、邢占军等研究的结果一样[1]，不管是在北京那样经济发达的大型城市还是在南昌这样经济发展较为快速的中型城市，对于居民来说，收入是影响幸福感的重要因素之一，收入与幸福感存在正相关。从宏观层面上看，国家或地区经济状况直接反映在人均收入、就业率和通货膨胀率上。从微观看，公民个人的收入水平反映其社会经济地位、消费能力等。美国研究者发现高收入者有较多的正性情绪，低收入者更容易产生负性情绪，收入与幸福感存在正相关。在发展中国家的研究发现，收入的增加有利于幸福感的提高。研究表明，不论是在北京还是在南昌，在执迷于房产的中国人眼中，拥有的房屋越多，幸福感越高，这与以往林江等[2]的研究结果一致，有房者和多房者的幸福感显著高于无房者，这可能与中国人的传统观念分不开，有房产者的安全感和归属感会得到提升。

三、对两城市居民幸福感影响因素的讨论

研究结果发现，两城市在 20 个影响因素项目上的得分，除交通状况、气候状况和人情友好 3 个项目上得分不显著外，其余各项目得分均为显著。南昌市在空气质量和自然环境项目上的均分显著高于北京市；在经济水平、娱乐设施、就业机会、建筑美观、治安状况、城市发展、医疗条件、卫生状况、市政服务、教育水平、生活便利、社会风气、城市文明、城市

---

① 张倩妹、邢占军：《当前城市青年群体主观幸福感研究》，载《山东省青年管理干部学院学报》，2008(3)。

② 林江、周少君、魏万青：《城市房价、住房产权与主观幸福感》，载《财贸经济》，2012(5)。

规划和总体印象 15 个项目的得分上，北京市居民的均分均显著高于南昌市。

北京市和南昌市由于经济发展水平、政府服务、教育医疗资源等差异，其居民幸福感的得分各有不同，但是各因素都对居民的幸福感产生影响，具体表现为北京市空气质量、气候状况、城市文明、城市发展、经济水平、教育水平、就业机会、治安状况、交通状况、医疗条件、卫生状况、市政服务、生活便利、娱乐设施、人情友好和总体印象因素对居民幸福感有影响。南昌市空气质量、气候状况、城市发展、城市规划、经济水平、教育水平、交通状况、治安状况、卫生状况、社会风气、建筑美观、娱乐设施、生活便利和人情友好因素对幸福感有影响。曹大宇等的研究表明①，城市居民生活满意度与空气环境质量存在显著的相关，城市空气中二氧化氮的浓度对城市居民的生活满意度有显著的负面影响。虽有雾霾却挡不住北京的发展速度，作为中国首都，北京不仅经济发展迅速，并且政府的决策及政策的实施效率也非常高，因而给居住在那里的人们带去了更多的就业机会、更好的政府服务、更多的人群往来以及更好的个人发展，城市建设使得城市经济和文明都达到了更高水平，给居民带来更丰富的物质文化生活，增加他们的正性情感体验提高了生活满意度。

南昌市作为中部多山多河流多树林的省会城市，其调查结果中空气质量和自然环境等因素上的得分较高，但是其他各影响因素的得分均较低。虽然近年来南昌市的城市发展速度有目共睹，但是政府在市政建设上还是有所欠缺，由于经济的不发达会导致收入等物质生活条件得不到满足，从而降低主观幸福感。在一些与政府服务相关的影响因素上南昌的得分要显著低于北京的得分，如交通状况、治安状况、卫生状况、建筑美观和娱乐设施等，这说明，目前南昌市政府的部门职能还不够完善，各项政府服务和举措还达不到居民满意的程度，特别是治安状况。奚恺元等人的研究表明公民的治安幸福感越高，城市总体幸福感也越高，人情、赚钱机会、生活便利程度、建筑的美观程度、自然环境、文化娱乐、治安、城市发展等因素与市民对城市的幸福感均有很大相关。

---

① 曹大宇：《环境质量与居民生活满意度的实证分析》，载《统计与决策》，2011(21)。

第六章

深度休闲与居民幸福感的关系

　　休闲已经成为现代生活的重要内容。作为人类社会演进的指示器，休闲是一个国家经济发展水平和社会文明程度的重要标志。如何利用休闲提升幸福感自然成了社会关注的热点。目前社会流行的休闲形式多种多样，可供人们选择的休闲方式甚多，大多数休闲方式为随性休闲，即短暂的娱乐项目，如玩网游、看电视、下午茶、逛街。这些休闲项目少有具体内涵的延伸与外展，难以给参与者提供深度的体验，而且极其容易给参与者带来无聊感与无力感。本章主要探讨深度休闲与幸福感之间的关系，以及如何通过深度休闲来提升人们幸福感，提高生活质量，拓展生命的长度与宽度。

第一节　深度休闲与居民幸福感关系研究现状

　　深度休闲(serious leisure)根据英文可直译为认真地休闲，学者斯特宾斯(Stebbins)于 1982 年首次提出这一概念，并将其界定为"休闲活动参与者有系统地从事业余、嗜好或志愿者的活动，他们投入如对待事业一般的专注，并借此机会获得及展现特殊的技巧、知识及经验"[①]。1997 年，斯特宾斯又进一步完善这一概念，深度休闲是一种深层的满足感及存在感，通常参与者不单单只是参与，而是将该休闲活动视为生活的一部分，以自

---

　　① Stebbins, R. A., *Amateurs*, *Professionals*, *and Serious Leisure*, Montreal: McGillQueen's University Press, 1992。

由自在的心情去从事活动，认真地向目标迈进。① 因此，深度休闲中的"深度"（serious）并不是"严肃"的意思，所谓"深度"（serious）代表"专注"（concentration）与"奉献"（dedication），深度休闲不是具有压力的活动而是有乐趣与满足感的。大部分关于深度休闲的研究均以斯特宾斯的理论框架为基石。凯利（Kelly）于2009年做了休闲与感觉自由的相关性研究，他认为休闲是一种心灵的状态，是为自己选择的自主活动，是遵循自己内心想法的。界定一个活动是不是属于休闲范畴，是由参与者的心理状态和行动决定的。

斯特宾斯于2006年将休闲方式划分为随性休闲（casual leisure）、深度休闲与专案休闲（project-based leisure），并对相关概念做了解释。② 随性休闲是一种参与者在短时间内从事的活动，可立刻达到内在所需的愉快体验和正向的积极感觉，只需要很少甚至不需要任何训练，就可以立即得到愉悦的感受。它的优势在于可获得具有生产创造力、寓教于乐、维持人际关系、休息恢复、安适心灵五大回馈。随性休闲也有固有的缺点，如容易产生无聊感、占用太多时间、缺乏休息认同感、对个人社会无有益贡献。常见的随性休闲有看电影、上网、发呆、逛街、聊天等。专案休闲是指参与者需要一定的计划、努力和意志，有时还需要一些技术支持和知识辅助才能参与，但这并不是深度休闲，参与者也不是有意识地去培养此休闲方式。此类活动若长时间地参与，会使参与者感到无聊而放弃，如举办生日宴会、准备假日活动、参与运动会、晚会等。有别于纯粹为了休息和放松的随性休闲，以及为了特定节日或活动而详细准备投入的专案休闲，深度休闲强调的是在休闲活动中持续参与、投注大量努力并追求挑战，而获取快乐及成就感。

斯特宾斯提出深度休闲的6项特质。①坚持不懈的毅力（need to persevere）。人们在参与深度休闲活动时，可能会因为活动性质不同而遭遇不同挫折，如怯场、害羞、焦虑、疲惫、难堪，或因为自然因素造成的恶劣气候环境及生理上的病痛等。在面对挫折时，深度休闲参与者依然拥有不屈不挠的精神，竭尽自己所能克服所有阻碍与困难，始终如一地坚持参与所选择的活动。②生涯性（careers in their endeavors）。深度休闲参与者会把参与休闲活动当作经营一项长期的事业，需要长时间的投入，并对

① Stebbins，R. A.，"Identity and cultural tourism,"*Annals of Tourism Research*，1997，24（2）：450-452.

② Stebbins，R. A.，*Serious Leisure：A Perspective for Our Time*，New Brunswick，N. J.，Transaction Publishers，2006.

此有所追求，即使没有获得酬劳也会认真地规划与投入。③显著的个人努力（significant personal effort）。通过投入大量的努力，以期获得相关知识、经验或技巧，持续地培养自己的能力。深度休闲参与者通常需要具有特殊的知识、训练、经验或技术等能力，且在有些情况下还需要这四方面兼备。① ④持续获益（durable benefits）。深度休闲能提供 10 种持续的获益：自我充实、自我实现、自我表现、提升个人形象、自我满足、个人重建、金钱回馈、社会吸引、团体成就及团体发展和维持。② ⑤次文化（unique ethos）。深度休闲参与者，由于长期持续投入某项活动，他们会有固定的圈子，在这个圈子中参与者都与他人分享彼此的共同态度、道德标准、行为规范、工作表现、价值、兴趣、信念及行为准则，这样就发展了独特的精神与次文化。⑥强烈的认同感（identify strongly）。深度休闲者在长期投入自己所参与的活动后，会有强烈的认同感，且乐于与他人分享喜欢的活动，并积极参与相关活动，与他人谈论该活动时也会显得特别兴奋。

　　自斯特宾斯提出深度休闲概念以来，国外研究表明休闲是幸福的主要来源之一。一些学者通过对摄影、慢跑、骑行、舞蹈、穷游等多类型深度休闲活动的研究发现，深度休闲通过"与他人分享经验""能获得团体认同""能带来成就感""能带来健康的身体及人际关系"等因素影响幸福感。德勒（Delle）和马西米尼（Massimini）指出，深度休闲能够提升个人幸福感和社会福祉。③ 埃奥（Heo）通过经验取样法对老年人深度休闲行为的研究表明，深度休闲与主观幸福感具有显著正相关关系。④ 基姆（Kim）研究了社会认知变量、休闲主观感知和主观幸福感之间的因果关系，结果表明内在社会认知变量（如内在满意度、情绪和自我效能感）和休闲主观感知之间存在直接关系；外在社会认知变量（如休闲知识）和休闲主观感知之间存在正相关；休闲主观感知显著影响主观幸福感；社会认知变量和主观幸福感之间存在间接关系。社会认知变量可能通过休闲主观感知与主观幸福感有着不

　　① Stebbins, R. A., *Serious Leisure：A Perspective for Our Time*, New Brunswick, N. J. Transaction Publishers，2006.

　　② Stebbins, R. A., *New Directions in the Theory and Research of Serious Leisure*, Lewiston，N. Y.：Edwin Mellen Press，2001.

　　③ Delle, F. A. & Massimini, F., "Optimal experience in work and leisure among teachers and physicians：Individual and bio-cultural implications," *Leisure Studies*，2003(4)：323-342.

　　④ Heo, J., "Daily experience of seripus leisure, flow and subjective well-being of older adults," Ph. D. diss., Bloomington：Indiana University，2007.

同的因果关系。个体凭借休闲来获得幸福体验的方式逐渐多样化。[①] 廷斯利（Tinsley）研究发现，高挑战性的休闲活动给个体带来更大的心理满足感，更有利于身心健康，能够提升生活满意感和促进个人成长。凯利（Kelly）和施泰因坎普（Steinkamp）的研究表明，那些能使参与者加强互动以及需要长时间培养技巧的休闲活动更有助于提升生活满意度。[②] 卢（Lu）和阿盖尔（Argyle）研究发现，人们进行深度的、具有承诺的和有意义的休闲活动会体会到比随性休闲活动更高的休闲满意度与幸福感。[③] 然而，墨菲（Murphy）指出，并不是所有形式的休闲都能够提升人们的生活满意度和幸福感，因此，探究哪种类型的休闲活动是有益的成为一种必然的趋势。[④]

国内对休闲与幸福感的关系的探讨较少。刘旭东从休闲的创造性和休闲对人类幸福的意义入手来阐述休闲的价值，他认为创造是生活中幸福体验的关键指标，是质的定义，休闲使人的发展得以从某种专业化的技能或某种专门的技巧中解放出来，为创造提供了条件。[⑤] 王景全认为"积极休闲"对人类的幸福生存具有日益重要的独特意义。[⑥] 金青云运用"休闲动机""幸福流""休闲满意度""主观幸福感"调查问卷，对中国图们江区域休闲体育参加者的休闲动机、"幸福流"、休闲满意度、主观幸福感进行研究，证明了休闲与主观幸福感的内在联系，构建了休闲动机、休闲满意度与幸福流、主观幸福感的理论模型。[⑦]

总体上，国内对休闲与幸福感关系的研究主要是理论探讨，少有对深度休闲的实证研究。本章将系统探讨深度休闲对公民幸福感的影响，并根据深度休闲对提升幸福感给出建议。

① Kim，B. A.，"Conceptual framework for leisure and subjective well-being," Ph. D. diss.，Indiana University，2009.

② Kelly，J. R.，Steinkamp，M. W. & Kelly，J. R.，"Later-life satisfaction：Does leisure contribute?" *Leisure Sciences：An Interdisciplinary Journal*，1987，9(3)：189-199.

③ Lu L. & Argyle，M.，"Leisure satisfaction and happiness as a function of leisure activity," *Kaohsiung journal of Medical Sciences*，1994(10)，pp. 89-96.

④ Murphy，H.，"Exploring leisure and psychological health and well-being：some problematic issues in the case of northern ireland," *Leisure Studies*，2003，22(1)，pp. 37-50.

⑤ 刘旭东：《休闲：幸福生活与人的和谐发展》，载《教育理论与实践》，2008(6)。

⑥ 王景全：《论幸福的休闲维度》，载《中州学刊》，2008(4)。

⑦ 金青云：《休闲体育参加者的休闲动机与主观幸福感的关系》，载《体育学刊》，2011，18(5)。

第二节 研究对象与居民研究工具

一、研究对象

研究者以南昌市多家瑜伽馆的长期会员以及休闲协会/社团（摄影协会、自行车协会等）的成员为研究对象，发放问卷 350 份，收回问卷 330 份，剔除无效数据 9 份，最终获得有效问卷 321 份，有效回收率 91.7%。

二、研究工具

(一)《深度休闲问卷》

《深度休闲问卷》是古尔德(Gould)根据斯特宾斯提出的深度休闲的 6 项特质(坚持不懈的毅力、生涯性、显著的个人努力、持续获益、次文化以及强烈的认同感)为基础，于 2011 年修订完成，具有 6 个维度 28 道题目。在本次调查中，该问卷内部一致性信度 Cronbach α 系数为 0.934，各维度内部一致性信度 Cronbach α 系数在 0.829 和 0.887 之间，说明该问卷在本次测量中具有较好的信度。

(二)《主观幸福感问卷》

采用《综合幸福问卷》(MHQ)中的主观幸福感问卷。本次调查中问卷内部一致性信度 Cronbach α 系数为 0.886，生活满意、正性情感、负性情感 3 个维度的内部一致性信度 Cronbach α 系数分别为 0.876、0.873 和 0.821，说明问卷在本次测量中具有较好信度。

第三节 深度休闲与居民幸福感关系研究结果

一、深度休闲和主观幸福感的总体特征

由表 6-1 可知，深度休闲的总平均值为 3.790，深度休闲的各维度均值从高到低排序依次为：坚持不懈的毅力、生涯性、显著的个人努力、次文化、强烈的认同感、持续获益。

表 6-1　深度休闲的总体特征

项目	M	SD
坚持不懈的毅力	3.951	0.726
生涯性	3.917	0.710
显著的个人努力	3.895	0.710
次文化	3.804	0.817
强烈的认同感	3.759	0.832
持续获益	3.686	0.615
深度休闲	3.790	0.547

由表 6-2 可知，主观幸福感的总平均值为 5.108，主观幸福感的各维度均值从高到低排序依次为：负性情感、正性情感、生活满意度。

表 6-2　主观幸福感的总体特征

项目	M	SD
负性情感	5.795	1.091
正性情感	4.763	1.017
生活满意度	4.697	1.027
主观幸福感	5.108	0.808

二、深度休闲与主观幸福感的关系分析

(一)深度休闲与主观幸福感的相关分析

对深度休闲及各维度与主观幸福感及各维度进行相关分析，从表 6-3 可知，深度休闲与主观幸福感存在显著正相关，相关系数为 0.469。深度休闲的 6 个维度与主观幸福感的生活满意、正性情感存在显著相关，深度休闲的坚持不懈的毅力、生涯性与主观幸福感的负性情绪呈显著相关。

表 6-3　深度休闲及其各维度和主观幸福感的相关分析

项目	生活满意度	负性情感	正性情感	主观幸福感
坚持不懈的毅力	0.368**	0.112*	0.251**	0.303**
显著的个人努力	0.275**	0.055	0.210**	0.222**
生涯性	0.441**	0.157**	0.371**	0.405**
持续获益	0.527**	0.091	0.427**	0.430**

项目	生活满意度	负性情感	正性情感	主观幸福感
次文化	0.339**	0.013	0.337**	0.283**
强烈的认同感	0.481**	0.093	0.433**	0.416**
深度休闲	0.559**	0.114**	0.464**	0.469**

(二)深度休闲和主观幸福感的回归分析

1. 深度休闲对主观幸福感的回归分析

以深度休闲为自变量，主观幸福感为因变量进行一元线性回归。在显著相关的前提下，采用线性回归，建立回归方程并进行显著性检验和拟合优度检验，结果见表 6-4。从相关分析中了解到，深度休闲和主观幸福感有显著相关；F 值是对回归方程的检验，下表中 F 表示回归方程显著，即回归方程有效；回归系数的 t 检验结果同样显著。ZRE 和 SRE 值均不存在大于 3 的值，说明在此次回归分析中不具备异常值。调整后的决定性系数为 0.236，即说明了深度休闲解释了主观幸福感的 23.6%。

表 6-4　深度休闲对主观幸福感的回归分析

项目	β	F	t	R^2	ZRE		SRE		D. W
					Min	Max	Min	Max	
深度休闲	0.720	99.266***	9.963***	0.236	−2.917	2.967	−2.921	2.979	1.502

注：R^2 为调整后的决定性系数，β 为标准化的回归系数。

回归分析的结果显示，深度休闲对主观幸福感存在显著影响。

2. 深度休闲各因子对主观幸福感的回归分析

以深度休闲各因子为自变量，主观幸福感为因变量进行多元逐步回归，结果见表 6-5。

表 6-5　深度休闲各因子对主观幸福感的回归分析

项目	β	F	t	R^2	ZRE		SRE		D. W
					Min	Max	Min	Max	
持续获益	0.227	79.224***	2.516*	0.197	−2.946	2.797	−2.962	2.808	1.459
强烈的认同感	0.247	52.657***	4.486***	0.245					
生涯性	0.238	40.028***	3.367**	0.268					

注：R^2 为调整后的决定性系数，β 为标准化的回归系数。

根据相关分析结果可知，深度休闲各因子与主观幸福感存在显著相关，可以进行回归分析。在显著相关的前提下，采用逐步回归法进行多元线性回归，建立回归方程并进行显著性检验和拟合优度检验。表 6-16 表明影响主观幸福感的因素主要来源于持续获益、强烈的认同感、生涯性。F是对回归方程的一个检验，F 显示回归方程显著，即回归方程有效；回归系数的 t 检验结果同样显著。D.W 值约等于 2，表明误差项不存在自相关性；ZRE 和 SRE 的值均小于 3，所以不具备异常值，表明本次所做的线性回归是最符合本研究数据的。决定系数分别为 0.197、0.245、0.268，拟合优度越来越好，第三个模型已经能够解释变异的 26.8%。3 个变量的VIF 值分别为 2.061、1.421、1.701，小于 10，可认为三者不具有共线性问题。

第四节　讨论与结论

一、深度休闲和主观幸福感的总体状况

在本研究中，参与休闲活动的城市居民深度休闲总体状况属于中等偏上水平，从深度休闲的 6 个维度看，得分由高至低的排序为坚持不懈的毅力、生涯性、显著的个人努力、次文化、强烈的认同感、持续获益。在总体趋势上，城市居民深度休闲的状况趋于良好状态，说明大部分人能够坚持不懈地投入所参与的休闲项目中，并且能够克服困难，付出努力，认同自己所参与的休闲活动，并享受该项活动。

从本研究看，参与休闲活动的城市居民的主观幸福感水平较高，主观幸福感各维度从高至低的排序依次为：负性情感、正性情感、生活满意度。参与深度休闲活动的南昌市城市居民较少地体会到负性情感，较多地体会到正性情感，生活满意度也较高。

二、深度休闲和主观幸福感在人口学变量上的差异分析

研究显示，男性居民的深度休闲水平显著高于女性居民，并且参与深度休闲的男性居民体验到的幸福感显著高于女性居民，此研究结果与张宗书对老龄者深度休闲活动与幸福感的影响研究结果相一致，男性老年深度

休闲者比女性深度休闲者更容易感受到幸福。① 同时也与斯托尔普（Stalp）的研究结果相同，女性的性别特征使她们在对休闲活动的选择及参与休闲活动的种类上有比男性更多的阻碍。② 男性居民能够参与更多的比较适合其身体特质的深度休闲活动，如消耗大量体力的健身活动及一些冒险性的户外活动。

不同年龄层次的城市居民的深度休闲水平与主观幸福感水平存在显著差异，除了生涯性与次文化两个维度在不同年龄层次上不显著之外，坚持不懈的毅力、显著的个人努力、强烈的认同感、持续获益在不同年龄层次上均存在显著差异。31～40 岁组的深度休闲水平最高，19～25 岁组的深度休闲水平次之，61 岁以上组的深度休闲水平最低。

深度休闲在不同婚姻状况上没有显著差异，但是坚持不懈的毅力、显著的个人努力及持续获益 3 个维度在不同婚姻状况上存在显著差异，在坚持不懈的毅力上未婚显著高于已婚，已婚显著低于未婚和其他，在显著的个人努力、持续获益维度上，未婚均显著高于已婚。不难看出，未婚的居民不受家庭责任的制约，也没有来自家庭的经济负担，有大部分时间和金钱投入所爱好的深度休闲项目上，能够更好地坚持所选择的深度休闲项目，具有良好的毅力，能够更好地克服困难，同时在深度休闲活动中获益。主观幸福感在不同婚姻状况上也存在着显著差异，主要表现为已婚居民的主观幸福感高于其他。

深度休闲与主观幸福感在伴侣是否支持这一变量上均有显著差异，在深度休闲各维度上，除了显著的个人努力维度在伴侣是否支持上无显著性差异之外，坚持不懈的毅力、生涯性、次文化、强烈的认同感、持续获益维度在伴侣是否支持上均存在显著差异，从均分可以看出，伴侣支持深度休闲活动的城市居民深度休闲水平最高，其次是无表态，伴侣不支持的深度休闲水平最低。在主观幸福感各维度上，除了负性情感维度之外，生活满意度与正性情感维度在伴侣是否支持上都存在显著差异，从均分可以看出，伴侣支持的休闲活动参与者主观幸福感最高，无表态的次之，伴侣不支持的主观幸福感最低。伴侣的支持在很大程度上影响了深度休闲活动参与者的积极性和情绪，带着愉快情绪进行的休闲活动一般都能取得良好的获益，更能从深度休闲中获得幸福感。

---

① 张宗书、王苏：《老龄者深度休闲活动对幸福感的影响研究》，载《资源开发与市场》，2013，29（1）。

② Stalp，M. C.，"Negotiating time and space for serious leisure：Quilting in the modern US home," *Journal of Leisure Research*，2006，38（1），pp. 104-132.

深度休闲水平在受教育程度上不存在显著差异，但是坚持不懈的毅力、强烈认同感这两个维度在受教育程度上存在显著差异，在坚持不懈的毅力上，高中（职）以下显著低于大学（专科）、研究生；在强烈认同感上，研究生显著高于高中（职）以下、大学（专科）；主观幸福感及其各个维度在受教育程度上也存在着显著差异，从均分可以看出，研究生的主观幸福感水平较高，大学（专科）次之，高中（职）以下主观幸福感水平最低。受教育程度越高，对休闲的认识程度越深，对自我的认同度也更高，受过高等教育的居民倾向于选择深度休闲而不是随性休闲来充实业余生活，这样更能体会休闲的乐趣，也更能体会深度休闲带来的丰富的生活体验。

深度休闲和主观幸福感在不同职业上都存在显著性差异，除了坚持不懈的毅力、次文化、强烈的认同感维度在不同职业上不存在显著差异之外，显著的个人努力、生涯性、持续获益维度在不同职业上都存在显著性差异，在校学生及自由职业者的深度休闲水平较高。相比于其他在校学生，参加休闲活动的在校学生普遍经济来源较稳定并且生活费较高，这也为他们的深度休闲提供了可靠的经济保障，并且在校学生和自由职业者都拥有可自我调配的时间，用来安排深度休闲活动，能够更好地坚持投入其中。在主观幸福感各个维度上，除了生活满意度之外，正性情感、负性情感维度都存在显著性差异。

深度休闲在不同的月收入水平上不存在显著差异，但是深度休闲的强烈认同感维度在不同月收入上存在显著差异，从主观幸福感各维度来看，生活满意度维度在不同月收入水平上存在显著差异，月收入1万元以上对所参与的深度休闲活动有强烈的认同感，月收入高的人群在长期投入所参与的深度休闲活动后，会更加乐于与人分享，乐于把活动中所获得的心得传授给他人。经济状况与幸福感的关系目前在研究界说法不一，尚无定论，有研究显示经济状况与幸福感呈正相关关系，原因是较高的经济收入会带来更好的物质基础、生活品质，同时也对应着更大的权利和更高的社会地位。从此次调查研究来看，月收入为6001～8000元的居民生活满意度最高，月收入1万元以上的居民主观幸福感水平最高，这与前人的研究结论是一致的。

不同的活动频率对深度休闲和主观幸福感都有显著影响，除了持续获益、次文化维度在不同活动频率上不存在显著差异之外，坚持不懈的毅力、生涯性、显著的个人努力、强烈的认同感维度在不同活动频率上都存在显著性差异。除了正性情感维度之外，负性情感、生活满意度维度在不同活动频率上均存在显著差异，每天参与深度休闲活动的居民的深度休闲水平和主观幸福感水平都最高。其原因可能是每天都固定参与深度休闲活动的居民的生活更加充实，坚持不懈地参与深度休闲活动能够带来生活的充实感和成就感，身体机能也能从休闲活动中恢复，有更多的时间参与深度休闲活动，对此项活动的了解也愈发加深。

不同的活动年限对深度休闲和主观幸福感都有显著影响，除了显著的个人努力、生涯性维度在不同活动年限上不存在显著差异之外，坚持不懈的毅力、次文化、强烈的认同感、持续获益维度在不同活动年限上都存在显著性差异，主观幸福感及其各个维度在不同活动年限上均存在显著差异。从研究中可以看出，并不是活动年限越长，深度休闲与主观幸福感水平越高。研究显示，参与活动 6～8 年的居民深度休闲水平和主观幸福感水平最高，参与深度休闲活动 9 年以上的居民虽然深度休闲水平和主观幸福感水平也较高，但是低于活动年限为 6～8 年的居民。

不同的月花销投入对深度休闲和主观幸福感都不存在显著影响，但是在深度休闲的坚持不懈的毅力、次文化、强烈的认同感 3 个维度在不同月花销投入上存在显著差异，主观幸福感的生活满意度、正性情感两个维度存在显著性差异。

深度休闲水平在自由选择还是工作决定上存在显著差异，在深度休闲各维度上，生涯性与持续获益这两个维度在选择动机上存在显著差异，主观幸福感水平则不存在显著性差异，但是主观幸福感的生活满意度维度在选择动机上存在显著差异。在生涯性与持续获益维度上，自由选择均显著高于工作决定，在生活满意度维度上，自由选择显著高于工作决定。

三、深度休闲与主观幸福感的关系分析

深度休闲对主观幸福感有正向的影响，可以通过深度休闲来提升老年群体的主观幸福感。但是研究没有推广到各个年龄层次，对参与休闲的一般城市居民的影响还没有得到证实。研究显示，深度休闲各维度与主观幸福感各维度均存在不同程度的相关，说明深度休闲与主观幸福感之间存在相关关系。进一步的回归分析结果显示，深度休闲对主观幸福感有显著的正向预测作用，即通过深度休闲可以提升城市居民的主观幸福感水平，也能促使城市居民更好地挖掘自身潜力并对自身予以充分的肯定。回归分析还发现深度休闲主要通过生涯性、强烈的认同感、持续获益这 3 个因子来影响主观幸福感。

第七章

婚姻质量、依恋与幸福感的关系

　　婚姻质量是婚姻稳定的重要条件和基本保障。有研究表明，当前我国正处于人均国民生产总值达到 1000 美元后的矛盾凸显期。城乡差距增大、区域经济发展不平衡、人口总数过多、环境资源恶化、就业问题突出、收入分配不均，一些不良的社会风气，以及社保、教育、住房、医疗等社会问题，无不影响着个人的婚姻家庭生活，威胁着婚姻的信任和稳定。研究城市居民婚姻幸福感，探索影响个体的幸福感的因素显得尤为重要。

第一节　婚姻质量、依恋与幸福感的关系研究现状

　　人们对于婚姻质量的概念一直存在争议，个人感知学派认为夫妻的婚姻质量就是他们对婚姻的幸福感受和满意程度，婚姻质量就是当事人对婚姻的主观感知；调适学派则强调婚姻质量的客观性，认为它是夫妻关系的结构特征或这种特征的具体存在状况和统计表现，婚姻质量应该是婚姻关系的客观调适质量。[①] 本研究主要采用个人感知学派提出的概念。与婚姻质量相关的概念有"婚姻满意感"和"婚姻幸福感"。这两者都是指夫妻从婚姻中获得的积极感受，其内涵比诸如愉快、喜悦、满足更广泛和全面。"婚姻幸福感"是一种情感评估，是夫妻对婚姻关系中体验到的幸福感或满意感的主观评价。"婚姻满意感"似乎包含认知成分，涉及一个人在某种标准条件下的关系。阿盖尔（Argyle）提出为什么婚姻对幸福感有益的两个原

　　[①]　Glenn，N. D.，"Quantitative research on marital quality in the 1980s：A critical review，" *Journal of Marriage and the Family*，1990，52(4)，pp. 818-831.

因。首先，婚姻为个体提供了高自尊。比如，一个人可以从生活的不同方面（如工作的压力）中解脱出来，并且对于形成个人认同是有好处的。其次，已婚人士有更多的机会从一种持续支持性的亲密关系（夫妻关系）中获得好处，从而减少孤独感。①

研究表明，恋人的依恋类型与婚姻质量存在高相关。伯曼（Berman）和斯珀林（Sperling）认为，成人依恋是指寻求和保持在生理、心理上能提供稳定安全感的依恋对象的一种个体倾向。哈森（Hazen）和谢弗（Shaver）沿用安斯沃思（Ainsworth）对婴儿依恋类型的划分，将婚恋依恋划分为三种类型：安全型（secure），对自己和他人有积极的看法并寻求亲密的人际关系；回避型（avoidant），对自己有积极的看法，但不相信他人，倾向于保持独立；矛盾型（disorganized），对人际关系的理解混乱。巴塞洛缪（Bartholomew）和霍罗威茨（Horowits）在1991年根据鲍尔比（Bowlby）的自我工作模式和他人工作模式，将成人依恋分为四种类型②：安全型（secure），对自我和他人有积极的正性评价；专注型（Preoccupied），消极的自我评价，积极的他人评价；回避型（dismissing），积极的自我评价，消极的他人评价；恐惧型（fearing），对自我和他人有消极的负性评价。布伦南、克拉克和谢弗（Brennan，Clark & Shaver）对成人依恋自我报告结果的因素分析得到成人依恋的依恋焦虑和依恋回避两因素结构。本研究采用依恋焦虑和依恋回避两个维度，并以此划分安全型、倾注型、轻视型和恐惧型四种类型共同反映被试的依恋状况。

魏斯（Weiss）第一个通过观察离婚的人对婚姻关系结束的反应来研究婚恋依恋，结果发现成人从婚恋对象那里可以寻求亲近、获得安慰和安全感（安全基地效应），当恋人不提供支持时会产生疏离感。1987年，哈森和谢弗发表了一篇题为《浪漫的爱可以看成是依恋过程》的论文，他们认为成人婚恋关系中的情感联结可以看作一个依恋过程，发现不同依恋型的人有不同的恋爱经历③，表现为：安全依恋型的人常有积极的关系，回避型的

① Argyle, M., "Causes and correlates of happiness," in Kahneman, D., Diener, E., Schwarz, N. (Eds.), *Well-being: The Foundations of Hedonic Psychology*. Russell Sage Foundation, New York, 1999, pp. 353-373.

② Bartholomew, S., *Methods of Assessing Adult Attachment*, *Attachment Theory and Close Relationship*, Guilford Press, 1998, pp. 25-45.

③ Nancy, L., Collins, S. J. & Read., "Adult attachment, working models, and relationship quality in dating couples," *Journal of Personality and Social Psychology*, 1990(4), pp. 644-663.

人较少有满意、亲密的关系，焦虑—矛盾型的人则与除热情以外的积极关系的特征呈负相关。[1] 在依恋类型与婚姻质量关系的研究中，已有研究支持了年轻人的依恋类型与婚姻质量存在相关，却没有研究证明在中年人的婚恋中，依恋类型与婚姻质量的关系。科林斯（Collins）和里德（Read）研究发现，配偶的依恋类型的各维度是关系质量的很好预测变量，但存在性别差异。例如，妻子会因伴侣的消极经历及低满意度而表现得更为焦虑。在婚恋关系中，丈夫与妻子的沮丧程度受婚恋依恋的影响是不同的。总的来说，妻子比丈夫报告出更多的沮丧，但是回避型丈夫（即使配偶是安全型）比安全型丈夫（不管其配偶是安全型还是回避型）报告出更多的沮丧。[2] 霍利斯特（Hollist）和米列尔（Miller）的研究表明，在中年夫妇中，不安全型依恋与婚姻质量有关，而安全型依恋则与婚姻质量无关。他们主张可以用情绪疗法帮助处于关系紧张中的中年夫妇从不安全型转化为安全型，从而改善他们的婚姻质量。[3] 乐国安等人调查了 10 个城市的居民婚恋依恋与婚恋质量关系，结果表明妻子的依恋类型对丈夫的婚姻质量有显著的影响，不论男女，安全型配偶的婚姻质量最高，这种组合的婚姻质量也是最高的。

总之，目前国外的研究大多认为依恋安全感与影响婚姻质量的多个因素存在关联，米库林瑟（Mikulincer）在综述以往研究的基础上指出，依恋安全感与下列影响婚姻质量的内容相联系：①对婚恋关系持有积极的信念和期待；②形成了更稳定的婚恋关系；③在婚恋关系中感受到较高水平的亲密、承诺和情感卷入；④从婚恋的亲密关系中体验到满意感；⑤在婚恋关系中采用积极的沟通和交往模式。[4] 以往研究结果均证明安全依恋与婚恋满意感呈正相关，而非安全依恋与婚恋满意感呈负相关。迈尔斯（Meyers）[5]的研究认为依恋安全对婚恋满意度既有直接的影响，又以中介

---

① 周春燕、黄希庭：《成人依恋表征与婚恋依恋》，载《心理科学进展》，2004(2)。

② Brennan, K. A. & Morris, K. A. , "Attachment styles, self-esteem, and patterns of seeking feedback from romantic partners," *Personality and Social Psychology Bulletin*, 1997, 23(1), pp. 23-31.

③ Hollist, C. S. & Miller, R. B. , "Perceptions of attachment style and marital quality in midlife marriage," *Family Relations*, 2004, 54(1), pp. 46-57.

④ Mikulincer, M. , Florian, V. , Cowan, P. A. & Cowan, C. P. , "Attachment security in couple relationships: A systemic model and its implications for family dynamics," *Family Process*, 2002, 41(3), pp. 405-434.

⑤ Meyers, S. A. & Landsberger, S. A. , "Direct and indirect pathways between adult attachment style and marital satisfaction," *Personal Relationships*, 2002, 9(2), pp. 159-172.

的方式间接影响婚恋满意度。本研究以城市居民为研究对象，主要探索婚姻幸福感与依恋的关系，揭示幸福感、依恋和婚姻质量三者之间的关系，尤其是幸福感作为影响依恋和婚姻质量的中介变量的研究。本研究假设：幸福感对婚姻质量有积极影响，依恋回避和依恋焦虑对幸福感与婚姻质量都有消极影响；幸福感是依恋影响婚姻质量的中介变量。

第二节　研究对象与研究工具

一、研究对象

采用整群随机取样法，对天津市若干政府机关和企事业单位的公务员、事业单位人员及企业员工进行调查。共发放问卷 600 份，得到有效问卷 467 份，有效率为 77.8%。

二、研究工具

（一）《综合幸福问卷》（MHQ）

《综合幸福问卷》的 Cronbach α 信度系数为 0.948，各维度的 Cronbach α 信度系数为 0.860~0.916，总问卷分半系数为 0.782，各维度分半系数为 0.798~0.893，表明 MHQ 具有较好的信度。在验证性因素分析中，模型各项拟合指数较好，分别为：$df = 1165$，$\chi^2 = 3425.53$，$\chi^2/df = 2.940$，RMSEA $= 0.065$，NFI $= 0.82$，NNFI $= 0.87$，CFI $= 0.87$，IFI $= 0.87$，RFI $= 0.81$，GFI $= 0.77$，AGFI $= 0.75$，表明问卷具有较好的结构效度。

（二）《亲密关系经历量表》（ECR）

《亲密关系经历量表》（ECR）中文版由李同归和加藤和生修订，包括 36 个题目，分为焦虑因子和回避因子，每个因子由 18 道题构成，采用 7 级计分。根据依恋回避和依恋焦虑的得分高低，将被试划分为安全型、害怕型、倾注型和轻视型 4 种不同依恋类型。本研究中 ECR 的 Cronbach α 信度系数为 0.836，分半信度系数为 0.626，达到统计学要求。

（三）《Olson 婚姻质量问卷》（ENRICH）

《Olson 婚姻质量问卷》（ENRICH）是美国明尼苏达大学奥尔森（Olson）

教授等人于 1981 年在已有较好信效度的《婚前预测问卷》基础上编制的问卷。[1] ENRICH 共包含 124 个条目，分为 12 个因子及婚姻质量总分。总分反映被试总的婚姻质量状况，各个因子侧重反映婚姻的某一方面情况，包括过分理想化、婚姻满意度、性格相容性、夫妻交流、解决冲突方式、经济安排、业余活动、性生活、子女和婚姻、与亲友关系、角色平等性及信仰一致性共 12 个因子，采用 5 级计分。本研究中 ENRICH 的 Cronbach α 信度系数为 0.926，分半信度系数为 0.904。

第三节 婚姻质量、依恋与幸福感的关系研究结果

一、幸福感的总体状况

根据研究结果，幸福指数得分为 6.84±1.28。其中，得分为 7 分即"幸福"，所占的比例最大，为 40.9%；高于 6 分（包含 6 分）即"有些幸福"，所占的比例为 84.8%。幸福感各维度的最低得分为负性情感（2.10±1.09），最高得分为自我价值（5.54±1.04），其余各维度得分都在 4.81 和 5.54 之间（见表 7-1）。

表 7-1 幸福感及各维度得分

	生活满意	正性情感	负性情感	生命活力	健康关注	利他行为	自我价值	友好关系	人格成长	幸福指数
M	5.13	4.81	2.14	4.99	5.34	5.29	5.54	5.37	5.08	6.84
SD	1.28	1.23	1.09	1.16	1.17	1.09	1.04	1.28	1.02	1.28

二、依恋、婚姻质量的总体状况

根据《亲密关系经历量表》的调查结果及依恋类型划分标准，我们将被试划分为安全型、倾注型、轻视型和恐惧型 4 种类型。在本次调查的 467 名被试中，安全型依恋为 215 人（占 46%）、倾注型依恋为 130 人（占 28%）、轻视型依恋为 55 人（占 12%）、害怕型依恋为 67 人（占 14%）。在亲密关系经历量表中，回避和焦虑两个维度的得分分别为：依恋回避得分为 3.31±0.89，依恋焦虑得分为 3.76±0.88；在婚姻质量问卷中，婚姻质

---

[1] Happily Married Group. New York，Holt review，*Journal of Marriage and the Family*，1990，52，pp. 818-831.

量总分为 410.22±46.26，各维度得分在 29.90±4.59(角色平等)和 43.42±
5.28(过分理想)之间(见表 7-2)。

表 7-2　依恋、婚姻质量的总测评结果

量表	维度	M	SD
亲密关系经历量表	依恋回避	3.31	0.89
	依恋焦虑	3.76	0.88
婚姻质量问卷	过分理想化	43.42	5.28
	婚姻满意度	33.55	4.52
	性格相容性	31.06	5.40
	夫妻交流	33.44	5.68
	解决冲突方式	33.53	6.05
	经济安排	34.85	5.83
	业余活动	33.01	5.27
婚姻质量问卷	性生活	35.32	5.73
	子女与婚姻	34.09	5.01
	与亲友关系	34.30	6.53
	角色平等性	29.90	4.59
	信仰一致性	33.75	4.92
	婚姻质量总分	410.22	46.26

三、幸福感与依恋、婚姻质量的关系

(一)幸福感与依恋、婚姻质量的相关分析

为了解依恋与婚姻幸福感的关系，对 ECR、MHQ、ENRICH 进行皮
尔逊相关系数分析，结果见表 7-3 和表 7-4。在 MHQ 与 ENRICH 的相关
矩阵中可以看到，角色平等变量与负性情感有显著相关($p<0.01$)，与其
他维度均无显著相关($p>0.05$)，而 MHQ 与 ENRICH 的其他维度之间的
相关均非常显著($p<0.01$)；在 MHQ 与 ECR 的相关矩阵中可以看到，依
恋焦虑与生命活力无显著相关，与正性情感、友好关系具有显著相关
($p<0.05$)，与其余维度有非常显著的相关($p<0.01$)，而 MHQ 与 ECR
的其他维度之间的相关均非常显著($p<0.01$)；在 ENRICH 与 ECR 的相
关矩阵中可以看到，依恋回避与角色平等有显著相关($p<0.05$)，其余各
维度之间均具有非常显著相关($p<0.01$)。

表 7-3 **MHQ 与 ENRICH、ECR 相关矩阵**

	生活满意	正性情感	负性情感	生命活力	健康关注	利他行为	自我价值	友好关系	人格成长	主观幸福感	心理幸福感	幸福指数
过分理想化	0.411**	0.336**	−0.153**	0.349**	0.331**	0.265**	0.292**	0.289**	0.377**	0.403**	0.394**	0.363**
婚姻满意度	0.477**	0.295**	−0.376**	0.262**	0.301**	0.295**	0.401**	0.337**	0.431**	0.506**	0.417**	0.375**
性格相容性	0.289**	0.145**	−0.338**	0.141**	0.212**	0.199**	0.251**	0.165**	0.292**	0.336**	0.258**	0.265**
夫妻交流	0.431**	0.280**	−0.348**	0.283**	0.319**	0.326**	0.413**	0.335**	0.409**	0.466**	0.429**	0.362**
解决冲突方式	0.397**	0.286**	−0.331**	0.275**	0.333**	0.233**	0.354**	0.310**	0.415**	0.447**	0.396**	0.411**
经济安排	0.405**	0.261**	−0.396**	0.213**	0.261**	0.314**	0.415**	0.330**	0.389**	0.465**	0.395**	0.282**
业余活动	0.385**	0.326**	−0.234**	0.306**	0.315**	0.305**	0.338**	0.329**	0.360**	0.420**	0.404**	0.341**
性生活	0.448**	0.350**	−0.425**	0.295**	0.368**	0.345**	0.460**	0.368**	0.440**	0.538**	0.469**	0.376**
子女与婚姻	0.410**	0.294**	−0.322**	0.276**	0.279**	0.244**	0.363**	0.314**	0.393**	0.453**	0.385**	0.327**
与亲友关系	0.396**	0.277**	−0.343**	0.244**	0.295**	0.264**	0.367**	0.280**	0.381**	0.447**	0.376**	0.333**
角色平等性	0.015	−0.025	−0.141**	−0.061	0.028	0.049	0.044	0.042	0.043	0.053	0.029	0.021
信仰一致性	0.443**	0.320**	−0.252**	0.275**	0.300**	0.364**	0.410**	0.279**	0.387**	0.451**	0.414**	0.321**
婚姻质量	0.531**	0.372**	−0.433**	0.338**	0.395**	0.377**	0.486**	0.399**	0.510**	0.589**	0.516**	0.447**
依恋回避	−0.432**	−0.359**	0.378**	−0.297**	−0.343**	−0.350**	−0.464**	−0.381**	−0.425**	−0.516**	−0.466**	−0.318**
依恋焦虑	−0.152**	−0.110*	0.299**	−0.080*	−0.125**	−0.157**	−0.162**	−0.095*	−0.137**	−0.242**	−0.155**	−0.157**
依恋类型	−0.271**	−0.233**	0.351**	−0.141**	−0.228**	−0.221**	−0.307**	−0.231**	−0.256**	−0.374**	−0.285**	−0.229**

表 7-4 **ENRICH 与 ECR 相关矩阵**

	过分理想化	婚姻满意	性格相容性	夫妻交流	解决冲突方式	经济安排	业余活动	性生活	子女与婚姻	与亲友关系	角色平等性	信仰一致性	婚姻质量
依恋回避	−0.400**	−0.499**	−0.390**	−0.540**	−0.542**	−0.459**	−0.404**	−0.622**	−0.427**	−0.476**	−0.114**	−0.423**	−0.628**
依恋焦虑	−0.119**	−0.342**	−0.463**	−0.411**	−0.383**	−0.362**	−0.223**	−0.361**	−0.281**	−0.442**	−0.196**	−0.136**	−0.444**
依恋类型	−0.242**	−0.396**	−0.355**	−0.437**	−0.422**	−0.431**	−0.275**	−0.455**	−0.331**	−0.466**	−0.134**	−0.251**	−0.500**

注：* 表示 p<0.05，** 表示 p<0.01，*** 表示 p<0.001，下同。

（二）幸福感与依恋、婚姻质量的回归分析

为进一步揭示依恋与婚姻幸福感的关系，我们对 ECR、MHQ、ENRICH 进行逐步回归分析，以不同变量为因变量进行多个回归模型探索。

1. 依恋对幸福感的回归预测

以依恋各维度为自变量，分别以主观幸福感、心理幸福感、幸福指数和幸福感①为因变量进行多元逐步回归分析，建立 4 个回归方程（见表 7-5）。

模型 1：以主观幸福感为因变量，依恋各维度为自变量做逐步回归分析，进入方程的有依恋回避和依恋焦虑（$F=89.498$，$p<0.001$），两个因素对主观幸福感的解释率为 27.8%。因此，依恋回避和依恋焦虑对主观幸福感有负向预测作用。

模型 2：以心理幸福感为因变量，依恋各维度为自变量做逐步回归分析，进入方程的有依恋回避（$F=128.744$，$p<0.001$），依恋回避对心理幸福感的解释率为 21.7%，对心理幸福感有负向预测作用。

模型 3：以幸福指数为因变量，依恋各维度为自变量做逐步回归分析，进入方程的有依恋回避（$F=52.208$，$p<0.001$），依恋回避对幸福指数的解释率为 10.1%，对幸福指数有负向预测作用。

模型 4：以幸福感为因变量，依恋各维度为自变量做逐步回归分析，进入方程的有依恋回避（$F=166.097$，$p<0.001$），依恋回避对幸福感的解释率为 26.3%，对幸福感有负向预测作用。

表 7-5　依恋对幸福感的逐步回归分析结果

模型	因变量	预测变量	回归系数 B	标准回归系数 β	t	F	R^2
1	主观幸福感	常数项	13.965		25.720***	89.498***	0.278
		依恋回避	−1.458	−0.485	−11.884***		
		依恋焦虑	−0.353	−0.116	−2.843**		
2	心理幸福感	常数项	40.968		47.991***	128.744***	0.217
		依恋回避	−2.825	−0.466	−11.347***		

————————

① 主观幸福感计算方法：生活满意＋正性情感−负性情感。心理幸福感计算方法：生命活力＋健康关注＋利他行为＋自我价值＋友好关系＋人格成长。幸福感计算方法：（主观幸福感＋心理幸福感）/9。

模型	因变量	预测变量	回归系数 B	标准回归系数 β	t	F	R^2
3	幸福指数	常数项	8.357		38.421***	52.208***	0.101
		依恋回避	−0.458	−0.318	−7.226***		
4	幸福感	常数项	5.990		46.336***	166.097***	0.263
		依恋回避	−0.486	−0.513	−12.888***		

2. 幸福感、依恋对婚姻质量的回归预测

分别以依恋各维度和幸福感各维度为自变量,以婚姻质量为因变量进行多元逐步回归分析,建立了 3 个回归方程,结果见表 7-6。

模型 5:以婚姻质量为因变量,依恋各维度为自变量做逐步回归分析,进入方程的有依恋回避和依恋焦虑($F=212.998$,$p<0.001$),两个因素对婚姻质量的解释率为 47.9%。因此,依恋回避和依恋焦虑对婚姻质量有负向预测作用。

模型 6:以婚姻质量为因变量,主观幸福感、心理幸福感、幸福指数和幸福感为自变量做逐步回归分析,进入方程的有主观幸福感、幸福指数和幸福感($F=93.531$,$p<0.001$),三个因素对婚姻质量的解释率为 37.7%。因此,主观幸福感、幸福指数和幸福感对婚姻质量有正向预测作用。

模型 7:以婚姻质量为因变量,依恋各维度及主观幸福感、心理幸福感、幸福指数和幸福感为自变量做逐步回归分析,进入方程的有依恋回避、依恋焦虑、主观幸福感、幸福指数和幸福感($F=123.699$,$p<0.001$),这些因素对婚姻质量的解释率为 57.3%。因此,依恋回避、依恋焦虑对婚姻质量有负向预测作用,而主观幸福感、幸福指数和幸福感对婚姻质量有正向预测作用。

表 7-6 幸福感、依恋对婚姻质量的逐步回归分析结果

模型	因变量	预测变量	回归系数 B	标准回归系数 β	t	F	R^2
5	婚姻质量	常数项	565.097		70.387***	212.998***	0.479
		依恋回避	−28.699	−0.549	−15.824***		
		依恋焦虑	−15.915	−0.301	−8.681***		

模型	因变量	预测变量	回归系数 B	标准回归系数 β	t	F	R^2
6	婚姻质量	常数项	274.959		21.387***	93.531***	0.377
		主观幸福感	5.082	0.292	3.680***		
		幸福指数	5.589	0.154	3.440**		
		幸福感	13.089	0.237	3.110**		
7	婚姻质量	常数项	440.250		28.135***	123.699***	0.573
		依恋回避	−19.594	−0.375	−10.289***		
		主观幸福感	1.952	0.112	1.674		
		依恋焦虑	−14.085	−0.267	−8.371***		
		幸福指数	4.991	0.138	3.699***		
		幸福感	8.775	0.159	2.480*		

3. 幸福感作为依恋和婚姻质量的中介变量回归检验

由以上模型可以看到当幸福感变量加入时，总体对婚姻质量的解释力并非依恋与幸福感解释力的总和，而是比各变量分别回归时的预测力之和小，以此看出依恋维度对婚姻质量的预测力由于幸福感变量的加入而下降。不仅如此，各标准回归系数也因幸福感变量的加入而下降。

巴伦(Baron)和肯尼(Kenny)指出，当某一变量(M)符合下列情况时为中介变量：

X 的改变会显著影响 M 的改变；

M 的改变会显著影响 Y 的改变。

当 M 被控制时，原本 X 与 Y 之间会显著相关的关系不再显著(具有完全中介)，或是 X 与 Y 之间会显著相关的关系变弱但仍然显著(具有部分中介)。

结合温忠麟等对中介效应检验的建议[①]，我们由此可以初步推断幸福感为依恋对婚姻质量产生影响的中介变量。为了确认这种关系，我们建立一个以婚姻质量为因变量，依恋回避、依恋焦虑和幸福感为自变量的模型8来检验幸福感是否为中介变量(见表7-7)。将模型8与模型5进行比较就会看到，加入幸福感变量后总的解释力由47.9%提高到了55.3%，而依恋的两个维度的标准回归系数下降了，依恋回避由−0.549变成−0.391，依

---

① 温忠麟、张雷、侯杰泰、刘红云：《中介效应检验程序及其应用》，载《心理学报》，2004(5)。

恋焦虑由 -0.301 变为 -0.280。根据巴伦的理论我们可以判断幸福感为依恋与婚姻质量的中介变量。

表 7-7　幸福感、依恋对婚姻质量的回归模型

模型	因变量	预测变量	回归系数 B	标准回归系数 β	t	F	R^2
8	婚姻质量	常数项	456.485		31.637***	191.045***	0.553
		依恋回避	-20.442	-0.391	$-10.615***$		
		依恋焦虑	-14.788	-0.280	$-8.679***$		
		幸福感	17.586	0.319	8.786***		

根据以上结果，我们初步判断幸福感为依恋与婚姻质量的中介变量，为进一步验证这一结论，我们根据温忠麟等对中介效应的检验方法对幸福感是否为依恋与婚姻质量的中介变量进行检验(见表 7-8)。

表 7-8　幸福感的中介效应依次检验表

	标准化回归方程	回归系数检验
第一步	婚姻质量＝-0.549 依恋回避	$SE=1.814$，$t=-15.824***$
	-0.301 依恋焦虑	$SE=1.833$，$t=-8.681***$
第二步	幸福感＝-0.496 依恋回避	$SE=0.039$，$t=-12.044***$
	-0.067 依恋焦虑	$SE=0.039$，$t=-1.625$
第三步	婚姻质量＝0.319 幸福感	$SE=2.002$，$t=8.786***$
	-0.391 依恋回避	$SE=1.926$，$t=-10.615***$
	-0.280 依恋焦虑	$SE=1.704$，$t=-8.679***$

注：SE 表示标准误，*** 表示 $p<0.001$；第二步回归方程采用 ENTER 进入方法。

从表 7-8 中我们看到，由于幸福感对依恋回避的三步检验都是显著的，因此幸福感是依恋回避与婚姻质量的中介效应，并且第三步依恋回避中介效应仍然显著，因此幸福感是依恋回避与婚姻质量的不完全中介变量，中介效应＝$0.496×0.319/0.549=28.82\%$；而幸福感对依恋焦虑的第二步检验结果不显著($t=-1.625$，$p>0.05$)，根据温忠麟提出的检验程序，我们需要做 Sobel 检验以确定其中介效应。检验统计量是 $z=0.039×0.319/0.0392×2.0022+0.3192×0.0392$，得出 $z=0.001$，$p>0.05$，因此幸福感对于依恋焦虑与婚姻质量的中介效应不显著。

因此，我们可以确定，幸福感是依恋回避影响婚姻质量的不完全中介变量，而依恋焦虑直接作用于婚姻质量而不通过幸福感产生影响。在此基

础上，研究者将建立幸福感作为依恋影响婚姻质量的中介变量的结构模型对其关系做更清晰的了解。

(三)幸福感作为依恋、婚姻质量的中介变量的结构模型

以上相关分析和回归分析的结果均表明幸福感、依恋和婚姻质量有密切关系，并且可以推测幸福感是依恋(主要为依恋回避)与婚姻质量的一个中介变量，即依恋和幸福感影响婚姻质量，且依恋还通过幸福感影响婚姻质量。为进一步验证以上关系，我们根据前面的论述及结果，建立一个包含三个变量的全模型路径图，以下将用结构方程方法验证各变量间的路径关系。与传统方法相比，结构方程允许对所有变量同时进行检验，并能评价整个模型的拟合效果。

经过反复验证和分析后，得出幸福感、依恋和婚姻质量的结构方程模型(见图7-1)。

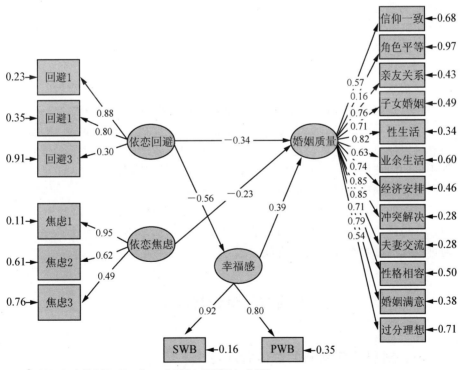

χ^2=809.63，df=165，P-valaue=0.000，RMSEA=0.099

图 7-1　结构方程模型路径图
注：图中 SWB 为主观幸福感，PWB 为心理幸福感

该模型反映出依恋负向影响婚姻质量，幸福感正向影响婚姻质量，同时依恋通过幸福感负向影响婚姻质量。其模型的拟合指数都很理想，χ^2 为 809.63，χ^2/df 为 4.906，RMSEA 为 0.099，NFI、GFI 等值均大于 0.8。根据侯杰泰、温忠麟、成子娟[1]的建议，χ^2/df 在 2.0 和 5.0 之间是可以接受的模型；RMSEA 低于 0.1 表示好的拟合，低于 0.05 表示非常好的拟合；NFI、NNFI、CFI、IFI、RFI、GFI、AGFI 等拟合指数越接近 1 越好。本研究中的各拟合指数均达到标准，表明该模型符合条件，可以部分反映现实真实状况。具体拟合指数参见表 7-9。

表 7-9　结构方程模型的各项拟合指数

模型	df	χ^2	χ^2/df	RMSEA	NFI	NNFI	CFI	IFI	RFI	GFI
1	165	809.63	4.906	0.099	0.94	0.95	0.96	0.96	0.94	0.84

模型中依恋回避对幸福感的路径系数为 -0.56（$t=-11.13^{***}$），对婚姻质量的路径系数为 -0.34（$t=-5.16^{***}$），说明依恋回避对幸福感和婚姻质量的影响是负向的，即依恋回避越高，幸福感和婚姻质量就会越低；依恋焦虑对婚姻质量的路径系数为 -0.23（$t=-4.38^{***}$），即依恋焦虑越高，婚姻质量越下降；依恋焦虑对幸福感却无显著性影响。

幸福感对婚姻质量的路径系数为 0.39（$t=6.90^{***}$），表明幸福感对婚姻质量有正向影响，即幸福感越高，婚姻质量也越高，反之亦然。

幸福感是中介变量，它受依恋回避的影响并作用于婚姻质量，即依恋回避可以通过幸福感来影响婚姻质量，此模型中依恋回避通过幸福感对婚姻质量的间接效应为 -0.22（$t=-6.18^{***}$），加上直接效应 -0.34 后，依恋回避对婚姻质量的总效应为 -0.56（$t=-8.02^{***}$）。

综上所述，对幸福感、依恋、婚姻质量之间的关系进行路径分析表明，幸福感是影响依恋与婚姻质量的中介变量，依恋不仅影响幸福感，还通过幸福感影响个体的婚姻质量。

第四节　讨论与结论

一、对居民幸福感的总体状况讨论

本次调查中幸福指数得分为 6.84±1.28，幸福感各维度的最低得分为

---

① 侯杰泰、温忠麟、成子娟：《结构方程模型及其应用》，北京，教育科学出版社，2004。

负性情感（2.10±1.09），最高得分为自我价值（5.54±1.04），除了负性情感，其余各维度得分都在 4.81 和 5.54 之间。各维度得分呈 V 字形，V 字形最低点为负性情感，显示出在本调查中被试的幸福感各方面均为正向高水平。幸福指数为 6.84，说明被试普遍觉得生活"幸福"，表明本次被调查对象的幸福指数较高。总体上，幸福感各维度得分都较高，这可能与被试人群的样本分布有关，在本次调查中，被试人群属于天津市城市居民，都在企业、事业或机关有稳定工作，超过一半的被试人均家庭年收入为 3 万～7 万，接近 96% 的家庭有固定私有住房，56% 的人为本科以上学历，这些生活基本条件从客观上保证了被试人群的生活品质，因此生活满意这项都比同类研究结果得分高，说明被试人群对生活条件是比较满意的。

二、对依恋的总体状况讨论

本次调查的依恋类型结果显示，安全型、倾注型、轻视型、害怕型依恋的人分别占被调查总人数的 46%、28%、12%、14%。安全型的人（占 46%）可以很容易与他人形成亲密的情感关系，对于依靠别人和让别人依靠都觉得舒服，也不担心忍受孤独或者其他人不接受自己；倾注型的人（占 28%）想要与他人在情感上完全地亲昵，但是经常发现他人并不愿意像自身所希望的那样亲密，没有亲密关系就会觉得不舒服，有时候会担心他人并不像自己看重他们那样看重自己；轻视型的人（占 12%）对于与他人亲密觉得不舒服，想要亲密的情感关系，但是发现很难完全信任他人或者依靠他们，并担心与他人过于亲密会受到伤害；害怕型的人（占 14%）没有亲密的情感关系并对此觉得很舒服，认为独立和自主非常重要，情愿不要依靠他人或让他人依靠自己。这个依恋类型比例结果与李同归对大学生依恋类型测查结果（安全型占 49.8%、倾注型占 11%、轻视型占 22.8%、害怕型占 11%）相当接近[1]，且与国外的成人依恋比例也很接近，如美国大学生安全型占 46%，倾注型占 16%，轻视型占 15%，害怕型占 23%。[2] 本文调查样本为城市居民，大部分是全日制的企事业工作人员，虽然他们未必全部都对生活满意，但大部分都处在社会中级水平，也无重大应激事件的影响，因此所调查的依恋风格与国内外研究结果基本一致。尽管生活条件

---

[1] 李同归、加藤和生：《成人依恋的测量：亲密关系经历量表（ECR）中文版》，载《心理学报》，2006，38(3)。

[2] Brennan, K. A., Clark, C. L. & Shaver, P. R., "Self-report measurement of adult attachment: An integrative overview," in Simpson J. A., Rholes W. S. (eds.) *Attachment theory and close relationships*. New York: The Guilford Press, 1998: 46-76.

较高，但安全型依恋未达到总人数的一半，还是有一部分人为倾注型、轻视型和害怕型依恋类型，这一现象说明人的依恋类型虽然随着环境刺激会有所不同，但是大部分都保持了固有的模式，不同的依恋类型对婚姻生活中与另一半的互动情况有很大的影响，在本次调查的其他研究内容中，我们探讨围绕不同依恋类型与婚姻幸福感的关系。

三、幸福感、依恋与婚姻质量的关系

研究表明，幸福感与依恋回避/焦虑呈显著负相关，也就是说依恋回避和焦虑的得分越高其幸福感水平越低，这一结果与前人的研究结果相一致。李同归、李楠欣、李敏对330名企事业单位在职人员所做的依恋和主观幸福感的相关研究结果显示，依恋回避与负性情绪和负性体验存在显著的正相关；依恋焦虑与负性情绪、负性体验有极强的正相关，与正性情绪、正性体验及主观幸福感总分存在很强的负相关。[1] 李同归、李楠欣、朱玉对北京地区256名理工科大学生所做的研究结果显示，依恋回避与负性情绪有较强的正相关，而与正性体验和主观幸福感总分存在显著的负相关；依恋焦虑与负性情绪、负性体验都有极强的正相关，与正性情绪、正性体验以及主观幸福感总分有很强的负相关[2]，这些研究结果说明他们在婚恋关系中，与爱人的亲密度高，不担心与对方的关系是否可靠，完全信赖对方，不惧怕与对方的亲密相处，愿意依靠对方，此时的幸福感体验感高；如果想要依赖对方，却很担心对方是否依赖自己，不能完全信赖对方，或者很不愿意过分靠近对方，总是与爱人保持一定的距离感才觉得舒服，在这种状况下幸福感体验水平就比较低。

本研究表明幸福感与婚姻质量有显著正相关，即幸福感越高婚姻质量就越高。美满的婚姻生活往往被人们视为幸福人生的一个重要组成部分。这一点已被西方许多研究者反复证实。20世纪70年代坎贝尔（Campbell）等人甚至将婚姻和家庭视为预测美国人总体幸福感的15个因素中最主要的两个因素。美国、加拿大、挪威等国际性研究总是得到同一结论：婚姻和主观幸福感之间有积极的联系。一些调查研究者认为：积极的情感体验、感受较高的幸福感程度对婚姻具有一些有益的影响，如能减缓生活的困境

---

① 李同归、李楠欣、李敏：《成人依恋与社会支持及主观幸福感的关系》，载《中国临床康复》，2006(46)。

② 李同归、李楠欣、朱玉：《理工科大学生依恋类型与主观幸福感的相关性研究》，载《中国行为医学科学》，2007，16(1)。

和得到情感与经济支持，从而积极的幸福感体验能提高夫妻双方的婚姻质量。[1] 斯托克（Stock）等人报告主观幸福感与婚姻状况之间的平均相关为0.14。[2] 威廉（William）等人的研究则表明主观幸福感与婚姻状况之间存在正相关。王巍在研究青年军官的主观幸福感和婚姻质量的关系中也得出了幸福感与婚姻质量呈显著正相关的结果，本文的结果与国内外的研究结果相一致。高质量的幸福感生活离不开美满和谐的婚姻生活，而一个好的婚姻关系一定会体验到更多的幸福感受。

另外，本研究还得出依恋回避/焦虑与婚姻质量呈显著负相关的结果，即婚恋关系中与爱人的信赖度、亲密度越高，依恋回避和焦虑水平越低，夫妻之间的情感和互动越好，婚姻质量就越高。这与国内同类研究结果相一致，杨吟秋认为成人依恋风格对婚姻质量有直接而显著的负向预测作用。[3] 研究表明，安全型的个体会对别人更加信任、投入，对浪漫的爱情关系更为满意，因此他们在婚恋关系中会体验到更多积极的情感，更少消极的情感。安全型的个体在婚姻关系中会拥有更为满足、更加相互依赖和更加亲密的关系，并且在遇到困扰时，他们会转向别人寻求安慰和支持，也会更加容易保持平静，而不安全的高回避/焦虑个体却会躲开伴侣，变得很有敌意，非常地焦虑与不安，这对婚姻生活的积极改善并没有促进作用，因此高安全型的个体更容易有令人满意、和谐稳定的婚姻关系，而高焦虑/回避的个体在婚姻关系中遇到摩擦和困难时，更趋于逃避、焦虑和敌意，因此会降低个体的婚姻质量。

四、幸福感：依恋影响婚姻质量的中介因素

根据回归分析可以看到，幸福感可以正向预测婚姻质量，同时依恋分别负向预测幸福感和婚姻质量，不仅有以上的直接效应的路径，中介效应检验也证实了依恋通过幸福感影响婚姻质量的结论。在结构模型中可以看到，依恋、幸福感直接影响婚姻质量，同时依恋回避通过幸福感间接影响婚姻质量。

依恋回避/焦虑直接影响婚姻质量，说明个体的依恋风格会对婚姻状况产生直接且重要的影响。具体而言，个体若对爱人信任，相信爱情的可

---

[1] 邢占军、金瑜：《城市居民婚姻状况与主观幸福感关系的初步研究》，载《心理科学》，2003，26(6)。

[2] Stoek, W. A., Okun, M. A. & Haring, M. J. "Age and subjeetive well-being: A meta analysis,"*Evaluation Studies Review Annual*, 1983, 8: 279-302.

[3] 杨吟秋：《成人依恋风格和婚姻质量的关系》，硕士学位论文，首都师范大学，2007。

靠，愿意与爱人建立亲密的关系，不担心爱人对自己的忠诚与信赖，即使在关系紧张的时候，也能够良性互动地解决双方的问题。无论是夫妻交流、业余活动，还是角色平等、婚姻满意等都是较高的水平，这样的互动方式会产生高质量的婚姻。如果个体的依恋回避/焦虑较高，那么他在婚恋关系中更多地体会到焦虑、不安或冷漠，在与爱人相处中，或为了免受伤害而逃避建立亲密关系，或在亲密距离中感到不安，为对方的若即若离产生焦虑，担心对方对自己的感情，更甚者产生敌意。在这种互动关系中，双方在婚姻中不但不能良性地解决生活中出现的矛盾与问题，反而在日常的关系中也更少地体会到平和与幸福，大大降低婚姻质量。

幸福感正向影响婚姻质量，这一结论已经得到国内外学者的证实。一些调查表明，积极的情感体验、感受较高的幸福感程度对婚姻具有一些有益的影响，如能减缓生活的困境和得到情感与经济支持，因而积极的幸福感体验能提高夫妻双方的婚姻质量。的确，一个人在生活中体验到更多的快乐，有更多的积极情绪和更少的消极情绪，对生活满意，对别人友好，能够感受自己的价值，积极关注个人的成长和健康，这样的生活态度自然会渗透到婚姻生活中，与爱人互相尊重，相互鼓励，相濡以沫，为共同的生活和未来积极努力进取。幸福的生活能够让人快乐，幸福的生活能够令人知足，幸福的生活能够让人学会感恩，让爱永恒，这一切都足够让一段婚姻保持高质量。

幸福感是依恋回避影响婚姻质量的中介因素，即依恋回避通过影响幸福感而间接影响婚姻质量。这一结果在以往的研究中并未涉及。本研究结果说明，个体在与爱人的关系中若不能开放自己，同时也不信赖对方，总是以一种冷漠的、有距离的方式与爱人互动，那么双方在婚恋关系中就会感到更少的快乐，对生活也有更多的不满意，较少地体验到幸福感，进而降低双方的婚姻质量；相反，依恋回避越低，个体在婚恋关系中能够与爱人相互信赖，相信对方对自己的感情，愿意依赖对方，与爱人产生亲密的互动关系，在与爱人相处中感到安全自在，因此会产生更多的快乐，对生活更加积极乐观，体验到更高的幸福感，从而极大地提升婚姻质量。

值得注意的是，在依恋的两个维度中，仅仅回避维度通过幸福感影响婚姻质量，而焦虑维度直接影响婚姻质量，这一结果可能因为中国人的性格整体趋于内向，在与人相处方面不善于直接表达意见，常常以委婉的方式表达自己想法甚至根本不表达出来，这种性格直接影响爱人之间的互动方式，以至于依恋回避会更加影响个体幸福感的体验乃至婚姻质量的提升。当然，这个结果是否在更大的人群范围内仍然如此，还需要进一步的研究。

第八章

健身运动、心理韧性与幸福感的关系

随着物质生活水平逐步提高，生活方式日益丰富，人们越来越重视身体素质和体态美观，对健身运动越发重视。健身运动以身体练习和运动负荷为手段，以健身健美、娱乐休闲、保健康复、心智开发为活动内容，能让个体增强体质、增进身心健康、提高和保持机体能力，提升自我效能感和培养能力感，达到高品质、高满意度的生活质量，进而提升幸福感。

第一节　身体锻炼、心理韧性与幸福感的关系研究现状

身体锻炼是以个体兴趣、爱好和动机为基础，以放松身心、增进健康、增强体质、调节精神和提升幸福为目的的身体活动。通常以锻炼类型、锻炼频率、锻炼强度和锻炼时间为指标来衡量。①锻炼类型指个体实际进行的锻炼方式：首先，根据代谢情况分为有氧运动和无氧运动，慢跑、健身操等属于有氧运动，短跑、跳绳等具有强度大、持续时间短、心率快的特征，属于无氧运动；其次，根据活动目的可分为竞赛性运动和娱乐性运动，竞赛性运动是为了评出胜负，需要最大限度地发挥各方面的潜力来进行运动，娱乐性运动一般是以娱乐为主，以自我体验、自我放松和享受为主；最后，根据参与形式可分为个体性运动和团体性运动，个体性运动一般是指个体与他人基本没互动的运动，如跑步、跳绳等，团体性运动是指个体在运动过程中与他人有充分互动的运动，如篮球赛、排球赛等。②锻炼频率通常以每星期锻炼次数为考查指标，已有研究显示，每周

进行 3~5 次锻炼的效果是最好的①，受锻炼量的影响，为了保证运动的积极效应，如果进行大运动量的锻炼则锻炼频率通常要低些，如果进行小运动量的锻炼则锻炼频率可以相对较高。③锻炼强度指运动时身体承受的负荷量，它直接影响身心安全和锻炼效果，目前在锻炼心理学中评定锻炼强度的指标大致可以分为客观指标和主观评价两类，且人们已在实践中总结出通用的标准②：运动心率为最高心率(最高心率＝220)80％~90％的锻炼为大强度，65％~75％的为中等强度，60％及以下的锻炼为小强度。④锻炼时间包括每次锻炼持续时间和整个锻炼方案持续时间，在研究中通常以每次锻炼持续时间为测量指标，每次锻炼时间受锻炼强度影响，若个体进行大强度运动，持续时间就不能太长，反之，个体进行小强度的运动则需要较长时间来保障锻炼效果。③

　　复原力、抗逆力、心理弹性等都是对"resilience"的称谓。从心理学视角看，"resilience"不仅指个体在重大创伤或应激后能够顽强持久、坚韧不拔并能够恢复到最初状态，更强调个体的成长和新生。目前主要有以下三种定义倾向。第一，认为心理韧性是个体所具有的使个人能够采用健康的应对策略来处理危机和压力的素质或能力。例如，陈建文和黄希庭提出的包括自控性、灵活性、挑战性与乐观倾向的四因子结构，他们认为心理韧性是个体持续应对压力所需要的性质。④ 沃尔什(Walsh)等人认为心理韧性是在危机和逆境中保护个体的一种稳定的心理特质。⑤ 第二，认为心理韧性是经历重大创伤后产生的积极结果，关注积极适应的价值，重视社会适应技能和自我效能感。马斯滕(Masten)等人的研究表明，心理韧性是一种积极的品质，个体面对危机时依然可以保持积极的自我概念及自尊、良好的学业成绩、与年龄相符的生涯发展任务和健康的心理状态。⑥ 第三，将心理韧性看作机体动态的适应过程，强调个体与环境的互动。心理韧性既被看作一种功能，又被看作一种动态的平衡过程，它整合了危险性因子与保护性因子之间复杂的交互作用。这些定义都强调个体经历压力、逆境或

---

　　① 邱海洪：《体育运动对研究生心理健康的影响》，载《中山大学研究生学刊》，2008(4)。

　　② 李林：《中、小学生参与不同强度锻炼心理效应的比较研究》，载《湖北体育科技》，2006(1)。

　　③ 薛锋：《大学生运动动机与锻炼行为的关系——自我决定理论的视角》，载《武汉体育学院学报》，2010(6)。

　　④ 陈建文、黄希庭：《中学生社会适应性的理论构建及量表编制》，载《心理科学》，2004，27(1)。

　　⑤ Walsh，F.，*Strengthening family resilice*，NewYork，Guilford Press，1998.

　　⑥ Masten，A. S.，"Ordinary magic：Resilience processes in development,"*American Psychologist*，2001，56，pp. 227-238.

创伤等消极生活事件之后的良好适应和发展。卢桑斯(Luthans)从积极心理资本角度把心理韧性定义为："个体固有的可开发的潜能，能够使人从逆境、冲突和失败中，甚至是从积极事件、进步及与日俱增的责任中快速回弹或恢复过来。"[①]该定义整合了前三种定义的核心特征。

彼得鲁西奥(Petruzzlo)等人对长达30年(1960—1989年)有关健身运动与消极情绪(焦虑)关系的研究进行元分析显示，短期和长期的有氧运动都能降低个体的焦虑水平，锻炼缓解焦虑的效果比放松练习更显著。[②] 诺瑟等对80项研究的元分析结果表明一次性和长期性的锻炼都能有效地降低抑郁水平，且对需要得到心理帮助的特殊个体的效果最显著。[③] 也有学者研究不同群体的健身运动对负向情绪的影响，结果表明，对于健康人而言，短期和长期的健身运动都可以使焦虑、抑郁等负向情绪得到显著改善；而对于存在心理问题的被试来说，长期的身体锻炼对不良情绪的效用更显著。[④] 国内外学者对身体锻炼与积极情绪的关系进行实证研究。洛克斯(Lox)和麦考利(McCauley)对艾滋病病毒携带者进行实验研究，积极情绪得到显著提高的是有氧练习组和力量练习组的被试。[⑤] 国内学者以体操、太极等变量作为影响因素对183名老年人进行长达17周的实验研究，结果表明，坚持身体锻炼的老年人的正性情感得到显著加强。

斯克罗尔(Scroll)分别对975名和30000名年龄为50～85岁的被试进行跟踪调查，表明健身运动对生活质量有促进作用，即健身运动能提升生活满意度[⑥]。耶内恩(Jenen)等人通过调查指出身体锻炼与生活满意感相关，因为能把身体锻炼当作改善健康状况的方式就是一种积极的方式，即

---

① ［美］路桑斯(Fred Luthans)等：《心理资本：打造人的竞争优势》，李超平译，101～102页，北京，中国轻工业出版社，2008。

② Petruzzello, S. J., Landers, D. M., Hatfield, B. D., et al., "A meta-analysis on the anxiety-reducing effects of acute and chronic exercise," *Sports Medicine*, 1991, 11, pp. 143-182.

③ North, T. C., McCullough, P. & Tran, Z. V., "Effect of exercise on depression," in Pandolf, K. B. & Holloszy, J. O. *Exercise and Sport Sciences Reviews*, Baltimore, Williams & Wilkins, 1990, pp. 379-415.

④ 陈作松：《身体锻炼与主观幸福感的研究综述》，载《体育科学》，2005，25(5)。

⑤ Lox, L. C. & McAuley, "Exercise as an intervention for enhancing subjective well-being in an HIV-1 population," *Journal of Sport & Exercise Psychology*, 1995, 17(4), pp. 345-362.

⑥ Schroll, M., "Physical activity in an aging population," *Scand Journal Medical Science Sports*, 2003, 13, pp. 63-69.

对自身健康的重视增强了生活满意水平。① 施诺赫尔（Schnohr）等人针对20～79 岁的被试的研究发现，选择在空闲时间进行锻炼的个体的生活满意度水平高于不进行锻炼的个体，且随着锻炼量的增加其生活满意度水平也逐渐增加。② 佩泊（Pepper）对退休的男性群体进行研究得知，坚持进行健身运动的被试的生活满意度高于没有健身习惯的个体，特别是退休后运动量有所增加的个体的生活满意度水平明显高于锻炼量保持不变或者锻炼量有所降低的个体。摩根（Morgan）等人对老年人（年龄大于 65 岁）的研究得出，坚持进行长期的身体锻炼对心理健康状况有显著影响，具体表现为积极参与身体锻炼的个体的生活满意度水平也高。朱大梅通过分析女大学生进行 8 周有氧锻炼的效果，认为体育锻炼有助于改善女大学生的身体自我，进而提升生活满意度水平。③ 魏高峡关于老年人的体育锻炼与生活满意度的关系研究显示，体育锻炼是影响老年人生活满意度的 4 个重要因素之一。④ 曾芊等人对中学生的体育锻炼与生活满意度的关系研究显示，中学生体育锻炼程度和体育锻炼态度都对提升生活满意度有一定的促进作用。⑤

麦考利（McAuley）和鲁多夫（Rudolph）研究证明身体锻炼直接或者间接地对心理幸福感有影响作用。凯文（Kevin）和彼得（Peter）针对身体锻炼与心理幸福感的关系进行比较研究，发现身体锻炼有增强心理幸福感的作用。孟加武等人选取老年人为研究对象探讨身体活动与心理幸福感的关系，发现身体活动对心理幸福感的效益不是很明显，但对自我效能有积极促进作用（效应值为 0.38）。杨波等人的研究显示，作为中介变量的体育锻炼加强了自尊对老年人心理幸福感的影响作用，说明体育锻炼对老年人的

① Jenen，C. & Uhlenbruck，G.，"Exercise and life-satisfactory-fitness：Complementary strategies in the prevention and rehabilitation of illness," *Evidence-based Complementary and Alternative Medicine*，2004(2)，pp. 157-165.

② Schnohr，P.，Kristensen，T. S. & Prescott，E.，et al.，"Stress and life dissatisfaction are inversely associated with jogging and other types of physical activity in leisure time：The Copenhager city heart study," *Scandinavian Journal Medical Science Sports*，2005，15，pp. 107-112.

③ 朱大梅：《八周有氧锻炼的效果评价——体育锻炼对女大学生身体自我和生活满意度的影响》，载《徐州工程学院学报》，2006，4(21)。

④ 魏高峡：《老年人的生活满意度与体育锻炼的相关性研究》，载《中国体育科技》，2007，43(2)。

⑤ 曾芊、兰继军、徐嘉玉：《体育锻炼对中学生生活满意感的影响分析》，载《广州体育学院学报》，2010，30(6)。

心理幸福感存在影响作用。① 另有学者探讨了健身运动对心理幸福感效应的中介作用，研究发现小强度的身体锻炼对老年心理幸福感的提升作用最显著。杜恩（Dunn）等人发现个体在进行中等强度的运动时的心理幸福感水平提高最显著。也有学者以锻炼动机为变量研究身体锻炼与心理幸福感的关系，马尔特比（Maltby）和丽莎（Liza）研究发现，锻炼时间少于 6 个月的被试的锻炼动机与低心理幸福感有显著相关，锻炼时间大于等于 6 个月的被试锻炼动机与较高的心理幸福感存在显著相关，由此可知，在锻炼动机与心理幸福感关系模型中持续时间起调节的作用。

最初进行心理韧性与幸福感关系的研究是以幸福感的情感维度开展的，研究证实心理韧性高的个体具有较高水平的积极情绪，即高心理韧性的个体具有较高的积极情绪，积极情绪可以被看作个体对抗压力的重要资源之一，它能帮助个体更好地控制消极情绪。② 麦基（Mckee）和希瑟（Heather）对 30 个儿童的研究发现，与心理韧性水平较低的个体相比，具有较高心理韧性水平的个体的心理幸福感水平更高，主要包括环境掌控、个人成长和自我接纳。③ 武土（Muto）和高（Takashi）等人的研究显示，心理韧性的自我掌控维度与心理幸福感的个人成长维度相关。④ 我国学者对大学生压力知觉、心理韧性和心理幸福感的关系进行了探讨，研究结果显示心理韧性和心理幸福感呈显著正相关，且心理韧性对心理幸福感有正向预测作用，即心理韧性水平高的个体，心理幸福感水平也高。⑤ 有学者对高中生心理韧性与主观幸福感的关系研究显示，心理韧性和主观幸福感呈显著正相关，心理韧性对主观幸福感有一定的预测作用，心理韧性水平高者主观幸福感水平也高。⑥

综上所述，已有研究对身体锻炼与心理韧性的关系，心理韧性和幸福

---

① 杨波：《体育锻炼在整体自尊对天津城市老年人心理幸福感影响中的调节作用》，硕士学位论文，天津体育学院，2009。

② Tugade，M. M. & Fredrickson，B. L.，"Resilient individuals use positive emotions to bounce back from negative emotional experiences," *Journal of Personality and Social Psychology*，2004，86(2)，pp. 320-333.

③ Mckee & Heather，"The British children evacuees：A life-span developmental perspective on resilience and psychological well-being," *The Sciences and Engineering*，2006，66(10)，pp. 5-12.

④ Muto Takashi & Ishige Midori，"Psychological well-being，resilience，and social support expectancy：Junior high school students facing high school entrance examinations," *Japanese Journal of Educational Psychology*，2005，53(3)，pp. 356-367.

⑤ 胡夏娟：《大学生压力知觉、复原力和心理幸福感的关系研究》，硕士学位论文，河北师范大学，2009。

⑥ 蒋玉涵、李义安：《高中生心理韧性与主观幸福感的关系研究》，载《中国健康心理学杂志》，2011，19(11)。

感的关系，以及身体锻炼对幸福感的影响进行较多研究，但尚未对身体锻炼、心理韧性和幸福感三因素间的关系进行探讨。本研究将以在校大学生为研究对象，探讨健身运动是否会通过心理韧性间接影响幸福感以及以怎样的方式影响幸福感。

第二节 研究对象与研究工具

一、研究对象

以在校本科生为调查对象，共发放问卷 416 份，收回 384 份问卷，剔除无效问卷 18 份，剩余有效问卷 366 份，有效回收率为 88.0%。

二、研究工具

(一)《体育活动等级量表》

《体育活动等级量表》由日本心理学者桥本公雄编制，梁德清等人修订，从锻炼强度、每次锻炼持续时间和锻炼频率来考查锻炼量。锻炼量得分＝强度×(时间－1)×频率。最高为 100 分，最低为 0 分。小锻炼量≤19分，中等锻炼量为 20～42 分，大锻炼量≥43 分。该量表重测信度为 0.82。

(二)《青少年心理韧性量表》

《青少年心理韧性量表》由胡月琴和甘怡群编制，包括目标专注、人际协助、家庭支持、情绪控制和积极认知 5 个维度，共 27 个项目，采用 5 点计分。本研究中，总问卷内部一致性信度 Cronbach α 系数为 0.842，各维度内部一致性信度 Cronbach α 系数在 0.679 和 0.783 之间。总问卷分半信度为 0.819，各维度分半信度在 0.627 和 0.690 之间。验证性因素分析表明，$\chi^2/df=2.69$，RMSEA＝0.068，NNFI＝0.95，NFI＝0.93，CFI＝0.90，IFI＝0.90，GFI＝0.95，AGFI＝0.92，各项拟合指数均达到可接受范围，表明量表具有良好的结构效度。

(三)《综合幸福问卷》

本研究中，问卷内部一致性信度 Cronbach α 系数为 0.953，各维度内部一致性信度 Cronbach α 系数在 0.810 和 0.948 之间。问卷分半信度为0.841，各维度分半信度在 0.706 和 0.862 之间。验证性因素分析表明，$\chi^2/df=2.81$，RMSEA＝0.070，NNFI＝0.96，NFI＝0.94，CFI＝0.97，

IFI＝0.97，GFI＝0.94，AGFI＝0.91，模型各项拟合指数均达到可接受范围，表明问卷结构效度较好。

第三节　健身运动、心理韧性与幸福感的关系研究结果

一、健身运动、心理韧性与幸福感的关系

（一）健身运动与幸福感的关系

以健身运动的锻炼强度、持续时间、锻炼频率、锻炼量和锻炼总分与幸福感及其各个维度进行相关分析，结果见表 8-1。研究显示，锻炼强度与幸福感、心理幸福感、生活满意、正性情感、生命活力、健康关注、利他行为、自我价值、友好关系和人格成长均存在显著正相关，相关系数在0.11 和 0.27 之间；锻炼持续时间与幸福感及幸福感的两个维度、生活满意、生命活力、健康关注、利他行为、自我价值、友好关系和人格成长均存在显著正相关，相关系数在 0.12 和 0.29 之间；锻炼频率与正性情感、生活活力和健康关注存在显著正相关，相关系数为 0.11 和 0.21；锻炼量只与幸福感的负性情感因子不存在显著相关，与幸福感及其两个维度和其他 8 个因子均存在显著正相关，相关系数在 0.11 和 0.33 之间。锻炼总分只与负性情感不存在显著相关，与幸福感及其两个维度和其他 8 个因子均存在显著正相关，相关系数在 0.12 和 0.33 之间。研究结果表明健身运动与幸福感多个维度存在显著正相关关系。

表 8-1　健身运动与幸福感的相关分析结果

	幸福感	主观幸福	心理幸福	生活满意	正性情感	负性情感	生命活力	健康关注	利他行为	自我价值	友好关系	人格成长
锻炼强度	0.22***	0.10	0.24***	0.11*	0.12*	0.02	0.27***	0.24***	0.15**	0.13*	0.15**	0.21***
持续时间	0.24***	0.13*	0.25***	0.12*	0.09	−0.07	0.22***	0.29***	0.15**	0.14**	0.22***	0.21***
锻炼频率	0.09	0.05	0.10	0.05	0.11*	0.07	0.21***	0.12*	−0.01	0.04	0.01	0.09
锻炼量	0.25***	0.13*	0.27***	0.11*	0.16**	0.01	0.33***	0.30***	0.14**	0.13*	0.17***	0.22***
锻炼总分	0.25***	0.12*	0.28***	0.12*	0.17**	0.04	0.33***	0.30***	0.15**	0.14**	0.18***	0.22***

注：* 表示 $p<0.05$，** 表示 $p<0.01$，*** 表示 $p<0.001$，下同。

以幸福感为因变量，健身运动为预测变量建立回归模型探索健身运动对幸福感的影响。结果如表 8-2 所示，首先以幸福感总分为因变量建立回

归方程，结果显示，健身运动总分进入回归方程（$F=23.830$，$p<0.001$）可解释幸福感总变异量的 6.1%。表明大学生健身运动对幸福感有显著的预测作用；其次以主观幸福感为因变量，健身运动为预测变量建立回归模型，结果显示，健身运动总分进入回归方程（$F=5.392$，$p<0.05$），可解释幸福感总变异量的 1.5%，表明大学生健身运动对主观幸福感有显著的预测作用；是否在以心理幸福感为因变量的回归模型中，健身运动总分进入回归方程（$F=29.821$，$p<0.001$），可解释幸福感总变异量的 7.6%。表明大学生健身运动对心理幸福感有显著的预测作用。

表 8-2　健身运动对幸福感的回归分析

因变量	预测变量	回归系数 B	标准回归系数 β	t	F	R	R^2
幸福感	常数项	241.593		92.870***	23.830***	0.248	0.061
	健身运动	0.379	0.248	4.882***			
主观幸福	常数项	81.158		90.434***	5.392*	0.121	0.015
	健身运动	0.062	0.121	2.322*			
心理幸福	常数项	160.435		82.534***	29.821***	0.275	0.076
	健身运动	0.317	0.275	5.461***			

（二）心理韧性与幸福感的关系

以心理韧性及其 5 个因子（目标专注、情绪控制、积极认知、家庭支持、人际协助）和幸福感及其两个维度（主观幸福感和心理幸福感），以及幸福感 9 个因子（生活满意、正性情感、负性情感、生命活力、健康关注、利他行为、自我价值、友好关系、人格成长）进行相关分析，结果如表 8-3 所示。研究显示，除心理韧性的情绪控制因子与幸福感的利他行为因子和友好关系因子不存在显著相关之外，心理韧性及其各个维度与幸福感、幸福感的两个维度和 9 个因子均存在显著相关，相关系数在 0.15 和 0.68 之间。幸福感的负性情感（负性情感为反向计分项目）与心理韧性及其各个维度均存在显著负相关关系，相关系数在 -0.43 和 -0.22 之间。结果表明，大学生心理韧性与幸福感存在相关关系，且心理韧性及其多个维度与幸福感及其多个维度存在显著相关关系。

表 8-3 心理韧性与幸福感的相关分析结果

	心理韧性	目标专注	情绪控制	积极认知	家庭支持	人际协助
幸福感	0.68***	0.63***	0.25***	0.60***	0.44***	0.44***
主观幸福	0.59***	0.43***	0.29***	0.44***	0.40***	0.41***
心理幸福	0.65***	0.64***	0.20***	0.59***	0.41***	0.41***
生活满意	0.41***	0.41***	0.18***	0.36***	0.24***	0.25***
正性情感	0.36***	0.26***	0.15**	0.27***	0.19***	0.32***
负性情感	−0.43***	−0.22***	−0.27***	−0.27***	−0.39***	−0.26***
生命活力	0.48***	0.51***	0.20***	0.41***	0.24***	0.30***
健康关注	0.49***	0.48***	0.19***	0.44***	0.34***	0.28***
利他行为	0.45***	0.52***	0.06	0.48***	0.26***	0.28***
自我价值	0.58***	0.54***	0.18***	0.55***	0.42***	0.35***
友好关系	0.53***	0.41***	0.05	0.50***	0.34***	0.48***
人格成长	0.60***	0.60***	0.23***	0.53***	0.39***	0.34***

分别以幸福感为因变量，心理韧性及其各个维度为自变量建立回归模型来探索心理韧性对幸福感的影响。首先以心理韧性总分作为预测变量，幸福感总分作为因变量来探索心理韧性与幸福感之间的关系。结果如表 8-4 所示，心理韧性总分进入了回归方程（$F=318.389$，$p<0.001$），可解释幸福感总变异量的 46.5%，表明心理韧性对幸福感有显著的预测作用。同理，心理韧性对主观幸福感的回归模型中，心理韧性也进入了回归方程（$F=189.410$，$p<0.001$），可解释幸福感总变异量的 34.2%。表明心理韧性对主观幸福感有显著的预测作用；心理韧性对心理幸福感的回归模型中，心理韧性也进入了回归方程（$F=260.092$，$p<0.001$），可解释幸福感总变异量的 41.7%。研究表明心理韧性对心理幸福感有显著预测作用。

表 8-4 大学生心理韧性对幸福感的回归分析

因变量	预测变量	回归系数 B	标准回归系数 β	t	F	R	R^2
幸福感	常数项	1.176		5.423***	318.389***	0.683	0.465
	心理韧性	1.102	0.683	17.843***			

因变量	预测变量	回归系数 B	标准回归系数 β	t	F	R	R^2
主观幸福	常数项	1.606		6.735***	189.410***	0.585	0.342
	心理韧性	0.935	0.585	13.763***			
心理幸福	常数项	0.954		3.689***	260.092***	0.646	0.417
	心理韧性	1.188	0.646	16.127***			

表 8-5　心理韧性五因子对幸福感的回归分析

因变量	预测变量	回归系数 B	标准回归系数 β	t	F	R	R^2
幸福感	常数项	50.381		4.757***			
	目标专注	4.150	0.354	7.915***			
	情绪控制	1.007	0.105	2.835**	83.061***	0.732	0.536
	积极认知	3.916	0.281	6.078***			
	家庭支持	0.960	0.107	2.534*			
	人际协助	1.293	0.167	4.124***			
主观幸福	常数项	26.235		6.204***			
	目标专注	0.663	0.168	3.165**			
	情绪控制	0.555	0.172	3.917***	38.258***	0.589	0.347
	积极认知	0.887	0.189	3.448***			
	家庭支持	0.453	0.150	2.996**			
	人际协助	0.525	0.201	4.191***			
心理幸福	常数项	24.146		2.979***			
	目标专注	3.488	0.395	8.692***	78.115***	0.721	0.520
	积极认知	3.029	0.288	6.144***			
	人际协助	0.768	0.132	3.202***			

　　同理分别以主观幸福感和心理幸福感为因变量，心理韧性的 5 个维度为预测变量建立回归模型。结果如表 8-5 所示，以心理韧性 5 个因子为预测变量进行回归分析可知，心理韧性 5 个因子依次进入幸福感的回归方程（$F=83.061$，$p<0.001$），可解释幸福感总变异量的 53.6%，表明心理韧

性 5 个因子对幸福感有显著的预测作用；心理韧性 5 个因子均进入主观幸福感的回归方程（$F=38.258$，$p<0.001$），可解释主观幸福感总变异量的 34.7%，表明心理韧性对主观幸福感有显著的预测作用；只有心理韧性的目标专注、积极认知和人际协助进入心理幸福感的回归方程（$F=78.115$，$p<0.001$），可解释心理幸福感总变异量的 52.0%，表明心理韧性对心理幸福感有显著预测作用。

（三）健身运动与心理韧性对幸福感的回归分析

分别以主观幸福感和心理幸福感为因变量，健身运动、心理韧性为预测变量建立回归模型。如表 8-6 所示，健身运动和心理韧性依次进入幸福感的回归方程（$F=171.795$，$p<0.001$），可解释总变异量的 48.6%，表明健身运动和心理韧性对幸福感有显著预测作用；健身运动和心理韧性依次进入心理幸福感的回归方程（$F=146.735$，$p<0.001$），可解释总变异量的 44.7%，表明健身运动和心理韧性对心理幸福感有显著预测作用；只有心理韧性进入主观幸福感的回归方程（$F=94.762$，$p<0.001$），可解释总变异量的 34.3%，表明心理韧性对主观幸福感有显著预测作用。

表 8-6　健身运动与心理韧性对幸福感的回归分析

因变量	预测变量	回归系数 B	标准回归系数 β	t	F	R	R^2
幸福感	常数项	59.927		5.621***			
	健身运动	0.217	0.142	3.730***	171.795***	0.697	0.486
	心理韧性	1.973	0.660	17.326***			
主观幸福	常数项	27.381		6.746***	94.762***	0.586	0.343
	心理韧性	0.584	0.581	13.471***			
心理幸福	常数项	32.546		3.908***			
	健身运动	0.203	0.176	4.459***	146.735***	0.669	0.447
	心理韧性	1.389	0.617	15.613***			

分别以主观幸福感和心理幸福感为因变量，大学生健身运动、心理韧性 5 个维度为预测变量建立回归模型。如表 8-7 所示，健身运动和心理韧性 5 个因子依次进入幸福感的回归方程（$F=73.740$，$p<0.001$），可解释总变异量的 55.2%，表明健身运动和心理韧性 5 个因子对幸福感有显著的

预测作用；但只有心理韧性 5 个因子进入主观幸福感的回归方程（$F=$ 31.854，$p<0.001$），可解释总变异量的 34.7%，表明心理韧性对主观幸福感有显著的预测作用；健身运动和心理韧性的目标专注、积极认知、家庭支持和人际协助依次进入心理幸福感的回归方程（$F=72.012$，$p<0.001$），可解释总变异量的 54.6%，表明健身运动和心理韧性对心理幸福感有显著预测作用。

表 8-7　健身运动与心理韧性五因子对幸福感的回归分析

因变量	预测变量	回归系数 B	标准回归系数 β	t	F	R	R^2
幸福感	常数项	52.806		5.059***			
	健身运动	0.201	0.131	3.624***			
	目标专注	4.079	0.348	7.903***			
	情绪控制	0.817	0.085	2.312*	73.740***	0.743	0.552
	积极认知	3.661	0.262	5.742***			
	家庭支持	1.022	0.114	2.742**			
	人际协助	1.299	0.168	4.212***			
主观幸福	常数项	26.368		6.216***			
	目标专注	0.659	0.167	3.140**			
	情绪控制	0.545	0.168	3.796***	31.854***	0.589	0.347
	积极认知	0.873	0.186	3.369***			
	家庭支持	0.456	0.151	3.013**			
	人际协助	0.525	0.201	4.189***			
心理幸福	常数项	26.438		3.342**			
	健身运动	0.190	0.165	4.519***			
	目标专注	3.420	0.387	8.743***	72.012***	0.739	0.546
	积极认知	2.788	0.265	5.770***			
	家庭支持	0.566	0.084	2.002*			
	人际协助	0.774	0.133	3.311***			

（四）心理韧性在健身运动对幸福感效应中的中介作用分析

当考查三个变量之间的关系时，如果自变量 X 对因变量 Y 的影响是通过影响 M 变量来实现的，则称 M 为中介变量，但中介变量必须与自变量和因变量都有着较强的正相关，同时，若一个变量对另外一个变量的影响是通过第三变量来实现的，那就必须进一步考查第三变量是属于完全中介还是部分中介。巴伦和肯尼于 1986 年提出中介效应的检验程序：首先，自变量 X 对因变量 Y 的回归系数须具有统计显著性；其次，自变量 X 对中介变量 Me 的回归系数须具有统计显著性；再次，在同时考虑自变量 X 与中介变量 Me 对因变量 Y 的影响时，中介变量对因变量的回归系数须有统计显著性；最后，控制中介变量后，原先自变量的净效应消失，即 X 对 Y 的回归系数未达到统计显著性。如果同时满足上述四个条件，则 Me 完全中介了 X 对 Y 的效应，即 Me 为完全中介效应。如果 X 的净效应只是减小了且仍具有统计显著性，则称 Me 所起的作用为部分中介效应。

从回归分析中可知，健身运动对幸福感、健身运动对心理韧性、健身运动及心理韧性对幸福感都有显著效应，满足心理韧性是中介变量的条件，因此需进一步分析心理韧性在健身运动对幸福感作用中的效应是部分中介还是完全中介。结果如表 8-8 所示，以健身运动为自变量，以幸福感为因变量建立的回归方程显著，健身运动对主观幸福感的标准回归系数为 0.729，解释主观幸福感的方差变异为 53.1%。健身运动对心理幸福感的标准回归系数为 0.745，解释心理幸福感的方差变异为 55.5%。以健身运动为自变量，以心理韧性为因变量建立的回归方程显著，健身运动对心理韧性 5 个因子的标准回归系数分别为 0.729、0.733、0.732、0.719 和 0.716，解释的方差变异分别为 53.1%、53.7%、3.6%、51.7% 和 51.3%。当同时考虑健身运动和心理韧性对幸福感的回归后，健身运动对主观幸福感的回归系数未达到统计显著性，健身运动的净效应消失，说明在健身运动对主观幸福感的效应中，心理韧性起完全中介的作用。然而健身运动对心理幸福感的净效应仍然达到统计显著性水平，但标准回归系数有所下降，解释的方差总变异由 55.5% 上升为 98.9%。该结果表明在健身运动对心理幸福感的效应中，心理韧性起部分中介的作用。

(五)健身运动、心理韧性与幸福感的路径分析

根据回归分析结果，将健身运动与心理韧性对幸福感的影响构建路径模型。模型是参考回归分析结果建立的，其中有的维度之间路径系数存在不显著的现象，因此剔除不显著路径后建立的模型如图 8-1 所示，模型中各维度之间的路径系数均存在不同程度的显著性关系。从图中可以看出：①健身运动对主观幸福感不存在显著影响，但对心理幸福感存在显著正向影响；②健身运动对心理韧性存在显著正向影响；③心理韧性对主观幸福感和心理幸福感均存在显著正向影响；④健身运动均通过心理韧性对主观幸福感和心理幸福感产生正向影响。此模型图进一步证实了在健身运动对

表 8-8 健身运动、心理韧性与幸福感的回归分析结果

	因变量	预测变量	回归系数 B	标准回归系数 β	t	F	R	R²
第一步	主观幸福感	健身运动	1.815	0.729	20.328***	413.227***	0.729	0.531
	心理幸福感	健身运动	3.782	0.745	21.335***	455.164***	0.745	0.555
第二步	目标专注	健身运动	0.391	0.729	20.329***	413.250***	0.729	0.531
	情绪控制	健身运动	0.417	0.733	20.559***	422.682***	0.733	0.537
	积极认知	健身运动	0.344	0.732	20.541***	421.951***	0.732	0.536
	家庭支持	健身运动	0.480	0.719	19.775***	391.065***	0.719	0.517
	人际协助	健身运动	0.440	0.716	19.608***	384.482***	0.716	0.513
第三步	主观幸福感	目标专注	0.975	0.210	4.558***	4032.803***	0.993	0.985
		情绪控制	0.934	0.213	6.886***			
		积极认知	1.315	0.248	5.021***			
		家庭支持	0.675	0.181	4.359***			
		人际协助	0.606	0.149	4.629***			
	心理幸福感	健身运动	0.181	0.036	4.254***	5189.849***	0.994	0.989
		目标专注	3.737	0.395	9.711***			
		情绪控制	0.662	0.074	2.713**			
		积极认知	3.231	0.299	6.857***			
		家庭支持	0.785	0.103	2.817**			
		人际协助	0.855	0.103	3.629***			

主观幸福感的效应中，心理韧性起完全中介作用；在健身运动对心理幸福感的效应中，心理韧性起部分中介作用。

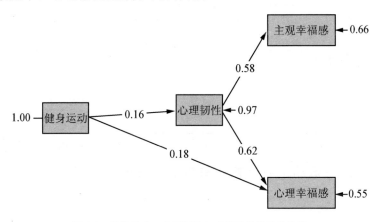

图 8-1　健身运动、心理韧性与幸福感的关系路径图

路径分析结果表明，模型拟合指数均在可接受的范围内，如表 8-9 所示，表明模型拟合数据良好。

表 8-9　健身运动、心理韧性与幸福感路径模型拟合指数

χ^2	df	χ^2/df	RMSEA	GFI	AGFI	NNFI	NFI	CFI	IFI
61.79	26	2.38	0.041	0.92	0.92	0.93	0.95	0.95	0.96

进一步对路径模型中的各项效应进行分解，结果如表 8-10 所示，①大学生健身运动通过心理韧性对主观幸福感的间接效应显著，对心理幸福感的直接效应和间接效应均显著；②大学生健身运动对心理韧性的直接效益显著；③大学生心理韧性对主观幸福感和心理幸福感的直接效应显著。

表 8-10　健身运动、心理韧性与幸福感路径模型效应分解表

自变量	因变量(内生变量)		
	心理韧性 Y3 标准化效应	主观幸福感 Y2 标准化效应	心理幸福感 Y1 标准化效应
外源变量 X 健身运动			
直接效应	0.16**		0.18***
间接效应		0.093***	0.099***
总效应	0.16**	0.093***	0.279***

自变量	因变量(内生变量)		
	心理韧性 Y3 标准化效应	主观幸福感 Y2 标准化效应	心理幸福感 Y1 标准化效应
内生变量 Y3 心理韧性			
直接效应		0.59***	0.58***
间接效应			
总效应		0.59***	0.58***

注：$t>1.96$ 时，$p<0.05$；$t>2.58$ 时，$p<0.01$；$t>3.29$ 时，$p<0.001$。

二、健身运动、心理韧性与幸福关系模型分析

(一)健身运动、心理韧性与幸福关系模型优化

统计学家建议，如果研究的是显变量，则只需要做通常的回归分析，依次检验回归系数就可以估计和检验中介效应了，但是当中介效应涉及潜变量，则需要用结构方程模型进一步验证中介变量的作用，检验经过中介变量的路径上的回归系数的乘积是否显著，即中介效应显著[1]，进而分析出中介变量是完全中介还是部分中介。根据结构方程模型中对潜变量和显变量的定义[2]可知，本研究中健身运动、心理韧性和幸福感均为潜变量，因此需进一步采用建立结构方程模型的方法来检验心理韧性在健身运动对幸福感效应的中介作用。

同时，本研究考虑到等同模型的存在(同样个数的参数用不同组合可以产生许多不同的模型)，如果忽视多种模型而只检查单一模型，并以此为根据讨论结果，会产生不正确的结论。因此为全面考查数据间的相互关系，本研究建立3个可能模型的拟合值来考查3个变量间的最优关系模型，进而针对最优拟合指数建立最优关系模型来分析3个变量的关系。

假设健身运动、心理韧性与幸福感之间存在3种比较可能的关系模型。模型1：健身运动与心理韧性直接对幸福感产生影响。模型2：健身运动通过心理韧性对幸福感产生影响。模型3：健身运动在直接对幸福感产生影

---

[1] 温忠麟、张雷、侯杰泰等：《中介效应检验程序及其应用》，载《心理学报》，2004，36(5)。

[2] 潜变量是实际工作中无法直接测量到的变量，包括比较抽象的概念和由于种种原因不能准确测量的变量。一个潜变量往往对应着多个显变量，可以看作对显变量的抽象和概括，显变量则可视为特定潜变量的反应指标。

响的同时，通过心理韧性对幸福感产生影响。通过 3 个假设模型的拟合指数比较模型的拟合度，选择出最佳模型进一步探讨健身运动、心理韧性与幸福感间的关系，结果如表 8-11 所示。

表 8-11　健身运动、心理韧性与幸福感关系模型拟合指数

指标	χ^2	df	χ^2/df	RMSEA	GFI	AGFI	NNFI	NFI	CFI	IFI
模型 1	67.70	20	3.39	0.079	0.79	0.61	0.67	0.85	0.82	0.85
模型 2	80.70	23	3.51	0.070	0.89	0.67	0.73	0.91	0.86	0.92
模型 3	61.79	26	2.38	0.041	0.92	0.92	0.93	0.95	0.95	0.96

由表 8-11 中的 3 个假设模型的拟合指数可以看出，与模型 1、模型 2 相比，模型 3 和数据之间有更好的拟合：模型 3 的 χ^2/df、RMSEA 两项指标的值均低于模型 1、模型 2，而 GFI、AGFI、NFI、NNFI、CFI、IFI 各项指标的值均高于模型 1、模型 2。这显示出模型 3 是一个更为优秀的模型，说明大学生健身运动对幸福感产生直接效应的同时通过心理韧性产生间接效应。

（二）健身运动、心理韧性与幸福感关系模型建构

由于心理韧性和幸福感的结构复杂，为保存数据信息的完整性，避免更深层次的关系被忽略，本研究分别以心理韧性的 5 个因子和幸福感的 9 个因子为内生变量，以健身运动为外源变量分别建立三者的关系模型。

1. 心理韧性在健身运动与主观幸福感关系中的中介模型

研究为发现心理韧性在健身运动与主观幸福感间的关系，将心理韧性的 5 个因子和主观幸福感的 3 个因子作为内生变量，将健身运动作为外源变量建立中介模型（见图 8-2）。从图 8-2 中可以看出：①健身运动对心理韧性的目标专注、情绪控制和积极认知存在显著正向影响；②目标专注对生活满意存在显著正向影响，情绪控制对生活满意、正性情感存在显著正向影响，对负性情感存在显著负向影响，积极认知对生活满意和正性情感存在显著正向影响，对负性情感存在显著负向影响；③健身运动通过目标专注、情绪控制和积极认知间接影响主观幸福感。

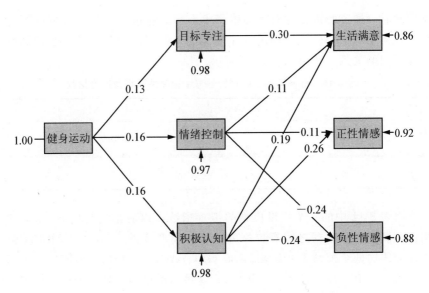

图 8-2　心理韧性在健身运动与主观幸福感关系中的中介模型

如表 8-12 所示，模型拟合指数在可接受的范围内，模型数据拟合良好。

表 8-12　健身运动、心理韧性与幸福感路径模型拟合指数

χ^2	df	χ^2/df	RMSEA	GFI	AGFI	NNFI	NFI	CFI	IFI
179.19	111	1.61	0.020	0.98	0.96	0.93	0.99	0.99	0.90

进一步对路径模型中的各项路径效应进行分解（见表 8-13）。结果发现：①健身运动对情绪控制和积极认知的影响最大，对目标专注的影响最小；②健身运动通过目标专注、情绪控制和积极认知 3 个中介因子影响主观幸福感，且对生活满意的影响最大，对正性情感的影响最小；③目标专注只对生活满意有显著影响。情绪控制对主观幸福感 3 个因子均有影响，且对负性情感的影响最大。积极认知对主观幸福感 3 个因子均有显著影响，且对正性情感的影响最大，对生活满意的影响最小。

表 8-13　健身运动对心理韧性和主观幸福感路径模型效应分解表

自变量		因变量					
		Y6 积极认知标准化效应	Y5 情绪控制标准化效应	Y4 目标专注标准化效应	Y3 负性情感标准化效应	Y2 正性情感标准化效应	Y1 生活满意标准化效应
外源变量	健身运动						
	直接效应	0.16**	0.16**	0.13*			
	间接效应				−0.076**	0.060**	0.087**
	总效应	0.16**	0.16**	0.13*	−0.076**	0.060**	0.087**
内生变量	目标专注						
	直接效应						0.30***
	间接效应						
	总效应						0.30***
	情绪控制						
	直接效应				−0.24***	0.11**	0.11**
	间接效应						
	总效应				−0.24***	0.11**	0.11**
内生变量	积极认知						
	直接效应				−0.24***	0.26***	0.19***
	间接效应						
	总效应				−0.24***	0.26***	0.19***

注：$t > 1.96$ 时，$p < 0.05$；$t > 2.58$ 时，$p < 0.01$；$t > 3.29$ 时，$p < 0.001$，下同。

2. 心理韧性在健身运动与心理幸福感关系中的中介模型

将心理韧性的 5 个因子和心理幸福感的 6 个因子作为内生变量，将健身运动作为外源变量建立中介模型（见图 8-3）。如表 8-14 所示，模型拟合指数在可接受的范围内，模型对数据拟合良好。从图中可以看出：①健身运动对心理韧性的目标专注、情绪控制和积极认知存在显著正向影响；②目标专注和积极认知对心理幸福感的 6 个因子均存在显著正向影响，情绪控制对心理幸福感的人格成长因子存在显著正向影响；③健身运动对生命活力、健康关注、友好关系和人格成长存在显著正向影响；④健身运动通过目标专注、情绪控制和积极认知间接影响心理幸福感。

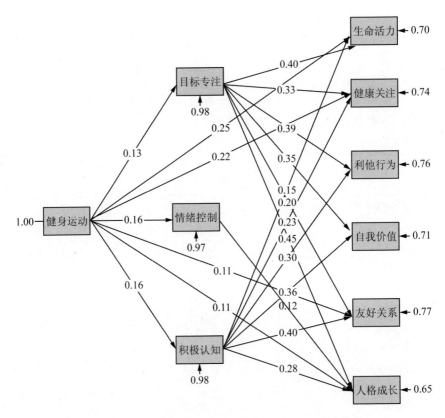

图 8-3　心理韧性在健身运动与心理幸福感关系中的中介模型

表 8-14　健身运动、心理韧性与幸福感路径模型拟合指数

χ^2	df	χ^2/df	RMSEA	GFI	AGFI	NNFI	NFI	CFI	IFI
989.33	220	4.50	0.036	0.95	0.93	0.93	0.99	0.99	0.99

进一步对路径模型中的各项路径效应进行分解（见表 8-15）。结果发现：①健身运动对情绪控制和积极认知的影响最大，对目标专注的影响最小；②健身运动通过目标专注、情绪控制和积极认知 3 个中介因子间接影响心理幸福感，且对人格成长的影响最大，对生命活力的影响最小；③健身运动对心理幸福感的生命活力、健康关注、友好关系和人格成长存在直接影响，且对生命活力的影响最大，对友好关系和人格成长的影响最小；④心理韧性的目标专注对心理幸福感的 6 个因子均有显著影响，且对人格成长的影响最大，对友好关系的影响最小。情绪控制只对人格成长有显著影响。积极认知对心理幸福感的 6 个因子均有显著影响，且对健康关注的

影响最小，对友好关系的影响最大。

表 8-15　健身运动、心理韧性与心理幸福感路径模型效应分解表

自变量		Y9 积极认知 标准化效应	Y8 情绪控制 标准化效应	Y7 目标专注 标准化效应	Y6 人格成长 标准化效应	Y5 友好关系 标准化效应	Y4 自我价值 标准化效应	Y3 利他行为 标准化效应	Y2 健康关注 标准化效应	Y1 生命活力 标准化效应
						因变量				
外源变量	健身运动									
	直接效应	0.16**	0.16*	0.13*	0.11*	0.11*			0.22***	0.25***
	间接效应				0.12***	0.08**	0.11***	0.10***	0.08**	0.08**
	总效应				0.23***	0.19**	0.11***	0.10***	0.30***	0.33***
内生变量	目标专注									
	直接效应				0.45***	0.20***	0.38***	0.39***	0.33***	0.40***
	间接效应									
	总效应				0.45***	0.20***	0.38***	0.39***	0.33***	0.40***
	情绪控制									
	直接效应				0.12**					
	间接效应									
	总效应				0.12**					
内生变量	积极认知									
	直接效应				0.28***	0.40***	0.38***	0.30***	0.23***	0.15***
	间接效应									
	总效应				0.28***	0.40***	0.38***	0.30***	0.23***	0.15***

第四节　讨论与结论

以往研究结果均显示健身运动对心理韧性有显著的正向影响，可以通过健身运动来提升青少年的心理韧性水平。本研究表明，健身运动与心理韧性及其各个维度均存在不同程度的相关关系，并且在有的维度和因子上相关显著，说明健身运动与心理韧性之间存在相关关系。回归分析结果显示，健身运动对心理韧性有显著正向预测作用，即通过健身运动可以提升大学生的心理韧性水平，促使大学生更好地挖掘自身的资源。回归分析发现健身运动对目标专注、情绪控制和积极认知均有显著的正向预测作用，这

是因为健身运动本身就是一项需要付出与坚持的活动，在整个坚持的过程中培养了大学生的目标专注度，另外，健身运动也有利于提升大学生的情绪控制能力。健身运动不但能帮助大学生强身健体，更能促使大学生正确运用自身力量进行合理的情感宣泄，让身心处于愉悦状态，提升幸福感水平。

健身运动对幸福感的影响得到诸多学者的证实，不管是对于青少年（主要集中为高中生）还是老年人来说，健身运动对主观幸福感或心理幸福感都起到积极的促进作用。本研究显示，大学生健身运动与幸福感及其各个维度均存在不同程度的相关，说明健身运动与幸福感之间存在相关关系。回归分析证实，大学生健身运动对主观幸福感和心理幸福感均有显著正向预测作用，但是对心理幸福感的影响大于对主观幸福感的影响，说明通过健身运动可以提升大学生的幸福感水平。这与以往研究的结果相一致，如臧振力（2009 年）研究发现体育锻炼能够显著提升大学生的主观幸福感。孙利红（2005 年）对高中生的研究显示中等锻炼量的学生主观幸福感最强，本研究的研究结果也显示中等强度的锻炼量最有利于提升大学生的幸福感水平，这与陈作松（2004 年）和江雄（2005 年）的研究结果一致，可见在研究青少年主观幸福感的影响因素时可以把体育锻炼当成一个影响因子。

本研究显示，大学生心理韧性与幸福感各个维度之间存在不同程度的相关关系。回归分析显示，心理韧性对幸福感及其两个维度均有显著的正向预测作用，这一结果说明大学生心理韧性水平高，拥有的自身资源和外界支持较充足，个体的幸福感水平也较高。

综上可知，健身运动、心理韧性与幸福感之间两两存在显著相关关系，表现为健身运动良好个体心理韧性水平高，幸福感水平也高，说明这三个变量之间并不是简单的两两相关关系。

为深入探讨大学生健身运动、心理韧性与幸福感之间的关系，本研究对三者间的关系做了进一步分析。我们在健身运动和心理韧性对幸福感的回归中发现，健身运动对主观幸福感的直接影响作用并不显著，而是通过心理韧性对主观幸福感产生影响，表现为心理韧性的目标专注、情绪控制、积极认知、家庭支持和人际协助均进入主观幸福感的回归方程，但是，在路径模型建构中我们却发现只有心理韧性的目标专注、情绪控制和积极认知起到完全中介的作用。由此可知，健身运动作为一种外在活动，不会对主观幸福感产生直接影响，而是通过提升心理韧性中的目标专注、情绪控制和积极认知水平来提升幸福感。由主观幸福感的 3 个因子可知，生活满意主要是指个体对自己的生活状况持积极的态度，有积极的评价。正性情感和负性情感维度主要指个体的情感体验状况，这跟情绪控制能力有很大的关系，即通过体育锻炼可以培养挫折应对能力，让个体更加成熟地应对和处理各种生活事件。健身运动作为一种需要个体投入、专注和坚持的运动，在长期的运动过程中能促进个体神经递质的分泌，增强个体的愉悦感，提高个体的目标专注度、情绪控制能力和积极认知水平，从而改善生活满意度，增强积极情感体验和降低消极情感体验，并以此来提升主观幸福感水平。

心理韧性在健身运动对心理幸福感的作用中起部分中介作用，因为健身运动本身对心理幸福感存在显著的直接影响，同时通过心理韧性对心理幸福感产生显著的间接影响。我们在进一步的分析中发现健身运动同样通过对目标专注、情绪控制和积极认知对心理幸福感产生影响。健身运动作为融合了改善身体素质、开发自我潜能、拓展人际关系、实现自我成长和提升幸福指数为一体的活动，不但能提升身体素质，而且能通过各种形式、各种强度、各种情景下的身体锻炼来满足人际交往的需要，让个体体验到集体归属感、提升自我效能感和培养自我能力感，达到高品质、高满意度的生活质量，进而提升幸福感水平。心理幸福感对自我价值、人际关系、健康关注、生命活力、利他行为等都有很好的测查，由此可知健身运动对心理幸福感存在显著的直接影响。另外，锻炼毅力、消耗体能的活动，不但能培养个体的坚持力和专注力，更能通过活动来提升目标专注度，在身心得到释放的同时使个体感到愉悦、舒心，进而提升情绪控制能力。健身运动中的良好体验能对个体在日常生活中的学习和生活产生影响，因此可以进一步提高个体的积极认知水平。个体通过健身运动不但能直接提升心理幸福感水平，还能通过提升心理韧性间接提升心理幸福感。

总之，健身运动主要是通过生理机制、心理机制和社会机制3种模式对个体产生作用。首先是生理机制，主要是通过调节神经递质，如α-内啡肽等内源性阿片肽、儿茶酚胺、5-HT等，促使运动中的情绪变化和增加交往需求，使紧张、压抑等消极情绪减轻，提高个体的愉悦感和满意度。其次是心理机制，个体通过运动可以改变对自身身心状况的认识，提升个体的身体自尊水平、心理自我良好感，进而可能增强对自己身体的认知和完善自我概念，从而增强积极情绪体验。最后是社会机制，大学生可以借助运动这一特定情境中的社会互动来满足人际交往的需求，在合作式项目中体现助人自助，在利他过程中实现自我价值。健身运动不但可以培养专注度、坚持性、恒心与毅力，同时还可以调节情绪，增强个体的情绪管理能力，并通过合作式的运动培养利他行为和人际协助，经过长期的运动改善身心素质，以此来实现自我价值和人格成长，进而提升心理韧性和幸福感水平。

第九章

品味与幸福感的关系

　　品味能够让人们较好地去体验爱、真理、美丽、灵感、个人偏爱的价值观等，它给人们带来了现实的幸福感。很多人有能力去应对生活中的压力，但这并不意味着有能力去品味生活，有能力度过逆境并不意味着会增强幸福感。品味是一个富有深度和充满活力的概念。它既因高雅而富有睿智，又由于自身内涵的丰富而具有广度，可以说品味不仅是一种心理状态，也是一种心理过程。丰富品味、关注品味、提高品味具有重要的理论和现实意义。

第一节　品味与幸福感的关系研究现状

　　拉丁语中最早出现品味这一概念，其包括人在认知反应时的知觉，是一种超越快乐的体验，兼具个人较高的洞察力和规则意识，同时区别于审美、美味和博学。《牛津字典》从两个方面具体定义品味：第一，欣赏任何体验的乐趣；第二，欣赏品尝美食时的乐趣。勒文施泰因（Loewenstein）认为，品味是"来自对未来消费期待的积极效用"①。布赖恩特（Bryant）认为品味至少包括四个方面的含义：首先，需要留意快乐时刻和欣赏积极体验；其次，对发生在当前事件的即时感觉；再次，应该从主要的自尊和社会的需要中脱离出来，同时也要激励关注；最后，关注任何体验，而不仅仅关注自我满足感的体验和享受各种愉快感。具体而言，品味是积极主动

---

　　① Loewenstein，G.，"Anticipation and valuation of delayed consumption," *The Economic Journal*，1987，97，pp. 666-684.

地欣赏和享受的过程。①

中国古人把品味解释为各种肴馔。例如，在《礼记·少仪》中，"问品味，曰：'子亟食于某乎？'"在唐代白行简所著的《李娃传》中提道："乃张烛进馔，品味甚盛。"在宋代孟元老所著的《东京梦华录》中："其品味若数十分，客要一二十味下酒，随索目下便有之。""品味"在现代社会渐渐流行，品味的内涵和外延随着社会的变迁不断发展，人们对品味的理解不再从经济意义出发，而是在更深层次上与心理、生活方式、社会关系紧密联系。李志培认为，品味有理论与实践的双重维度，品味社会不仅是一种状态，而且也是一种过程。在《现代汉语词典》的解释中，品味包括四个方面：①尝试滋味；品尝；②仔细体会；玩味；③（物品的）品质和风味；④格调和趣味。

品味的类型差异反映了人们控制积极体验的不同策略。布赖恩特把品味归为两类：外部导向品味和内部导向品味。外部导向品味指个体放弃大部分自我内部感觉而接受外部世界的某些体验的一种积极感觉意识。这种品味类型更多聚焦外部世界，在体验过程中，积极感觉主要来源于个人与外部世界形成的共鸣，同时包括超然的感觉。这种超然的外部导向体验会让人感到精神高涨，喜欢分享自我体验，对世界和人类持有乐观的态度。外部导向品味中超然的感觉主要有三种形式。①感恩。布赖恩特把品味的过程定义为感恩。② 梅德韦克（Medvec）等研究者认为感恩通常发生在应激性事件后，如差点遇到车祸或者致命的疾病得到康复。同时，感恩也会在积极事件发现时出现，如中彩票和获得奥运冠军等。除此之外，感恩更多出现在普通生活事件中，如身体健康、家庭幸福和工作顺利等。在感恩的超越性过程中，个体会有一种无助感和受恩惠感，但是，当个体用感恩的心态去品味生活时，这种消极情感不会减少人们在生活中获得的积极情感。③ 林赛-阿特兹（Lindsay-Hatrz）提出，感恩的品味过程能够扩展和建立

---

① Bryant，F. B. & Veroff，J.，*Savoring：A new model of positive experience*，Mahwah，NJ：Lawrence Erlbaum Associates，2007。

② Bryant，F. B.，King，S. P. & Smart，C. M.，"Multivariate statical strategies for construct validation in positive psychology,"in A. G. Ong & M. van Dulmen(Eds.)，*Handbook of methods in positive psychology*，New York，Oxford University Press，2006，pp. 61-82.

③ Medvec，V. H.，Madey，S. F. & Gilovich，T.，"When less is more：Counterfactual thinking and satisfaction among Olympic medalists,"*Journal of Personality and Social Psychology*，1995，69(4)，pp. 603-610.

精神上的人际关系。① ②惊叹。同感恩一样，惊叹也是品味超越个人的自我感觉并专注于外部的世界。但是与感恩的不同之处在于，惊叹的体验状态不是感激而是对所见的壮观之物的敬畏和惊奇。凯尔特纳和海特（Keltner & Haidt）提出，惊叹作为品味的一个形式是个体对某些外观庄严而壮丽的东西全神贯注的状态，它通常包括强烈的、快速的敬畏体验。② ③放弃自我，融入他人和群体。如果一个人在社会互动中能够轻微地摒弃自我，这就是一种品味人际互动过程的策略。自我在那一刻完全沉浸于社会互动中，这种状态称为"自我交付"，如宗教高峰体验能够反映出这样的自我交付状态。如果把个人的关注点从自我中转移，完全沉浸在他人和群体的快乐中，这是一种真正的品味策略。从一定意义上说，如果完全自我交付，人们不专注于把自己作为品味的一部分，他们即使在如此的忘我之时也会出现较少的品味信念。因此，在品味发生时，个人需要保留一点自我才是最佳的品味模式。综上所述，感恩、惊叹和社会互动的品味策略需要某些分离的自我再度重现，这样才能达到个人所期待的体验。在内部导向品味中，个人有自主的权利把自己的某个方面（如才能、努力工作、性格、行为或身体）作为品味的目标。品味的感觉源自内在的自我。兰比和马塞尔（Lambie & Marcel）指出，自我导向品味会关注个人的思想（如快乐的记忆、创造性的洞察力、个人与众不同的知觉），感觉（如快乐、骄傲和得意），生理知觉（如鸡皮疙瘩、寒意和心脏衰退）和行为冲动（如微笑、大笑和呼喊）。国外研究者提出所有的品味源自个体内部健康的性格特质，内部健康的人往往是精力旺盛的、激昂的、热情洋溢的和自我关注的。贾米森（Jamison）认为，对于单纯的自我关注观点而言，个人的积极情绪反应是快乐的。③ 内部导向品味有两个形式。①沉浸。恰尔迪尼（Cialdini）认为，当人们所从事的工作获得了认可、赞许和祝福时，人们在成功时表达出激动的、愉快的情感，这种状态就是沉浸。个人在沉浸时，通常表露出沾沾自喜，而这种沾沾自喜就是品味的一种形式。④ ②尽情享受。布赖恩特提

① Lindsay-Hatrz，J. "Elation，gladness，and joy，" in J. de Rivera（Ed），*Conceptual encounter：A method for the exploration of human experience*，Washington，DC，University Press of America，1981：163-224.

② Keltner，D. & Haidt，J.，"Approaching awe，a normal，spiritual，and aesthetic emotion，"*Cognition & Emotion*，2003，17，pp. 297-314.

③ Jamison，K. R.，*Exuberance：The Passion for Life*，New York，Alfred A. Knopf，2004.

④ Cialdini，R. B.，"Basking in reflected glory：Three field studies，"*Journal of Personality and Social Psychology*，1976，34，pp. 366-375.

出，尽情享受是内部导向品味的另一个形式，包括欢乐地沉迷于自己的生理愉悦中。在这种品味体验的类型中，人们沉浸于自己的身体感觉。因此，如果人们徘徊在他们身体感觉中一段时间，很多平常的品味能够产生尽情享受的感觉。尽情享受获得的快乐通常是短暂的，但是人们用这种方式品味之后往往会有内疚感，因为尽情享受其实是一种过度享受。① 总体上，个体品味过程中对内外世界的聚焦程度不同，形成了不同的品味类型，但是这两种品味类型并非互相割裂的。外部导向品味机制依然要受到内部导向品味机制的影响，他们都是个人享受生活中积极体验的能力。

目前有关品味理论的探讨，主要有最优化水平理论和期待价值理论。①最优化水平理论。贝利恩（Berlyne）1960 年在进行有关婴儿注意实验时发现，如果视觉刺激太新颖，婴儿就会努力回避这些刺激；如果视觉刺激不够新颖，他们就不会主动地注意。因此，贝利恩认为个人对中等水平新颖的刺激更加关注。这种中等新颖水平的刺激特别吸引人去品味和欣赏。人注意到这种中等水平的新奇刺激，只要这个刺激保持适度水平的新奇性，人就会处于品味这类刺激的状态。② 最终，随着时间的流逝，这类刺激也会失去活力和吸引力，它给人们带来的特殊愉快感也会逐渐消失。③ 赫尔森（Helson）于 1964 年提出对知觉反应的"适应水平"概念，他认为人经常会适应和习惯品味的愉快过程。④ 雅诺夫-布尔曼、布里克曼和科茨（Janoff-Bulman，Brickman & Coates）等学者补充了这个概念，认为对正性刺激的适应速度受到刺激物的知觉维度和品质的影响。如果品味的体验是一个较为单调的刺激，个体就不太愿意过久地去品味它。如果这个刺激是复杂的，包括感知觉的维度，在适应这些事情直到品味过程消失之前，我们自然会主动地去关注刺激的各个维度。⑤ ②期待价值理论。期望价值理论源于对动机的认知方式的研究，描述个体内在的心理力量对做出重要决定的影响。这个理论特别关注价值和期待对个人在可选范围内的每个行动影响。价值通常意指目标，就是人们在给定的条件下进行可定义性和可

① Bryant，F. B. & Veroff，J.，*Savoring：A New Model of Positive Experience*，Mahwah，NJ：Lawrence Erlbaum Associates，2007，123.

② Berlyne，D. E.*Conflict，Arousal，and Curiosity*. New York：McGraw-Hill，1960.

③ Berlyne，D. E.，"Curiosity and exploration，"*Science*，1966，153，pp. 25-33.

④ Helson，H.*Adaptation-level Theory：An Experimental and Systematic Approach to Behavior*. New York：Harper & Row，1964.

⑤ Brickman，Coates & Janoff-Bulman，"Lottery winners and accident victims：Is happiness relative?"*Journal of Personality and Social Psychology*，1978，36，pp. 917-927.

决定性的行为，包括环境因素—刺激和个性因素—动机。期待意指对在一定条件下实现目标的可能性的感知，其包括个人的性格特征，如个人的乐观和悲观的特征水平以及个性希望。有 3 个重要因素影响个体去关注品味：个人对获得快乐的动机、个人对成功获得品味体验的期望、个人动机的性质和强调。

　　国外学者对品味与幸福感的研究起步较早，研究内容比较系统，主要集中于品味方式与幸福感的关系研究。梅汉、杜尔拉克和布赖恩特（Meehan，Durlak & Bryant）提出，与人分享的品味方式与幸福水平的关系主要受人格因素的影响。外倾型的人在与人分享积极经验时，获得更高的幸福感水平；害羞的人和社会关系比较贫乏的人，在与人分享一段积极经历的时候，幸福感水平相对较低。布赖恩特等人对品味方式与幸福感关系进行了性别差异方面的研究。他认为，由于女性比男性拥有更复杂、更丰富的内心世界，男女在相同的积极事件中，品味方式截然不同。女性更偏爱运用与人分享、行为表达和计数幸事 3 种品味策略去增加体验积极事件时的幸福感，然而男性更多地使用避免扫兴的策略。同时，在运用增进感知、全神贯注、向下比较和即逝感意识 4 个策略时，男女在经历积极事件时获得的幸福感并没有显著性差异。①

　　此外，国外研究者对品味进行了大量的跨文化研究。林贝格（Linbery）的跨文化研究发现，与欧美人相比，日本人从人际关系的事件中获得的品味较高，而在个人休闲活动的事件中获得的品味相对较低。② 其他学者对品味的跨文化研究发现，苏格兰人更多在休息和独处的时候获得品味。然而，意大利人恰恰相反，他们更容易在社会互动中获得品味，如人际沟通和与人分享积极体验。③ 综上所述，在不同文化背景中，个体对获得品味的事件存在很大的差异，即使在相同的欧美文化背景中，各国人民对获得品味的事件也存在一定的差异。

　　综上所述，品味作为积极心理学研究的新领域，在西方已经获得学者们的关注，但是在国内是一个被忽视的研究领域。本研究将探讨中国文化

---

　　① Bryant，F. B. & Veroff，J. *Savoring*：*A New Model of Positive Experience*. Mahwah，NJ：Lawrence Erlbaum Associates，2007：108-110.

　　② Linbery，T.，"Enjoying the moment in the East and West：A cross-cultural analysis of savoring，"Unpublished doctoral dissertation. University of British Columbia，Vancouver，Canada，2004.

　　③ Duncan，E. & Grazzani，I.，"Positive emotional experience in Scottish and Italian young adults：A diary study，"*Journal of Happiness Studies*，2004，5，pp. 359-384.

背景下的品味建构与内涵，探讨品味与居民幸福指数的关系，扩展幸福指数的提升路径与策略。

第二节　研究对象与研究工具

一、研究对象

以户籍为杭州市的居民为被试，共发放问卷 500 份，回收有效问卷 380 份，有效回收率为 76.0%。

二、研究工具

（一）《品味方式量表》

《品味方式量表》分为 6 个维度：与人分享、记忆建构、心满意足、行为表达、即逝感知和避免扫兴。该量表共有 26 个项目，采用 7 级评分，依据各维度的平均分推测被试的品味方式特征。在本研究中，总量表的内部一致性信度 Cronbach α 系数为 0.885，各维度的信度系数在 0.612 和 0.832 之间，避免扫兴的维度系数较低，原因可能是题目较少，但是均在可接受的范围内。验证性因素分析表明模型各项拟合指数较为理想，$\chi^2/df = 2.358$，NFI＝0.91，NNFI＝0.94，CFI＝0.95，IFI＝0.95，RFI＝0.81，SRMR＝0.04，RMSEA＝0.052，表明该量表具有较好的结构效度。

（二）《综合幸福问卷》（MHQ）

在本研究中，《综合幸福问卷》的同质性信度 Cronbach α 系数在 0.674 和 0.906 之间，分半系数在 0.660 和 0.884 之间。验证性因素分析表明模型各项拟合指数较理想，具体为 $\chi^2/df = 2.010$，NFI＝0.89，NNFI＝0.93，CFI＝0.94，IFI＝0.94，RFI＝0.89，SRMR＝0.07，RMSEA＝0.060，表明问卷具有较好的结构效度。

第三节　品味与幸福感的关系研究结果

一、居民品味方式的总体状况

将品味方式的总体得分和 6 个维度得分进行描述统计分析，结果见

表 9-1。

表 9-1　杭州市居民品味方式总体及各维度得分

	Min	Max	M	SD
总量表	58.00	165.00	119.25	19.06
与人分享	3.00	21.00	15.60	3.16
自我满足	16.00	56.00	38.20	7.77
行为表达	9.00	34.00	21.27	5.31
记忆建构	7.00	28.00	17.82	3.83
即逝意识	5.00	21.00	13.80	3.13
避免扫兴	3.00	19.00	12.57	3.11

从表 9-1 中可以看出，被试的品味方式总体平均分为 119.25（$SD=$ 19.06），略低于理论中位数 121.00，这表明被试品味水平一般，而且依据标准差可以看出个体间差异比较大。

二、居民幸福感的总体状况

表 9-2　居民幸福指数频数分布表

	2— 很痛苦	3— 痛苦	4—有些 痛苦	5—居于 中间	6—有些 幸福	7— 幸福	8— 很幸福	9—非常 幸福
频数	2	4	19	62	110	121	53	9
百分数(%)	0.5	1.1	5.0	16.3	28.9	31.8	13.9	2.4
累计百分数(%)	0.5	1.6	6.6	22.9	51.8	83.7	97.6	100.0

表 9-3　居民综合幸福感各维度及幸福指数得分情况

	生活 满意	正性 情感	负性 情感	生命 活力	健康 关注	利他 行为	自我 价值	友好 关系	人格 成长	幸福 指数
M	4.56	4.55	2.31	4.78	5.34	4.94	4.78	5.38	4.63	6.35
SD	1.02	1.19	1.04	0.98	0.95	0.96	0.98	1.04	0.62	1.22

从表 9-2 中可以看出，在幸福感 9 个维度中除了负性情感略低于中值（4 分）外（负性情感是评价幸福感的负向指标，其分值越低越好），其他各维度均在中等以上程度。得分由高到低依次为：友好关系＞健康关注＞利他行为＞生命活力和自我价值＞人格成长＞生活满意度＞正性情感＞负性

情感。从表9-3中可以看出，杭州市居民的幸福指数均值为6.35，标准差为1.22，最低分2分，最高分9分，超过中值（5分）的占总调查人数的77.1%，说明市民总体感觉比较幸福。

三、居民品味方式与幸福感的关系分析

对居民品味方式和幸福感进行皮尔逊（Pearson）相关分析，表9-4显示，与人分享、自我满足、行为表达、记忆建构、即逝意识与幸福感的9个维度存在显著相关。

表 9-4　居民品味方式与幸福感的相关关系

	生活满意	正性情感	负性情感	生命活力	健康关注	利他行为	自我价值	友好关系	人格成长
与人分享	0.311**	0.144**	−0.104*	0.294**	0.192**	0.230**	0.294**	0.241**	0.199**
自我满足	0.382**	0.258**	0.136**	0.382**	0.117*	0.269**	0.382**	0.097	0.311**
行为表达	0.284**	0.170**	0.110*	0.224**	0.112*	0.280**	0.224**	0.108*	0.262**
记忆建构	0.155**	0.064	0.107*	0.312**	0.053	0.170**	0.312**	−0.029	0.221*
即逝意识	0.112*	0.053	0.101*	0.214**	0.113*	0.161**	0.214**	0.098	0.186**
避免扫兴	−0.057	0.007	0.198**	0.008	−0.083	0.130*	0.008	−0.098	0.049
总体	0.317**	0.200**	0.139**	0.366**	0.127*	0.308**	0.366**	0.104*	0.315**

注：* 表示 $p<0.05$，** 表示 $p<0.01$，*** 表示 $p<0.001$，下同。

将品味方式的5个维度作为自变量，幸福感9个维度作为因变量，运用逐步回归方法探索品味方式对综合幸福感9个维度的预测情况，结果见表9-5。

表 9-5　居民品味方式各维度对幸福感各维度的回归分析

因变量	预测变量	回归系数 B	标准回归系数 β	t	F	R	R^2
生活满意	常数项	2.895		8.962***			
	与人分享	0.117	0.120	2.073*	15.440***	0.446	0.199
	自我满足	0.391	0.371	5.777***			
	避免扫兴	−0.162	−0.164	−3.224**			
正性情感	常数项	3.448		8.548***			
	自我满足	0.384	0.125	4.543***	6.084***	0.299	0.089
	记忆建构	−0.175	0.311	−2.124*			

因变量	预测变量	回归系数 B	标准回归系数 β	t	F	R	R^2
负性情感	常数项	1.605		4.596***			
	与人分享	−0.266	0.185	−4.363***	6.424***	0.306	0.094
	自我满足	0.199	0.134	2.711*			
	避免扫兴	0.134	−0.269	2.470*			
生命活力	常数项	2.656		8.476***			
	自我满足	0.281	0.276	4.285***	14.590***	0.436	0.190
	记忆建构	0.176	0.170	2.742**			
	避免扫兴	−0.145	−0.152	−2.971**			
健康关注	常数项	4.581		13.965***			
	与人分享	0.142	0.156	2.476*	3.729**	0.238	0.057
	避免扫兴	−0.115	−0.125	−2.254*			
利他行为	常数项	3.149		9.788***			
	自我满足	0.145	0.145	2.148*	7.609***	0.330	0.109
	行为表达	0.169	0.185	2.928*			
自我价值	常数项	2.656		8.476***			
	自我满足	0.281	0.276	4.285***	14.590***	0.436	0.109
	记忆建构	0.176	0.170	2.742*			
	避免扫兴	−0.145	−0.152	−2.971*			
友好关系	常数项	4.600		13.186			
	与人分享	0.257	0.261	4.234	6.461***	0.307	0.094
	记忆建构	−0.190	−0.175	−2.667			
人格成长	常数项	3.562		17.187***			
	自我满足	0.152	0.235	3.492**	8.366***	0.344	0.119
	行为表达	0.074	0.125	1.993*			

　　从表 9-5 中可以看出，与人分享、自我满足和避免扫兴依次进入了生活满意度的回归方程（$F=15.440$，$p<0.001$），可解释生活满意度总变异量的 19.9%；与人分享、自我满足和避免扫兴依次进入负性情感的回归方

程($F=6.424$，$p<0.001$)，可解释负性情感的 9.4%；自我满足和记忆建构依次进入正性情感的回归方程($F=6.084$，$p<0.001$)，可解释正性情感总变异量的 8.9%；与人分享和避免扫兴依次进入健康关注的回归方程($F=3.729$，$p<0.01$)，可解释健康关注总变异量的 10.5%；自我满足和行为表达依次进入利他行为的回归方程($F=7.609$，$p<0.001$)，可解释利他行为总变异量的 10.9%；自我满足、记忆建构和避免扫兴依次进入生命活力的回归方程($F=14.590$，$p<0.001$)，可解释生命活力总变异量的 19.0%；自我满足、记忆建构和避免扫兴依次进入自我价值的回归方程($F=14.509$，$p<0.001$)，可解释自我价值总变异量的 10.9%；自我满足和行为表达依次进入人格成长的回归方程($F=8.366$，$p<0.001$)，可解释人格成长总变异量的 11.9%；与人分享和记忆建构依次进入友好关系的回归方程($F=6.461$，$p<0.001$)，可解释友好关系总变异量的 9.4%。

总之，与人分享、自我满足和记忆建构对生活满意度有显著的预测作用；自我满足和记忆建构对正性情感有显著的预测作用；自我满足和避免扫兴对负性情感有显著的预测作用；与人分享和记忆建构对友好关系有显著的预测作用；与人分享和避免扫兴对健康关注有显著的预测作用；自我满足、记忆建构、避免扫兴对自我价值和生命活力有显著的预测作用；自我满足、行为表达对利他行为和人格成长有显著的预测作用。

第四节　讨论与结论

通过对品味在人口学变量上的统计分析发现，与人分享和行为表达这两个维度在性别变量上存在显著性差异，同时与总体品味水平也存在显著差异；在婚姻状况变量上，只有行为表达维度未达到显著性差异，在其余各维度上已婚被试的品味水平显著高于未婚被试。女性在与人分享和行为表达两个维度上的得分高于男性。大量研究显示，男性和女性在对有关自身以及周围世界的看法、情感表达的方式和日常生活中采取的社会行为上是不同的。众所周知，女性往往比男性拥有更丰富、更复杂的内心世界和更强烈的情感。在对待积极事件的方式上，女性比男性更倾向于和他人分享积极体验，更多地利用身体的非言语行为表达情感，对好运气做出更强烈的反应，避免破坏品味的消极想法的出现。女性在表达情感时，往往喜欢伴随相应的行为，这样一方面可以更生动地与人分享自己的积极情感，增进彼此信任和友谊，另一方面在困境面前可以获得更多的社会支持资源，以缓解压力战胜困难。已婚被试比未婚被试在品味方式各维度上得分更高。这些统计结果说明婚姻有助于提高个人的品味能力，已婚者更擅于运用多种方式去探究生活中的积极事件。然而，婚姻是把双刃剑，对于婚姻和谐的人而言，良好的家庭氛围的确有助于个人用心品味生活，提升个人生活品质，更喜欢与人分享生活中的积极事件、自我夸耀和计数生活中的幸运之事，记录生活中的幸福时刻，同时擅于忽视生活中令人扫兴的事情。

方差分析结果显示，与人分享、行为表达和即逝意识在年龄变量上不存在显著差异。自我满足维度在年龄变量上存在显著差异，其中25周岁以下人群显著低于25～50周岁和50周岁以上两个年龄段人群。而记忆建构、避免扫兴和品味方式总体3个维度在年龄变量上也存在显著差异，其中50周岁以上的人群显著高于其他两个年龄段人群。究其原因，主要是在晚年时期，人们意识到自己在过去生活中面临过很多艰辛的时刻，同时也经历过很多积极事件的愉悦体验，这样的意识可能使年长者品味过去和当前的积极事件的能力更强。老年群体有丰富的生活阅历，他们对生活的意义有了新的看法，通过深刻的反思来重新定位他们剩下的人生，同时使自己变得更有智慧。老年人的智慧体现在他们变得更宽容，以开放的心态面对生活中的困境，看待事情更加辩证，而不是非黑即白。老年人这些心理特征，促使他们在记忆建构、避免扫兴和品味能力的总体得分高于年轻群体。

研究结果显示，除与人分享维度外，在自我满足、行为表达、记忆建构、即逝意识、避免扫兴和品味水平总体上，大专以下学历的人群得分普遍较高。这可能因为，该群体被试与高学历群体相比，对生活和工作的期望值相对较低，心理压力较小，这些因素使得他们更乐于关注生活中的积极事件，擅于运用品味策略。本科学历被试和研究生及以上被试，由于接受更多的学校教育，有较多的时间和金钱投入个人学习中，这部分群体往往对未来工作期望值较高，有一部分人想通过高学历获得高收入，他们通常花更多的精力忙于工作，较少有时间运用品味策略去品味积极事件。

根据统计结果显示，即逝意识这一维度在职业变量上差异不显著，其余各维度在职业变量上都达到显著差异。在与人分享维度上，公务员得分高于学生、公司员工和医生，且差异显著。在行为表达维度上，公务员得分高于医生，且差异显著。在记忆建构维度上，公务员得分高于学生、公司员工和医生，且差异显著，同时教师得分高于学生，差异也达到显著性水平。分析原因，这可能与公务员的性格特质有关，很多公务员的性格属于外倾型，而外向型性格具有更大的社交能力并且往往很热情。有研究显示，外向性水平和与人分享、记忆建构和行为表达呈正相关，并且外向者更倾向于看到事物积极的一面。在自我满足维度上，公务员和教师的得分高于学生、公司员工和医生，且差异显著；在避免扫兴维度上，公务员和教师的得分高于公司员工和医生，且均达到差异显著；在品味方式总体上，公务员和教师的得分高于学生、公司员工和医生，且差异显著。这是因为公务员工作稳定、收入有保证、社会地位高，这些因素促使公务员在生活中生活满意度较高，在与人交往中较自信，往往以乐观的心态看待积极事件。

品味方式在收入变量上的差异显著性统计结果表明，问卷中的 6 个维度在收入变量上均达到显著差异。总体而言，年收入为 5 万～8 万的被试品味能力较强，得分较高。收入水平不仅体现了个人的经济地位，而且也影响个人的生活品质。杭州是一个消费水平相对较高的城市，年收入在 5 万以下的被试没有相应的经济能力去支持个人旅游、购物和参与更多聚会。高收入往往与高付出相对应，包括时间、体力和知识的投入，这些因素导致高收入人群平时无暇去品味生活中的积极事件，而年收入处于 5 万～8 万的被试，可以很好地实现收入和时间的平衡，既有一定的经济能力，又有一定的时间资源去小资生活，去品味生活。

本研究表明，适合于杭州市居民的品味方式有 6 种：与人分享、自我满足、行为表达、记忆建构、即逝意识和避免扫兴。本研究主要分析主观幸福感、心理幸福感与品味方式的相关关系，其中主观幸福感包括生活满意度、正性情感和负性情感 3 个方面，心理幸福感包括健康关注、自我价值、生命活力、人格成长、友好关系和利他行为 6 个方面。回归分析结果显示，与人分享、自我满足和记忆建构对生活满意度有显著的预测作用；自我满足和记忆建构对正性情感有显著的预测作用；自我满足和避免扫兴对负性情感有显著的预测作用；自我满足、记忆建构和避免扫兴对自我价值与生命活力有显著的预测作用；与人分享和记忆建构对友好关系有显著的预测作用；与人分享和避免扫兴对健康关注有显著的预测作用；自我满足和行为表达对利他行为和人格成长有显著的预测作用。在最早的一个旨在增加幸福的系统研究中，福代斯（Fordyce）提出了增加幸福感的 14 个策略，包括：教育人们要变得更加积极；花更多的时间用于交际；多做有意义的工作；增强组织性；避免担心；减少期待；增加积极思考；关注现在；培养健康的人格；更加外向、独立；排除消极情绪；加强亲密关系；重视幸福等。尽管不能确定这些策略对增加幸福水平的作用，但是我们注意到在这些策略中，至少有一半的成分与品位策略有关，即社交、避免担忧、积极思考、关注现在、避免消极情感、加强亲密关系、重视幸福。以此可知，品味和幸福感有着密切的联系。

总之，品味很显然是一个积极的过程，通过品味，人们会对自己的生活感觉良好。因此，弗雷德里克松（Fredrickson）宣称品味在促进人类健康和幸福感上扮演着积极的角色。她主张人们应该培养积极的情绪，因为这些情绪可以增加个人的资源，使人们的幸福感不断上升。同样，品味有助于扩大个人的生活目标，建立广阔的资源。个人品位得越多，就越能发现更多的途径去享受生活，以此提高幸福水平。弗雷德（Fred）也提出有效的品味策略能够强化和延长快乐时刻的愉悦体验。从这个意义上说，品味对扩大和延伸积极情感有直接的影响，因为在某个时刻发现更大的乐趣，不仅有利于增加暂时的积极情感，也有利于提高一个人总体的幸福水平。因此，如果人们能够更好地注意周围环境中令人愉快的方面，加强对事物的积极特征的关注，就能够提高总体的幸福水平。在人的一生中，丰富和多样的品味不仅预示着更高的生活质量，也是丰富生命形式的体现。因此，懂得品味生活的人不仅拥有积极的情感体验，而且可以更幸福。

第十章

宽恕与幸福感的关系

当前我国正处于经济社会转型的特殊时期，随着经济体制、社会结构、利益格局的深刻变革和调整，利益主体多样化和价值取向多元化日益凸显，人们的思想活动呈现多变性和复杂性，加上生活节奏加快，各方面压力增多，由此构成了人际交往关系的多样性，由于这些原因导致的人际矛盾和冲突成为影响社会和谐与稳定的关键因素之一。社会和谐首先源于人们心理的和谐，学会宽恕可以帮助人们正确应对人际交往中产生的矛盾和冲突，使人们学会接受、宽容、体谅和关爱他人，维护、保持和谐良好的人际关系。

第一节　宽恕与幸福感的关系研究现状

在中国，宽恕最早起源于孔子的"忠恕之道"思想，把"忠"与"恕"相联系，"忠"即尽心尽力地对待别人，"恕"即推己及人，把他人当作自己一样对待。"宽恕"与"忠恕"同义，它是中国传统伦理学的重要范畴，是中华民族的传统美德之一。在《现代汉语词典》中，宽恕指宽容饶恕。宽容指宽大有气量，不计较或追究；饶恕则指免予责罚。所以说宽恕与宽容是有一定区别的。宽恕针对的主要是个体的行为，是心理上的赦免；宽容侧重个体的思想观念，是态度上的容忍。可以看出，在西方，宽恕是和宗教密切相关，崇尚一种无条件的爱；在东方，宽恕主要侧重美德、品质方面，其含义为理解和包容。

宽恕使受害者从愤怒、憎恨和恐惧中解脱出来，并不再渴望报复侵犯者。麦卡洛和恩赖特（McCullough & Enright）以共情、利他和迁就理论为基础，认为宽恕是促使受害者对侵犯者产生共情的一系列的动机变化过程，该过程降低了受害者报复和疏远侵犯者的动机，增强了受害者善待侵犯者的动机，并促使受害者与侵犯者和解。他们同时指出宽恕并不是动机，而是一个亲社会动机的变化过程。麦卡洛和恩赖特对宽恕的定义具有较强可操作性，也较为全面综合，是目前运用最广的定义。此外，还有学者从不同的角度界定宽恕。①宽恕不是什么：宽恕不是赦免、不是法律上的仁慈和宽大；宽恕不是和解；宽恕不是不咎罪过和饶恕；宽恕不是自我中心；宽恕不是忏悔；宽恕不是让愤怒的情感随时间流逝而消退的消极行为；②宽恕的特征：宽恕只发生在人与人之间，而不是发生在人与无生命的物体之间；宽恕发生在严重的伤害之后，这种伤害可能是心理上的或生理上的；个体只有在掌握了公正意义之后才能产生宽恕；宽恕需要时间；宽恕不需要犯过者的道歉，有目的的宽恕不是真正的宽恕，它不过是一种政治策略或一种精神疗法似的协调；宽恕受伤害的严重程度、受伤害前的人际关系性质和心理品质的影响；宽恕能改变自己，也能改变他人，因为爱心能延伸到他人身上；宽恕是个体的自主选择。

特雷纳(Trainer)通过实证研究，认为存在 3 种类型的宽恕：角色期待宽恕、利己的宽恕和内部的宽恕。这 3 种宽恕中，只有内部宽恕是心理主动的、发自内心的、真正对受害者的宽恕。角色期待宽恕是指人们为了适应社会角色不得不做出的宽恕；利己的宽恕是指个体为了向人们展示豁达大度、胸怀宽阔而表现出来的宽恕。后两种宽恕都是被动的，表现出来的宽恕都是为了展示给外人看，是表面上的，而内心仍充满焦虑和恐惧，对冒犯者还是心存恨意。莫热特(Maugert)将宽恕分为宽恕他人、宽恕自己与寻求宽恕。宽恕他人是指受害者受到他人的伤害后，自愿停止敌视冒犯者，并善待冒犯者的心理过程；宽恕自己是指个人饶恕自己所犯的错误或罪孽，由憎恨自己转变为关爱自己的心理过程；寻求宽恕指冒犯者在伤害他人后，主动承担道德责任并尽力寻求受害者宽容饶恕自己的心理过程。特雷纳主要依据受害者是主动还是被动做出宽恕进行分类，莫热特根据宽恕对象进行分类，这是目前运用最多的，也是最简明易懂的分类方式。类型模型主要在于表达宽恕的不同类型，但在解释个体如何做出宽恕的选择上还有一定不足。

宽恕的影响因素一直是心理学研究的重点。宽恕的发生主要受到来自冒犯者、冒犯事件和受害者的影响。①冒犯者。冒犯者的态度在一定程度上影响受害者的宽恕水平。如果冒犯者对自己的冒犯行为心存内疚，希望得到受害者的谅解并及时诚恳地向受害者道歉，就容易得到宽恕，但如果冒犯者在实施冒犯行为后，认为理所当然，没有任何道歉及悔改之心，并且还对受害者有言语或身体上的攻击，那么不但得不到受害者的宽恕而且会恶化下去，甚至会导致报复行为的发生。傅宏认为在所有可以影响受害者做出宽恕决定的因素中，诚恳道歉和悔过是冒犯行为发生之后，唯一可以由冒犯者自主控制的重要因素。[①] 有研究表明，冒犯者与受害者之间关系的亲疏程度、投入及满意程度对宽恕具有很重要的影响。也就是说，受害者在选择宽恕对象时，往往会选择与自己较亲密、交流较多，以及相互之间满意度较高的人群。例如，相同的冒犯事件，当冒犯者是自己的亲人或陌生人时，受害者选择宽恕亲人的概率要远远大于陌生人。[②] 冒犯事件。冒犯事件是指引起冒犯行为的外部原因，包括侵犯后果的严重程度和受害者对事件严重性的评价等。如果冒犯事件使受害者遭受了精神上的创伤、经济上的损失、躯体上的伤害，并且受害者觉得这种冒犯是故意的，那么受害者做出宽恕行为的机会是很小的；如果冒犯事件没有给受害者在精神上、经济上、躯体上带来伤害，并且受害者觉得冒犯者是无心的，初衷是好的，那么受害者容易做出宽恕行为。③受害者。受害者的年龄与性别、人格特征、应对方式、归因、移情、沉思、文化背景及宗教信仰等因素在一定程度上影响了受害者是否做出宽恕。第一，年龄与性别。宽恕随年龄的发展而发展，年龄和宽恕之间存在正向的相关关系，一般来说，老年人一般比年轻人更容易宽恕冒犯者。[②] 沃克（Walker）等人研究发现，男性既不容易得到别人的宽恕，又不容易宽恕别人，在同样的条件下女性比男性更倾向于做出宽恕选择。[③] 第二，人格特征。博尔泽（Borse）等人指出，人格对宽恕具有更加独特的预测作用，是影响宽恕的一个稳定性因素，它不因时间、地点、对象、事件的变化而变化。思考的灵活性、发散性思维、对于报复的态度、对愤怒的应对风格等对宽恕产生一定的影响。阿森多夫和维尔斯（Asendorpf & Wilpers）认为，人格特质可能通过影响具体的关系风格或者认知风格来影响宽恕。第三，应对方式。个体的应对方式是影响宽恕的一个重要因素。帕尔加门特（Pargamenthe）和赖伊（Rye）认为，当个体受到某种伤害时，自身具有的应对方式要求他们重新审视其信念和价值观。如果个体认为宽恕有助于愤怒、敌意、憎恨等负性情感的释放，则会努力改变对冒犯事件的态度，对冒犯者形成新的认识，进而宽恕

---

① 傅宏：《宽恕心理学：理论蕴涵与发展前瞻》，载《南京师大学报（社会科学版）》，2003(6)。

② 傅宏：《宽恕：当代心理学研究的新主题》，载《南京师大学报（社会科学版）》，2002(6)。

③ Walker, D. F. & Gorsuch, R. L., "Forgiveness within the big five personality mode," *Personality and Individual Difference*, 2002, 32(7), pp.1127-1137.

冒犯者；如果个体认为宽恕别人会使自己失去更多，如会使别人认为自己软弱，则很难形成对冒犯者的积极认识，不愿宽恕冒犯者，宁愿用攻击而非宽恕的方式做出反应。第四，归因。归因是指人们在寻找自己荣辱得失、成功失败的一种内在的心理活动。宽恕侵犯者的人评价侵犯事件的严重性程度更低，评价侵犯者为可容忍。归因研究表明，侵犯者的行为如果是出于可以控制的原因，并且侵犯者不能提出可以减轻其行为责任的原因，那么被侵犯者往往推断侵犯者的行为在很大程度上是出于有意的，并认为侵犯者对行为后果所应承担的责任更大，对侵犯行为更感到生气，采取报复行为的可能性也更大。第五，移情。移情就是对他人情绪状态的同感性体验，即换位思考，站在他人的角度上看待问题，体验他人的情感。雷恰尔（Rachal）的研究结果显示，宽恕程度与移情程度存在正相关。与站在自我的角度看待冒犯事件的个体相比，站在冒犯者角度看待问题的个体更可能做出仁慈的归因，体验积极的情感反应，宽恕冒犯者。策希迈斯特（Zechmeister）等人的研究表明，具有较高移情水平的受害者会对冒犯事件做出更积极的归因和描述，因此更容易宽恕冒犯者。我国学者张素娴的研究也表明，移情与宽恕之间存在显著的正相关，移情对宽恕有正向预测力。[1] 第六，沉思。对于消极人际事件和对自己负性情感状态的反复沉思对个体的心理健康、人际关系造成负面影响。如果个体对自己所受的侵犯反复思考，受伤害时的情景就会不断地涌现于脑海中，这时就会增加个体的愤怒、抑郁程度，甚至导致报复攻击行为的产生。很多研究也表明，阻碍受害者做出宽恕决定的是受害者对冒犯事件的反复沉思以及保持愤怒的记忆。第七，文化背景。东西方文化背景的不同，也在一定程度上影响了宽恕的产生。宽恕自己在西方个人主义文化中被认为是必要的，而在东方集体主义文化中则被认为是不合理的，东方文化更注重对他人的宽恕。加桑（Gassin）发现东西方文化对宽恕的理解存在着差异。但也有研究表明宽恕不受文化影响，因此跨文化研究有待于学者进一步探讨。第八，宗教信仰。很多研究表明宽恕与宗教意识有关，宗教意识强的个体容易宽恕他人，但不容易宽恕自己，他们认为宽恕他人是自己的责任，宽恕自己则会受到惩罚。

国外关于宽恕与幸福感的研究较多。大多数研究显示宽恕与幸福感存在显著相关。哈皮罗（Hapiro）的研究显示，宽恕程度会影响人的主观幸福

---

① 张素娴：《初中生宽恕的特点及其干预研究》，硕士学位论文，湖南师范大学，2010。

感，那些报复欲强、宽恕水平低的被试所体验的主观幸福感较低。[1] 约翰（Johan）[2]等人研究发现，当受害者与侵犯者有密切的承担义务关系时，宽恕与主观幸福感的正相关会更加显著，同时约翰发现当心理紧张因素被控制后，宽恕对主观幸福感的预测程度会减小。而米诺·萨斯特（Munoz Sastre）的研究则没有显示宽恕和生活满意度之间有显著的相关关系。

国内对宽恕心理学的研究还处在初步阶段。岑国桢对宽恕的内涵及研究成果的介绍，使宽恕第一次进入研究者的视野。[3] 傅宏提出宽恕必将成为当代心理学研究的新主题，让宽恕真正成为研究者的焦点。[4] 倪伟探讨了我国中学生宽恕风格发展的特点及其与道德判断能力的关系。[5] 近年来，学者侧重于宽恕的影响因素及其同心理健康的关系研究。李湘晖的研究探讨大学生宽恕与心理健康水平的关系，结果显示大学生宽恕与心理症状呈负相关。[6] 李兆良对大学生宽恕与焦虑的相关性进行了探讨，结果显示宽恕越高的大学生，其焦虑水平越低。[7] 自我宽恕是宽恕的重要组成成分，也是近几年来逐渐兴起的健康心理学热点问题。单家银、祁焦霞、喻丰和胡蕾分别探讨了自我宽恕。宽恕干预的研究也较多：董碧柳和张素娴分别对初中生宽恕的特点及其干预研究进行了探讨；陈翠的研究表明宽恕干预措施可以缓解大学生的愤怒水平；杨桂菊提出了宽恕心理在职业倦怠中的运用，探讨了如何利用宽恕心理，缓解医务人员带来的心理压力，从而降低职业倦怠的发生。国内近几年关于宽恕与幸福感的关系研究逐渐增多。李湘晖的研究显示，主观幸福感对于宽恕有一定预测作用，主观幸福感越高的人其宽恕水平也越高。牟秀风的研究表明，宽恕与总体幸福感的相关性非常显著。袁小帆的研究显示，大学生主观幸福感与宽恕之间存在显著相关。

---

[1] Hapiro, D. L., " The effects of explanations on negative reactions to deceit," *Administrative Science Quarterly*, 1991, 36, pp. 614-630.

[2] Karremans, J. C., Van Lange, P. & Ouwerkerk, J. W., " When forgiving enhances psychological well-being: The role of interpersonal commitment," *Journal of personality and social psychology*, 2003, 84(5), pp. 1011-1026.

[3] 岑国桢：《从公正到关爱、宽恕——道德心理研究三主题略述》，载《心理科学》，1998，21(2)。

[4] 傅宏：《宽恕：当代心理学研究的新主题》，载《南京师大学报(社会科学版)》，2002(6)。

[5] 倪伟：《中学生宽恕风格的发展及其与道德判断能力的相关研究》，载《南京师大学报(社会科学版)》，2001(2)。

[6] 李湘晖：《大学生宽恕与心理健康的相关分析》，载《中国健康心理学杂志》，2008，16(7)。

[7] 李兆良、赵宗金、李敬阳等：《大学生宽恕与焦虑的相关性探讨》，载《医学与社会》，2010，23(8)。

总体上，目前国内关于宽恕的研究主要集中在大学生群体，其他群体较少提及。本研究主要探讨初中生、本科生、硕士研究生三大群体的宽恕状况及其对幸福感的影响研究，以期为学校开展宽恕教育，培养青少年宽恕行为提供参考。

第二节　研究对象与研究工具

一、研究对象

以南昌大学、临川某中学、南昌某中学的学生为被试，发放问卷 725 份，回收 672 份，剔除无效问卷 89 份，最终得到有效问卷 583 份，有效回收率为 80.4%。

二、研究工具

(一)《青少年宽恕问卷》

修订后的青少年宽恕问卷共 9 个项目，分为宽恕自己和宽恕他人两个维度。其中宽恕自己维度包括 3 个项目，宽恕他人维度包括 6 个项目，采用 Likert 7 点式计分，分数越高，说明宽恕倾向越高。本研究中，宽恕总量表 Cronbach α 信度系数为 0.750，宽恕自己 Cronbach α 信度系数为 0.672，宽恕他人信度 Cronbach α 系数为 0.759，宽恕自己的分半信度系数为 0.605，宽恕他人的分半信度系数为 0.718，表明该量表具有较好的信度。量表各维度与所属项目之间的相关在 0.607 和 0.782 之间；量表各维度与总量表之间的相关为 0.859 和 0.742；分量表之间的相关为 0.294，说明量表各维度与总量表之间的相关明显高于分量表之间的相关，表明该量表具有较好的结构效度。

(二)《综合幸福感问卷》

《综合幸福感问卷》包括 1 个指数(幸福指数)、2 大模块(主观幸福感与心理幸福感)和 9 个维度。

(三)《社会幸福感》

《社会幸福感量表》包括社会认同、社会实现、社会贡献、社会和谐、社会整合 5 个维度，共 20 个项目。

第三节　宽恕与幸福感的关系研究结果

一、青少年宽恕与幸福感的总体状况

对宽恕及其两个维度的均值进行描述统计分析，结果见表 10-1。

表 10-1　宽恕状况的描述统计结果

	青少年总体				研究生		本科生		初中生	
	Min	Max	*M*	*SD*	*M*	*SD*	*M*	*SD*	*M*	*SD*
宽恕自己	1.00	7.00	4.17	1.15	4.22	1.11	4.15	1.06	4.14	1.28
宽恕他人	1.83	7.00	5.03	0.84	5.02	0.72	4.87	0.85	5.24	0.91
量表均分	2.83	7.00	4.60	0.78	4.62	0.75	4.51	0.74	4.69	0.85

由表 10-1 可知，青少年宽恕总量表均分最高为 7.00，最低为 2.83，宽恕总量表及两个维度的均分都在中值（中值＝4）以上，宽恕他人均分均高于宽恕自己，表明有的青少年宽恕状况较高，有的青少年宽恕状况不容乐观，青少年宽恕总体状况良好。宽恕自己最高得分为研究生，宽恕他人和宽恕总量表均分最高得分为初中生。三大群体宽恕自己的得分均值由高到低分别为研究生（4.22）、本科生（4.15）、初中生（4.14），其中本科生、初中生宽恕自己状况略低于三大群体总体的宽恕自己均值（4.17）；三大群体宽恕他人均值由高到低排列依次为：初中生（5.24）、研究生（5.02）、本科生（4.87），其中研究生、本科生宽恕他人低于三大群体总体的宽恕他人均值（5.03）；三大群体宽恕总量表均值由高到低排列依次为：初中生（4.69）、研究生（4.62）、本科生（4.51），其中本科生宽恕总量表稍低于三大群体总体的宽恕总量表均分（4.60）。

进一步采用单因素方差分析考查不同群体在宽恕总体状况及其两维度上的差异，结果见表 10-2。

表 10-2　宽恕的群体差异

	研究生		本科生		初中生		*F*	*p*	Scheffe 多重比较
	M	*SD*	*M*	*SD*	*M*	*SD*			
宽恕自己	4.22	1.11	4.15	1.06	4.14	1.28	0.277	0.758	
宽恕他人	5.02	0.72	4.87	0.85	5.24	0.91	9.917	0.000***	初中生＞本科生 初中生＞研究生
总量表	9.25	1.50	9.02	1.49	9.39	1.71	2.797	0.062	

注：*表示 $p<0.05$，**表示 $p<0.01$，***表示 $p<0.001$，下同。

从表 10-2 中可以看出，三大群体在宽恕自己和宽恕总量表得分上无显著差异，三大群体在宽恕他人维度上差异显著（$p=0.000$）。为进一步了解宽恕他人在各个群体上的差异，本研究进行了多重比较，结果显示，初中生在宽恕他人维度上的得分显著高于本科生与研究生。

采用单因素方差分析考查不同群体在幸福感三维度上的差异，结果见表 10-3。

表 10-3　幸福感的群体差异

	研究生		本科生		初中生		F	p
	M	SD	M	SD	M	SD		
主观幸福感	6.73	2.04	6.66	2.14	6.78	2.19	0.163	0.850
心理幸福感	31.03	4.26	31.59	4.32	31.28	4.48	0.852	0.427
社会幸福感	24.45	3.66	24.25	3.66	25.08	3.83	2.536	0.080

由表 10-3 可知，三大群体在主观幸福感、心理幸福感、社会幸福感上无显著差异，但是从得分上看，初中生在主观幸福感、社会幸福感上得分最高，本科生在心理幸福感上得分最高。

二、宽恕与幸福感的关系

(一)宽恕与幸福感的相关关系

分别探讨研究生、本科生与初中生宽恕及其两维度与幸福感之间的关系，结果见表 10-4。

表 10-4　宽恕与幸福感的相关关系

	研究生			本科生			初中生		
	宽恕自己	宽恕他人	宽恕量表总分	宽恕自己	宽恕他人	宽恕量表总分	宽恕自己	宽恕他人	宽恕量表总分
主观幸福感	0.289***	0.374***	0.392***	0.329***	0.360***	0.439***	0.244**	0.315***	0.351***
心理幸福感	0.337***	0.379***	0.430***	0.253***	0.440***	0.430***	0.225**	0.293***	0.326***
社会幸福感	0.231***	0.333***	0.330***	0.259***	0.403***	0.414***	0.098	0.318***	0.244**

由表 10-4 可知，除初中生的社会幸福感与宽恕自己没有显著相关外，研究生、本科生、初中生的宽恕及其两维度均与主观幸福感、心理幸福感、社会幸福感呈正相关。

(二)宽恕与幸福感各维度的相关关系

进一步探讨研究生、本科生与初中生宽恕两维度与幸福感各维度间的关系，见表 10-5。

表 10-5　宽恕与幸福感各维度的相关

	研究生			本科生			初中生		
	宽恕自己	宽恕他人	宽恕量表总分	宽恕自己	宽恕他人	宽恕量表总分	宽恕自己	宽恕他人	宽恕量表总分
生活满意	0.167*	0.332***	0.282***	0.148*	0.248***	0.246***	0.064	0.109	0.106
正性情感	0.168*	0.235**	0.236**	0.270***	0.215**	0.314***	0.171*	0.253**	0.264***
负性情感	-0.334***	-0.262***	-0.372***	-0.288***	-0.319***	-0.387***	-0.312***	-0.338***	-0.415***
生命活力	0.366***	0.222**	0.377***	0.078	0.220**	0.181*	0.159*	0.231**	0.243**
健康关注	0.245**	0.234**	0.292***	0.146	0.359***	0.308***	0.153	0.108	0.173*
利他行为	0.110	0.300***	0.224**	0.138*	0.363***	0.305***	0.095	0.319***	0.242**
自我价值	0.346***	0.341***	0.418***	0.220**	0.268***	0.309***	0.188*	0.211*	0.254**
友好关系	0.223**	0.319***	0.317***	0.316***	0.398***	0.451***	0.206*	0.223**	0.274***
人格成长	0.276***	0.356***	0.374***	0.234**	0.356***	0.369***	0.159*	0.165*	0.208*
社会实现	0.145*	0.263***	0.232**	0.213**	0.338***	0.344***	0.117	0.163*	0.175*
社会和谐	0.075	0.096	0.101	0.171*	0.199*	0.234**	0.074	0.319***	0.226**
社会整合	0.187*	0.271***	0.268***	0.261***	0.293***	0.352***	0.065	0.270***	0.193*
社会认同	0.186**	0.434***	0.344***	0.170*	0.448***	0.376***	0.011	0.234**	0.133
社会贡献	0.269***	0.193**	0.291***	0.157*	0.253***	0.256***	0.078	0.160*	0.144

由表 10-5 可知，在研究生群体中，除利他行为、社会和谐外，宽恕自己与其他 11 个因子均呈正相关，与负性情感呈负相关(相关系数在 0.145 和 0.366 之间)，除社会和谐外，宽恕他人与其他 12 个因子均呈正相关，与负性情感呈负相关(相关系数在 0.193 和 0.434 之间)，除社会和谐外，宽恕总量表与其他 12 个因子均呈正相关，与负性情感呈负相关(相关系数在 0.232 和 0.418 之间)；在本科生群体中，除生命活力外，宽恕自己与其他 12 个因子均呈正相关，与负性情感呈负相关(相关系数在 0.138 和 0.316 之间)，宽恕他人与幸福感 13 个因子均呈正相关，与负性情感呈负相关(相关系数在 0.199 和 0.448 之间)，宽恕量表总分与幸福感 13 个因子均呈正相关，与负性情感呈负相关(相关系数在 0.181 和 0.451 之间)；在初中生群体中，除生活满意、健康关注、社会实现、社会和谐、社会整合、社会

认同、社会贡献外，宽恕他人与其他 6 个因子均呈正相关，与负性情感呈负相关（相关系数在 0.153 和 0.206 之间），除生活满意、健康关注外，宽恕他人与其他 11 个因子均呈正相关，与负性情感呈负相关（相关系数在 0.160 和 0.338 之间），除生活满意、社会认同、社会贡献外，宽恕总量表得分与其他 9 个因子均呈正相关，与负性情感呈负相关（相关系数在 0.173 和 0.415 之间）。

三、宽恕与幸福感的回归分析

相关分析结果表明宽恕与幸福感之间存在较显著的相关，进一步采用逐步回归（Stepwise）的方法来筛选变量（进入概率为 0.05，删除的概率为 0.01），分别以宽恕量表两维度为自变量，以主观幸福感、心理幸福感、社会幸福感为因变量进行回归分析。

表 10-6　宽恕对幸福感的回归分析

群体	因变量	预测变量	回归系数 B	标准回归系数 β	t	F	R	R^2
研究生	主观幸福感	常量	0.791		0.809***			
		宽恕他人	0.891	0.314	4.503***	19.744***	0.415	0.172
		宽恕自己	0.346	0.189	2.718**			
	心理幸福感	常量	18.124		8.989***			
		宽恕他人	1.795	0.302	4.394***	23.063***	0.442	0.195
		宽恕自己	0.922	0.241	3.506**			
	社会幸福感	常量	15.903		8.988***			
		宽恕他人	1.702	0.333	4.880***	23.818***	0.333	0.111
本科生	主观幸福感	常量	0.699		0.827***			
		宽恕他人	0.767	0.304	4.849***	26.210***	0.444	0.197
		宽恕自己	0.536	0.265	4.236***			
	心理幸福感	常量	18.700		11.104***			
		宽恕他人	2.063	0.404	6.549***	30.266***	0.470	0.220
		宽恕自己	0.687	0.168	2.728**			
	社会幸福感	常量	13.936		9.594***			
		宽恕他人	1.580	0.365	5.816***	25.830***	0.441	0.194
		宽恕自己	0.631	0.181	2.906**			

群体	因变量	预测变量	回归系数 B	标准回归系数 β	t	F	R	R^2
初中生	主观幸福感	常量	1.903		1.952			
		宽恕他人	0.671	0.279	3.843***	13.219***	0.367	0.135
		宽恕自己	0.327	0.191	2.633**			
	心理幸福感	常量	22.035		10.941***			
		宽恕他人	1.277	0.260	3.540**	11.141***	0.340	0.116
		宽恕自己	0.616	0.176	2.401*			
	社会幸福感	常量	18.049		11.114***	19.297***	0.318	0.101
		宽恕他人	1.341	0.318	4.393***			

从表 10-6 中可知，在研究生群体中，宽恕他人、宽恕自己对主观幸福感、心理幸福感有显著预测，宽恕他人对社会幸福感有显著预测；在本科生群体中，宽恕他人、宽恕自己对主观幸福感、心理幸福感与社会幸福感均有显著预测；在初中生群体中，宽恕他人、宽恕自己对主观幸福感、心理幸福感有显著预测，宽恕他人对社会幸福感有显著预测。路径图见图 10-1、图 10-2、图 10-3。

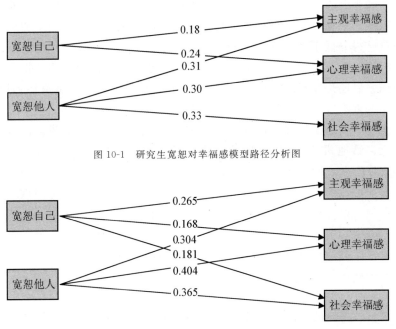

图 10-1 研究生宽恕对幸福感模型路径分析图

图 10-2 本科生宽恕对幸福感模型路径分析图

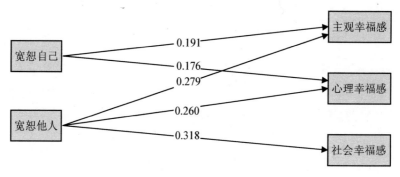

图 10-3　初中生宽恕对幸福感模型路径分析图

第四节　讨论与结论

一、对青少年宽恕特点的讨论

研究表明，青少年的宽恕自己、宽恕他人及宽恕量表得分均处于中等水平以上，且宽恕自己得分均低于宽恕他人得分，这表明学生宽恕的总体水平良好。本研究结果和大多数学者的研究结果是一致的，如张素娴（2010）和张海霞（2009）等人的研究结果表明初中生、大学生的宽恕水平呈中等以上。根据对文献资料及访谈结果的整理，笔者认为有两个原因造成宽恕自己得分低于宽恕他人得分。①由于受到中华民族以"和"为贵、"忍一时风平浪静，退一步海阔天空"等良好宽恕教育文化的影响，很多学生受到伤害后还是愿意原谅和包容对方。"大家都是同学了，难道还不说话，难道还一直生气吗？况且对方已经和我道过歉了，就给他点面子吧。""其实他平时对我还是挺好的，不知道是什么原因这样了，可能我自己也有错吧，就再给他机会了。""同学都劝我算了，想想也是，鸡毛蒜皮的事情，何必放在心上，同学之间的友谊很难得还是多点珍惜和包容。"②相对于宽恕他人而言，很多学生在意识到自己犯错误时，一开始会处于内疚、后悔和自责中，但是过一段时间，多半学生还是能平复情绪，调整心态，总结经验，展望未来。"有段时间心理还是挺内疚的，但是过一段时间想想还是原谅自己吧，毕竟谁不会犯错呢，当时自己也是无心的。""我怎么会犯这样的错误，事情既然发生了，就想办法弥补吧，后悔伤心也无济于事，还是给自己一个机会。"

对三大群体的宽恕特点进行比较，研究结果发现，在宽恕自己和宽恕总量表得分上，三大群体不存在显著差异。但是在宽恕他人维度上，初中生得分显著高于本科生与研究生。虽然国外有些研究表明，宽恕在年龄上有显著的差异，宽恕水平随着年龄的增大而逐渐上升，老年人一般比年轻人更容易宽恕冒犯者。但这些研究基本上都是对青年、中年和老年进行比较，年龄跨度较大。而在本研究中，年龄跨度较小，宽恕自己和宽恕总量表得分没有显著差异。对于在宽恕他人维度上初中生显著高于本科生和研究生，结合访谈结果我们列出以下几个原因。①被调查的学生基本上都处于七年级和八年级。他们不用为了升学而烦恼，课业负担较少，对将来的考虑很少，彼此之间的竞争相对很少，人与人之间的关系较为单纯，这样他们在处理人际矛盾时较为大度。而本科生和研究生的思想较为成熟，现如今处于变革的社会时期，竞争无疑是明显的社会现象，学生干部的竞争、学习成绩的竞争、工作的竞争，这些无疑给他们带来较大的压力。他们考虑更多的是如何超越他人，如何努力奋斗，因为只有这样才能在社会上立足，而对于受到伤害时宽恕他人的问题就考虑得较少。人的需要层次也说明，社会交往的需要在生存需要实现后才会得到考虑，因此竞争也在一定程度上影响了宽恕水平；②由于被调查的初中生均不要求住校，所以他们和同学们待一起的时间比本科生和研究生的少，仅限于上课和少量的课余时间，课余时间基本上都是和亲人一起度过，因此他们人际交往的摩擦也较少，当出现矛盾时，他们能表现出较高的宽容大度。本科生和研究生基本上都是住校生，长期与室友、同学相处容易产生一些矛盾，尤其是对于刚来到陌生城市读书的本科生，生活环境的不适应、文化差异的不适应、彼此生活习惯的不适应，都容易引起一些焦虑、烦躁、不安的情绪，有些同学能较好地应对、调整，以积极健康的心态面对生活，有些同学在人际交往中受到不良情绪的影响，容易产生人际矛盾，而自己又不能正确地处理，因此宽恕水平稍低。

本研究结果显示，研究生、本科生和初中生在主观幸福感、心理幸福感、社会幸福感上并无显著差异。国内很多学者产生了不一样的结论。例如，唐洁的研究表明，中学生的主观幸福感显著高于大学生[①]，"80后"大学生的总体主观幸福感显著高于"90后"初高中学生。究竟研究生、本科生和初中生在主观幸福感、心理幸福感和社会幸福感上有无显著差异，还有待进一步的探究。

---

① 唐洁、孟宪璋：《大中学生主观幸福感的比较研究》，载《中国临床心理学杂志》，2002，10(4)。

二、对宽恕与幸福感关系的讨论

研究发现，研究生、本科生和初中生三大群体的宽恕与幸福感的 14 个维度存在较多的、显著的正相关。这和国内很多学者的研究是一致的。张海霞的研究表明，大学生总体宽恕倾向及其各维度与主观幸福感显著正相关[①]；黄华金的研究发现，大学生主观幸福感与宽恕心理呈正相关，大学生主观幸福感与宽恕之间存在显著相关。[②] 本研究同时也发现：在初中生群体中，宽恕自己、宽恕他人与社会幸福感各个维度均不相关，可能是由于初中生年龄尚小，思想单纯，对自己的关注较多，强烈地关注自己的外形、注重自己的学业成绩和自身学习能力。宽恕水平主要源于自己内在的体验，而社会幸福感主要表明个体在社会关系中适应的好坏程度，因此宽恕与社会幸福感不相关。

本研究发现，研究生、本科生、初中生的宽恕及其两维度与主观幸福感、心理幸福感、社会幸福感两两之间的相关程度是没有差别的，宽恕维度与幸福感维度相关，且相关系数有差异的有 8 组，在宽恕他人与友好关系、人格成长、社会实现、社会认同的相关上，本科生的相关程度显著高于初中生，在宽恕自己与生命活力、自我价值相关上，以及在宽恕他人与人格成长、社会认同相关上，研究生的相关系数高于初中生。分析原因可能是，与初中生相比，本科生社交面广，能接触到更多的朋友，更加成熟睿智，与社会接触更多，对社会更加了解，对周围的人和事情的感知更加灵敏，当宽恕他人后，他们能结交良好的友谊，能了解自己，能够独立自主地去决定自己的行为，对社会越信任和对社会发展更有信心，越能感觉到周围的人的善良，更加会为他人着想，表现在宽恕他人与友好关系、人格成长、社会实现、社会认同的相关上，本科生的相关程度显著高于初中生。相对于初中生而言，研究生年龄较大，需要完成的事情更多，阅历较丰富，心智更加成熟，更加独立、有主见、有思想，更能理解人，当他们不和自己计较后，就越有时间、精力、能量去做自己的事情，更能评价自己的优缺点和价值。他们在宽恕别人后，就会更加自主地决定自己的行为，对周围的人持更加友善的态度，所以在宽恕自己与生命活力、自我价值相关上，以及在宽恕他人与人格成长、社会认同相关上，研究生的相关系数高于初中生。

---

① 张海霞：《大学生宽恕倾向与自尊、主观幸福感的关系》，硕士学位论文，华中师范大学，2009。

② 黄华金：《大学生主观幸福感与宽恕心理的现状及关系研究》，载《社会心理科学》，2009(2)。

通过对宽恕与幸福感的回归分析，结果显示，宽恕对幸福感的预测、影响较稳定。刘会驰[1]的研究表明：宽恕对主观幸福感有直接影响。研究者用主观报告方法做了相关研究，结果显示，对冒犯者的宽恕倾向与个人对生活的满意度有关，即宽恕倾向越高的人，生活满意度也越高。[2] 恩赖特等人指出有证据显示宽恕与幸福感相关，宽恕可以为人类提供力量，促使个体维持和提高幸福感。[3] 而那些报复欲强、宽恕水平低的被试所体验的主观幸福感较低。克劳斯和埃利森（Krause & Ellison）对美国老年人进行过一次寻求上帝的宽恕、施予宽恕和幸福感的关系的调查，结果显示宽恕他人和得到上帝的宽恕都能促进幸福感。[4] 因此个体越宽恕他人，体验到的幸福感就越强。

① 刘会驰、吴明霞：《大学生宽恕、人际关系满意感与主观幸福感的关系研究》，载《中国临床心理学杂志》，2011，19(4)。

② 傅宏：《宽恕心理学理论蕴涵与发展前瞻》，载《南京师大学报(社会科学版)》，2003(6)。

③ Al-Mabuk, R. H., Enright, R. D. & Cardis, P. A, "Forgiving education with parentally love-deprived late adolescents,"*Journal of Moral Education*, 1995, 24(4), pp. 427-444.

④ Krause, N. & Ellison, C. G., "Forgiveness by God, forgiveness of others, and psychological well-being in late life,"*Journal for Scientific Study of Religion*, 2003, 42(1), pp. 77-94.

第十一章

积极幻想与幸福感的关系

　　积极幻想(positive illusion)虽然是一种对现实的背离，却是个体积极心理适应的方式，显示个体对现实的积极把握和乐观知觉。这种积极幻想能把光明的未来展现在人们的面前，鼓舞人们顽强地去克服困难，坚定地朝着既定的目标前进，它是激发人们在学习、工作中发挥创造性和积极性的巨大动力，也是创造幸福生活的重要方法之一。

第一节　积极幻想与幸福感的关系研究现状

　　泰勒(Taylor)和布朗(Brown)于 1988 年首次提出积极幻想的概念，认为积极幻想是个体在生活中或在面临威胁性情景、压力性事件时所做出的一种对自我、现实生活和未来的消极方面的认知过滤，而这种认知过滤是以歪曲表征的方式投射到个体的自我意识中的。[①] 国内有些学者也将积极幻想译为"积极错觉""积极幻觉"等，认为它是用自我概念的理想化、夸大对可控性的感知和不现实的乐观等作为缓冲器，来保护个体受到威胁的自尊。积极幻想虽然是对现实的一种背离，但它实际上是个体的一种积极心理适应方式。因为积极幻想显示了个体对现实的积极把握和乐观知觉，同时也体现了个体对自我价值和自尊的一种保护。泰勒提出的积极幻想并非是与已知事实相对立，而是强调尽量看到事物积极的一面。从进化的观点看，作为乐观主义的一种表现形式，积极幻想是非常具有适应性特点的。

---

　　① Taylor，S. E. & Brown，J. D.，"Illusion and well-being：A social psychological perspective on mental health,"*Psychological Bulletin*. 1988，103(2)，pp. 193-210.

自我评价比较积极的个体，也会维护别人的自尊，因此比较受欢迎。1978年马特林(Matlin)和施汤(Stang)指出，人们的思维加工过程是乐观的，大部分人对积极事件的回忆比消极事件更快、更容易；言语中使用的积极词汇比消极词汇更多，说明人们对自己的评价比对别人的评价更积极。蒂格(Tiger)在《乐观主义：希望的生物学基础》(Optimism：The Biology of Hope)中指出，乐观的思维方式是人类物种进化的重要特征，是个体在应对未来时形成的一种能力。采用现实或悲观的态度去应对未来不可避免的危险、疾病或死亡的人缺乏生存的动机，而乐观的人相信事情总会有好转的时候，具有生存下来的强烈信念。贝克尔(Becker)在他的著作《否认死亡》(The Denial of Death)中提到，因为人们生活的世界是处于不断变动当中的，所以人们才会产生积极幻想，积极幻想可以帮助人们更好地应对各种威胁。我们控制和组织世界的信念可以使我们不必不断地面对死亡的现实，人们之所以有控制的需要，是因为控制的信念能够减少压力反应。

积极幻想是适应性的，因为它允许人们用最好的可能性来解释现实。大量的研究表明，积极幻想涉及选择性注意、良性遗忘、容忍能力不足和消极自我图式等认知加工过程。①选择性注意。它是指人们对有关自身的积极事件的关注和消极事件的忽略，也就是说，人们采用一种有偏好的方式过滤信息，只对积极的信息进行登记和编码。②良性遗忘。它是指人们对有关自我的消极信息很难提取或回忆的过程，同时人们很容易对有关自我的积极信息的重要细节进行回忆。③容忍能力不足。明确地认识到自己能力的不足，接受自己在某些方面或领域缺乏技能的事实，以此来应对有关自我的消极信息。个体不采用相对劣势的领域的成绩来评价自身价值，从而维护自尊。④消极自我图式。另外一个应对有关自我消极信息的策略是建立一个消极自我图式(与积极自我图式相对应)，消极自我图式可能是围绕害羞或肥胖等特征而发展出来的。消极自我图式是一系列信息的集合，允许个体参与可能会对自我产生消极信息的情境，并发展出应对这种情境的策略。

泰勒等人的大量研究表明，与客观环境的实际情况或其他人对同样环境的认识相比，人们采用更积极的方式提高自己，主要有以下三种途径。①自我概念的理想化。自我概念的理想化是指个体对自己的行为表现和个体品质等方面给予不切实际的积极评估。[①] 研究认为，大部分正常人没有正确的自我观念，他们一般具有过度积极的自我观念，而且这些积极错觉

---

① Taylor, S. E. & Brown, J, D., "Positive illusions and well-being revisited: Separating fact from fiction," *Psychological Bulletin*, 1994, 116(1), pp. 21-27.

是有益于心理健康的。他们在认识自我时似乎都表现出同一种取向——"优于大多数"(better-than-most)效应，即过分高估自我。① ②夸大对可控性的感知。控制感指的是个体能够做出决定与采取有效行动，并获得想要的结果和避免不想要的结果。研究显示，个体控制感是自我概念和自尊的整合，有时人们对个体控制感的信心比实际强。为了维持对个人控制力的信念，人们会对很多事情进行错误的归因。大量的数据显示人们在机会事件面前会过分相信自己的控制力。② ③不现实的乐观。不现实的乐观是指个体毫无根据地对未来充满希望，并相信未来好事情比坏事情更有可能发生。大部分人都采取一种积极的态度来看待自己的未来，认为自己在未来所遭到的逆境、灾难等会少于其他人。虽然这些人也像其他人一样经历挫折，但他们养成了自己能应对挑战和不幸的信念，并坚持进行积极的自我对话，他们关注的是成功而不是失败，当目标遇到障碍时，他们较少体验到消极情绪，这可能是因为他们创造性地找出了可达到目标的方式，或者灵活地选择了其他更容易实现的目标。

积极幻想的有关研究大多围绕个体发展中的适应意义展开，如身心健康、亲密关系、人际交往、学业成绩、幸福感等。泰勒和布朗认为积极幻想有助于自我心理健康的提升，而且有越来越多的证据表明这种关于自我的积极幻想是心理健康的关键。泰勒和布朗的研究发现，具有自我提升的积极幻想能使个体有更好的社会适应。③ 积极幻想也可以提升其他的心理健康指标，包括关心他人、幸福与满意、建设性或富有效率的工作等。泰勒和阿斯平沃尔(Aspinwall)描述了人们对应付问题的认知与动机过程，发现有意识、积极的方式对人的心理健康极有价值。例如，积极幻想从消极事件吸取积极的意义，应用幽默、信念、意志应对困难，不钻牛角尖，用适合的方式进行社会比较等，这些策略均能减少应激并促进心理健康。

积极幻想是预测幸福感的最佳指标之一。费雷德曼(Freedman)的研究显示，乐观自信的人通常会认为自己可以掌控自己的生活，把握自己的命运，坚信自己的未来是美好的，而那些缺乏积极幻想的人则不会这么认为。但也有研究显示，幸福感水平的高低可以预测积极幻想的水平，贝克(Beck)和凯珀(Kuiper)等人的实验表明，快乐的人与悲观者相比有更高的

---

① Lazar, Stankov, Jihyun, Lee & Insu, Paek., "Realism of confidence judgements," *European Journal of psychological Assessment*, 2009, 25(2), pp. 123-130.

② Crocker, J., "Biased questions in judgment of covariation studies,"*Personality and Social Psychology Bulletin*, 1982, 8(2), pp. 214-220.

③ 董妍、俞国良：《自我提升的研究现状与展望》，载《心理科学进展》，2005，13(2)。

自我评价，快乐的人表现出控制环境和他人的需要，有更高水平的乐观体验。另外，积极幻想与积极情绪之间的关系也间接证明了积极幻想可以提升人类的幸福感水平。[①] 麦克弗朗德（MacFland）和罗斯（Ross）的实验验证了这一点，该实验要求被试对实验项目的成败进行归因，结果发现积极幻想水平较高的个体往往将成功归因于自己而把失败看作实验项目本身的原因。在所有项目完毕后对被试的情绪测量结果显示，积极幻想水平较高的个体在成功后有较高水平的积极情绪，失败后的负性情绪也较低。积极心理学有关的认知研究发现，幸福者常常具有以下特征：更乐观的策略和性格、倾向于用积极的方式建构生活情境、预期未来适宜的生活环境、感觉能够控制自己的收入、对自己的能力与技能拥有自信；能够化消极为积极，积极思考自我以及与自我有关的问题。

总之，多项研究已经表明，积极幻想作为一种重要的认知适应机制，它在某种程度上比"冷静、清醒、客观"的知觉具有更为积极的意义，更有利于个体的适应、健康和幸福体验。本研究将探讨积极幻想与幸福感的关系，从而有助于扩充幸福感的相关研究，增加人们的幸福感。

第二节　研究对象与研究工具

一、研究对象

选取南昌市在校大学生为被试，共发放问卷 400 份，回收有效问卷 344 份，有效率为 86.0%。

二、研究工具

（一）《综合幸福问卷》

在本研究中，总问卷内部一致性信度 Cronbach α 系数为 0.89，各维度值在 0.74 和 0.85 之间；总问卷分半信度为 0.62，各维度值在 0.66 和 0.78 之间。验证性因素分析结果表明，模型各项拟合指数均在可接受的范围内，其中 $\chi^2/df = 2.01$，RMSEA = 0.060，SRMR = 0.069，NFI = 0.89，NNFI = 0.93，CFI = 0.94，IFI = 0.94，RFI = 0.89。综合表明，在本次调查

[①]　Taylor, S. E. & Gollwitzer, P. M., "Effects of Mindset on positive illusion," *Journal of Personality and Social Psychology*, 1995, 69(2), pp. 213-226.

中《综合幸福问卷》具有良好的信效度。

(二)《大学生积极幻想问卷》

自编的正式问卷包括理想化、可控感、乐观性 3 个维度，共 11 个条目。总问卷内部一致性信度 Cronbach α 系数为 0.733，各维度 Cronbach α 系数分别为 0.741、0.618 和 0.840，符合测量学要求。验证性因素分析模型中，$\chi^2/df=2.01$，NFI＝0.91，NNFI＝0.94，CFI＝0.95，IFI＝0.95，RFI＝0.88，SRMR＝0.040，RMSEA＝0.052，模型各项拟合指数均达到接受范围，表明问卷具有较好的结构效度。

第三节 积极幻想与幸福感的关系研究结果

一、大学生积极幻想的总体状况

将积极幻想的总体及 3 个维度得分进行描述统计，结果见表 11-1。

表 11-1 积极幻想总体及各维度得分描述统计

	Min	Max	M	SD
总量表	46.00	74.00	63.253	5.258
理想化	9.00	21.00	16.831	2.577
可控感	12.00	21.00	16.279	1.840
乐观性	20.00	35.00	30.142	3.424

问卷得分越高，表示被试的积极幻想水平越高。从表 11-1 中可以看出，被试的积极幻想得分平均分为 63.25，显著高于理论中位数 38.5，表明被试具有较高的积极幻想水平。

二、大学生幸福感的总体状况

大学生幸福感状况见表 11-2，幸福指数均值为 6.45，标准差为 1.13，最高分 9 分，最低分 2 分。超过中值（5 分）的占总调查人数的 81.1%，表明大学生幸福指数居于中间偏上水平，大学生总体上感觉比较幸福。进一步分析幸福感各维度得分情况，从表 11-3 中可以看出，总体上，幸福感 9 个维度中除负性情感略低于中值外（负性情感是评价幸福感的负向指标，其分值越低越好），其他维度均在中值以上。得分由高到低依次为：友好关系＞健康关注＞利他行为＞自我价值＞人格成长＞生命活力＞正性情感＞生活满意＞负性情感。

表 11-2　幸福指数频数分布表

	2— 很痛苦	3— 痛苦	4—有些 痛苦	5—居于 中间	6—有些 幸福	7— 幸福	8— 很幸福	9—非常 幸福
频数	1	2	10	52	102	126	41	10
百分数 /%	0.3	0.6	2.9	15.1	29.7	36.6	11.9	2.9

表 11-3　幸福感各维度得分情况

	生活 满意	正性 情感	负性 情感	生命 活力	健康 关注	利他 行为	自我 价值	友好 关系	人格 成长	幸福 指数
M	4.92	5.20	2.44	5.29	5.65	5.52	5.48	5.69	5.30	6.45
SD	0.92	0.82	0.87	0.80	0.75	0.71	0.78	0.85	0.64	1.13

三、大学生积极幻想与幸福感的关系

为了解积极幻想与幸福感的关系，研究者对积极幻想和幸福感进行皮尔逊相关分析，结果见表 11-4。理想化、可控感、乐观性与幸福感的 9 个维度大多存在显著相关关系。

表 11-4　积极幻想与幸福感各维度的相关矩阵

	生活 满意	正性 情感	负性 情感	生命 活力	健康 关注	利他 行为	自我 价值	友好 关系	人格 成长
理想化	0.322**	0.080	−0.155**	0.300**	0.252**	0.206**	0.377**	0.292**	0.318**
可控感	0.232**	−0.005	−0.090	0.199**	0.176**	0.160**	0.213**	0.192**	0.284**
乐观性	0.171**	0.176**	−0.032	0.208**	0.196**	0.155**	0.113*	0.118*	0.220**
总体	0.380**	0.131*	−0.150**	0.369**	0.324**	0.269**	0.380**	0.320**	0.423**

注：* 表示 $p<0.05$，** 表示 $p<0.01$，*** 表示 $p<0.001$，下同。

为了探索积极幻想对幸福感各维度的预测情况，将幸福感 9 个维度分别作为因变量，将积极幻想的 3 个维度作为自变量，运用逐步回归方法分析两者之间的关系。从表 11-5 中可以看出，理想化和可控性进入了生活满意的回归方程（$F=28.249$，$p<0.001$），可解释正性情感总变异量的 14.2%。乐观性进入了正性情感的回归方程（$F=10.993$，$p<0.001$），可解释正性情感总变异量的 3.1%。理想化进入了负性情感的回归方程（$F=8.375$，$p<0.01$），可解释负性情感的 2.4%。理想化、可控感和乐观性依

次进入了生命活力的回归方程（$F = 18.109$，$p < 0.001$），可解释正性情感总变异量的 13.8%。理想化、可控感和乐观性依次进入了健康关注的回归方程（$F = 13.353$，$p < 0.001$），可解释正性情感总变异量的 10.5%。理想化、可控感和乐观性依次进入了利他行为的回归方程（$F = 8.892$，$p < 0.001$），可解释利他行为总变异量的 7.3%。理想化和可控感依次进入了自我价值的回归方程（$F = 35.239$，$p < 0.001$），可解释利他行为总变异量的 17.1%。理想化、可控感和乐观性依次进入了友好关系的回归方程（$F = 21.269$，$p < 0.001$），可解释友好关系总变异量的 11.1%。理想化、可控感和乐观性依次进入了人格成长的回归方程（$F = 25.551$，$p < 0.001$），可解释人格成长总变异量的 18.4%。

结果显示，乐观性对正性情感有显著的预测作用；理想化对负性情感有显著的预测作用；理想化和可控感对生活满意、自我价值与友好关系有显著的预测作用；理想化、可控感和乐观性均对生命活力、健康关注、利他行为与人格成长有显著的预测作用。

表 11-5　积极幻想各维度对幸福感各维度的回归分析

因变量	预测变量	回归系数 B	标准回归系数 β	t	F	R	R^2
生活满意	常数项	1.644		3.476***	28.249***	0.377	0.142
	理想化	0.299	0.299	5.929***			
	可控感	0.296	0.198	3.919***			
正性情感	常数项	3.929		10.210***	10.993***	0.176	0.031
	乐观性	0.210	0.176	3.316***			
负性情感	常数项	3.262		11.358***	8.375**	0.155	0.024
	理想化	−0.147	−0.155	−2.894**			
生命活力	常数项	1.939		3.872***	18.109***	0.371	0.138
	理想化	0.226	0.259	5.058***			
	可控感	0.195	0.149	2.924**			
	乐观性	0.171	0.146	2.842**			
健康关系	常数项	2.836		5.905***	13.353***	0.325	0.105
	理想化	0.175	0.214	4.090***			
	可控感	0.158	0.144	2.747**			
	乐观性	0.163	0.133	2.550*			

因变量	预测变量	回归系数 B	标准回归系数 β	t	F	R	R^2
利他行为	常数项	3.311		7.227***			
	理想化	0.133	0.174	3.268***	8.892***	0.270	0.073
	可控感	0.144	0.125	2.366*			
	乐观性	0.113	0.110	2.059*			
自我价值	常数项	2.615		6.657***			
	理想化	0.302	0.357	7.202***	35.239***	0.414	0.171
	可控感	0.218	0.172	3.469***			
友好关系	常数项	3.055		6.829***			
	理想化	0.254	0.274	5.326***	21.269***	0.333	0.111
	可控感	0.224	0.161	3.137**			
人格成长	常数项	2.099		5.368***			
	理想化	0.188	0.268	5.385***	25.551***	0.429	0.184
	可控感	0.245	0.234	4.710***			
	乐观性	0.136	0.145	2.903**			

为了进一步了解积极幻想与幸福感的关系模型，研究者使用结构方程对各因子间的关系进行考查。在模型中将幸福感分成主观幸福感与心理幸福感两部分。本研究旨在建构一个积极幻想各维度均能预测主观幸福感和心理幸福感，以及积极幻想各维度之间、主观幸福感和心理幸福感之间都相关的关系模型。根据模型中各条路径的显著性，删除系数不显著的路径，形成了模型路径图，见图 11-1。模型中各项拟合指数见表 11-6。

表 11-6　模型的各项拟合指数

χ^2/df	NFI	NNFI	CFI	IFI	RFI	SRMR	RMSEA
<5.00	>0.90	>0.90	>0.90	>0.90	>0.90	<0.08	<0.08
2.23	0.89	0.93	0.94	0.94	0.87	0.053	0.052

由图 11-1 中的数据可知，在本研究中，理想化对主观幸福感和心理幸福感有正向影响作用，它与主观幸福感、心理幸福感的路径系数分别为0.54 和 0.62；可控感也对主观幸福感和心理幸福感有正向的影响作用，路径系数分别为 0.61 和 0.66；而乐观性则对主观幸福感和心理幸福感没有显著影响作用。

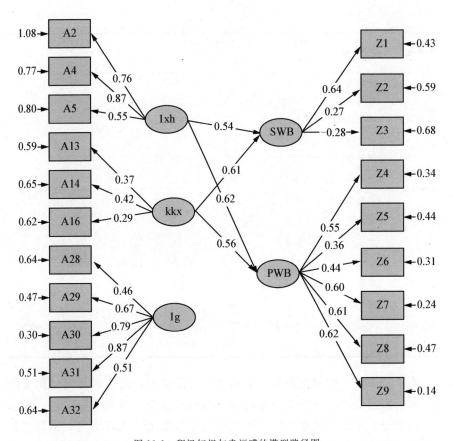

图 11-1　积极幻想与幸福感的模型路径图

注：lxh 代表理想化因子，由项目 2、4、5 组成；kkx 表示可控感因子，由项目 13、14、16 组成；lg 表示乐观性因子，由项目 28、29、30、31、31 组成。SWB 代表主观幸福感，PWB 代表心理幸福感。Z1—Z9 代表综合幸福感的 9 个维度，依次为生活满意、正性情感、负性情感、生命活力、健康关注、利他行为、自我价值、友好关系和人格成长。

第四节　讨论与结论

一、关于大学生积极幻想的状况

根据大学生积极幻想在人口学变量上的差异检验结果，学生干部的乐观性水平要低于非学生干部。这可能是因为学生干部要面对多种冲突和压力，以往研究显示乐观性与冲动性、压力和情绪性存在显著负相关。

大四学生的理想化水平显著高于大二学生。这与以往的研究结果相一致，刘肖岑等人的研究表明，高年级被试比低年级被试具有更大的过分宣称倾向[1]，其中大四学生自我宣称的水平显著高于大二女生。

积极幻想在专业变量上的差异还没有统一的结论，就本研究来说，工科学生的积极幻想水平要显著高于文理科学生，原因可能是不同专业学生的思维方式和就业形势不同，当然，这一研究结果还有待进一步检验。

在人际关系状况变量上，社会心理学研究表明，对交往对象的认知、印象、态度及情感等都会直接影响交往的正常进行。许多研究已经证实积极幻想水平较高的个体对环境有较高的感知能力，更容易受到同伴的欢迎。

二、关于积极幻想与幸福感的关系

总体上，研究证实了积极幻想与幸福感的相关关系，回归分析发现乐观性对正性情感有显著预测作用；理想化对负性情感有显著预测作用；理想化和可控感对生活满意、自我价值与友好关系有显著预测作用；理想化、可控感和乐观性均对生命活力、健康关注、利他行为、人格成长有显著预测作用。路径分析显示，在积极幻想的3个维度中，理想化维度和可控感维度对幸福感有正向影响作用。

通过回归分析发现理想化对幸福感有显著预测作用，路径分析显示，理想化对幸福感有正向影响作用。这一研究结果与认知适应理论相一致，认知适应理论认为人们通过自我保护透镜的"过滤"，突出积极信息反馈，贬低消极信息反馈，从而提升自我价值感，这个保护镜即为自我概念的理想化。研究发现，大部分人认为自己要比一般人优秀，并且认为自己比他人眼中的自己更好。尽管这种幻想是人们没有清楚全面地认识自我的结果，但这类人的心理却更健康，幸福感水平更高。而那些对自我的优缺点有着准确感知的个体却往往表现出更低的自尊水平和更多的抑郁情绪。此外，自我提升的理论以多种人格理论作为基础。雷纳（Raynor）和麦克法林（McFarlin）认为，人格的一个基本的功能就是促进个体努力去使自己正的价值最大化，使负的价值最小化。阿德勒的人格理论认为每一个人都有超越自卑、追求优越感的动力，人类行为的基本趋势即为自我实现和自我增强。班杜拉（Bandura）等学者也认为积极幻想与创造性的、建设性的成就有关，相比那些自我看法较为消极、谦虚的人而言，认为自己能力强、乐观评价自己的人，工作更努力、更有恒心，通常表现得更出色，即使将实

---

① 刘肖岑、桑标、张文新：《大学生自我提升的特点及其与自尊的关系》，载《心理科学》，2010，33（2）。

际的能力考虑在内，其结果也保持不变。

回归分析发现可控感对幸福感有显著预测作用。路径分析显示，可控感对幸福感有正向影响作用。控制感是人们的一种基本的内在动机，这种动机表现为人们对自己行动能力以及对事件和环境的影响力的主观信念。本研究结果验证了控制启发式理论，该理论认为人们通常会利用控制启发式来判断自己对事件结果的控制程度。人们之所以会产生控制幻觉，是因为人们更倾向于证实结果而非证伪结果。[①] 兰根斯（Langens）的调节定向理论认为调节定向可分为两类，即促进定向和预防定向。促进定向的个体对积极结果较为敏感，即使自己的行为与结果之间缺乏客观的联系，他们仍坚持认为是自己的行为引发了该结果。理性情绪行为疗法（rational-emotive behavior therapy，REBT）认为积极幻想通过帮助个体产生对自我控制能力的错觉而促进个体达成目标从而来提升个体的幸福感水平。泰勒（Taylor）认为控制感对个体的积极作用不仅仅表现在真实的控制中，非真实的控制对于个体也是非常重要的。这种控制感也是兰格（Langer）所谓的"可控感"。它可以减轻不良事件的消极影响，并有利于个体心理功能的恢复甚至超常发挥。米勒（Miller）等人研究发现心理健康水平较高的个体会高估自己对事件发展及结果的控制能力。而艾布拉姆森（Abramson）等人的研究也证实了抑郁水平较高的人往往认为自己不能控制事情的发展或自己的控制力非常小，而不能使事情朝着自己的意愿方向发展。

路径分析显示乐观性对幸福感没有影响作用。这一结果与许多研究结论不一致，第一个原因可能与乐观的概念有关。库（Koo）在对中国人的行为健康智慧的评论中指出，对于中国人来说，乐观是指个体积极地接受当前的生活状态，而不是期望将来生活中发生好的事情。本研究中的乐观是指个体毫无根据地对未来充满希望，并相信未来好事情比坏事情更有可能发生。第二个可能的原因是乐观通常会使个体选择难度较大的任务并盲目相信自己。例如，朱莉（Julie）和索姆斯（Soames）探讨了在面对环境恶化问题时，乐观偏好对个体行为的影响，研究结果表明：乐观偏好抑制了个体对环境恶化采取相应措施的行为。[②] 第三个可能的原因是乐观会降低成功带来的愉悦感。成就动机理论认为人们在成功后的满足感取决于成功的可能性。当人们完成一项非常困难的任务时通常会产生很大的满足感；而当

---

① 陈雪玲、徐富明、刘腾飞等：《控制幻觉的研究方法、形成机制和影响因素》，载《心理科学进展》，2010，18(5)。

② 温娟娟、郑雪、张灵：《国外乐观研究述评》，载《心理科学进展》，2007，15(1)。

任务难度较小时，成就感水平也会降低。同时，决策理论的研究结果证明预期与结果之间的差距是决策者心理感受的关键点。如果结果完全符合预期，那么决策者不会产生很大的乐趣。但如果结果比预期要好，那么决策者将会产生更多的愉悦感。综上所述，乐观性可能并不一定会对幸福感产生影响作用。

第十二章

幸福智力与幸福感的关系

人们的幸福体验不断提示着我们，人类是否存在这样一种能力，能够帮助个体在生活中获取幸福或者创造幸福？我们可以假设人们对幸福的追求是一种能力，这种能力以智力的形式表现出来，于是便有了幸福智力的概念。

第一节　幸福智力与幸福感的关系研究现状

积极心理学认为，获取幸福需要智慧和能力，人类追求幸福具有一定的方法和策略。具体来说，积极心理学的能力观可以归结为几个方面。①有积极的心向才会有更多的幸福感，这是积极心理学的一个核心理念。幸福的产生是以人的认知能力为基础的，是在现实生活中运用内在来调节的过程。现实生活中，幸福的条件可谓是随处可见，然而个体缺乏的是感受幸福的能力，因此心智的发展是个体能否获取幸福的关键。②预定目标的水平可以影响幸福感的水平，这是积极心理学的目标选择能力观。目标能够影响个体的情绪。合理的生活目标可以使人更好地感受到生活的意义，因此，个体想要获得幸福的能力，就必须有一个合理的人生目标，否则个体无法正视人生的意义，幸福感更是无从谈起。在制订目标时，要合理地考虑其难度及适宜性，尽量保证个体能够经常有成功的体验，这样才能使个体获得自信，拥有更高的自我效能感，从而提升幸福感受。③攀比使人远离幸福。这是积极心理学中的社会比较能力观。社会比较是一个灵活的过程，参考对象以及个体心态不同，人们对幸福的体验水平也不同。④适应会推动人们的追求，这是积极心理学中的适应能力观。"个体对重复出现的刺激反应减少或者减弱即为适应，需要重新建构其对有关刺激和刺激对生活产生的影响的认识。"适应能力是我们生存必需的重要能力，也是影响人们生活满意度的重要因素。人们的适应水平受到认知倾向的影响，拥有积极情绪的个体善于将事件赋予积极的意义，因而其主观幸福感水平较高。

严标宾对幸福智力做了这样的定义："幸福智力是一种获取幸福的能力。具体来说，是指个体面对某一对象，包括人、事和物，或者经历某一情境时，能够感知和体验幸福的能力，以及依据其内在的某一标准来表达和评价幸福的能力，还包括有意识地寻求各种策略来调控幸福的能力。"①对于幸福智力的定义，可以做出以下解释。①幸福智力是一种获取幸福的能力，它强调了获取幸福的原因和结果，而幸福只是幸福智力的一种可能的结果。幸福智力更多的是一种动态的、各种因素相互组合的过程。②由于个体的内在标准是相对稳定的，所以幸福智力也是相对稳定的。但是即使是内在的标准也会受到认知结构的变化或是个人价值观的影响，因此幸福智力也具有一定的变化，可以通过改变个体自身来改变其幸福智力水平。③幸福智力不仅仅是个体的一种精神状态，也是一种通过内部的心理活动以及外在行为来获得幸福感受的方法。

严标宾的幸福智力由"操作"和"内容"两个维度构成，"操作"维度是指个体对幸福信息处理的内在心理过程，分为"感知和体验、表达、评价、调控"四种成分。对外部信息的输入和初始加工是幸福智力的感知；体验是个体对于自己幸福状态的感受。外部事件信息要进入个体内心，首先要经过个体的心理折射和认知判断，感知和体验几乎同时发生，因此我们将感知和体验归为同一操作维度。表达是指个体将幸福的体验通过一定的途径展示出来的过程，它具有两种功能：一是展示出个体内心的体验，二是传达信息。评价是主体对客观环境与主体需要之间关系的一种认识反映。幸福智力中的评价是指个体根据自身的一定标准对幸福进行判断，包括对幸福的预测。对幸福的评价标准是个体的内在标准，人们对幸福的评价并不一定是正确的。调控是指对个体按照自己的意愿处理内部和外部幸福信息并进行影响的过程，具体表现方式包括归因、比较等。"内容"维度是指所有与个体的目标实现、生存发展有关的操作对象和信息，这里将其分为个人生活、个人情感、社会生活、个人发展四大类。个人生活是个体生活的总体状况，包括生活的许多方面，如物质生活状况、个体健康水平等。

---

① 严标宾：《基于情绪智力背景的幸福智力研究》，博士学位论文，华南师范大学，2008。

个人情感的内容与幸福感一样包含积极情感和消极情感两个方面。社会生活是指能够满足个体目标的社会需求的总和，既包括总体的政治、经济、文化等社会环境，也包括具体的社会治安、交通状况、人际关系等方面。个人发展是一种状态，是指人能够将自身的潜能充分激活，包括个人成长和自我接受等。

幸福智力被分解成 4×4 种获取幸福的能力。[①] 这 16 种幸福智力的组合既可以看作一个整体，也可以分为 16 个相对独立的部分。16 种幸福智力的独立部分如下：①感知和体验个人生活的能力；②感知和体验个人情感的能力；③感知和体验社会生活的能力；④感知和体验个人发展的能力；⑤表达个人生活的能力；⑥表达个人情感的能力；⑦表达社会生活的能力；⑧表达个人发展的能力；⑨评价个人生活的能力；⑩评价个人情感的能力；⑪评价社会生活的能力；⑫评价个人发展的能力；⑬调控个人生活的能力；⑭调控个人情感的能力；⑮调控社会生活的能力；⑯调控个人发展的能力。在不同的个体身上，以上各种能力可能并不相同，不同的个体可能主要表现出某种或者某几种幸福的能力，因此我们可以依据个体的幸福智力差异性对个体进行有针对性的干预和预测。

幸福智力涉及个人的主观体验、评价和判断等，即相同的事情对于不同的人来说可能具有不同的意义，不同的人对相同的事情可能做出不同的判断，无法找到所有人都一致认同的一种正确答案。幸福智力的测验题目也没有正确答案。目前国内外关于幸福感的相关研究较多，涉及面也较广，主要包括人口统计学、家庭教养方式、婚姻状况、身体健康、生活事件、经济收入、工作状况、社会支持、心理健康、人格特点、应对方式、学业满意度、职业承诺、自尊、自我效能感等。幸福智力是一个新型的概念，研究者对其与传统智力、情绪智力及人格等之间的关系也已有了粗略的探讨，但目前尚未有关于幸福智力与幸福感之间的相关研究。本章试图研究幸福智力和幸福感之间的关系，并建构两者之间的回归模型。

---

① 严标宾、郑雪、张兴贵：《大学生幸福智力量表的适应性检验》，载《华南师范大学学报（自然科学版）》，2011(2)。

第二节　研究对象与研究工具

一、研究对象

选取南昌大学、南昌航空大学和江西科技师范大学 3 所高校大学生为研究对象，共发放问卷 450 份，回收问卷 379 份，有效问卷 315 份，有效回收率为 70.0%。

二、研究工具

(一)《幸福智力量表》

采用严标宾编制的《幸福智力量表》，包括 4 个子量表，分别为感知和体验幸福量表、表达幸福量表、评价幸福量表和调控幸福量表，每个子量表包含 4 个因子，共 75 个项目。自评量表得分越高，说明幸福智力水平越高。在本研究中，总量表的内部一致性信度 Cronbach α 系数为 0.958，各因子的内部一致性信度系数在 0.813 和 0.958 之间，表明量表具有良好的信度。相关分析表明，幸福智力问卷的感知和体验幸福分量表 4 个维度之间的相关均高于与其他因素的相关；表达幸福分量表 4 个维度、评价幸福分量表 4 个维度、调控幸福分量表 4 个维度之间的相关都比与其他因素的相关更高；而总量表与 4 个分量表的相关比总量表与其他因素的相关更高，表明量表具有较好的结构效度。

(二)《综合幸福问卷》

采用苗元江编制的《综合幸福问卷》(MHQ)。

第三节　幸福智力与幸福感的关系研究结果

一、大学生幸福智力的总体状况

为了考查大学生幸福智力的总体状况，我们对幸福智力 4 个分量表的各因素平均数和标准差进行了统计，结果见表 12-1。从表中可以看出，大学生在感知和体验幸福、表达幸福、评价幸福和调控幸福 4 个方面均表现出高水平，其中感知和体验幸福的智力水平最高。

表 12-1   幸福智力各分量表的描述统计

		感知和体验幸福	表达幸福	评价幸福	调控幸福	总量表
总体	M	4.02	3.55	3.52	3.53	272.82
	SD	0.53	0.55	0.56	0.51	34.75

二、大学生幸福感的总体状况

从表 12-2 中可以看出，大学生总体幸福感得分的平均数为 6.20 分。标准差为 1.36，最高分 9 分，最低分 1 分。超过 5 分的占总调查人数的 70.5%，选择有些幸福的占 23.2%，选择幸福的占 32.1%，选择很幸福的占 12.4%，选择非常幸福的占 2.5%。总体表明，高校大学生幸福感水平较高。

在幸福感的 9 个维度中，正性情感 4.29 分，负性情感 2.69 分；友好关系 5.43 分，健康关注 5.35 分，自我价值 5.20 分，利他行为 5.10 分，人格成长 4.68 分，生命活力 4.55 分，生活满意 4.55 分（见表 12-2）。除了负性情感和正性情感之外，各个维度的平均分均大于 4 分。以上结果说明，高校大学生在生活状况、人际交往、自我价值等方面的状况比较好，总体幸福感水平较高。

表 12-2   幸福感 9 个维度的总体状况

	Min	Max	M	SD
生活满意	1.20	7.00	4.55	1.10
正性情感	1.33	7.00	4.29	1.41
负性情感	1.00	6.33	2.69	1.34
生命活力	1.00	7.00	4.80	1.06
健康关注	2.20	7.00	5.35	0.96
利他行为	2.60	7.00	5.10	1.17
自我价值	1.00	7.00	5.20	0.97
友好关系	1.00	7.00	5.43	1.17
人格成长	2.22	7.00	4.68	0.82
总体幸福感指数	9.00	1.00	6.20	1.37

三、幸福智力与幸福感的关系

为了解幸福智力与幸福感间的关系，对两个变量及其各维度进行相关分析。

表 12-3　幸福智力与幸福感各维度的相关矩阵

	生活满意	人格成长	自我价值	生命活力	友好关系	利他行为	健康关注	正性情感	负性情感	幸福感总分
表达社会生活	0.393**	0.364**	0.337**	0.337**	0.183**	0.368**	0.256**	0.299**	−0.065	0.398**
表达个人生活	0.537**	0.414**	0.459**	0.504**	0.392**	0.390**	0.314**	0.317**	−0.135*	0.497**
表达个人情感	0.532**	0.482**	0.471**	0.490**	0.279**	0.466**	0.375**	0.309**	−0.004	0.542**
表达个人发展	0.385**	0.422**	0.501**	0.450**	0.342**	0.469**	0.422**	0.193**	−0.196**	0.446**
感知和体验个人发展	0.345**	0.380**	0.431**	0.393**	0.335**	0.459**	0.397**	0.135*	−0.168**	0.404**
感知和体验个人生活	0.366**	0.376**	0.475**	0.396**	0.268**	0.414**	0.402**	0.193**	−0.144*	0.420**
感知和体验个人情感	0.385**	0.332**	0.443**	0.365**	0.466**	0.440**	0.471**	0.213**	−0.189**	0.426**
感知和体验社会生活	0.194**	0.262**	0.440**	0.280**	0.397**	0.420**	0.499**	0.106	−0.212**	0.334**
评价个人发展	0.546**	0.585**	0.505**	0.588**	0.266**	0.426**	0.337**	0.344**	0.054	0.595**
评价个人生活	0.768**	0.540**	0.397**	0.557**	0.275**	0.376**	0.201**	0.386**	0.077	0.595**
评价个人情感	0.523**	0.510**	0.603**	0.557**	0.466**	0.585**	0.473**	0.247**	−0.103	0.586**
评价社会生活	0.612**	0.489**	0.391**	0.493**	0.202**	0.445**	0.250**	0.345**	0.066	0.539**
调控个人发展	0.330**	0.366**	0.419**	0.309**	0.373**	0.451**	0.375**	0.231**	−0.023	0.431**
调控社会生活	0.497**	0.526**	0.614**	0.603**	0.447**	0.497**	0.464**	0.367**	−0.115*	0.604**
调控个人情绪	0.483**	0.498**	0.400**	0.484**	0.189**	0.369**	0.252**	0.346**	0.067	0.522**
调控个人生活	0.547**	0.580**	0.472**	0.526**	0.277**	0.354**	0.341**	0.331**	0.091	0.579**
幸福智力总分	0.690**	0.646**	0.662**	0.666**	0.475**	0.637**	0.525**	0.416**	−0.080	0.727**

注：* 表示 $p < 0.05$，** 表示 $p < 0.01$，*** 表示 $p < 0.001$，下同。

由表 12-3 可知，在幸福智力与幸福感的相关矩阵中，幸福智力总得分与幸福感总得分呈显著正相关。感知和体验幸福与主观幸福感的负性情感维度呈显著负相关；表达幸福的表达个人生活、表达个人发展两个因子以及调控社会生活与主观幸福感的负性情感维度呈显著负相关，说明大学生感知和体验幸福、表达个人生活、表达个人发展及调控社会生活的幸福智力水平越高，其负性情感水平越低，相应的其幸福感水平也就越高。

表 12-4　幸福智力与幸福感指数的相关矩阵

	幸福感指数
表达社会生活	0.217**
表达个人生活	0.361**
表达个人情感	0.395**
表达个人发展	0.294**
感知和体验个人发展	0.275**
感知和体验个人生活	0.311**
感知和体验个人情感	0.295**
感知和体验社会生活	0.224**
评价个人发展	0.360**
评价个人生活	0.387**
评价个人情感	0.452**
评价社会生活	0.303**
调控个人发展	0.302**
调控社会生活	0.449**
调控个人情绪	0.277**
调控个人生活	0.358**
幸福智力总分	0.473**

由表 12-4 可知，在大学生幸福智力与总体幸福感指数的相关矩阵中，幸福智力总得分与主观幸福感指数呈显著正相关，幸福智力的 16 个维度也分别与总体幸福感指数呈显著正相关。这更加证实了拥有较高幸福智力的大学生能体会到较高水平的幸福感。

四、幸福智力与幸福感的回归分析

根据相关分析结果，幸福智力的各维度与幸福感的各维度存在显著相关，进一步进行多元逐步回归分析，分别以自我价值、健康关注、利他行为、生活满意、生命活力、正性情感、友好关系、负性情感和人格成长为因变量，以幸福智力的 16 个维度(感知和体验个人发展、感知和体验个人情感、感知和体验社会生活、感知和体验个人生活、表达个人生活、表达社会会生活、表达个人发展、表达个人情感、评价社会生活、评价个人生活、评价个人情感、评价个人发展、调控社会生活、调控个人生活、调控个人发展和调控个人情绪）为自变量进行分析。具体结果见表12-5。

表 12-5　幸福智力对幸福感的逐步回归分析

因变量	自变量	回归系数 B	标准回归系数 β	t	显著性	矫正 R^2	F
自我价值	调控社会生活	0.346	0.233	3.597***	0.000	0.470	56.701*
	评价个人情感	0.444	0.276	4.685***	0.000		
	评价个人发展	0.167	0.114	2.056*	0.041		
	感知和体验个人生活	0.189	0.138	2.728	0.007		
	调控个人情绪	0.155	0.114	2.342	0.020		
健康关注	感知和体验社会生活	0.389	0.101	3.857***	0.000	0.330	39.585**
	调控社会生活	0.200	0.097	2.060***	0.040		
	感知和体验个人情感	0.291	0.086	3.392**	0.001		
	表达个人发展	0.232	0.098	2.374	0.018		
利他行为	评价个人情感	0.569	0.353	6.195***	0.000	0.418	55.748*
	表达个人发展	0.296	0.180	3.484**	0.001		
	评价社会生活	0.210	0.156	3.052*	0.002		
	调控个人发展	0.147	0.129	2.441	0.015		
生活满意	评价个人生活	0.719	0.544	12.600***	0.000	0.659	152.373**
	评价社会生活	0.212	0.139	3.061***	0.002		
	表达个人情感	0.238	0.154	3.933**	0.000		
	调控个人生活	0.268	0.143	3.464	0.001		
生命活力	调控社会生活	0.343	0.210	3.411***	0.001	0.517	56.916***
	评价个人生活	0.260	0.203	3.887***	0.000		
	评价个人发展	0.247	0.154	2.682	0.008		
	调控个人生活	0.188	0.104	2.006	0.046		
	评价个人情感	0.269	0.152	2.705	0.007		
	调控个人情绪	0.174	0.117	2.397	0.017		
正性情感	评价个人生活	0.397	0.234	3.967***	0.000	0.206	28.124***
	调控社会生活	0.434	0.200	3.386***	0.001		
	调控个人情绪	0.288	0.146	2.423	0.016		

因变量	自变量	回归系数 B	标准回归系数 β	t	显著性	矫正 R^2	F
友好关系	感知和体验个人情感	0.461	0.265	4.467***	0.000	0.312	24.783
	评价个人情感	0.458	0.235	3.551**	0.000		
	表达个人生活	0.423	0.264	3.775	0.000		
	表达个人情感	−0.253	−0.154	−2.320	0.021		
	调控个人发展	0.199	0.145	2.549	0.011		
	表达社会生活	−0.198	−0.120	−2.065	0.040		
负性情感	调控个人生活	0.348	0.152	2.400***	0.017	0.112	10.870**
	表达个人发展	−0.707	−0.311	−4.465	0.000		
	评价个人发展	0.457	0.225	3.087**	0.002		
	感知和体验个人情感	−0.381	−0.191	−3.195	0.002		
人格成长	评价个人发展	0.241	0.195	3.457***	0.001	0.504	53.958***
	调控个人生活	0.349	0.251	4.860***	0.000		
	评价个人生活	0.131	0.133	2.502	0.013		
	评价个人情感	0.156	0.115	2.152	0.032		
	调控个人情绪	0.165	0.145	2.955	0.003		
	表达个人情感	0.121	0.106	2.021	0.044		
总体幸福感	评价个人情感	0.476	0.210	3.074***	0.002	0.264	38.511
	评价个人生活	0.320	0.195	3.518***	0.000		
	调控社会生活	0.468	0.223	3.335*	0.001		

从回归分析结果可以看出，引入"自我价值"主观幸福感维度的回归方程的幸福智力维度有调控个人情绪、评价个人情感、评价个人发展、感知和体验个人生活及调控社会生活，这五者对自我价值均具有正向预测作用，说明提高大学生调控个人情绪、评价个人情感、评价个人发展、感知和体验个人生活及调控社会生活5个维度的幸福智力能够提升其幸福感的自我价值水平。

引入"健康关注"主观幸福感维度的回归方程的幸福智力维度有表达个人发展、调控社会生活、感知和体验个人情感、感知和体验社会生活，这4个维度对健康关注均具有正向预测作用，说明表达个人发展、调控社会生活、感知和体验个人情感、感知和体验社会生活的智力水平影响大学生幸福感的健康关注维度。

引入"利他行为"主观幸福感维度的回归方程的幸福智力维度有调控个人发展、表达个人发展、评价社会生活和评价个人情感，这四者分别对"利他行为"具有正向预测作用，说明大学生调控个人发展、表达个人发展、评价社会生活和评价个人情感的幸福智力水平越高，其利他行为维度的幸福感也就越高。

引入"生活满意"主观幸福感维度的回归方程的幸福智力维度有评价个人生活、评价社会生活、表达个人情感、调控个人生活。这 4 个维度分别对"生活满意"具有正向预测作用，说明大学生评价个人生活、评价社会生活、表达个人情感、调控个人生活的幸福智力水平越高，其生活满意度也就越高，主观幸福感水平越高。

引入"生命活力"主观幸福感维度的回归方程的幸福智力维度有调控社会生活、评价个人生活、评价个人发展、调控个人生活、评价个人情感、和调控个人情绪。这 6 个维度分别对"生命活力"具有正向预测作用，说明大学生调控社会生活、评价个人生活、评价个人发展、调控个人生活、评价个人情感、调控个人情绪的幸福智力水平越高，相应地具有较高的生命活力。

引入"正性情感"主观幸福感维度的回归方程的幸福智力维度有评价个人生活、调控社会生活和调控个人情绪。这 3 个维度分别对"正性情感"具有正向预测作用，说明大学生评价个人生活、调控社会生活和调控个人情绪的幸福智力水平越高，其拥有的正性情感水平也就越高，主观幸福感的3 个维度主要是正性情感、负性情感和生活满意，拥有较高的正性情感进而拥有高水平的主观幸福感。

引入"友好关系"主观幸福感维度的回归方程的幸福智力维度有感知和体验个人情感、评价个人情感、表达个人生活、表达社会生活、调控个人发展、表达个人情感。其中表达社会生活和表达个人情感跟"友好关系"呈负相关，即表达社会生活和表达个人情感会削弱友好关系。而感知和体验个人情感、评价个人情感、表达个人生活和调控个人发展 4 个维度跟"友好关系"呈正相关。

引入"负性情感"主观幸福感维度的回归方程的幸福智力维度有调控个人生活、表达个人发展、评价个人发展、感知和体验个人情感。其中表达个人发展、感知和体验个人情感跟"负性情感"呈负相关，即表达个人发展、感知和体验个人情感的幸福智力水平越高，大学生的负性情感越低，然而负性情感跟主观幸福感呈负相关，因此表达个人发展和感知体验个人情感水平越高，主观幸福感水平越高。

引入"人格成长"主观幸福感维度回归方程的幸福智力维度有评价个人发展、调控个人生活、评价个人生活、评价个人情感、调控个人情绪、表达个人情感。这6个维度分别对"人格成长"具有正向预测作用，说明评价个人发展、调控个人生活、评价个人生活、评价个人情感、调控个人情绪、表达个人情感的幸福智力水平越高，其人格成长幸福感水平也相应较高。

从幸福智力对主观幸福感的逐步回归分析得出，幸福智力的各维度相应地对主观幸福感的各维度具有正向预测作用，尤其是幸福智力中的评价个人情感、评价个人生活和调控社会生活对主观幸福感的总分具有较高正向预测作用。这说明尽管主观幸福感受很多方面的影响，来自幸福智力的影响主要是这3个维度。所以想提高主观幸福感水平，且通过提高其幸福智力水平来影响的话，应着眼于提高其评价个人情感、评价个人生活和调控社会生活的智力水平。

第四节　讨论与结论

一、关于大学生幸福智力的总体状况

调查结果表明，大学生幸福智力总体水平较高，特别是感知和体验幸福维度，而评价幸福水平相对较低。感知和体验幸福是外部幸福信息对内部生理、心理变化的初始加工，是内心对感受的强化。大学生能够对幸福信息进行初始加工，即意识到幸福；评价幸福是个体依据一定的内在规范或标准，对幸福的强度、极性和丰富性等进行判断、比较、预测的活动。大学生能够较好地感知和体验幸福，而对幸福感的判断和预测水平相对较低。

大学生的幸福智力受性别影响较小，幸福智力各个维度在男女大学生间均无明显差异，女大学生幸福智力水平略高于男大学生。幸福智力在年级上存在明显差异。感知和体验幸福、评价幸福和表达幸福在不同年级大学生上均有明显差异，在调控幸福上4个年级没有明显差异。在感知和体验幸福上，大一学生的智力分数高于大二、大三、大四学生。在评价幸福上，大一和大二的学生水平最高，在表达幸福上大一学生的水平最高。大一学生的幸福智力水平总体高于其他3个年级。分析其原因，大一学生刚刚接触大学生活，面临的压力相对较小，情绪更容易波动，更容易体验到正性或者负性的情感，也更愿意直观地表达自己的情感。不同专业大学生的幸福智力在感知和体验幸福、评价幸福、表达幸福三个方面没有明显差异，在调控幸福上具有显著差异。经比较发现，不同专业，如医科、艺术、体育等专业的学生在调控幸福因子上的水平低于其他专业。对于这些专业的学生，可能由于他们的专业的特殊性，如就业面单一、学制时间长、学费较高等各种压力，其调控幸福智力能力相对较弱。各专业学生的幸福智力总分没有明显差异。是否独生子女对大学生幸福智力的影响非常小，幸福智力的各个因子包括幸福智力总分在是否独生子女这个变量上都不存在显著差异，可见幸福智力的高低与是否独生子女并无明显关联。来自城镇的大学生和来自农村的大学生在感知和体验幸福、表达幸福、评价幸福和调控幸福上不存在显著差异。结合以上人口学变量统计得出，幸福智力水平的高低并不受性别、专业、是否独生子女以及出生地的影响，而年级也只在调控幸福维度对幸福智力有所影响。

二、关于大学生幸福感的状况

调查结果表明，大学生总体幸福感水平比较高，在 9 个维度中，反映主观幸福感水平的正性情感 4.29 分，负性情感 2.69 分。反映心理幸福感的友好关系 5.43 分，健康关注 5.35 分，自我价值 5.20 分，利他行为 5.10 分，人格成长 4.68 分，生命活力 4.55 分，生活满意 4.55 分。除了负性情感和正性情感之外，各个维度的平均分均大于 4 分，说明大学生在生活状况、人际交往、自我价值实现等方面的状况是比较好的。

三、关于幸福智力与幸福感的关系

研究表明，幸福智力总分与幸福感呈显著正相关，即幸福智力水平越高，幸福感水平也就越高，幸福智力对幸福感起正向预测作用。

感知和体验幸福与主观幸福感的负性情感维度呈显著负相关，这说明感知和体验幸福水平越高，个体会拥有较低的负性情感体验，进而拥有较高的主观幸福感水平。表达个人生活、表达个人发展两个因子，以及调控社会生活与主观幸福感的负性情感维度呈显著负相关，说明感知和体验幸福、表达个人生活、表达个人发展以及调控社会生活的幸福智力水平越高，其负性情感水平越低，主观幸福感水平也就越高。

影响主观幸福感的自我价值维度的幸福智力维度有调控个人情绪、评价个人情感、评价个人发展、感知和体验个人生活及调控社会生活，说明要提升幸福感的自我价值水平，应着眼于提高调控个人情绪、评价个人情感、评价个人发展、感知和体验个人生活、调控社会生活 5 个维度的幸福智力。影响主观幸福感的健康关注维度的幸福智力维度有表达个人发展、调控社会生活、感知和体验个人情感、感知和体验社会生活，这说明要提升大学生幸福感的健康关注水平，应着眼于提高其表达个人发展、调控社会生活、感知和体验个人情感、感知和体验社会生活 4 个维度的幸福智力。影响主观幸福感的利他行为维度的幸福智力维度有调控个人发展、表达个人发展、评价社会生活和评价个人情感，这一结果说明要提升大学生幸福感的利他行为水平，应着眼于提高其调控个人发展、表达个人发展、评价社会生活和评价个人情感 4 个维度的幸福智力。影响主观幸福感的生活满意维度的幸福智力维度有评价个人生活、评价社会生活、表达个人情感、调控个人生活。个体应当正确评价自身的生活现状，学会表达个人的痛苦和开心，通过调节生活目标来提高对生活现状的满意度。影响个体主观幸福感的生命活力维度的幸福智力维度有调控社会生活、评价个人生活、评价个人发展、调控个人生活、评价个人情感、调控个人情绪，个体应当积极为社会做贡献，正确评价个人的生活状态，增加生命的活力。影响主观幸福感的正性情感维度的幸福智力维度有评价个人生活、调控社会生活和调控个人情绪。对生活状况能够积极评价、积极为社会做贡献、保持良好的状态，这样的个体拥有较高的正性情感。影响主观幸福感的友好关系维度的幸福智力维度有感知和体验个人情感、评价个人情感、表达个人生活、表达社会生活、调控个人发展、表达个人情感。影响主观幸福感的负性情感维度的幸福智力维度有调控个人生活、表达个人发展、评价个人发展、感知和体验个人情感。影响主观幸福感的人格成长维度的幸福智力维度有评价个人发展、调控个人生活、评价个人生活、评价个人情感、调控个人情绪、表达个人情感。

从幸福智力对主观幸福感的逐步回归分析得出，幸福智力的各维度相应地对主观幸福感的各维度具有正向预测作用，尤其是幸福智力中的评价个人情感、评价个人生活和调控社会生活维度对主观幸福感的总分具有较高正向预测作用。拥有较高幸福智力水平的个体拥有较高的主观幸福感，这说明想提高个体主观幸福感水平，应着眼于提高其评价个人情感、评价个人生活和调控社会生活的智力水平。

第十三章

物质主义、幸福流与幸福感的关系

进入 21 世纪，物质主义继续鼓励生产力的发展和人们的物质消费，世界各国都在收获经济增长，然而人们在享受物质生活的同时却一致性地付出代价：幸福的感觉开始变得飘忽不定。物质主义虽然促进了物质繁荣，却让人类付出了高昂的代价——物质主义不仅削弱了人们"此时此刻"的幸福，更透支了人类"可持续发展"的幸福。[①] 物质主义不仅直接影响人们的消费与生活，而且在不断冲击着传统价值观体系，成为影响人们幸福感的一个重要因素。

第一节　物质主义、幸福流与幸福感的关系研究现状

对物质主义的探索肇始于消费行为领域，之后逐渐受到社会学与心理学领域的关注，随着积极心理学的兴起，人们对物质主义研究不断深化。以贝尔克（Belk）为代表的学者开始研究消费者的购买品牌等消费行为，他们认为物质主义是一种人格特质，具体包括嫉妒（envy）、小气（nongenerosity）和占有欲（possessiveness）三种人格特质。但是很多学者认为物质主义并不是个体特质，而是受到文化价值取向或组织价值导向的影响，将物质主义倾向视为一种"特质"是不正确的。[②] 里尚斯（Richins）和道

① Kasser，T.，"Materialism and its alternatives，"in Csikszentmihalyi M. & Cskszentmihalyi I.，*A Life Worth Living：Contributions to Positive Psychology*，Oxford University Press，2006，pp. 200-214.

② Cleveland，M. & Chang，W.，"Migration and materialism：The roles of ethnic identity，religiosity，and generation，"*Journal of Business Research*，2009，62(10)，pp. 963-971.

森(Dawson)从价值观角度对物质主义进行诠释，认为物质主义的本质是一种"心理状态"或者"文化系统"，这种价值观会引导个体选择和接触不同的情境，影响个体对资源的获取和分配，它包括但不局限于消费领域。研究者总结了物质主义者具有的典型行为特征：①极其注重物质获取与炫耀；②追求物质享受的生活方式；③物质欲望难以满足；④不愿意分享物质资源。① 德西(Deci)和瑞安(Ryan)认同物质主义是一种价值观，但是他们认为里尚斯和道森的理论存在一定局限性，无法解释物质主义者的某些行为。事实上，物质主义者有时也会脱离"时尚"甚至化身为"草根"，披上"反物质主义"(anti-materialism)的外衣，这与里尚斯和道森归纳的物质主义者典型行为并不相符，如在20世纪80年代末和90年代初，美国里根总统执政时的经济衰退时期，"节俭"取代"追求奢华"(luxury-seeking)成了社会主导价值，一些"新物质主义者"借助"自求简朴"(voluntary simplicity)、"生活减速"(downshifting)运动所倡导的"简单""自然"理念，将昂贵物品冠以多功能、高品质和经久耐用的标签，把自己购买奢侈品的消费行为伪装成"非炫耀性消费"(inconspicuous consumption)。② 德西和瑞安认为物质主义是一种心理控制取向(control oriented)，这种关注外部资源的风格会调控个体的态度和行为，促使个体将经济成功感看得比其他生活感受(如社会归属感、自我接纳)更为重要。用有形财富的数量和品质来衡量个体的自我概念并作为生活成功的标准，这导致个体更加在意他人的看法、注重外部的评价，从而产生较低的自我实现并且表现出较差的知情和谐。他们提出的自我决定理论认为，在一般意义上，追求外在的物质目标不会产生明显的积极作用和消极作用，但是对外在物质目标的过分关注会使个体远离内在追求并有碍于人格完整和自我实现。③ 卡塞尔(Kasser)在综合前人研究的基础上，提出在心理学领域里物质主义可以表述为物质主义价值取向(materialistic value orientation，MVO)，它是消费文化称许的一系列外在的目标、信念和行为，主要包括追求物质丰裕、经济成功、较高的社

---

① 李静、郭永玉：《物质主义及其相关研究》，载《心理科学进展》，2008，16(4)。

② Miriam T., "'Money worlds' and well-being: An integration of money dispositions, materialism and price-related behavior,"*Journal of Economic Psychology*，2002，23，pp. 103-126.

③ 苗元江、朱晓红：《自我决定理论及其幸福感研究》，载《北京教育学院学报(自然科学版)》，2009，4(4)。

会阶层，以及通过消费包装去塑造良好的社会形象。①

奇克森特米哈伊(Csikszentmihalyi)将物质主义划分为两种类型：一种是工具性物质主义(instrumental materialism)，指使用物质财富作为实现个人价值和生活目标的手段；另一种是终极性物质主义(terminal materialism)，指使用物质财富去获得社会地位并赢得他人的赞美和羡慕。② 该分类方式与里尚斯和道森对物质主义的分析具有内在联系。里尚斯和道森将物质主义分为中心(centrality)、快乐(happiness)、成功(success)3个维度，中心是指视物质占有与获取为生活的中心；快乐是指认为物质是快乐的源泉；成功则是将拥有物质的数量和质量作为评价成功的标准，其中成功和中心属于终极性物质主义，快乐则属于工具性物质主义。

对于物质主义的作用效应，研究者起初只看到它的正面影响。有学者认为以物质获取为目标可以激励人们的努力意愿进而促成经济繁荣和社会进步；物质消费也是一种疏解压力的方法，如有些离婚的成年人以物质获取为目标作为处理生活转变导致压力的一种方式。但是随着研究的深入，学者们认为需要辩证地看待物质主义价值取向的影响。奇克森特米哈伊指出工具性物质主义是有益的，而终极性物质主义则是有害的。芒西(Muncy)和伊斯门(Eastman)探讨了物质主义价值取向与消费者伦理的关系时发现：物质主义价值取向一方面促进了社会经济的繁荣与物质的丰富，另一方面也对生活品质造成了负面影响。③ 贝尔特(Belk)最早开展物质主义与幸福感关系的研究，他认为物质主义是一种负面的行为，由于物质主义者一般都具有吝啬、嫉妒与贪婪等一些不好的特点，因此物质主义者往往都具有较低的幸福感和生活满意度，即两者之间是负相关关系。④ 道森的研究表明物质主义与个人对自身财务状况、职业成就方面的满意度

① Kasser, T., Ryan, R. M., Couchman, C. E. & Sheldon, K. M., "Materialistic values: their causes and consequences,"in T. Kasser & A. D. Kanner, *Psychology and Consumer Culture: The Struggle for a Good Life in a Materialistic World*, Washington DC: American Psychological Association, 2004: 11-28.

② Csikszentmihalyi, M. & Rochberg-Halton, E., *The Meaning of Things: Domestic Symbols and the Self*, Cambridge, Cambridge University Press, 1981.

③ Muncy, J. A. & Eastman, J. K., "Materialism and consumer ethics: An exploratory study,"*Journal of Business Ethics*, 1998, 17, pp. 137-145.

④ Belk, R. W., "Three scales to measure constructs related to materialism: reliability, validity, and relationships to measures of happiness,"in Thomas Kinnear. *Advances in Consumer Research*. Provo, UT: Association for Consumer Research, 1984, 11, pp. 191-297.

之间存在负相关。瓦赫特尔(Wachtel)和布拉特(Blatt)在1990年发现较高水平物质价值观的个体具有更强的依赖性和自我批评倾向。施罗德(Schroeder)和杜加尔(Dugal)在1995年的研究表明物质主义个体具有较高程度的社会焦虑。里尚斯认为较高水平物质主义个体容易对自己的生活水平表示不满，他与道森在1992年的研究结果表明，物质主义与所有生活方面的满意度都呈负相关，如家庭、朋友、快乐、收入，以及作为整体的生活。卡塞尔和瑞安指出经济成功和物质占有已成为"美国梦"的核心部分，他们测查了美国公民物质主义价值导向的个体差异，并结合这些数据与个体的快乐程度、生活满意度、生命活力及抑郁和焦虑进行分析，发现物质主义价值取向与抑郁和焦虑呈显著正相关，与快乐程度、生活满意度和生命活力呈显著负相关。还有研究表明，物质主义者往往具有多种心理障碍，他们在日常生活中体验更少的愉悦情绪、体验更多的不快乐情绪，对香烟、酒精和非处方药物有更强的物质依赖。[1] 总之，物质主义与幸福感的负相关已经得到广泛证实。

国内对物质主义的实证研究较少，且得出的结论与国外研究结论不完全一致。有学者发现在控制人口统计变量后，物质主义与主观幸福感有显著正相关，研究者认为这可能是因为物质主义同时具有功能性的作用，所以个体的主观幸福感会与物质主义产生同向变动。[2] 此外，有学者们发现幸福流与幸福感有着紧密的联系，幸福流与生活满意度之间存在显著的正相关，它有助于提升个体的生活满意度并促进积极情感的出现，人们在参与具有发展潜力的活动时的幸福流体验则会增强个体的心理幸福感。[3]。因此，有必要进一步开展物质主义、幸福流与幸福感的关系研究。通过梳理国内外研究，本研究提出物质主义、幸福感和幸福流的作用机制：物质主义会削减个体的幸福感，进而降低幸福流倾向。也就是说，物质主义会通过幸福感对幸福流产生负向影响，个体的物质主义倾向越高，个体的整体幸福感就越低，因此个体在活动中的幸福体验也会降低。

---

① Kasser, T., "Frugality, generosity, and materialism in children and adolescents," in K. A. Moore & L. H. Lippman(Eds.), *What Do Children Need to Flourish? Conceptualizing and Measuring Indicators of Positive Development*, New York, Kluwer/Plenum, 2005, pp. 357-373.

② 李鹏举、黄沛：《谈"80后"物质主义及其对主观幸福感的影响》，载《商业时代》，2010(8)。

③ Csikszentimaihalyi, "Happiness in everyday life: the uses of experience sampling," *Journal of Happiness Studies*, 2003, 14(2), pp. 185-199.

第二节 研究对象与研究工具

一、研究对象

选取江西省南昌市、安徽省合肥市 2 所高校的本科生作为样本，采用方便取样，共发放问卷 421 份，回收有效问卷 402 份，有效回收率为 95.5%。

二、研究工具

(一)《物质主义量表》

采用里尚斯的《物质主义量表》(2004 版)，量表包括获取中心、获取快乐和财物成功 3 个维度，共 15 个项目。在本研究中，修订后的量表内部一致性信度 Cronbach α 系数为 0.748，分半信度为 0.709。中心、快乐、成功 3 个维度的 Cronbach α 系数分别为 0.675、0.688 和 0.680，分半信度分别为 0.625、0.659 和 0.614。验证性因素分析中，$\chi^2/df = 2.19$，RMSEA= 0.067，GFI = 0.94，AGFI = 0.92，NFI = 0.92，NNFI = 0.90，CFI = 0.92，IFI = 0.92，从各项拟合指标可看出物质主义的三因素模型可以接受，表明修订后的《物质主义量表》具有良好的结构效度。

(二)《幸福感测量量表》

采用《综合幸福问卷》和《社会幸福感问卷》。在本研究中，合并的总问卷内部一致性信度 Cronbach α 系数为 0.932，分半信度为 0.832；主观幸福感、心理幸福感和社会幸福感的 Cronbach α 系数在 0.844 和 0.930 之间，分半信度系数在 0.764 和 0.836 之间；14 个因子的 Cronbach α 系数在 0.709 和 0.904 之间，分半信度系数在 0.649 和 0.862 之间，表明问卷具有良好的信度。对综合结构模型进行验证性因素分析，各项拟合指数分别为：$\chi^2/df = 2.23$，RMSEA=0.065，GFI=0.94，AGFI=0.94，NNFI= 0.94，NFI=0.94，CFI=0.93，IFI=0.93，表明综合幸福感模型具有良好的结构效度。

(三)《Flow 倾向量表》

采用修订的《Flow 倾向量表》(Dispositional Flow Scale，DFS)。在本

研究中，总量表的 Cornbach α 信度系数为 0.896，分半信度系数为 0.794；9 个一阶因子的 Cronbach α 信度系数在 0.708 和 0.804 之间，分半信度系数在 0.697 和 0.791 之间；3 个二阶因子的 Cronbach α 信度系数在 0.801 和 0.856 之间，分半信度系数在 0.762 和 0.791 之间，表明问卷具有良好的信度。通过验证性因素分析得到模型各项拟合指数分别为 $\chi^2/df=1.83$，RMSEA＝0.065，GFI＝0.97，AGFI＝0.94，NNFI＝0.94，NFI＝0.94，CFI＝0.94，IFI＝0.94，表明幸福流的结构模型拟合良好。

第三节　物质主义、幸福流与幸福感的关系研究结果

一、物质主义价值观描述统计

从表 13-1 中可见，终极性物质主义的中位数＞平均数＞众数，表明数据呈负偏态分布；工具性物质主义和总体物质主义的众数＞平均数＞中位数，表明数据呈正偏态分布。

表 13-1　物质主义价值观描述统计结果

	终极性物质主义	工具性物质主义	总体物质主义
平均数	2.83	3.08	2.89
中位数	2.84	3.00	2.87
众数	2.76	3.33	3.00
标准差	0.54	0.66	0.51
最大值	4.50	5.00	4.33
最小值	1.33	1.00	1.44

二、物质主义与幸福感、幸福流的关系

（一）物质主义、幸福感和幸福流的相关关系

为了解物质主义、幸福感与幸福流之间的相关关系，通过皮尔逊相关分析得出 3 个相关矩阵，分别是物质主义各维度与幸福感各维度的相关矩阵，物质主义各维度与幸福流各维度的相关矩阵，幸福感各维度与幸福流各维度的相关矩阵。在物质主义与幸福感的相关矩阵中可见（见表 13-2），物质主义与主观幸福感、心理幸福感、社会幸福感和幸福指数都呈显著负相关，具体到各维度，物质主义与负性情感呈正相关，在其他的 13 个维度中，物质主义与其中 7 个维度呈显著负相关。物质主义的 2 个维度中，终极性物质

主义与主观幸福感、心理幸福感、社会幸福感和幸福指数都呈显著负相关，具体到幸福感的各维度，终极性物质主义与幸福感的负性情感呈显著正相关，与其他 13 个维度中的 8 个维度呈显著负相关；工具性物质主义只与幸福感中的负性情感维度呈显著正相关，与 3 种幸福感、幸福指数和其他具体维度都无显著相关。

表 13-2　物质主义与幸福感各维度的相关

	生活满意	正性情感	负性情感	人格成长	生命活力	自我价值	利他行为	友好关系	健康关注
TMVO	−0.178**	−0.128**	0.160**	−0.152**	−0.146**	−0.072	−0.167**	−0.071	−0.094
IMVO	−0.010	0.004	0.190**	−0.079	0.042	−0.056	−0.008	−0.037	−0.079
MVO	−0.130**	−0.092	0.207**	−0.145**	−0.123*	−0.078	−0.112*	−0.069	−0.105*

	社会实现	社会整合	社会和谐	社会贡献	社会认同	主观幸福感	心理幸福感	社会幸福感	幸福指数
TMVO	−0.207**	−0.095	−0.002	−0.111*	−0.195**	−0.214**	−0.167**	−0.172**	−0.145*
IMVO	−0.030	−0.029	−0.060	−0.017	−0.085	−0.079	−0.070	−0.010	−0.118*
MVO	−0.160**	−0.052	−0.031	−0.086	−0.179**	−0.189**	−0.152**	−0.125*	−0.158**

注：* 表示 $p < 0.05$，** 表示 $p < 0.01$，*** 表示 $p < 0.001$。TMVO 表示终极性物质主义，IMVO 表示工具性物质主义，下同。

在幸福感与幸福流的相关矩阵中可见（见表 13-3），幸福流仅与负性情感呈显著负相关，与幸福指数及幸福感各维度均呈显著正相关。幸福流的 3 个二阶因子中，经验、沉浸与负性情感呈显著负相关，与幸福指数及幸福感的其他各维度均为显著正相关；投入仅与负性情感、社会认同不存在显著相关，与幸福指数及幸福感的其他各维度均呈显著正相关。

在物质主义与幸福流的相关矩阵中可见（见表 13-4），物质主义均分与投入和忘我维度有显著负相关，与幸福流均分及其各维度均分都呈不显著的负相关。终极性物质主义与幸福流呈显著负相关，与投入和忘我维度存在显著负相关；工具性物质主义仅与投入和忘我维度呈显著负相关。

表 13-3 幸福感与幸福流各维度的相关矩阵

	平衡	目标	反馈	融合	专注	掌控	忘我	享受	时间	经验	投入	沉浸	幸福流
生活满意	0.259**	0.237**	0.248**	0.174**	0.274**	0.261**	0.125*	0.052	0.166**	0.295**	0.286**	0.132*	0.317**
正性情感	0.251**	0.186**	0.222**	0.173**	0.213**	0.176**	0.148**	0.092	0.248**	0.263**	0.246**	0.205**	0.302**
负性情感	−0.082	−0.201**	−0.150**	−0.025	−0.106*	−0.076	−0.012	−0.077	−0.118*	−0.171**	−0.063	−0.116*	−0.138**
人格成长	0.418**	0.489**	0.469**	0.212**	0.387**	0.365**	0.133*	0.089	0.246**	0.545**	0.373**	0.202**	0.488**
生命活力	0.451**	0.363**	0.383**	0.300**	0.347**	0.344**	0.175**	0.173**	0.364**	0.476**	0.399**	0.322**	0.507**
自我价值	0.430**	0.480**	0.473**	0.171**	0.346**	0.294**	0.020	0.155**	0.353**	0.549**	0.276**	0.305**	0.465**
利他行为	0.226**	0.263**	0.296**	0.175**	0.262**	0.177**	0.080	0.164**	0.359**	0.309**	0.236**	0.314**	0.345**
友好关系	0.294**	0.321**	0.332**	0.091	0.260**	0.141**	0.113*	0.147**	0.367**	0.375**	0.118*	0.309**	0.305**
健康关注	0.273**	0.240**	0.263**	0.102*	0.232**	0.206**	0.013	0.144**	0.299**	0.308**	0.184**	0.266**	0.302**
社会实现	0.158**	0.172**	0.143**	0.074	0.189**	0.102*	0.078	0.181**	0.368**	0.189**	0.153**	0.329**	0.254**
社会整合	0.315**	0.262**	0.276**	0.254**	0.376**	0.312**	0.144**	0.193**	0.354**	0.339**	0.371**	0.327**	0.435**
社会和谐	0.344**	0.362**	0.282**	0.294**	0.217**	0.215**	0.191**	0.148**	0.215**	0.393**	0.319**	0.216**	0.398**
社会贡献	0.359**	0.297**	0.267**	0.233**	0.286**	0.248**	0.165**	0.064	0.260**	0.369**	0.322**	0.197**	0.386**
社会认同	0.128**	0.177**	0.192**	0.011	0.169**	0.094	0.066	0.203**	0.373**	0.198**	0.063	0.344**	0.214**
主观幸福感	0.289**	0.288**	0.294**	0.185**	0.285**	0.247**	0.135**	0.103*	0.258**	0.346**	0.292**	0.218**	0.366**
心理幸福感	0.498**	0.511**	0.521**	0.259**	0.435**	0.376**	0.099*	0.195**	0.444**	0.606**	0.394**	0.384**	0.575**
社会幸福感	0.383**	0.369**	0.338**	0.257**	0.364**	0.287**	0.154**	0.225**	0.451**	0.434**	0.364**	0.405**	0.493**
幸福指数	0.315**	0.277**	0.308**	0.162**	0.236**	0.172**	0.045	0.107*	0.271**	0.361**	0.216**	0.228**	0.339**

表 13-4 物质主义与幸福流各维度的相关矩阵

	平衡	目标	反馈	融合	专注	掌控	忘我	时间	享受	技能	投入	沉浸	幸福流
TMVO	−0.010	−0.091	−0.048	−0.037	−0.106*	−0.040	−0.175**	−0.028	−0.077	−0.051	−0.132**	−0.032	−0.103*
IMVO	−0.000	−0.038	−0.009	−0.009	−0.004	−0.021	−0.099*	−0.077	0.000	−0.013	−0.051	0.043	−0.023
MVO	−0.007	−0.083	−0.029	−0.03	−0.076	−0.039	−0.172**	−0.058	−0.054	−0.042	−0.118*	−0.001	−0.083

（二）幸福感的中介效应检验

由于研究中物质主义、幸福感和幸福流为潜变量，因此采用建立结构方程模型的方法检验幸福感在物质主义对幸福流影响中的中介作用。同时，考虑到等同模型的存在（即同样个数的参数用不同组合可以产生许多不同的模型），如果忽视多种模型而只检查单一模型，并以此为根据讨论结果，会产生很多谬误。因此本研究围绕原假设，建立 3 个可能的竞争性模型进行模型比较，来分析 3 个变量的作用关系。

模型 1：物质主义和幸福感分别对幸福流产生直接影响（见图 13-1），即幸福感在物质主义与幸福感的关系中不存在中介效应。

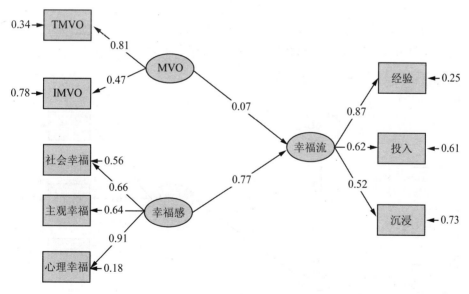

图 13-1 模型 1 标准化路径解

模型 2：物质主义直接对幸福流产生影响并通过幸福感对幸福流产生间接影响（见图 13-2），即幸福感在物质主义与幸福感的关系中具有不完全中介效应。

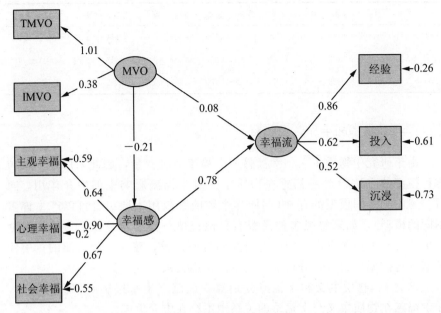

图 13-2 模型 2 标准化路径解

模型 3：物质主义仅通过幸福感对幸福流产生间接影响（见图 13-3），即幸福感在物质主义与幸福感的关系中具有完全中介效应。

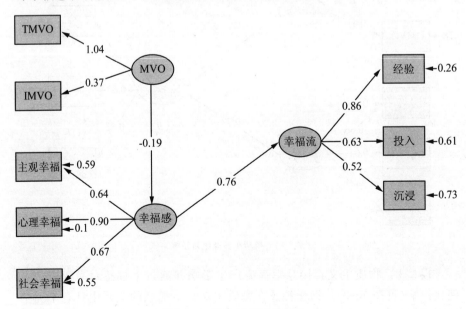

图 13-3 模型 3 标准化路径解

当进行竞争性模型的比较检验时，一般是采用差异检验（χ^2 的差异）来决定模型的相对拟合程度。但是这只适用于嵌套模型，如果是非嵌套模型之间的比较，则需要参考 CAIC、ECVI 等指数。在非嵌套模型的单样本情况下比较不同模型的拟合程度，则更适合用 EVIC 指标来判别，指数越小表示模型越简单有效，加上可接受的其他适配指标，可选择出最佳的模型。各模型拟合指数见表 13-5。

表 13-5　模型 1、模型 2 和模型 3 的各项拟合指数

模型	χ^2	df	χ^2/df	RMSEA	ECVI	ECVI$_S$	ECVI$_i$	GFI	AGFI	NFI	NNFI	CFI	IFI
模型 1	61.52	18	3.42	0.078	0.24	0.21	3.21	0.90	0.87	0.91	0.90	0.89	0.89
模型 2	50.35	17	2.96	0.067	0.24	0.21	3.21	0.91	0.89	0.94	0.93	0.93	0.93
模型 3	44.74	18	2.48	0.056	0.18	0.21	3.21	0.97	0.94	0.98	0.98	0.98	0.98

注：ECVI 指该假设模型的 ECVI 值，ECVI$_S$、ECVI$_i$ 分别指相应的饱和模型、独立模型的 ECVI 值。

从各模型的拟合指标我们可看出，与模型 1、模型 2 相比，模型 3 与数据之间有更好的拟合：模型 3 的 χ^2/df、RMSEA 两项指标的值均低于模型 1、2，而 GFI、AGFI、NFI、NNFI、CFI、IFI 各项指标的值均高于模型 1、2；并且模型 1、2 的假设模型 ECVI 值大于饱和模型的 ECVI 值，而模型 3 的假设模型 ECVI 值小于饱和模型的 ECVI 值，这显示出模型 3 本身就是一个更为优秀的模型，表明幸福感作为完全中介作用的结构模型更为合理。这在我们对 3 个模型的路径系数进行效应检验时得到了验证，模型 1 中的物质主义对幸福流的影响并不显著（$\beta = 0.07$）；模型 2 中物质主义对幸福流的影响也不显著（$\beta = 0.08$）；模型 3 中物质主义对幸福感的直接影响作用显著（$\beta = -0.19$，$p < 0.01$），幸福感对幸福流的直接影响作用极其显著（$\beta = 0.76$，$p < 0.001$），物质主义通过幸福感对幸福流的间接影响作用显著（$\beta = -0.15$，$p < 0.01$）。结果表明，幸福感的中介效应显著，物质主义通过幸福感对幸福流产生显著的间接负向影响。

三、物质主义对幸福感的影响

将幸福感的 3 个维度分别作为模型的内生变量，同时将物质主义的两个维度作为外源变量，建立 3 个模型，以深入分析物质主义对幸福感的影响作用。

（一）物质主义对主观幸福感的影响

将主观幸福感的生活满意、正性情感、负性情感的 3 个维度作为内生

变量,物质主义的两个维度作为外源变量,并剔除几条不显著的路径和维度建立模型(见图13-4),结果表明模型拟合指数均在可接受范围内,模型对数据拟合良好(见表13-6)。

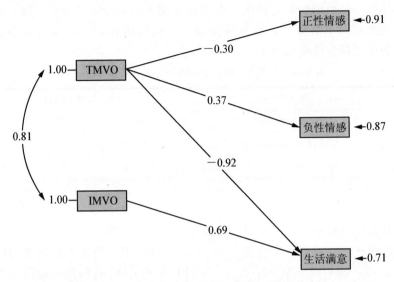

图13-4 物质主义对主观幸福感的作用模型标准路径解

表 **13-6** 物质主义对主观幸福感作用模型拟合指数

模型	χ^2	df	χ^2/df	RMSEA	GFI	AGFI	NFI	NNFI	CFI	IFI
模型1	868.02	294	2.95	0.070	0.96	0.96	0.96	0.96	0.96	0.96

从图13-4中可见:①终极性物质主义对正性情感和生活满意有直接负向影响,对负性情感有直接正向影响;②工具性物质主义对生活满意有直接正向影响。

(二)物质主义对心理幸福感的影响

将心理幸福感人格成长、自我价值、生命活力、健康关注、友好关系、利他行为的6个维度作为内生变量,物质主义的两个维度作为外源变量,并剔除几条不显著的路径和维度建立模型(见图13-5),结果表明模型拟合指数均在可接受范围内,模型对数据拟合良好(见表13-7)。

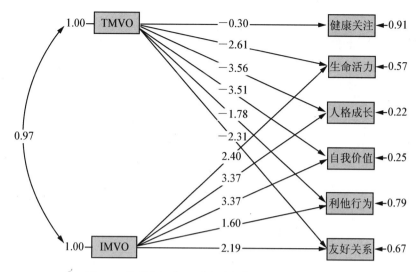

图 13-5　物质主义对心理幸福感的作用模型标准路径解

表 13-7　物质主义对心理幸福感作用模型拟合指数

模型	χ^2	df	χ^2/df	RMSEA	GFI	AGFI	NFI	NNFI	CFI	IFI
模型 1	2582.42	807	3.20	0.074	0.95	0.94	0.95	0.94	0.94	0.94

从图 13-5 可见：①终极性物质主义对心理幸福感的 6 个维度都有负向预测作用；②工具性物质主义除了对健康关注无显著预测作用之外，对心理幸福感的其他 5 个维度都具有显著的负向影响。

（三）物质主义对社会幸福感的影响

将社会幸福感的社会实现、社会整合、社会和谐、社会贡献、社会认同 5 个维度作为内生变量，物质主义的两个维度作为外源变量，建立结构模型（见图 13-6），结果表明模型拟合指数均在可接受范围内，模型对数据拟合良好（见表 13-8）。

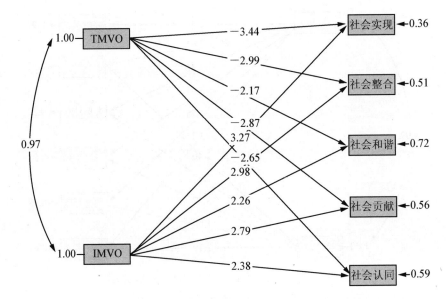

图 13-6　物质主义对社会幸福感的作用模型标准路径图

表 13-8　物质主义对社会幸福感作用模型拟合指数

模型	χ^2	df	χ^2/df	RMSEA	GFI	AGFI	NFI	NNFI	CFI	IFI
模型 1	904.85	366	2.47	0.061	0.98	0.97	0.97	0.97	0.98	0.98

　　从图 13-6 可见：①终极性物质主义对社会幸福感的 5 个维度都存在显著的负向影响；②工具性物质主义对社会幸福感的 5 个维度都存在显著正向影响。

四、物质主义对幸福流的间接影响

　　将幸福流的 3 个维度分别作为模型的内生变量，与物质主义和幸福感建立 3 个模型，以深入探讨物质主义对幸福流的间接影响作用。

（一）物质主义对经验的间接影响

　　为发现幸福流中经验维度与物质主义和幸福感间的关系，将幸福流中的经验维度的平衡、目标、反馈作为内生变量，物质主义的两个维度作为外源变量，幸福感的 3 个维度作为内生变量，并剔除几条不显著的路径和维度，形成模型 4（见图 13-7）。模型拟合指数均在可接受范围内，模型对数据拟合良好（见表 13-9）。

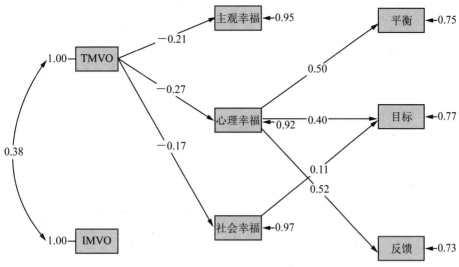

图 13-7　物质主义、幸福感与经验的关系模型

表 13-9　物质主义、幸福感与经验关系模型拟合指数

模型	χ^2	df	χ^2/df	RMSEA	GFI	AGFI	NFI	NNFI	CFI	IFI
模型 1	61.52	18	3.42	0.078	0.97	0.95	0.96	0.96	0.97	0.97

由图 13-7 可知，物质主义对经验维度的作用，是由终极性物质主义通过心理幸福感和社会幸福感对平衡、目标、反馈产生间接负向影响。进一步对路径模型中的路径各项效应分解（见表 13-10）发现：①终极性物质主义通过心理幸福感对平衡维度产生显著的负向影响（$\beta = -0.09$，$p < 0.01$）；②终极性物质主义通过心理幸福感对目标维度产生显著的负向影响（$\beta = -0.08$，$p < 0.01$），通过社会幸福感对目标维度产生显著的负向影响（$\beta = -0.02$，$p < 0.05$）；③终极性物质主义通过心理幸福感对反馈维度产生显著的负向影响（$\beta = -0.09$，$p < 0.01$）。

表 13-10　物质主义、幸福感与经验关系模型路径效应分解表

	自变量	因变量					
		Y5 主观 幸福感	Y4 心理 幸福感	Y3 社会 幸福	平衡	目标	反馈
	终极性物质主义						
外源 变量	直接效应	-0.21^{***}	-0.17^{***}	-0.17^{***}			
	间接效应				-0.09^{**}	-0.10^{***}	-0.09^{**}
	总效应	-0.21^{***}	-0.17^{***}	-0.17^{***}	-0.09^{**}	-0.10^{***}	-0.09^{**}

自变量		因变量					
		Y5 主观幸福感	Y4 心理幸福感	Y3 社会幸福	平衡	目标	反馈
内生变量	心理幸福感						
	直接效应				0.50***	0.46***	0.52***
	间接效应						
	总效应				0.50***	0.46***	0.52***
	社会幸福感						
	直接效应					0.11***	
	间接效应						
	总效应					0.11***	

(二)物质主义对投入的间接影响

为发现幸福流中投入维度与物质主义和幸福感的关系,将幸福流中投入维度的融合、专注、控制、忘我作为内生变量,物质主义的两个维度作为外源变量,幸福感的 3 个维度作为内生变量,并剔除几条不显著的路径和维度,形成最优模型 5(见图 13-8)。模型拟合指数均在可接受范围内,模型对数据拟合良好(见表 13-11)。

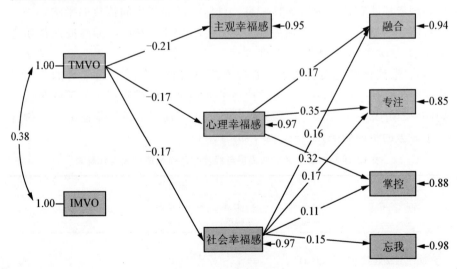

图 13-8　物质主义、幸福感与投入的关系模型

表 13-11 物质主义、幸福感与投入关系模型拟合指数

模型	χ^2	df	χ^2/df	RMSEA	GFI	AGFI	NFI	NNFI	CFI	IFI
模型4	61.69	24	2.57	0.068	0.97	0.94	0.96	0.96	0.97	0.97

由图 13-8 可知，物质主义对投入维度的作用，主要是由终极性物质主义通过心理幸福感和社会幸福感对其产生间接负向影响。进一步对路径模型中的路径各项效应分解（见表 13-12）发现：①终极性物质主义通过心理幸福感和社会幸福感对融合、专注、掌控 3 个维度产生显著的负向影响，其中对专注和掌控的影响作用最大，产生的完全中介效应分别为 -0.09（$p<0.01$）、-0.07（$p<0.01$）；②物质主义对忘我维度的间接作用表现为终极性物质主义通过社会幸福感所产生的负向影响（$\beta=-0.03$，$p<0.05$）；

表 13-12 物质主义、幸福感与投入关系模型路径效应分解表

自变量	因变量						
	Y5 主观幸福感	Y4 心理幸福感	Y3 社会幸福	融合	专注	掌控	忘我
外源变量 终极性物质主义							
直接效应	-0.21^{***}	-0.17^{***}	-0.17^{***}				
间接效应				-0.06^{**}	-0.09^{**}	-0.07^{**}	-0.03^{*}
总效应	-0.21^{***}	-0.17^{***}	-0.17^{***}	-0.06^{**}	-0.09^{**}	-0.07^{**}	-0.03^{*}
内生变量 心理幸福感							
直接效应				0.17^{***}	0.35^{***}	0.32^{***}	
间接效应							
总效应				0.17^{***}	0.35^{***}	0.32^{***}	
社会幸福感							
直接效应				0.16^{***}	0.17^{***}	0.11^{***}	0.15^{***}
间接效应							
总效应				0.16^{***}	0.17^{***}	0.11^{***}	0.15^{***}

（三）物质主义对沉浸的间接影响

为探讨幸福流中沉浸维度与物质主义和幸福感的关系，研究者将幸福流沉浸维度的时间和享受作为内生变量，物质主义的两个维度作为外源变

量，幸福感的3个维度作为内生变量，并剔除几条不显著的路径和维度，形成最优模型6（见图13-9）。模型拟合指数均在可接受范围内，模型对数据拟合良好（见表13-13）。

表 **13-13** 物质主义、幸福感与沉浸关系模型拟合指数

	χ^2	df	χ^2/df	RMSEA	GFI	AGFI	NFI	NNFI	CFI	IFI
M0	363.86	147	2.48	0.077	0.97	0.94	0.96	0.96	0.97	0.97

由图13-9可知，物质主义对享受维度的作用，是由终极性物质主义通过心理幸福感和社会幸福感对其产生间接负向影响。进一步对路径模型中的路径各项效应分解（见表13-14）发现：①终极性物质主义通过心理幸福感对享受维度产生显著的负向影响（$\beta = -0.05$，$p < 0.01$）；②终极性物质主义通过社会幸福感对享受维度和时间维度产生显著的负向影响，产生的完全中介效应分别为-0.05（$p < 0.01$）、0.04（$p < 0.01$）。

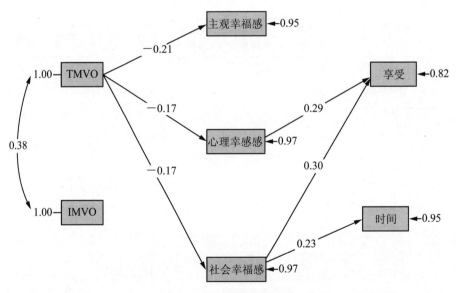

图 13-9 物质主义、幸福感与沉浸关系模型

表 13-14　物质主义、幸福感与沉浸关系模型路径效应分解图

自变量		因变量				
		Y5 主观幸福感	Y4 心理幸福感	Y3 社会幸福	Y2 享受	Y1 时间
外源变量	终极性物质主义					
	直接效应	−0.21***	−0.17***	−0.17***		
	间接效应				0.10***	0.04**
	总效应	0.21***	−0.17***	−0.17***	0.10***	0.04**
内生变量	心理幸福感					
	直接效应				0.29***	0.23***
	间接效应					
	总效应				0.29***	0.29***
	社会幸福感					
	直接效应				0.30***	0.23***
	间接效应					
	总效应				0.30***	0.30***

第四节　讨论与结论

一、物质主义的总体状况及其在人口学变量上的差异

通过对物质主义进行描述分析我们发现，物质主义总分及其两个维度得分都高于均分，这表明被试大学生的物质主义倾向还处于较低水平。

本研究表明男性与女性在物质主义总分上无显著差异，但是男性的终极性物质主义均分显著高于女性，而女性的工具性物质主义均分显著高于男性，表明男性更倾向于将物质视为生活与事业成功的标准，女性更倾向于将物质作为获取快乐的手段。这与鲁德明（Rudmin）在 1999 年的研究结论相似，可能是因为对于男性而言物质对其事业成功有着重大意义，而对于女性来说物质则更多地意味着一种社会关系。

不同专业大学生的物质主义总分并无显著差异，但是在终极性物质主义维度上，理科生得分显著高于文科生，可能是因为理科生了解或掌握更多的财会经济类知识，对我国改革开放进程中市场经济的社会因素感受更

为敏锐，受到的影响也更大，因此表现出更高的物质主义倾向。

对于不同年级大学生而言，在终极性物质主义维度上，大一学生显著低于大四学生。该结果与我国学者张红霞、王靖原的研究结果一致，即青少年的物质主义倾向与年龄有显著正相关。这可能是因为随着年级的增高，大学生的社会实践不断增多，如实习、兼职、应聘等，在他们与社会的亲密接触中，他们的社会阅历也在不断累积，并逐步受到社会中多元化价值观的影响。

物质主义均分在具有不同人际关系水平的大学生上存在显著差异，人际关系较差的学生在物质主义均分和终极性物质主义均分上都显著高于人际关系较好的学生。这与国外的研究结论一致，即物质主义者重视物质拥有胜过人际关系。① 这可能是由于他们对于物质的强烈欲望所以会担心别人与之争夺，他们不但人际关系不佳，还会嫉妒别人拥有他们所没有的物质。

不同家庭经济状况学生在物质主义均分上存在显著差异。经济状况一般的学生在物质主义均分和工具性物质主义均分上显著高于经济状况较差的学生。这可能是因为家庭经济状况一般的学生更容易产生比较的心理。这与中产阶级对待物质的态度具有相似性，可能由于在贫富分化加重的社会背景下中等经济水平的阶层，一方面对自己取得的地位、声望和财富特别珍重与肯定，另一方面他们存在地位恐慌，往往想运用某种物质手段将自身与低收入者或同等阶层的人相区分。

二、物质主义对幸福感和幸福流的影响

研究表明，物质主义对幸福感有直接负向预测作用，并通过幸福感对幸福流有间接负向影响；物质主义中的工具性物质主义表现出一定积极性，对幸福感部分维度具有正向预测作用。物质主义的积极作用在本研究中体现在工具性物质主义的层面，研究发现它对主观幸福感的生活满意、心理幸福感的生命活力等5个维度以及社会幸福感的5个维度都具有显著预测作用，这表明工具性物质主义可能对于推动青年人实现快乐满足具有积极影响。物质获取及对金钱的渴望可以概括为人类特有的需要和动机，它可以与人类的许多其他需要和动机相交换、补充，甚至替代。尤其在现今纷繁复杂的社会背景下，现实生活中学习、就业、住房等压力，以及无

---

① Riehins, M. L. & Dawsons., "A consumer values orientation for materialism and its measurement: Scale development and validation," *Journal of Consumer Research*, 1992, 19(3), pp. 303-316.

孔不入的消费信息时刻刺激人们的匮乏感和不安全感，物质消费在此时则起到了心理解放的作用，人们通过物质消费去进行的自我满足具有直接性与便利性。

物质主义对幸福的影响更多地表现为消极性，具体表现为终极性物质主义对幸福感具有直接负向影响，并通过心理幸福感和社会幸福感对幸福流的各维度产生负向影响。对幸福感具有负向预测作用的是终极性物质主义而非工具性物质主义，这与国外研究结果有一致性。卡弗（Carver）和贝尔德（Baird）发现总体上物质主义与幸福感呈负相关，具体而言，是外部动机与幸福感呈负相关。[①] 斯里瓦斯塔瓦（Srivastava）等人发现，控制社会比较、寻求权利、自我炫耀等外部动机后，物质主义与幸福感的负相关关系就消失了。[②] 这都说明物质主义与幸福感的负相关是因为消极的外在动机所致。一些研究者们试图提出一些理论来解释物质主义与幸福感间的关系。西尔吉（Sirgy）提出的渗溢理论（spillover theory）认为，个体往往依据自己所设定的生活标准对自己目前的实际生活进行评价，对生活标准是否满意就会影响到对总体的生活是否满意，然而物质主义者所设置的生活标准的目标过高，很可能没有能力实现，因此他们就会体验到当前生活标准的不满意，这种不满意感会充斥到整个生活中去，从而导致对总体生活的不满和更多的负性情绪。[③] 瑞安等人提出的自我决定理论认为，追求和实现内在目标能够相对直接地满足人类基本的心理需求，从而提高个体的幸福感，而对物质、财富和名誉等外在目标的追求偏离基本需求的满足，从而对心理健康产生不利影响，由于物质主义价值属于外在的目标，物质主义者把追求物质目标放在首位，因此他们的幸福感较低。[④]

物质主义对幸福流并无直接影响，而是通过幸福感对幸福流产生负向影响。这表明物质主义作为一种外在的价值观并不会直接对个体在活动中的体验产生直接作用，但是会通过个体的整体幸福状况对其产生作用。进

---

① Carver，C. S. & Baird，E.，"The American dream revisited：Is it what you want or why you want it that matters?，"*Psychological Science*，1998，9(4)：289-292.

② Srivastava，A.，Locke，E. A. & Bartol，K. M.，"Money and subjective well-being：It's not the money，it's the motives，"*Journal of Personality and Social Psychology*，2001，80(6)，pp. 959-971.

③ Sirgy．M. J.，"Materialism and quality of life，"*Social Indicators Research*，1998，43(3)，pp. 227-260.

④ Ryan，R. M. & Deci，E. L.，"Self-determination theory and the facilitation of intrinsic motivation，social development，and well-being，"*American Psychologist*，2000，55 (1)，pp. 68-78.

一步研究可发现，终极性物质主义通过心理幸福感和社会幸福感对幸福流产生间接影响，主观幸福感并未起到中介作用。特尔弗（Telfer）在 1980 年指出实现论指导下的生活不是指个体满意自己的生活，而是指个体知道自己的生命中什么是值得追求的。终极性物质主义正是破坏了人们生活中自我实现与外部标准的平衡，从而影响到个体在特定活动中的积极体验。这也不难理解，强烈的自我实现愿望与良好的社会存在都利于个体在活动中的发挥，它必然会对个体在活动中的各个阶段、生活中的各个方面都具有影响作用，也更容易促使个体在活动中获得良好的体验。

心理幸福感的中介作用主要表现在经验与投入两个维度，终极性物质主义通过心理幸福感对经验和投入的 3 个维度都产生间接负向影响。外在的价值观削弱了个体自我实现的动机，这不利于个体寻求内源性的目标追求，导致个体在社会比较中选择行动目标，这样的目标自然无法与人们的深层价值和技能相匹配。

社会幸福感的中介作用更多地表现在其对投入和沉浸的作用，终极性物质主义通过社会幸福感对投入和沉浸两个维度都具有负向影响。由于与促进健康社会行为的亲社会价值观相冲突，外在的价值观容易使人将他人视为工具去操纵，也会让个体去认同周围外部世界。这必然会对人们在活动中的积极体验产生负面效应，因为对于物质主义者而言，"占有"才是最终目的，"体验"却无足轻重。比如，物质主义者经常使用有形的财产去进行印象管理，他们还倾向于通过有形资产的方式将他们的体验"实体化"（object），即他们会将体验转化为实物以方便展现，这和他们追求财物的性质是一样的。

综上所述，物质主义对幸福感和幸福流的影响是弊大于利的。毕竟，总体而言，物质作为一种衍生的止痛剂，仅仅是社会支持的一种替代，个体往往在寻求社会支持失败时，才可能会转向追求财富以提高社会接纳度和缓解心理创伤。并且现有研究已表明，通过物质满足心理需要会增加社会距离，个体可能会在收获财富的同时却更加令人厌恶，还会降低自身对生活的满意度。因此，对于工具性物质主义所表现出的积极性需要保持谨慎的态度。

第十四章

希望、组织承诺与幸福感的关系

积极组织行为学关注如何科学、有效地开发员工的优势力量，激发员工的优良状态和主观能动性，提高组织的绩效水平和营造良好氛围。积极组织行为学的研究内容包括沉浸体验、感恩、创造力、希望、乐观、主观幸福感、情绪智力、韧性、宽恕等。[①] 该研究有助于测评、开发员工自身的优势与力量，为高效管理与提升员工幸福感提供科学的方法和策略。

第一节　希望、组织承诺与幸福感的关系研究现状

斯塔洪（Staats）等人认为，希望在情绪上体现了"预期达到目标后的积极情绪和预期没有达到目标后的消极情绪之间的差异"，在认知上具有愿望和预期的交互作用。斯奈德（Snyder）在 1991 年认为"希望是由个体后天学习而成的一种个人思维和行为倾向，它是一种认知特征同时还是一种动力状态"。斯奈德认为，希望包含个体对自己有能力找到达到目标的有效途径的认知和信念（路径思维），以及个体对自己能激发沿着既定目标前进的必要动机的认知和信念（动力思维）。希望是目标、动力思维和路径思维的有机结合，三者缺一不可。

组织承诺（organizational commitment）也被译为"组织忠诚""组织归属感"，是员工对组织心理上的一种承诺、责任和义务。该概念最早由贝克尔（Becker）在 1960 年提出，他认为承诺是员工随着对组织的"单方投入"的

---

①　［美］路桑斯（Luthans, F.）等：《心理资本》，李超平，译，北京，中国轻工业出版社，2008。

增加而不得不继续留在该组织的一种心理现象。"单方投入"指一切有价值的东西,如福利、精力以及已经掌握的只能用于特定组织的技能等。① 凌文栓、张治灿和方俐洛认为组织承诺是员工对组织的一种态度,它可以解释员工为什么要留在某企业,因而也是检验职工对企业忠诚程度的一种指标。②③ 王重鸣认为组织承诺指员工对组织的一种责任和义务,源于对组织目标的认同,由此衍生出一定的态度或行为倾向。④ 研究发现,员工的年龄、工龄对组织承诺有正向预测作用,并且对员工在组织中最初几个月的情感性组织承诺影响非常大;员工的学历则与组织承诺存在负相关;同时性别、婚姻等个人因素都与组织承诺有着紧密的联系。但在中国文化背景下,如郑(Chen)和弗朗切斯科(Francesco)在 2000 年发现相对于工龄,职位对中国员工的组织承诺影响更大,公司中高层管理人员的组织承诺水平显著高于普通员工。研究发现,影响组织承诺的组织因素主要包括组织支持、组织可依赖性、公平性、领导风格、领导的授权行为、组织文化、组织的公平性、集体工作精神等。徐、皮尔和波特(Tsui, Pearee & Porter)在 1997 年等基于单边投入理论,从组织层面的研究发现,由于组织在员工身上的投资会提高员工的情感承诺,因此绩效评估、晋升政策、薪资和福利等会影响情感承诺。科诺夫(Konov)和克罗潘萨诺(Cropanzano)在 1991 年研究发现组织成员所感知到的政策公平性与情感承诺呈显著正相关,同时,组织成员所感知到的组织政策公平性对组织承诺的形成有重要作用。马圣陶(MasaoTaoet)等人在 1998 年认为组织气氛、管理行为、组织经历和任务明确性等对组织承诺都有很好的预测效果。对于组织承诺与工作绩效关系的研究表明,组织承诺的几个维度分别与工作绩效之间有微弱的相关(Allen & Meyer,1990)。还有学者指出组织承诺与工作绩效间可能存在中介变量或者调节变量。刘小平在 2003 年的研究发现,组织承诺中情感承诺对工作绩效的预测效果最好,而持续承诺等承诺的影响力很低。员工退缩行为主要表现在离职意向、出勤率和工作转换等方面。组织承诺对员工自愿离职行为的预测效果已经被很多实证研究证

---

① Becker, H. S., "Notes on the concept of commitment," *American Journal of Sociology*, 1960, 66(1), pp.32-40.

② 凌文栓、张治灿、方俐洛:《中国职工组织承诺的结构模型研究》,载《管理科学学报》,2000,3(2)。

③ 凌文栓、张治灿、方俐洛:《中国职工组织承诺研究》,载《中国社会科学》,2001(2)。

④ 刘小平、王重鸣:《中西方文化背景下的组织承诺及其形成》,载《外国经济与管理》,2002(1)。

实，其中情感承诺与工作变换及工作变换意向相关性最为显著。艾伦（Allen）和迈耶（Meyer）在1990年的研究发现，组织承诺的3个维度都和离职意愿呈负相关关系，情感承诺与离职及离职意愿相关最为显著。奥赖利（O'Reilly）和沙特曼（Chatman）在1986年从内化、认同、顺从3个维度对组织承诺的影响结果进行分析后得到结论：这3个维度都对离职意愿有显著影响，内化和认同维度与离职意愿呈负相关，而顺从维度与离职意愿存在正相关。

希望、幸福感与组织承诺关系的研究表明，3个变量两两间存在密切而又复杂的关系。斯奈德（Snyde）经过系列研究后发现，高希望感水平和高生活满意度、良好功能、低身体症状、高应对技巧和正常情绪体验等密切相关[①]，他们倾向于通过积极的行动和坚持不懈的努力来解决实现目标过程中的种种障碍；他们更多地使用幽默的方式来应对生活中的紧张事件，因而行为更健康。拉森（Larson）和卢坦斯（Luthans）认为，拥有希望的员工通常都有明确的工作目标，他们制订了实现目标的切实可行的行动计划并能努力实现目标。[②] 卢坦斯等人通过对中国员工的研究发现，员工的心理资本及希望、乐观和坚韧性都与其工作绩效呈显著正相关。在工作压力较大的行业，如服务行业，高希望者在工作质量较好并且满意度较高时，不易产生工作倦怠，容易坚持。埃维、帕泰拉和韦斯特（Avey，Patera & West）的研究证明，心理资本及希望、乐观、坚韧性、自我效能感都与员工的旷工（absenteeism）呈负相关。彼得森（Peterson）和卢坦斯的研究表明，希望水平较高的管理人员，其管理的工作部门的绩效较高，下属的留职率和满意度也较高。[③] 卢坦斯在2003年研究发现，组织领导者的希望水平与他所在部门的盈利能力、员工满意度和留职率之间有正向关系。优素福（Youssef）在2004年的研究显示，员工希望水平与他们的绩效、工作满意度、工作幸福感和组织承诺之间呈正相关。还有研究发现，表现出更高希望水平的雇员更容易对他们的工作感到满意，因为他们更能够有动机和计划去通过他们的工作而最大限度地适应和改进他们的环境。费尔德曼（Feldman）在2005年的研究表明，希望能够积极预测生活意义，消极预测

① Snyder，C. R，McDermott，Diane，et al.，*A Hope for the Journey：Helping Children Through Good Times And Bad*. Bould，CO，USA，Westview Press，1997，pp. 213-224.

② Larson，M. & Luthans，F.，"Potential added value of psychological capital in predicting work attitudes,"*Journal of Leadership & Organizational Studies*，2006，13(1)，pp. 45-62.

③ Peterson，S.，Luthans，F.，"The positive impact and development of hopeful leaders," *Leadership and Organizational Development Journal*，2002，24(1)，pp. 26-31.

焦虑与抑郁，且希望与生活意义之间有很大的重叠。国内其他研究也证实希望特质对抑郁具有独立影响作用，并通过激发问题解决、求助等积极的应对方式来影响幸福感。① 陈灿锐和申荷永在 2009 年的研究发现，希望及其两个因子与积极应对呈显著正相关，与消极应对方式呈显著负相关，与幸福指数呈显著正相关。徐强在 2010 年的研究发现，大学生希望感与主观幸福感、自尊、心理控制源、抑郁、焦虑及应对方式之间存在非常显著的相关，其中与主观幸福感、自尊、积极应对方式呈非常显著的正相关，而与心理控制源、抑郁、焦虑和消极应对方式呈显著的负相关。② 惠青山在 2009 年的研究发现，希望对组织承诺、利单位行为、利同事行为、工作满意等变量有显著的正向影响，对离职意向有显著负向影响，对人际和谐没有显著影响。同时，对工作未来充满希望的员工，会对单位有较好的感情，倾向于做出许多有利于单位和同事的行为，工作的满意度也比较高，较少有离职想法。仲理峰研究发现，员工的希望、乐观和坚韧性 3 种积极心理状态，都对他们的工作绩效、组织承诺和组织公民行为有积极影响。同时，希望对维持员工的心理健康水平具有非常重要的作用。③

贾奇（Judge）等人提出理论假设：主观幸福感的认知因素、积极情感因素分别以控制变量和中介变量的角色对工作满意度与工作绩效的关系起调节作用。④ 弗雷德里克森认为，主观幸福感可以拓展人们的智力、生理和社交资源，这些资源的丰富储备可以帮助人们更好地应对威胁和抓住机遇，进而提高工作绩效，增加组织公民行为，并且降低缺勤率和离职率。曾惠明（Huey-Ming Tzeng）在 2002 年发现工作幸福感和职业满意度越高，员工的离职倾向越低。迈尔斯（Meyers）等人使用元分析法研究发现，组织承诺与主观幸福感中的消极情绪因素存在负相关，主观幸福感的认知因素、情感因素都对工作满意度和组织承诺有显著作用。凌文铨等人的研究发现了各类承诺类型的影响因素，其中，工作满意度对理想承诺起作用，而其他方面的生活满意度则直接影响到机会承诺。肖琳子的研究发现，知识型员工对工作本身的满意度、对工作回报和领导行为的满意度、对同事

① 陈海贤、陈洁：《贫困大学生希望特质、应对方式与情绪的结构方程模型研究》，载《中国临床心理学杂志》，2008，16(4)。

② 徐强：《大学生希望感与心理健康的关系》，载《中国健康心理学杂志》，2010，18(2)。

③ 仲理峰：《心理资本对员工的工作绩效、组织承诺及组织公民行为的影响》，载《心理学报》，2007，39(2)。

④ Judge, T. A, Thoresen, C. J. & Bono, J. E., et al., "The job satisfaction-job performance relationship: A qualitative and quantitative review," *Psychological Bulletin*, 2001, 127(3), pp. 376-407.

关系的满意度与组织承诺有显著的相关，并能够正向预测组织承诺中的部分维度。[①] 潘丽萍的研究发现，企业知识型员工的主观幸福感与组织承诺成正相关，主观幸福感对组织承诺有一定的影响作用。[②] 魏钧研究了知识型员工主观幸福感对组织认同的影响问题，发现组织声誉直接影响组织认同，并且以积极情感作为中介变量间接影响组织认同。[③] 对主观幸福感和人力资源效能变量的关系进行的一些研究发现，主观幸福感中的情感因素、认知因素分别与工作满意度和组织承诺有显著的相关关系。员工较高的组织承诺可以增强员工的组织忠诚和依赖，加强他们的主人翁责任感，也就增加了员工的主观幸福感。同时，当员工能从工作中获得乐趣、对工作满怀热情时，其对所在组织的认同感及投入度会相应地提高，即主观幸福感对感情承诺起促进作用。杨欣欣研究发现，组织承诺与工作幸福感呈显著正相关，并且组织承诺对工作幸福感有显著预测作用。[④]

总之，国内外研究表明，希望与组织承诺、幸福感与组织承诺、希望与幸福感存在密切的关系，但尚无三者间作用关系的实证研究。鉴于此，本章将探讨希望、幸福感与组织承诺间的关系，以进一步丰富组织行为学和管理心理学的研究内容。

第二节　研究对象与研究工具

一、研究对象

选取宁波市、合肥市和南昌市政府及企事业单位的员工为研究对象，共发放问卷 430 份，回收 401 份，有效问卷 344 份，有效回收率为问卷的 80.0%。

二、研究工具

(一)《状态希望量表》

采用斯奈德(Snyder)编制的《状态希望量表》(State Hope Scale，SHS)，

---

① 肖琳子：《知识型员工工作满意度与组织承诺的关系研究》，硕士学位论文，湖南大学，2006。

② 潘丽平：《企业知识型员工主观幸福感、组织承诺对离职意向的影响研究》，硕士学位论文，福建师范大学，2008。

③ 魏钧：《主观幸福感对知识型员工组织认同的影响》，载《科研管理》，2009，30(2)。

④ 杨欣欣：《企业员工工作幸福感的影响因素研究——以北京市及盘锦市部分企业为例》，硕士学位论文，吉林大学，2009。

并参照李超平的《心理资本量表》中的希望分量表进行修改，使其适用于工作领域。量表包括 6 个项目，由 2 个分量表组成，分别用来测量动力思维和路径思维，采用 Likert 6 级评分。在本研究中，总量表的内部一致性信度 Cronbach α 系数为 0.874，路径思维维度的 Cronbach α 系数为 0.815，动力思维维度的 Cronbach α 系数为 0.827，表明量表具有良好的信度。验证性因素分析结果表明，模型拟合指数均达到可接受范围，其中 $\chi^2/df=$ 2.54，RMSEA＝0.079，SRMR＝0.026，NFI＝0.98，NNFI＝0.98，CFI＝0.99，IFI＝0.99，表明量表在本研究中具有良好的结构效度。

(二)《综合幸福问卷》

本研究中，总问卷内部一致性信度 Cronbach α 系数为 0.932，各维度值在 0.815 和 0.888 之间，表明问卷具有良好信度。验证性因素分析结果显示，模型各项拟合指数均达到可接受水平，其中 $\chi^2/df=$2.43，RMSEA＝0.076，SRMR＝0.076，NFI＝0.88，NNFI＝0.92，CFI＝0.93，IFI＝0.93，表明问卷具有良好的结构效度。

(三)《组织承诺问卷》

采用凌文辁等人编制的《中国职工组织承诺问卷》，包括 5 个维度：感情承诺、规范承诺、理想承诺、经济承诺和机会承诺，共 15 个项目，采用 Likert 6 级评分。本研究将经济承诺和机会承诺合并为持续承诺。本研究中问卷内部一致性信度 Cronbach α 系数为 0.869，感情承诺为 0.825，规范承诺为 0.818，理想承诺为 0.878，持续承诺为 0.856，表明问卷具有良好信度。验证性因素分析显示，模型拟合度检验值达到可接受范围，其中 $\chi^2/df=$2.40，RMSEA＝0.075，SRMR＝0.056，NFI＝0.94，NNFI＝0.96，CFI＝0.97，IFI＝0.97，表明问卷具有良好结构效度。

第三节　希望、组织承诺与幸福感的关系研究结果

一、希望、幸福感与组织承诺的关系研究

(一)希望、幸福感与组织承诺的关系模型

根据相关研究，希望是组织承诺的前因变量，希望与幸福感、幸福感和组织承诺互为因果关系，本研究建构了 3 个可能模型。由于幸福感包含

研究取向存在差异的两大模块：主观幸福感与心理幸福感，因此在模型中将幸福感分成主观幸福感与心理幸福感两个部分。为了检验理论构想与实际情况的符合程度，我们对研究结果进行模型比较。

1. 希望、幸福感与组织承诺关系模型 1

希望为外生潜变量，主观幸福感、心理幸福感和组织承诺为内生潜变量；希望对主观幸福感、心理幸福感和组织承诺有直接正向影响，并通过主观幸福感和心理幸福感对组织承诺有间接正向影响。基于保证足够自由度的要求，模型 1 中每个潜变量对应的观测变量至少要 3 个，由于希望只有两个维度，所以希望的观测变量直接用问卷项目，为 H11、H12、H13、H21、H22、H23，主观幸福感的观测变量为生活满意（LS）、正性情感（PA）、负性情感（NA），心理幸福感的观测变量为健康关注（HC）、生命活力（SV）、自我价值（SW）、人格成长（PG）、友好关系（PR）、利他行为（AC）。模型通过剔除不显著路径形成最优模型 1（见图 14-1），拟合指数良好（见表 14-1）。可以看出，希望对主观幸福感、心理幸福感和组织承诺有直接正向影响，并可以通过心理幸福感对组织承诺产生间接正向影响。

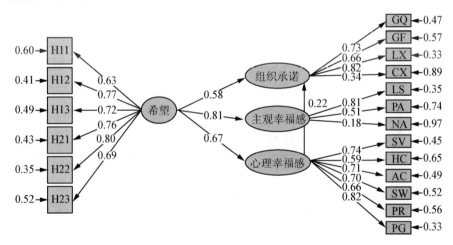

图 14-1　希望、幸福感与组织承诺关系模型 1

表 14-1　模型 1 拟合指数

	χ^2	df	χ^2/df	RMSEA	SRMR	ECVI	NFI	NNFI	CFI	IFI
M0	363.86	147	2.48	0.077	0.064	1.83	0.94	0.95	0.96	0.96
M1	363.85	148	2.46	0.077	0.064	1.82	0.94	0.95	0.96	0.96

注：M0 为基准模型；M1 为减少主观幸福感→组织承诺

2. 希望、幸福感与组织承诺关系模型 2

希望为外生潜变量，主观幸福感、心理幸福感和组织承诺为内生潜变量；希望对组织承诺主观幸福感和心理幸福感有直接正向影响，并通过组织承诺对主观幸福感和心理幸福感有间接正向影响，组织承诺对主观幸福感和心理幸福感直接有正向影响；各潜变量的观测变量与模型 1 一致。模型通过剔除不显著路径形成最优模型 2（见图 14-2），模型拟合指数良好（见表 14-2）。可以看出，希望对主观幸福感、心理幸福感和组织承诺有直接正向影响，并可以通过组织承诺对心理幸福感产生间接正向影响。

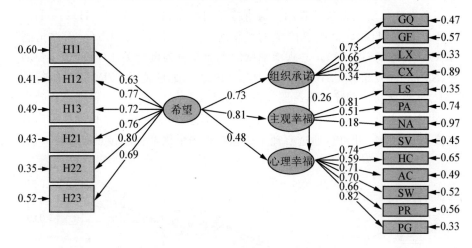

图 14-2　希望、幸福感与组织承诺关系模型 2

表 14-2　模型 2 拟合指数

	χ^2	df	χ^2/df	RMSEA	SRMR	ECVI	NFI	NNFI	CFI	IFI
M0	363.86	147	2.48	0.077	0.06	1.83	0.94	0.95	0.96	0.96
M2	363.85	148	2.46	0.077	0.06	1.82	0.94	0.95	0.96	0.96

注：M0 为基准模型；M2 为减少组织承诺→主观幸福感。

3. 希望、幸福感与组织承诺关系模型 3

主观幸福感和心理幸福感为外生潜变量，希望和组织承诺为内生潜变量；主观幸福感和心理幸福感对希望和组织承诺有直接正向影响，并通过希望对组织承诺有间接正向影响，希望对组织承诺有直接正向影响；各潜变量的观测变量与模型 1 一致。模型通过剔除不显著路径形成最优模型 3（见图 14-3），模型拟合指数良好（见表 14-3）。可以看出，心理幸福感对组织承诺有直接正向影响，主观幸福感通过希望对组织承诺产生间接正向影响。该模型表明了幸福感两大模块对希望和组织承诺的影响是通过不同路径产生作用的。

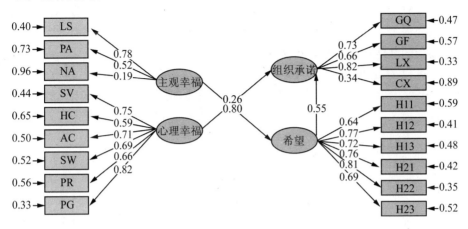

图 14-3　希望、幸福感与组织承诺关系模型 3

表 14-3　模型 3 拟合指数

	χ^2	df	χ^2/df	RMSEA	SRMR	ECVI	NFI	NNFI	CFI	IFI
M0	346.60	146	2.37	0.075	0.055	1.77	0.94	0.96	0.97	0.97
M3	346.47	148	2.34	0.074	0.055	1.75	0.94	0.96	0.97	0.97

注：M0 为基准模型；M3 为减少心理幸福感→希望，减少主观幸福感→组织承诺

将 3 个最优模型的拟合度指数汇总成表 14-4，可以看出 3 个模型的拟合指数均在可接受范围内，模型对数据拟合良好，其中模型 1 和模型 2 的拟合指数完全相同。与样本数据有相同拟合程度、但结构不同的模型，这样的模型称为等同模型（equivalent models），等同模型中各个不同模型可能含有非常不同的意义，虽然模型中的拟合指数完全相同，但参数的意义和作用大小都可能不同。模型 1 中心理幸福感在希望对组织承诺的影响中有中介作用，模型 2 中组织承诺在希望对心理幸福感的影响中有中介作用。

表 14-4　模型 1、2、3 的拟合指数汇总

模型	χ^2	df	χ^2/df	RMSEA	SRMR	ECVI	NFI	NNFI	CFI	IFI
模型 1	363.85	148	2.46	0.077	0.064	1.82	0.94	0.95	0.96	0.96
模型 2	363.85	148	2.46	0.077	0.064	1.82	0.94	0.95	0.96	0.96
模型 3	346.47	148	2.34	0.074	0.055	1.75	0.94	0.96	0.97	0.97

当进行模型比较时，一般是依据它们的 χ^2 和 χ^2/df（χ^2 和 df 的差异）来决定，但是这只适用于嵌套模型。如果是非嵌套模型之间的比较，则需要参考 CAIC、ECVI 等指数。在非嵌套模型的单样本情况下比较不同模型的拟合程度，适合用 EVIC 指标来判别，指数越小表示模型越有效，加上可接受的其他适配指标，可选择出最佳的模型。

可以看出模型 3 的 ECVI 值比模型 1 和模型 2 更小，且 χ^2/df、RMSEA、SRMR、NNFI、CFI、IFI 几项指标均优于模型 1 和模型 2，同时根据前文综述所提到的情绪拓展—建构理论，以及前人研究中一致性的结论，本研究将模型 3 选为最佳模型。

进一步对选定的模型 3 中的路径各项效应进行分解（见表 14-5），结果发现，主观幸福感对希望的直接效应显著，$\beta = 0.80$，$p < 0.001$；希望对组织承诺的直接效应显著 $\beta = 0.56$，$p < 0.001$；主观幸福感通过希望间接影响组织承诺的效应显著，$\beta = 0.44$，$p < 0.001$；心理幸福感对组织承诺的直接效应显著 $\beta = 0.26$，$p < 0.05$。由此可见，主观幸福感通过希望对组织承诺产生影响，心理幸福感直接对组织承诺产生影响。

表 14-5　希望、幸福感与组织承诺关系模型路径效应分解表

| | | | 外源变量 | | | | | | 内生变量 | | |
| | | | X1 主观幸福 | | | X2 心理幸福 | | | Y2 希望 | | |
			直接效应	间接效应	总效应	直接效应	间接效应	总效应	直接效应	间接效应	总效应
内生变量	Y2 希望	效应	0.80								
		t 值	8.88***								
	Y1 组织承诺	效应		0.44	0.44	0.26		0.26	0.56		0.56
		t 值		5.61***	5.61***	3.06**		3.06**	5.61***		5.61***

注：t 值绝对值大于 1.96，$p < 0.05$；t 值绝对值大于 2.58，t 值绝对值 $p < 0.01$；t 值绝对值大于 3.29，t 值绝对值 $p < 0.001$。* 表示 $p < 0.05$，** 表示 $p < 0.01$，*** 表示 $p < 0.001$，下同。

（二）幸福感与希望的关系

通过建立幸福感、希望与组织承诺三者关系模型发现，幸福感对希望的作用主要体现在主观幸福感对希望的影响，选取主观幸福感具体探讨幸福感对希望的作用机制。

为了解主观幸福感与希望的关系，本研究对主观幸福感和希望进行皮尔逊相关系数分析，结果见表 14-6。生活满意、正性情感与路径思维和动

力思维存在显著正相关。从相关系数看，生活满意和动力思维的相关是所有相关系数中最大的（0.567），其次是生活满意与路径思维的相关（0.481），最小的是负性情感与路径思维、动力思维的相关（0.105、0.109）。

表 14-6　员工希望与幸福感的相关系数

	生活满意	正性情感	负性情感
路径思维	0.481***	0.339***	0.105
动力思维	0.567***	0.317***	0.109

为探索主观幸福感对希望各维度的预测情况，将路径思维、动力思维分别作为因变量，将主观幸福感 3 个维度作为自变量，运用逐步回归的方法分析两者间的关系，见表 14-7。

表 14-7　主观幸福感各维度对希望各维度的回归

因变量	预测变量	回归系数 B	标准回归系数 β	t	F	R	R^2
路径思维	常数项	2.120		9.835***			
	生活满意	0.297	0.412	6.802***	42.010***	0.506	0.256
	正性情感	0.131	0.171	2.827*			
动力思维	常数项	2.194		12.706***			
	生活满意	0.420	0.567	10.771***	116.017***	0.567	0.321

从表 14-7 中可以看出，生活满意、正性情感依次进入了路径思维（$F=42.010$，$p<0.001$）的回归方程，可解释路径思维总变异量的 25.6％；生活满意进入了动力思维（$F=116.017$，$p<0.001$）的回归方程，可解释动力思维总变异量的 32.1％。结果表明，生活满意、正性情感对路径思维有显著预测作用，生活满意对动力思维有显著预测作用。

从 3 个变量的最优结构方程模型可以看出，幸福感对组织承诺的影响主要为心理幸福感对组织承诺的直接作用，因此选取幸福感中的心理幸福感成分具体探讨幸福感对组织承诺的作用机制。在心理幸福感与组织承诺的相关矩阵中（见表 14-8），感情承诺、规范承诺、理想承诺与心理幸福感的 6 个维度均存在显著的正相关关系，持续承诺与生命活力、利他行为和人格成长相关显著，与健康关注呈微弱的负相关关系。从相关系数的绝对值看，理想承诺与人格成长相关系数最大（0.443），其次是理想承诺与生命活力的相关(0.410)，最小的是持续承诺与自我价值的相关(0.028)。

表 14-8　心理幸福感与组织承诺的相关系数

	生命活力	健康关注	利他行为	自我价值	友好关系	人格成长
感情承诺	0.334***	0.198**	0.382***	0.211*	0.253***	0.408***
规范承诺	0.314***	0.372***	0.354***	0.304***	0.267***	0.350
理想承诺	0.410***	0.136*	0.331***	0.297***	0.314***	0.443***
持续承诺	0.130*	−0.069	0.161*	0.028	0.090	0.199**

为了探索心理幸福感对组织承诺各维度的预测情况，将感情承诺、规范承诺、理想承诺和持续承诺分别作为因变量，将心理幸福感的 6 个维度作为自变量，运用逐步回归方法分析两者之间的关系。从表 14-9 中可以看出人格成长、利他行为依次进入了感情承诺($F=31.102$，$p<0.001$)的回归方程，可解释感情承诺总变异量的 20.3%；健康关注、人格成长和利他行为依次进入了规范承诺($F=19.733$，$p<0.001$)的回归方程，可解释规范承诺总变异量的 19.6%；人格成长、生命活力依次进入理想承诺($F=36.352$，$p<0.001$)的回归方程，可解释理想承诺总变异量的 23.0%；人格成长、健康关注和利他行为依次进入持续承诺($F=7.714$，$p<0.001$)的回归方程，可解释持续承诺总变异量的 8.7%。

表 14-9　心理幸福感各维度对组织承诺各维度的回归

因变量	预测变量	回归系数 B	标准回归系数 β	t	F	R	R^2
感情承诺	常数项	1.137		3.528***			
	人格成长	0.306	0.284	4.173***	31.102***	0.451	0.203
	利他行为	0.219	0.228	3.346**			
规范承诺	常数项	1.800		5.535***			
	健康关注	0.202	0.223	3.273**	19.733***	0.443	0.196
	人格成长	0.152	0.165	2.239*			
	利他行为	0.128	0.156	2.158*			

因变量	预测变量	回归系数 B	标准回归系数 β	t	F	R	R^2
理想承诺	常数项	0.986		3.074*			
	人格成长	0.345	0.308	4.414***	36.352***	0.479	0.230
	生命活力	0.230	0.227	3.251**			
持续承诺	常数项	2.616		6.634***			
	人格成长	0.231	0.221	2.935*	7.714***	0.295	0.087
	健康关注	−0.255	−0.246	−3.402*			
	利他行为	0.150	0.161	2.083*			

结果表明，人格成长、利他行为对感情承诺有显著预测作用，健康关注、人格成长和利他行为对规范承诺有显著预测作用，人格成长、生命活力对理想承诺有显著的预测作用，人格成长、健康关注和利他行为对持续承诺有显著的预测作用。

（三）希望与组织承诺的关系

为了解希望与组织承诺的关系，本研究对希望和组织承诺进行皮尔逊相关系数分析，结果见表 14-10。路径思维、动力思维与组织承诺的 4 个维度均存在显著的正相关。从相关系数看，动力思维与理想承诺的相关是所有相关系数中最大的（0.573），其次是路径思维与理想承诺的相关（0.471），最小的是路径思维与持续承诺的相关（0.276）。

表 14-10　希望与组织承诺的相关系数

	感情承诺	规范承诺	理想承诺	持续承诺
路径思维	0.401***	0.319***	0.471***	0.276***
动力思维	0.431***	0.358***	0.573***	0.300***

采用逐步回归分析法，分别以感情承诺、规范承诺、理想承诺和持续承诺为因变量，路径思维、动力思维为预测变量建立回归模型（见表 14-11）。

表 14-11　希望各维度对组织承诺各维度的回归

因变量	预测变量	回归系数 B	标准回归系数 β	t	F	R	R^2
感情承诺	常数项	1.420		5.014***	32.283***	0.457	0.209
	动力思维	0.327	0.295	3.865***			
	路径思维	0.232	0.204	2.670**			
规范承诺	常数项	2.900		12.605***	36.051***	0.358	0.128
	动力思维	0.338	0.358	6.004***			
理想承诺	常数项	0.796		2.966***	63.446***	0.585	0.342
	动力思维	0.536	0.466	6.691***			
	路径思维	0.188	0.159	2.287***			
持续承诺	常数项	1.746		6.528***	24.214***	0.300	0.090
	动力思维	0.322	0.300	4.921***			

从表中可以看出，动力思维、路径思维依次进入感情承诺（$F=32.283$，$p<0.001$）和理想承诺（$F=63.446$，$p<0.001$）的回归方程，可解释感情承诺总变异量的 20.9%、理想承诺总变异量的 34.2%。动力思维进入规范承诺（$F=36.051$，$p<0.001$）和持续承诺（$F=24.214$，$p<0.001$）的回归方程，可解释规范承诺总变异量的 12.8%，可解释持续承诺总变异量的 9%。结果表明，动力思维对组织承诺 4 个维度均有显著预测作用，路径思维感情承诺和理想承诺有显著预测作用。

第四节　讨论与结论

一、希望、幸福感与组织承诺在人口学变量上的差异分析

（一）希望的人口学变量差异分析

现有研究对希望的性别差异尚未得出统一结论，有研究表明男性的希望水平高于女性，但也有研究表明男女两性在希望水平上不存在显著差异。在本研究中，男性员工的希望水平显著高于女性员工，并且在路径思维和动力思维上均显著高于女性。这可能是由于男性员工具有较强的逻辑

思维能力，他们善于对自己在工作中的目标进行合理的规划和设计，然后按部就班地去实施，在解决问题时拥有更多的途径和方法。而问题的解决、目标的达成可以提升他们解决问题的信心，强化他们解决问题的信念。

在教育水平上，不同教育水平的员工的希望水平不存在显著差异。与惠青山在 2009 年的研究结果一致，尽管高教育水平的人掌握了一定的专业技术知识，且具有较强的分析问题和解决问题的能力，但在具体工作领域，高教育水平的人往往从事的工作挑战性高，难度也大，所以员工即使具有高的教育水平也不能提高他们在工作中的希望感。

从本单位工龄看，不同单位工龄的希望总体均分和动力思维不存在显著差异，但随着本单位工龄的增加，员工的路径思维呈逐渐上升趋势。员工在某一组织中工作的时间越长，则积累的工作经验、专业能力、人际资源更多，这些都有助于提高员工应对工作问题的能力，进而提升他们对达到目标的信念和认知，即路径思维。结合教育水平的差异分析可见，员工的希望水平与教育水平之间的关系不大，而是取决于在工作中的实际经验和能力，因此，组织要提高员工的希望水平，应重视员工的职业生涯规划及专业培训，以强化员工技能的提高和可持续的职业生涯。

从职位类别看，不同职位类别的员工在希望总体均分及各维度上均存在显著差异，总体来看，职位越高则希望水平越高。与普通员工相比，管理人员拥有更强的工作能力和心理素质，这种结果说明，一方面，在管理岗位需要具有较高希望水平的员工；另一方面，组织中领导干部的选拔是有成效的，现任管理职务的员工具有较高的希望水平。

(二)幸福感的人口学变量差异分析

在性别上，男女两性的心理幸福感不存在显著差异，但女性员工的主观幸福感显著高于男性，这可能是由于社会对女性成功的期望较小，在工作中体验到的压力也较小，因而对工作有较高的满意度。此外，由于女性善于倾诉，这一特征能帮她们合理地宣泄压力、获得更多的社会支持，因此体验到较多的正性情感和较少的负性情感。

在教育水平及本单位工龄上，不同学历员工主观幸福感和心理幸福感均不存在显著差异，说明员工的幸福感与教育水平和本单位工龄关系不大。

从职位类别看，不同职位员工的主观幸福感不存在显著差异，但中高层管理者的心理幸福感显著高于普通员工，并且从总体看，职位越高，心理幸福感水平越高。心理幸福感主要评估人的心理健康层面，强调人的心理机能的良好状态，包括健康关注、生命活力、自我价值、人格成长、友好关系、利他行为 6 个维度。中高层管理者通常已步入中年，具有良好的生活习惯、健康的生活方式。在多年的工作生活中积累了良好为人处世的经验和原则，因此在与同事、朋友和群众打交道的过程中，他们更能掌握好分寸和尺度，也更容易得到他人的好评。

(三)组织承诺的人口学变量差异分析

从性别看，男性的组织承诺总分、感情承诺和理想承诺均显著高于女性。从总体看，男性的组织承诺水平要高于女性。与女性相比，男性通常有更高的职业理想，更渴望通过工作实现自身的价值，因此会对工作、对组织投入更多的精力和感情，对组织的认同和归属感比女性更为强烈。同样，男性更为关注个人的专长在组织中能否得到发挥，组织是否提供各项工作条件、学习提高和晋升的机会，因为这些因素有利于其理想的实现。

在教育水平上，被调查对象随着学历升高，组织承诺总体水平也有所上升，其中"大专及以下"学历的员工理想承诺、持续承诺显著低于"本科"和"硕士及以上"员工。这可能是由于学历高的人，专业知识比较丰富也更为细化、精深，因此，他们更注重所在的组织和所从事的工作是不是与自己所学的专业对口，是不是有利于自己的发展和理想的实现。同时，高学历的人往往拥有更好的、更稳定的工作，另选工作意味着更大的损失，因此他们的持续承诺水平也高。

在本单位工龄上，随着工龄的增加，员工的感情承诺呈 U 形趋势发展，"1～2 年"本单位工龄的员工感情承诺最低，可能是由于处在这个阶段的员工因为工作压力、人际压力等挫折，新入职的热情会逐渐消失，而又未建立起与组织、与同事之间的归属感，因此感情承诺最低。在持续承诺上，"5 年及以上"本单位工龄的员工持续承诺最高，在同一单位工作 5 年以上的员工都已成为老员工，通常薪酬福利较好，且晋升的机会更多，所以其持续承诺水平更高。

在职位类别上，职位越高，则组织承诺越高。管理者对组织的投入更多，拥有更多的社会资源和人际资源，对组织的认同感、归属感更强，并且管理者通常具有较高的成就动机和职业理想，重视个人的成长和理想的实现，所以要离开现有组织将意味着较大损失。

二、希望、幸福感与组织承诺的关系分析

(一)希望、幸福感与组织承诺的关系模型

本研究根据已有理论和研究成果建立了希望、幸福感与组织承诺的 3 个关系模型。结果表明 3 个模型的拟合指标都在可接受范围内，模型对数据拟合良好。模型 1 与模型 2 是等同模型，各项拟合指标都相等且拟合度良好，都满足模型成立的要求，但是它们含有不同的意义。模型 1 表明希望可以通过心理幸福感影响组织承诺，模型 2 则表明希望可以通过组织承诺影响心理幸福感。同时模型 1 和模型 2 都表明希望对主观幸福感有直接正向影响，而主观幸福感则对组织承诺无显著影响。模型 3 在多个拟合指标上要优于模型 1 与模型 2，并且比前两个模型更简效，本研究根据已有理论和研究成果选取模型 3 为最佳模型。

值得注意的是，主观幸福感作为反映员工情绪状况和生活满意评价的变量，在 3 个模型中都未与组织承诺产生显著的直接作用，这与国外的相关研究结果并不完全一致。其原因可能是，西方个人主义文化强调个人的感觉、思想和选择，主观幸福感源于他们的情感；但是，由于传统文化或规范等因素的影响，奉行集体主义的东方国家强调集体和谐，忽视内心情绪感受，主观幸福感来源于外部评价，人们更愿意牺牲自己的欲望服从群体的意志，因此个人的主观幸福感容易受到他人评价和组织气氛的影响，而忽视自我的情绪感受和满意程度。在组织场域中，个体往往表现出与大多数人相一致的情绪反应，选择与处于支配地位的组织意向相符合的态度倾向。相比于西方个人主义文化，在集体主义文化背景下，我国员工的主观幸福感对组织承诺的直接预测作用并不显著。另外，相对于西方发达国家，在我国工作场域下，薪酬回报、工作条件、工作负荷、晋升空间等方面是生活满意度与正性情感最直接的来源，如果组织的薪酬、工作环境、培训与晋升体制能够满足员工的生活需要，那么员工即可获得良好的情绪体验和生活满意度。相对而言，组织承诺所带来的归属感和责任感对员工主观幸福感的影响则相对较弱。总之，在我国的社会环境下，个体的主观幸福感可能不会对组织承诺产生显著的直接影响，而是通过其他变量对组织承诺产生作用。

模型 3 表明主观幸福感通过希望对组织承诺有间接正向影响，心理幸福感则对组织承诺有直接正向影响。员工的幸福感对组织承诺有正向的预测作用，这与国内外的研究结果一致，具有高幸福感的员工更愿意继续在本组织工作，为组织做出更大的贡献，而那些缺乏幸福感的员工，当他们

认为可以到其他组织工作的话，往往会采取离职行为，也表现出希望对组织承诺有正向的预测作用。拥有高希望水平的员工倾向于积极地参与组织目标的设置，更容易完成自己的工作任务并忠于自己的职责，拥有较高的组织承诺水平，而高承诺水平的员工也往往表现出较高的工作动机。

在以往的研究中，学者们更关注主观幸福感对组织承诺的影响，往往忽视心理幸福感对组织承诺的作用。本研究发现心理幸福感对组织承诺的正向影响作用，反映出员工在组织中自我实现的程度会影响他们对组织的承诺水平。因此组织不仅仅要关注员工的主观体验，还需要重视员工深层次的心理需要。

(二)幸福感与希望的关系

回归分析发现，主观幸福感的正性情感对路径思维有显著预测作用，生活满意对希望的路径思维与动力思维均有显著预测作用。正性情感对路径思维的显著预测作用验证了弗雷德里克(Fredrick)提出的积极情绪拓展—构建理论。积极情绪能够扩大个体的注意范围，增强认知灵活性，促进个体冲破一定的限制产生更多的思维，更新和扩展个体的认知地图。因此员工的积极情绪能够使他们有更高水平的路径思维，在实现目标的过程中进行更有效的方法规划。生活满意是主观幸福感评价的重要内容，是个体对整体生活的满意评价，具有抽象性和稳定性，它反映的是个体对多种期望和现状符合程度的评价整合。因此有着高生活满意度的员工具有良好的期望满足感，也会提升对未来的期望，这无疑会提高员工的希望水平。

结构方程模型表明，心理幸福感对组织承诺具有直接正向影响。回归分析发现心理幸福感中的不同维度对组织承诺的4种成分有不同的影响。其中人格成长维度对组织承诺的4个维度都有显著的正向影响，利他行为对感情承诺、规范承诺和持续承诺有显著的正向影响，生命活力对理想承诺有显著的正向影响，健康关注对规范承诺有显著的正向影响、对持续承诺有显著的负向影响。由此可见，人格成长和利他行为相对于心理幸福感的其他维度对组织承诺具有更重要的影响。人格成长对组织承诺的4个维度都有预测作用，并且对感情承诺、规范承诺、理想承诺都有极为显著的预测作用。当员工有积极接纳自我的态度和不断发展的感觉，人格完善的动力趋向自我实现，这必然激励员工在组织中自我提升的愿望，进而提升工作投入状态和组织卷入水平，使员工容易接纳组织目标并具有较强的为组织努力工作的意愿；并且人格的成长会使个体更具有独立性、创造性和责任感，增加员工在组织中的责任感。因此，人格成长会对组织承诺的各成分都有重要的作用。利他行为则对感情承诺、规范承诺和持续承诺3个维度有显著预测作用。当员工在组织中的利他行为越多，就会与组织及组织成员产生更多的社会交换，也会相应产生更多的组织支持感。在我国文化背景下，社会交换法则是员工留任组织的重要因素，员工对组织的支持感越高，就越感到有义务对组织承诺，并用与工作相关的行为回报组织。所以，由于员工的利他行为所导致的社会交换深入化，会使他们对组织有更多的情感依赖和责任感，所投入大量的精力也会使他们不得不考虑离开组织所带来的机会成本。

值得注意的是，健康关注对持续承诺有显著的负向预测作用。可能是员工重视自己的身体健康，因此会更看重组织的工作环境和安全保障，而更少地因为经济方面的原因而考虑留任组织。

(三)希望与组织承诺的关系

动力思维对组织承诺4个维度均有显著的预测作用，路径思维对感情承诺和理想承诺有显著的预测作用。可见希望的动力思维和路径思维对组织承诺产生的影响在范围上存在差异，这充分体现了动力思维和路径思维的不同特性和功能。路径思维侧重于对实现目标的认知，即个体对找到实现目标可行性能力的感知和一系列有效达到个人目标的策略和方法，一般产生于特定任务的初始规划和解决具体问题时；动力思维则包含了动机和认知两种属性，同时它还是一种心理资源，因此它具有跨时间与跨情境的一致性，作用更为广泛。

高动力思维水平员工有明确的工作目标和强烈的自我实现动机，这促使他们能够以主人翁姿态积极参与到组织工作与其他各项活动中去，努力执行自己的计划，因此他们对组织的卷入程度较高，对组织容易形成较深的感情依恋与价值认同，表现出高度的自我规划和责任感。克里斯托弗(Christopher)指出动力思维是与乐观和自我实现相联系的[1]，高动力思维的员工更看重自己能力的施展与职业生涯的规划，也更容易在工作中获得较高的成就感和满足感，因此促使其留在组织的因素有很多，而较忽视经济因素或者另找工作的成本。

路径思维对感情承诺和理想承诺的影响显而易见，高路径思维的员工具备良好的问题解决能力，能更好地应对职场中广泛出现的交际问题，较

---

① Christopher，P，Martin，E. P. Seligman.，*Character Strengths and Virtues：A hand book and classification*，Oxford University press，2004，pp. 260-265.

容易建立工作友情。并且他们可以更好地调整完成工作目标的解决策略，也更容易在组织中获得较好的业绩，因而赢得更多的发展空间。规范承诺是关于员工对组织价值的认同，持续承诺涉及员工因成本顾虑而不得不留职组织的意向，因为路径思维主要产生于实现目标以及解决问题的过程与情境中，所以对组织承诺的两个维度并不能产生显著的影响。

第十五章

主动性人格、工作投入与幸福感的关系

作为一种积极的个人状态，主动性人格（proactive personality）和工作投入成为组织行为学与人力资源管理领域研究的新视角。工作投入与工作倦怠具有相反的情绪特征。工作投入是一种积极的、充实的、与工作相关的，也是一种具有活力、奉献和专注特征的心理状态。这种状态具有持久性和弥散性的特点，而不仅仅针对某一特定的目标、事件或情境。工作投入本身就是一种正性体验，体现了工作中的高能量水平和强烈的认同感，精神专注而不涣散。

第一节　主动性人格、工作投入与幸福感的关系研究现状

贝特曼和克兰特（Bateman & Crant）在探讨组织行为中的主动性成分时，首次提出了主动性人格的概念，他们认为主动性人格是个体采取主动行为影响周围环境的一种稳定的人格倾向。[①] 坎贝尔在总结以往相关研究的基础上，认为具有主动性人格的个体有以下 5 个核心特征：①能够胜任自己的工作，善于发展高水平的专业技术和问题解决能力，并取得卓越的绩效；②具有人际胜任力、领导能力和可以信赖性；③表现出高水平的组织目标承诺和对组织成功的责任感，具有与组织相一致的价值观和积极的工作态度；④拥有积极进取的品质，如主动性、独立判断、高水平的工作投入、勇于说出自己的想法等；⑤展现出正直诚信的品质，并具有更高的

[①] Bateman，T. S. & Crant，J. M.，"The proactive component of organizational behavior：A measure and correlates，"*Journal of Organizational Behavior*，1993，14(2)，pp. 103-168.

价值追求。①

塞伯特、克兰特和克赖默（Seibert，Crant & Kraimer）在贾奇（Judge）提出的职业生涯成功模型的基础上，运用层级回归方法控制无关变量后，发现主动性人格对职业生涯成功有积极影响和明显的预测作用。2001 年塞伯特等人探求造成这些结果的原因，并建立了一个主动性人格和职业生涯成功间的行为作用机制模型。② 研究者将职业生涯成功分为内部（职业满意度）和外部（薪资和提升次数）两种衡量指标，并假定主动性人格通过 3 个行为变量（申诉、创新、职业进取）和 1 个认知变量（政治知识）影响职业生涯成功，他们使用纵向研究和结构方程验证了此模型。该研究发现主动性人格与创新、政治知识、职业进取有较强的正向关系，创新、政治知识、职业进取又对职业生涯进步（薪资增长、晋升次数）和职业满意度有积极影响。研究表明，特定的主动性行为能够给职业生涯成功创造有利条件，给个人和组织的发展带来更多启示。贝林（Berrin）等人在一项关于人格组织环境一致性、人格工作一致性与职业生涯成功的研究中，进一步研究了主动性人格与职业生涯成功之间的关系的一些中介变量。③ 研究表明，当个体的人格与组织一致性较高时，主动性人格与职业满意度间存在显著相关；具有主动性人格的个体，其价值观与组织相符，而且当他们的能力可满足组织需要时，主动性人格与职业生涯成功存在显著相关。许多研究者证明，主动性人格对工作绩效有显著的预测作用。克兰特通过对 131 名房地产推销员为期 9 个月的纵向研究，以他们的房地产销售数量、签订的合同清单、获得的佣金收入作为客观工作绩效指标，检验了主动性人格与客观工作绩效间的关系。研究者在控制了经验、尽责性、外向性、社会赞许性后，发现主动性人格解释了个人工作绩效 8% 的变异，表明主动性人格可以有效地预测个体的工作绩效。④ 汤普森（Thompson）从社会资本角度，

① Campbell，D. J.，"The proactive employee：Managing workplace initiative,"*Academy of Management Executive*，2000，14(3)，pp. 52-66.

② Seibert，S. E.，Kraimer，M. L. & Crant，J. M.，"What do proactive people do? A longitudinal model linking proactive personality and career success,"*Personnel Psychology*，2001，54(4)，pp. 845-874.

③ Erdogan，B. & Bauer，T. N.，"Enhancing career benefits of employee proactive personality：the role of fit with jobs and organization,"*Personnel Psychology*，2005，58(4)，pp. 859-891.

④ Crant，J. M.，"The proactive personality scale and objective job performance among real estate agents,"*Journal of Applied Psychology*，1995，80(4)：532-537.

提出了一个主动性人格通过中介对工作绩效影响的模型。[1] 汤普森认为,一方面,关系建构可以直接促进个体工作绩效的提高,如员工可以通过与上级建立良好的关系从而提高上级对其绩效的评定;另一方面,关系建构为员工提供更多的社会支持、工作支持,使他们在工作中容易采取主动行为,从而提高其工作绩效。温瑶和甘怡群以 3 家中国本土企业的 253 名员工为被试进行研究,结果表明除了大五人格和社会赞许性可以解释工作绩效之外,主动性人格也可以解释工作绩效 8.5% 的方差变异。[2] 黎青的研究表明,主动性人格与任务绩效和关系绩效均存在显著的正相关。[3]

克恩(Kahn)提出工作投入的概念,认为工作投入是"工作人员通过管理自我使自己进入工作角色的现象"[4]。克恩认为,当个体处于高水平的工作投入时,他会将自己的精力投入到工作中,并在工作中得到自我展现;与之相反,当个体处于低水平的工作投入时,他会将自我与工作分离,这样不仅不会实现他所需要的工作目标,而且还可能产生离职倾向。他还认为个人的投入行为应该体现在 3 个方面,即生理投入、认知投入和情感投入,尽管当时他提出了相对比较综合化的理论模型,但是他并没有把这 3 个方面上升为可操作化的结构。受克恩研究的影响,罗特巴德(Rothbard)将工作投入定义为两个虽然紧密相关但截然不同的因素:专注力和吸引力。专注力指思考和专注某一角色所耗费的时间;吸引力指忘记时间并全神贯注于角色绩效。梅(May)等人同样以克恩的研究为基础,他们对工作投入的定义和克恩相同,指自我雇佣以及身体、认知和情绪的表达[5]。其他关于工作投入的概念形成的研究取向来源于工作倦怠的研究。肖费勒(Schaufeli)等人认为工作投入和工作倦怠应该被看作两个独立但相关的结构。他们提出"工作投入是一种积极的、充实的、与工作相关的,具有活

---

[1] Thompson, J. A., " Proactive personality and job performance: A social capital perspective,"*Journal of Applied Psychology*, 2005, 90(5): 106-1017.

[2] 温瑶、甘怡群:《主动性人格与工作绩效:个体—组织匹配的调节作用》,载《应用心理学》,2008,14(2)。

[3] 黎青:《主动性人格及其对职业倦怠和工作绩效的影响》,硕士学位论文,陕西师范大学,2009。

[4] Kahn, W. A., "Psychological conditions of personal engagement and disengagement at work,"*Academy of Management Journal*, 1990, 33(4): 692-724.

[5] May, D. R., Gilson, R. L & Harter, L. M., " The psychological conditions of meaningfulness, safety and availability and the engagement of the human spirit at work,"*Journal of Occupational Organizational Psychology*, 2004, 77(1): 11-37.

力、奉献和专注特征的心理状态"①。这种状态具有持久性和弥散性的特点，而不是针对某一特定的目标、事件或情境；工作投入本身就是一种正性体验，体现了工作中的高能量水平和强烈的认同感，工作投入者精神专注而不涣散。活力的特征是，在工作中具有充沛的精力和心理适应能力，愿意在工作中付出努力，即使遇到困难也能坚持不懈。奉献是指集中精力参与工作，并且能感受到工作带来的意义、热情、鼓舞、骄傲和挑战。专注是指完全地集中注意力并且全神贯注地投入工作中，因而感到时间过得很快，很难将个体与工作分开。这个三维结构的定义具有很强的操作性，被认为是最权威的关于工作投入的定义。以往研究中涉及的影响工作投入的因素可分为3类：①个体特征因素，如个体的人口统计学变量、心理状态、效能感、人格与气质、个体身份认同及应对方式等对工作投入均存在一定的影响；②与工作相关的因素，如工作本身的性质、工作资源、人际关系、领导者支持等，其中一些因素的影响比较直接，而另一些因素则要通过一定的中介变量发挥作用；③与家庭相关的因素，目前涉及这类因素的相关研究还比较少，但其影响也不可忽视。

盖洛普公司在2004年的研究发现，工作投入与工作满意度正相关，与工作投入低的组织成员相比，工作投入高的组织成员的工作满意度更高；德默罗蒂（Demerouti）等人的研究表明，工作投入与正性工作情感及组织承诺均存在显著的正相关②；哈坎嫩（Hakanen）等人的研究则发现，个体的工作投入对工作资源（包括工作控制、上级支持、信息、组织气氛等）与组织承诺的关系具有显著的中介作用③；肖费勒等人的研究表明，工作投入低的组织成员的离职意愿更高，而且工作投入对工作资源与离职意愿的关系具有显著的中介作用④；琼斯（Jones）等人研究发现，上下级的种族构成对员工工作投入与留职意愿之间的关系具有调节作用：与上下级种族相同

① Schaufeli, W. B., Salanova, M., González-RomáV, et al., "The measurement of engagement and burnout: A confirmative analytic approach,"*Journal of Happiness Studies*, 2002, 3(1), pp. 71-92.

② Demerouti, E., Bakker, A. B., de Jonge J, et al., "Burnout and engagement at work as a function of demands and control,"*Scandinaviann Journal of Work Environment and Health*, 2001, 27, pp. 279-286.

③ Hakanen, J. J., Bakker, A. B. & Schaufeli, W. B., "Burnout and work engagement among teachers,"*Journal of School Psychology*, 2006, 43(6), pp. 495-513.

④ Schaufeli, W. B. & Bakker, A. B., "Job demands, job resources, and their relationship with burnout and engagement: A multi-sample study,"*Journal of Organizational Behavior*, 2004, 25(3), pp. 293-315.

相比，种族不同的员工在工作投入较低时的留职意愿更低，而在工作投入较高时的留职意愿更高。[①] 研究表明，工作投入的状态还能帮助员工健康快乐地生活。布里特（Britt）等人发现，当士兵处于压力情境中时，工作投入能起到缓解压力的作用，帮助个体面对充满压力的工作，降低心理紧张程度。[②] 针对企业领导的研究发现，工作投入的领导在生活中总是伴随着高涨的积极情绪。另外，工作投入也能使个体维持良好的身体状态。研究发现，工作投入的员工较少患病，其心理与生理的健康水平更高。克恩指出个体的工作投入与其工作绩效存在显著的正相关。但萨拉诺娃（Salanova）等人的实证研究却发现，工作投入并不能直接预测员工的工作绩效，而是完全通过服务气氛这一中介变量对工作绩效产生正面影响的。[③] 高水平的工作投入既然能对个体的工作态度与行为产生显著的正面影响，必然会进而提升个体所在的团体或组织的效能。哈特（Harter）等人对盖洛普公司以往有关工作投入的 42 项研究（涉及 36 家公司将近 8000 个独立的商业单位）进行了元分析，结果表明：员工工作投入与顾客满意度、生产力、利润率及单位总体绩效等均存在显著的正相关。

本研究首先从员工特质的角度选择了主动性人格这一变量，然后从工作的角度选择了工作投入这一变量，最后从员工的自身体验选取了幸福感这一变量，研究员工自身的特质、工作状态与自身体验的关系。通过研究主动性人格、工作投入和幸福感三者的关系，探寻打造幸福企业的方法与策略。

第二节　研究对象与研究工具

一、研究对象

以上海和山东等地的企业员工为调查对象，共发放问卷 300 份，回收 267 份，有效问卷 212 份，有效回收率为 70.7%。

---

① Jones，J. R. & Harter，K.，"Race effects on the employee engagement-turnover intention relationship，"*Journal of Leadership Organizational Studies*，2005，11(2)：78-88.

② Britt，T. W. & Bliese，P. D.，"Testing the stress-buffering effects of self engagement among soldiers on a military operation，"*Journal of Personality*，2003，71(2)，pp.245-265.

③ Salanova，M.，Agut，S.，Peiró J. M.，"Linking organizational resources and work engagement to employee perform and customer loyalty：The mediation of service climate，"*Journal of Applied Psychology*，2005，90(6)，pp.1217-1227.

二、研究工具

(一)《主动性人格量表》

采用卡迈尔-米勒(Kammeryer-Mueller)和万贝尔伯格(Wanberberg)在
2003 年修正的《主动性人格量表》，该量表共 10 题，内部一致性信度系数
达到 0.89。

(二)《工作投入量表》

采用张轶文和甘怡群翻译修订的肖费勒等人的《Utrecht 工作投入量
表》(UWES)[①]，该量表包括"活力""奉献""专注"3 个维度，共 16 个项目。
总量表内部一致性信度 Cronbach α 系数为 0.9，3 个维度的内部一致性信
度 Cronbach α 系数分别为 0.767、0.735 和 0.753。

(三)《综合幸福问卷》

采用苗元江编制的《综合幸福问卷》(MHQ)。本研究中，总问卷内部
一致性信度 Cronbach α 系数为 0.944，各个维度值为 0.810～0.910；总问
卷分半信度系数为 0.627，各维度值为 0.593～0.821。验证性因素分析结
果显示，模型各项拟合指数均达到可接受范围，$\chi^2/df = 3.78$，RMSEA =
0.079，SRMR = 0.074，NFI = 0.87，NNFI = 0.91，CFI = 0.91，IFI =
0.91，表明问卷具有较好的结构效度。

第三节　主动性人格、工作投入与幸福感的关系研究结果

一、员工主动性人格、工作投入、幸福感的总体状况

(一)员工主动性人格的总体状况

从表 15-1 中可以看出，员工在主动性人格的每个项目上得分均值为
4.921，高于中值 4，表明被调查群体的主动性人格整体高于中数，具有较
高的主动性人格水平。

---

① 张轶文、甘怡群：《中文版 Utrecht 工作投入量表(UWES)的信效度检验》，载《中国临床
心理学杂志》，2005，13(3)。

表 15-1　主动性人格的描述性统计

	题数	M	SD	平均分
主动性人格	10	49.21	8.11	4.92

(二)员工工作投入的总体状况

从表 15-2 可以看出，员工在工作投入每个题目的均值为 3.584，在活力维度得分最低为 3.502，在奉献维度得分最高为 3.652。被调查群体的工作投入各维度及总体得分全部高于中数，表明被调查的员工工作投入水平较高。

表 15-2　工作投入的描述性统计

	题数	M	SD	平均分
活力	6	21.014	3.879	3.502
奉献	5	18.259	3.452	3.652
专注	5	18.067	3.397	3.613
工作投入	16	57.340	9.513	3.584

(三)员工幸福感的总体状况

表 15-3 中幸福感各维度得分显示，负性情感得分最低为 2.415，友好关系得分最高为 5.431，其余各维度得分在 4.563 和 5.233 之间，此外，被调查者的幸福指数的得分为 6.509，这说明被调查者的幸福感水平较高。

表 15-3　幸福感各维度描述性统计

	题数	M	SD	平均分
生活满意	5	22.816	5.612	4.563
正性情感	6	28.373	6.564	4.729
负性情感	6	14.491	8.184	2.415
生命活力	6	30.613	6.291	5.102
健康关注	5	26.094	5.322	5.219
利他行为	5	25.420	4.459	5.084
自我价值	5	26.165	5.070	5.233

	题数	*M*	*SD*	平均分
友好关系	3	16.293	3.387	5.431
人格成长	9	44.868	8.622	4.985
幸福指数	1	6.509	1.423	6.509

二、员工主动性人格、工作投入和幸福感的关系

(一)主动性人格、工作投入与幸福感的相关分析

为进一步探究主动性人格、工作投入和幸福感之间的关系,通过相关分析得出三者相关矩阵表(见表 15-4)。其中主动性人格和工作投入的各维度相关分析结果显示,主动性人格与工作投入的 3 个维度(活力、奉献和专注)在 0.01 的水平上均达到了显著水平,其相关系数分别为 0.550、0.421 和 0.399,说明主动性人格与活力、奉献和专注存在显著正相关。

主动性人格和幸福感的各维度相关分析研究显示,除负性情绪维度外,幸福感的 8 个维度(生活满意、正性情感、生命活力、健康关注、利他行为、自我价值、友好关系、人格成长与主动性人格)在 0.01 的水平上均达到了显著水平,其相关系数分别为 0.426、0.290、0.515、0.501、0.542、0.667、0.498、0.615,说明主动性人格与幸福感的 8 个维度存在显著正相关。另外,主动性人格与幸福指数也达到显著相关,相关系数为 0.163。

工作投入和幸福感的各维度相关分析结果显示,幸福感的 9 个维度研究结果(生活满意、正性情感、负性情感、生命活力、健康关注、利他行为、自我价值、友好关系、人格成长与工作投入)在 0.01 的水平上均达到显著水平,相关系数分别为 0.641、0.392、−0.205、0.596、0.485、0.580、0.579、0.525、0.570,说明工作投入与负性情感维度存在显著负相关,而与幸福感的其余 8 个维度存在显著正相关。另外,主动性人格与幸福指数也显著相关,相关系数为 0.420。

表 15-4 幸福感各维度、主动性人格与工作投入各维度的关系

	主动性人格	活力	奉献	专注	工作投入
生活满意	0.426**	0.504**	0.537**	0.674**	0.641**
正性情感	0.290**	0.455**	0.298**	0.276**	0.392**

	主动性人格	活力	奉献	专注	工作投入
负性情感	0.050	−0.225**	−0.155*	−0.161*	−0.205**
生命活力	0.515**	0.552**	0.465**	0.565**	0.596**
健康关注	0.501**	0.490**	0.401*	0.390**	0.485**
利他行为	0.542**	0.522**	0.481*	0.541**	0.580**
自我价值	0.677**	0.590**	0.466**	0.473**	0.579**
友好关系	0.498**	0.547**	0.519*	0.319**	0.525**
人格成长	0.615**	0.520**	0.449**	0.546**	0.570**
幸福指数	0.163*	0.375**	0.351*	0.394**	0.420**
主观幸福感	0.429**	0.363**	0.338**	0.391**	0.410**
心理幸福感	0.672**	0.636**	0.545**	0.582**	0.665**
幸福感	0.678**	0.628**	0.547*	0.593**	0.666**
主动性人格	—	0.550**	0.421**	0.399**	0.519**

注：* 表示 $p < 0.05$，** 表示 $p < 0.01$，*** 表示 $p < 0.001$，下同。

（二）主动性人格、工作投入和幸福感的回归分析

为进一步揭示主动性人格、工作投入对幸福感的影响作用，我们分别以幸福感的主观幸福感和心理幸福感维度为因变量，以不同变量为自变量进行多个回归模型的探索。

以综合幸福问卷中主观幸福感和心理幸福感两个维度为因变量，主动性人格为预测变量进行回归分析，模型见表 15-5。其中，以幸福感中的主观幸福感维度为因变量。主动性人格为自变量进行逐步回归分析发现，主动性人格进入回归方程并且具有显著性，能够解释方程变异量的 18.4%；以幸福感中的心理幸福感维度为因变量、主动性人格为自变量进行逐步回归分析发现，主动性人格能够进入回归方程并且具有显著性，能够解释方程变异量的 45.2%。

表 15-5　主观幸福感、心理幸福感对主动性人格的回归分析

因变量	预测变量	回归系数 B	标准回归系数 β	t	F	R	R^2
主观幸福感	常数项	37.163		8.855	47.415	0.429	0.184
	主动性人格	0.580	0.429	6.886			
心理幸福感	常数项	55.806		6.377	173.220	0.672	0.452
	主动性人格	2.310	0.672	13.161			

　　分别以综合幸福问卷中主观幸福感和心理幸福感两个维度为因变量，以工作投入的活力、奉献、专注维度为自变量进行回归分析，结果如表 15-6 所示。其中，以幸福感中的主观幸福感维度为因变量，活力、奉献和专注为自变量进行逐步回归分析发现，专注和活力能够进入回归方程并且具有显著性，奉献被剔除，它们能够解释方程变异量的 17.3%；以幸福感中的心理幸福感维度为因变量，活力、奉献和专注为自变量进行逐步回归分析发现，专注和活力能够进入回归方程并且具有显著性，奉献维度被剔除，它们能够解释方程变异量的 45.3%。

表 15-6　主观幸福感、心理幸福感对工作投入各维度的回归分析

因变量	预测变量	回归系数 B	标准回归系数 β	t	F	R	R^2
主观幸福感	常数项	38.941		9.437	21.809	0.416	0.173
	专注	0.863	0.268	3.212			
	活力	0.530	0.188	2.253			
心理幸福感	常数项	59.105		6.921	86.384	0.673	0.453
	活力	3.207	0.446	6.585			
	专注	2.378	0.290	4.274			

　　分别以综合幸福问卷中主观幸福感和心理幸福感两个维度为因变量，预测变量为主动性人格和工作投入的各维度（活力、奉献、专注）进行回归分析，如表 15-7 所示。其中，以幸福感中的主观幸福感维度为因变量，主动性人格、活力、奉献和专注为自变量进行逐步回归分析发现，主动性人格和专注能够进入回归方程并且具有显著性，奉献和活力被剔除。它们能够解释方程变异量的 24.1%；以幸福感中的心理幸福感维度为因变量，主动性人格、活力、奉献和专注为自变量进行回归分析发现，主动性人格、专注和活力能够进入回归方程并且具有显著性，奉献维度被剔除。心理幸福感能够解释方程变异量的 59.2%。

表 15-7　主观幸福感、心理幸福感对主动性人格和工作投入各维度的回归分析

因变量	预测变量	回归系数 B	标准回归系数 β	t	F	R	R^2
主观幸福感	常数项	28.864		6.326	33.268	0.491	0.241
	主动性人格	0.439	0.325	4.949			
	专注	0.842	0.261	3.973			
心理幸福感	常数项	22.057		2.566	100.630	0.769	0.592
	主动性人格	1.539	0.448	8.435			
	专注	2.131	0.260	4.419			
	活力	1.578	0.220	3.404			

（三）主动性人格、工作投入和幸福感关系模型的构建

为探索主动性人格、工作投入和幸福感之间的关系，参考回归分析结果，将主动性人格作为外源变量，工作投入和幸福感作为内生变量建构结构模型，以探究模型中独特的影响路径和关系。根据侯杰泰等人的理论，在面对等同模型时，研究者应该根据有关理论列举出多个可能模型，然后采用模型比较法选取最佳模型。因此，本研究设计了 3 个理论模型探讨员工主动性人格、工作投入对幸福感的影响作用。模型 1，主动性人格、工作投入对幸福感的直接影响结构模型（见图 15-1）；模型 2，主动性人格以

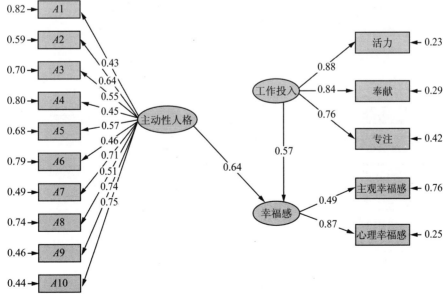

图 15-1　主动性人格、工作投入对幸福感的直接影响结构模型（模型 1）

工作投入为完全中介对幸福感的影响结构模型（见图 15-2）；模型 3，主动性人格以工作投入为不完全中介对幸福感的影响结构模型（见图 15-3）。然后，研究采用χ^2/df、RMSEA、CFI、GFI、NNFI、PNFI 几个指数检验模型拟合情况，选择最优模型（见表 15-8）。

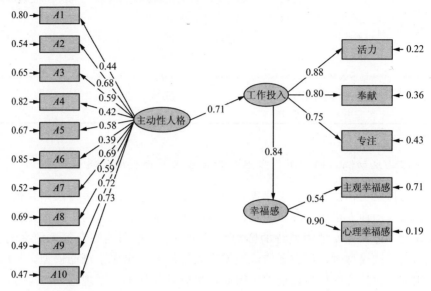

图 15-2　工作投入完全中介效应结构模型（模型 2）

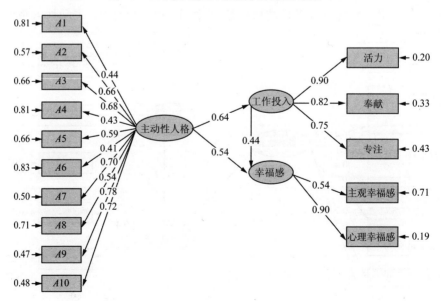

图 15-3　工作投入不完全中介效应结构模型（模型 3）

表 15-8　主动性人格、工作投入和幸福感关系模型拟合指数

模型	χ^2	df	χ^2/df	RMSEA	CFI	GFI	NNFI	PNFI
模型 1	281.01	87	3.23	0.079	0.97	0.88	0.95	0.85
模型 2	281.88	87	3.24	0.079	0.98	0.88	0.96	0.86
模型 3	257.52	87	2.96	0.069	1.00	0.90	0.98	0.92

参考表 15-8 中的结果可以发现，模型 3 的拟合指数要比模型 1 和模型 2 的拟合度要高，因此，模型 3 要优于模型 1 和模型 2。模型 3 中，工作投入作为不完全中介变量在主动性人格和幸福感间起中介作用，为了探讨这 3 个变量间具体是在哪个维度上存在关系，本研究建立了模型 4（见图 15-4）。模型 4 中有的维度之间路径系数存在不显著的现象，因此剔除几条不显著的路径后建立了模型 5（见图 15-5），模型中各维度之间的路径系数均存在不同程度的显著性关系。模型拟合指数见表 15-9。

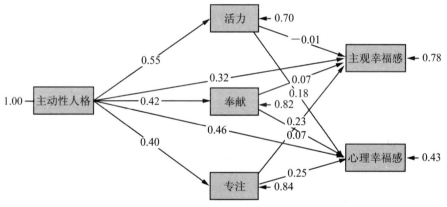

图 15-4　员工主动性人格、工作投入和幸福感关系模型（模型 4）

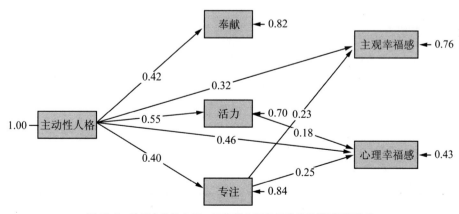

图 15-5　员工主动性人格、工作投入和幸福感关系模型（模型 5）

表 15-9　主动性人格、工作投入和幸福感关系模型拟合指数

模型	χ^2	df	χ^2/df	RMSEA	CFI	GFI	NNFI	PNFI
模型 1	11.12	4	2.78	0.053	1.00	0.80	1.00	0.80
模型 2	11.85	7	1.69	0.053	1.00	1.00	1.00	1.00

　　从模型 5(见图 15-5)中可以看出,主动性人格对工作投入的 3 个维度(活力、奉献、专注)和幸福感的两个维度(主观幸福感和心理幸福感)有直接正向影响;主动性人格对主观幸福感和心理幸福感有间接正向影响;活力对心理幸福感有直接影响;专注对主观幸福感和心理幸福感有直接正向影响。进一步对路径模型 2 中的路径效应分解(见表 15-10)发现:①工作投入中的活力对心理幸福感的直接效应为 0.18,专注对心理幸福感的直接效应为 0.25,对主观幸福感的直接效应为 0.23;②主动性人格对工作投入的奉献、活力和专注 3 个维度的直接效应为 0.42、0.55 和 0.40;③主动性人格通过工作投入的活力和专注两个维度对心理幸福感的部分间接效应为 0.099 和 0.1,借助专注维度对主观幸福感的部分间接效应为 0.092。

表 15-10　主动性人格、工作投入与幸福感关系模型路径分析效应表

自变量		因变量(内生变量)				
		奉献 Y5	活力 Y4	专注 Y3	主观幸福感 Y2	心理幸福感 Y1
外源变量	主动性人格					
	直接效应	0.42	0.55	0.40	0.32	0.46
	间接效应				0.09	0.20
	总效应	0.42	0.55	0.40	0.41	0.66
内生变量	Y4 活力					
	直接效应					0.18
	间接效应					
	总效应					0.18
	Y3 专注					
	直接效应				0.23	0.25
	间接效应					
	总效应				0.23	0.25

本研究在相关分析和回归的基础上，提出了假设存在的影响路径，主要结果见表 15-11。

表 15-11　测量模型中路径系数和检验值

	结构方程路径	标准化路径系数	t	p
模型	主动性人格→奉献	0.42	6.73	0.001
	主动性人格→活力	0.55	9.54	0.001
	主动性人格→专注	0.40	6.30	0.001
	主动性人格→主观幸福感	0.32	4.96	0.001
	主动性人格→心理幸福感	0.46	7.98	0.001
	活力→心理幸福感	0.18	4.16	0.001
	专注→主观幸福感	0.23	3.98	0.001
	专注→心理幸福感	0.25	5.40	0.001

第四节　讨论与结论

一、员工主动性人格、工作投入与幸福感的总体状况

从总体上看，员工的主动性人格水平较高。年龄为 21～30 岁被试的员工主动性人格水平显著高于 31～40 岁年龄组被试，可能原因是处在 20～30 岁的员工具有更多的奋斗精神，更愿意尝试与挑战，其主动性人格水平更高。学历为本科的员工主动性人格水平显著高于大专学历的员工，学历为硕士及以上的员工主动性人格水平显著高于大专学历的被试员工。这可能是由于高学历的员工具有更远大的目标，其主动性人格水平更高。工龄为 7～10 年的员工主动性人格水平显著低于工龄年限较低的其他 3 个分组。这可能是由于工龄时间较长的员工对工作的熟悉度比较高，缺乏了创新进取的精神，因此其主动性人格水平较低。不同婚姻情况的员工不存在显著差异。在不同职位分工的员工中，管理职位的员工主动性人格水平显著高于业务型员工，这可能是由于管理职位的员工责任更大，必须付出更多的努力，因此主动性人格水平较高；而业务员工的工资一般与绩效挂钩，因此更喜欢简单的没有挑战的任务从而获得更多的工资，所以主动性人格水平较低。

本研究调查的员工群体工作投入水平比平均水平略高。男性被试的员工工作投入水平显著高于女性被试，这是由于男性员工更以事业为重，其工作投入水平会更高。学历为本科的员工工作投入水平显著高于大专学历

的员工，可能是由于本科学历的员工晋升的可能性较大，所以工作投入水平较高。已婚员工工作投入水平显著高于未婚员工或者离婚的员工，未婚的员工的工作投入水平显著高于离婚的员工，这可能是因为已婚员工比未婚和离婚的员工生活稳定，能够将全部心思放在工作与事业上，因而工作上就更投入。在不同职位分工的员工中，技术员工的工作投入水平显著高于业务员工和管理员工，这可能是由于技术员工的工作性质要求必须全身心投入工作性质所形成的。

在幸福感上，不同性别的员工不存在显著差异。年龄在20岁以下的员工的幸福感水平显著高于31~40岁的年龄组的员工。这可能是处在20岁以下的年轻员工刚刚踏入社会，生活家庭等方面的压力较轻，因此幸福感水平较高。本科学历员工的幸福感水平显著高于大专学历员工，大专学历以下员工的幸福感水平显著高于大专学历员工，这可能是由于大专以下学历的员工由于学历比较低，没有更高追求，能安于现状，因此幸福感水平较高，而学历为本科的员工由于学历比大专学历的员工高，能够获得更多的机会，所以幸福感水平较高。工龄为7~10年的员工的幸福感水平显著低于工龄为1~6年的员工的2个分组，这可能是由于工龄时间较长的员工的工作倦怠程度更高。不同婚姻情况的员工不存在显著差异。技术型员工的幸福感水平显著高于业务型员工，这可能是由于两者的工作性质所致，技术型员工的工作比较稳定，而业务型员工的工作充满了未知，所以技术型员工的幸福感水平比业务型员工高。

二、员工主动性人格、工作投入和幸福感的关系分析

研究发现，员工主动性人格和工作投入对其幸福感有显著的直接正向影响，而且主动性人格还通过工作投入的中介作用对员工幸福感产生间接正向影响。

员工主动性人格对幸福感存在直接影响。主动性人格是个体采取主动行为影响周围环境的一种稳定的人格倾向，高主动性个体较少受环境的约束，而是主动改变环境，他们能识别有利机会，并采取一系列主动行为，期望以此带来有意义的改变；高主动性个体会选择甚至创造条件尽可能获得更高的工作绩效，他们更容易识别自我提升的机会，并且不断努力学习知识技能。高主动性人格者更关注未来，同时认为过去、现在和未来是分离的，他们不受过去或现在经验的束缚，对未来有更积极的展望和期待。主动性人格能够使个体各方面的需求和愿望尽快得到满足，使生活满意度提高，而且能够使个体较多时间体验到高兴、愉快、自豪、乐观等正性情感。生活满意和正性情感是主观幸福感的两个维度，所以主动性人格能够

影响员工的主观幸福感。主动性人格能够直接影响员工的心理幸福感。高主动性的员工充满活力、精力充沛，能够积极地参与工作，他们相信自己有能力成功并且更容易体验到成就感和自我价值。他们能够积极进取，不断发展，有自己的目标和想法，能够控制自己的行动方向。这些正是心理幸福感的部分主要内容，因此主动性人格能够影响员工的心理幸福感。从总体上看，具有高水平主动性人格的员工能够积极主动乐观地工作，而不是被动消极地完成任务，积极的心态决定了其能够在工作中更容易体验到幸福感。

员工工作投入对幸福感存在直接影响。工作投入能够直接影响员工的主观幸福感。这个研究结果与戴颖的研究相一致，戴颖以警察为研究对象发现主观幸福感和工作投入成正相关。[①] 研究发现，工作投入的专注维度对主观幸福感和心理幸福感有直接影响。专注是指集中注意力并且全神贯注地投入工作中，因而感到时间过得很快，他们很难将个体与工作分开。这个结果与心流理论相符合。流畅感是指当人们从事一项任务难度与技能相当的活动时，对活动入迷，全身心投入，注意力高度集中，活动顺畅、高效、得心应手，达到一种活动与意识融合、时间感消失和忘我的境界时的心理体验。处在这种状态中，个体感觉到认知高效、动机激发、无比的快乐和幸福。[②] 员工专注于自己的工作，就更容易体验到高兴、愉快、自豪、乐观等正性情感，从而体验到主观幸福感。员工专注于工作就充满了力量和干劲，从而更可能完成工作任务，体验到成功与快乐，感受到自我价值，因此专注能够影响心理幸福感。工作投入的活力维度能够直接影响员工的心理幸福感。活力的特征是，个体在工作中具有充沛的精力和心理适应能力，愿意在工作中付出努力，即使遇到困难也能坚持不懈。心理幸福感中生命活力维度的高分者的特点是，充满活力、拥有生命热情、精力充沛。虽然工作投入的奉献维度与主观幸福感和心理幸福感间都有显著的正相关，但是我们在构建关系模型后发现，奉献维度对幸福感的影响路径并没有达到显著。奉献的定义是集中精力参与工作，并且能感受到工作带来的意义、热情、鼓舞、骄傲和挑战。这些特点与幸福感的有些维度有相似的地方，但并不具有完全吻合的特征，因而没有达到显著。

员工主动性人格通过工作投入对幸福感产生间接影响。工作投入还可

① 戴颖：《福建基层警察组织承诺、主观幸福感对工作投入的影响研究》，硕士学位论文，福建师范大学，2009。

② 曹新美、刘翔平、蒋曦宁等：《积极心理学中流畅感理论的评介》，载《赣南师范学院学报》，2007，28(4)。

以作为中介因素，使主动性人格间接影响到员工的幸福感。主动性人格作为一种个体自身的特质，能够对员工的工作状态、工作投入产生正向影响，这与松嫩塔格(Sonnentag)的研究结果一致。① 研究发现，主动性人格对工作投入的3个维度的影响路径都达到了显著水平，原因可能是具有高主动性人格水平的员工具有更多主动性和创新性，能够深入工作中去，因此工作投入的水平更高。研究证实，工作投入能够直接影响员工的幸福感，因此主动性人格能够通过影响工作投入水平来影响员工的幸福感。

---

① Sonnentag, S., "Recovery, work engagement, and proactive behavior: A new look at the interface between non-work and work," *Journal of Applied Psychology*, 2003, 88(3), pp. 518-528.

第十六章

积极人格特质与幸福感的关系

关注人类的优秀品质、激发人自身的力量和最大限度地挖掘自己的潜力，可以使每个人都走向属于自己的幸福彼岸。因此，研究个体的积极人格及其与幸福感的关系，培养个体的积极人格，提升个体的幸福感具有重要的理论和现实意义。

第一节　积极人格特质与幸福感的关系研究现状

与人格和幸福感密切相关的两个问题为：什么类型的人更可能快乐或幸福？存在快乐或幸福的性格特征吗？换句话说，存在与幸福感相关的稳定人格因素吗？大量研究开始探讨人格与幸福感之间的关系。[①] 大三人格与主观幸福感的关系是以艾森克对人格的分类，即从神经质、精神质和内外向 3 个维度来研究人格与主观幸福感的关系。迪纳和卢卡斯（Lucas）在1999 年的研究表明，外向者能够体验更多愉快的情绪，较少的不愉快情感，神经质者更有可能体验高度的不愉快情感，较少的积极情感。王极盛和丁新华在研究初中生主观幸福感与人格特征的关系中也证实了内外向、神经质和精神质对主观幸福感有较强的预测作用，三者可联合解释总体变异的 45.3％。邱林和郑雪的研究也表明外倾与生活满意度和积极情感呈正相关，与消极情感呈负相关；神经质与生活满意度和积极情感呈负相关，而与消极情感呈正相关。大五人格与主观幸福感关系的研究是以科斯塔（Costa）和麦克雷（McCrae）的人格的五因素理论为指导，研究外倾性、神

[①] 苗元江：《影响幸福感的诸因素》，载《社会》，2004(4)。

经质、经验的开放性、宜人性和责任性（严谨性）与主观幸福感的关系。在人格五因素中，外倾性、神经质与主观幸福感的关系重复验证了大三人格与主观幸福感的研究结论，即外倾性与生活满意度和正性情感存在正相关，能够提高主观幸福感；神经质与生活满意度和正性情感存在负相关，与负性情感存在正相关，能够降低主观幸福感。弗恩厄姆（Furnham）和章（Cheng）在 1997 年用科斯塔、麦克雷的 NEO-FFI 测验考查了人格因素与幸福感的关系，发现幸福感分数与外向性（$r=0.39$）、神经质（$r=0.44$）、宜人性（$r=0.39$）、严谨性（$r=0.31$）和开放性（$r=0.26$）等因素均存在显著相关，回归分析表明 5 个人格因素解释了幸福感分数的 43% 的方差，而神经质、外向性与严谨性是预测幸福感的有效因素。迪纳和卢卡斯认为，责任心（conscientiousness）和适宜性、开放性与主观幸福感相关较低，因为这些特征更容易受外界影响。谢尔登（Sheldon）等人在 1997 年检验了大五人格与主观幸福感的关系，适宜性和责任心与主观幸福感存在中等程度的相关。适宜性和责任心可能由于环境的反馈进而影响主观幸福感。在大多数环境中，具备适宜性和责任心的人容易接受其他人的肯定的强化，因此能够体验比较高的主观幸福感。张兴贵对我国青少年的研究表明，严谨性与正性情感和生活满意度具有显著正相关，与负性情感存在显著负相关，支持了科斯塔和麦克雷的观点。

自尊、乐观等人格特质对幸福感具有重要影响和预测作用。迪纳的研究认为，自尊与主观幸福感呈正相关，也就是说自尊高的人有更多的幸福感。严标宾和郑雪对大学生社会支持、自尊和主观幸福感关系的研究表明，社会支持、自尊和主观幸福感存在正相关，自尊在社会支持基础上对个体的主观幸福感、生活满意度、积极情感和消极情感的回归效应显著，对于社会支持和主观幸福感的关系起中介作用。[1] 徐维东和吴明证的研究发现，在高外显自尊个体中，内隐自尊越高，主观幸福感水平越高；在低外显自尊个体中，内隐自尊没有影响个体的主观幸福感。[2] 袁莉敏和张日昇的研究表明，大学生的乐观能显著地预测心理幸福感。[3] 其他特质对幸福感的影响预测研究中，哈皮罗（Hapiro）的研究表明，那些报复欲强、宽

---

[1] 严标宾、郑雪：《大学生社会支持、自尊和主观幸福感的关系研究》，载《心理发展与教育》，2006，22(3)。

[2] 徐维东、吴明证、邱扶东：《自尊与主观幸福感关系研究》，载《心理科学》，2005，28(3)。

[3] 袁莉敏、张日昇、赵会春等：《大学生乐观与心理幸福感的关系》，载《中国临床心理学杂志》，2006，14(6)。

恕水平低的被试所体验的主观幸福感水平较低。① 李湘晖的研究验证了这一结果，表明大学生宽恕与主观幸福感呈正相关，宽恕水平越高的学生主观幸福感越高，宽恕水平越低的大学生主观幸福感越低。② 杨昭宁和孔祥军的研究表明，大学生的自我概念与主观幸福感有显著正相关。③ 李祚山的研究表明自我概念的各因子除与情感平衡呈显著负相关外，其他均为显著正相关；垂直个人主义文化与负性情感呈显著负相关，与情感平衡呈显著正相关。④ 余鹏和宿淑华等人的研究表明，自我效能对主观幸福感有显著的正向预测作用，高自我效能水平学生的主观幸福感要高于低自我效能水平的学生。⑤

积极人格特质指的是人格中的积极力量和正向特质，涉及乐观、希望、公平、爱、感恩、勇敢、谦逊、仁慈、宽容、善良、同情心、慷慨、自律、坚持和信念等积极品质。积极人格特质是人固有的、实际的、潜在的、具有建设性的力量，是人的长处、优点和美德，是能使人生活得更幸福的人格特质。积极人格特质与天赋的不同之处在于积极人格特质并非天生形成的，而是更多地依靠后天的发现和培养。

彼特森（Peterson）和塞利格曼的《人格力量与美德：分类手册》（*Character Strengths and Virtues：A Handbook and classification*，CSV）以人类的积极力量为核心，从积极心理学的视角对人格力量与美德做出了描述和分类，界定了人类力量与美德的概念，制订了人类美德与性格力量的分类目录。具体的美德和积极人格品质主要包括以下几点。

第一，智慧，即聪慧明智、富有远见，是一种掌握和运用知识的认知力量。智慧这一美德对应的积极人格品质有创造力、好奇心、判断力、好学、洞察力。①创造力是指产生新思想，发现和创造新事物的能力。它是知识、智力、能力及优良的个性品质等复杂多因素综合优化构成的，是成功地完成某种创造性活动所必需的心理品质，包括伟大的艺术创作、发明创造等。②好奇心是指对某一事物或某一东西发出求知的心理，它是认知

---

① Hapiro，D.L.，"The effects of explanations on negative reactions to deceit," *Administrative Science Quarterly*，1991，36(4)，pp.614-630.

② 李湘晖：《大学生宽恕与心理健康的相关研究》，硕士学位论文，南京师范大学，2007。

③ 杨昭宁、孔祥军：《大学生自我概念与主观幸福感的关系研究》，载《中国健康心理学杂志》，2006，14(1)。

④ 李祚山：《大学生的文化取向、自我概念对主观幸福感的影响》，载《心理科学》，2006，29(2)。

⑤ 余鹏、宿淑华、李丽：《大学生归因方式、自我效能感与主观幸福感的关系研究》，载《中国临床心理学杂志》，2005，13(1)。

内驱力的重要因素，是人的一种本能。③判断力是指能从各个方面思考问题和审视问题，能够客观地衡量和评判每个依据，而不会轻易急于下结论。④好学即喜欢学习，是一种对知识渴望与追求的心理品质。⑤洞察力是指心灵对事物本质的穿透力、感受力、洞察事物的能力，简单地说，洞察力是人们对个人认知、情感、行为的动机与相互关系的透彻分析。通俗地讲，洞察力就是透过现象看本质。

第二，勇气，即有胆量，是指在面对内部或外部挫折时勇于战胜困难、完成目标的情感力量。勇气对应的积极人格品质有勇敢、坚持、真诚、热情。①勇敢是指面对威胁、挑战、困难、痛苦不退缩。②坚持是指做事情能够善始善终，不轻易放弃，"坚"即意志坚强，坚韧不拔，"持"即持久，有耐性，坚持是意志力的完美表现。③真诚即忠诚老实，就是忠于事物的本来面貌，不隐瞒自己的真实思想，不掩饰自己的真实感情，不说谎，不作假，不为不可告人的目的而欺瞒别人。④热情是指对生活充满激情与力量，有活力，有精力。

第三，仁慈，即仁爱、慈善，是指与人和睦、待人友善、理解他人的个人品质，其核心是人与人相互亲爱。仁慈对应的积极人格品质有善良、爱心、社会智力。①善良是指纯真温厚，没有恶意，和善，心地好。②爱心是指重视与他人的亲密关系，能够与别人互相分享、互相关心，能够与别人亲近。③社会智力是指能够认识到自己和他人的动机与情感，对自己和别人的内心有很好的体察与理解。

第四，公正，即公平正直，没有偏私。公正对应的积极人格品质有公平、领导力、团队协作。①公平是指按规则办事，对所有人一视同仁、平等对待，处理事情合情合理，不偏袒哪一方面。②领导力是指组织团队活动、凝聚团队成员、协调团队关系的综合能力。③团队协作是指作为与人沟通、交流、合作的能力，作为团队成员能很好地为团队工作，对团队忠诚。

第五，节制，是指对放任行为的自我约束能力，即自己管理自己的一种个人品质。节制对应的积极人格品质有宽容、谦虚、谨慎、自律。①宽容是指允许别人有行动和判断的自由，对不同于自己或被普遍接受的方针或观点持有耐心而不带偏见的容忍，能原谅别人犯的错误并给予悔改的机会。②谦虚是指不自满、不自夸，肯接受批评，虚心向人请教，谦虚是进取和成功的必要前提。③谨慎是指做事情细心慎重，认真仔细，尽量避免犯错误。④自律是指根据规则和纪律要求自己、约束自己的一种能力。

第六，卓越，是指杰出、超出一般，是一种追求远大理想并赋予人生意义的力量。卓越这一美德对应的积极人格品质有鉴赏、感恩、希望、幽默、信仰。①鉴赏是指注意并欣赏生活中各个领域的美、优秀。②感恩是指能意识到美好事情的发生并心存感谢。③希望是指对美好的未来有一个期待，并且会为之努力从而实现它。④幽默是一种特性，一种引发喜悦，以愉悦的方式娱人的特性，幽默是人生智慧之花，能够有效地润滑、调节矛盾，调节人际关系。⑤信仰是指对更高的生活目标和追求的信念。

由于积极人格尚属于一个新兴的研究领域，积极人格与幸福感的研究还未真正展开。随着积极人格研究的不断深入，积极人格与幸福感的关系研究必然会给人格与幸福感的研究带来更为广阔的研究天地和视野，会对培养积极人格品质，增加人们的幸福感起到巨大的理论指导意义。本章试图对大学生的积极人格特质与幸福感的关系进行探究性研究。

第二节　研究对象与研究工具

一、研究对象

选取南昌大学、江西师范大学、江西财经大学、江西农业大学、南昌大学科技学院共 5 所高校大学生进行调查，共发放问卷 500 份，回收 476 份，有效问卷 450 份，有效收回率为 90.0%。

二、研究工具

(一)《大学生积极人格量表》

采用自编的《大学生积极人格量表》，分为 24 个维度，分别是创造力、判断力、洞察力、幽默、热情、爱心、信仰(信念)、坚持、领导力、公平、宽容、希望、勇敢、好奇心、谨慎、真诚、自律、团队协作、鉴赏、社会智力、好学、谦虚、善良、感恩。量表共 88 个项目，采用 5 点记分。总问卷的内部一致性信度 Cronbach α 系数为 0.960，分半系数为 0.928，各维度的 Cronbach α 系数在 0.621 和 0.810 之间，表明量表具有较好的信度。验证性因素分析检验显示，$\chi^2/df = 2.578$，NFI $= 0.90$，NNFI $= 0.93$，CFI $= 0.94$，IFI $= 0.94$，RMSEA $= 0.059$，模型各项拟合指数较好，表明量表的内部结构比较合理。

(二)《综合幸福问卷》

采用苗元江编制的《综合幸福问卷》。

第三节 积极人格特质与幸福感的关系研究结果

一、大学生积极人格特质的总体状况

从表 16-1 中可知,积极人格量表总分的平均分为 87.36,积极人格特质各维度的平均分数均在中值(中点＝3 分)以上,其中鉴赏(3.91)、善良(3.87)、团队协作(3.86)得分分别排在前三位;自律(3.05)、幽默(3.40)、洞察力(3.41)得分较低,排在后三位,大学生积极人格特质总体得分较高。

表 16-1 大学生积极人格特质描述统计表

维度	Min	Max	*M*	*SD*
创造力	1.25	5.00	3.42	0.69
判断力	1.75	5.00	3.58	0.61
洞察力	1.50	5.00	3.41	0.62
幽默	1.50	5.00	3.40	0.71
热情	1.33	5.00	3.42	0.76
爱心	2.00	5.00	3.71	0.63
信仰(信念)	1.25	5.00	3.74	0.67
坚持	1.67	5.00	3.68	0.73
领导力	1.25	5.00	3.80	0.63
公平	1.33	5.00	3.66	0.70
宽容	2.00	5.00	3.70	0.62
希望	1.33	5.00	3.75	0.67
勇敢	2.00	5.00	3.72	0.65
好奇心	1.75	5.00	3.75	0.65
谨慎	1.00	5.00	3.51	0.69
真诚	1.00	5.00	3.44	0.74
自律	1.00	5.00	3.05	0.81
团队协作	1.50	5.00	3.81	0.64
鉴赏	2.00	5.00	3.91	0.69
社会智力	1.75	5.00	3.63	0.63
好学	1.75	5.00	3.86	0.64
谦虚	1.25	5.00	3.70	0.68

维度	Min	Max	*M*	*SD*
善良	1.75	5.00	3.87	0.56
感恩	1.50	5.00	3.84	0.67
量表总分	47.00	117.67	87.36	10.17

二、积极人格特质与幸福感的关系

为探讨积极人格与幸福感的内在关系，我们对积极人格特质量表总分及各维度得分与主观幸福感、心理幸福感、幸福指数及各维度得分进行相关分析，结果见表 16-2 和表 16-3。

表 16-2　积极人格与幸福感的相关系数

	主观幸福感	心理幸福感	幸福指数
创造力	0.30**	0.39**	0.19**
判断力	0.26**	0.47**	0.22**
洞察力	0.27**	0.40**	0.20**
幽默	0.40**	0.47**	0.32**
热情	0.41**	0.52**	0.22**
爱心	0.27**	0.50**	0.18**
信仰(信念)	0.42**	0.59**	0.25**
坚持	0.25**	0.43**	0.10*
领导力	0.25**	0.40**	0.11*
公平	0.24**	0.29**	0.11*
宽容	0.24**	0.38**	0.08
希望	0.37**	0.55**	0.22**
勇敢	0.25**	0.48**	0.09
好奇心	0.47**	0.60**	0.26**
谨慎	0.19**	0.35**	0.03
真诚	0.23**	0.34**	0.10*
自律	0.23**	0.26**	0.07
团队协作	0.32**	0.50**	0.20**
鉴赏	0.20**	0.34**	0.05
社会智力	0.31**	0.51**	0.16**
好学	0.31**	0.47**	0.07
谦虚	0.14**	0.29**	0.06

	主观幸福感	心理幸福感	幸福指数
善良	0.29**	0.45**	0.21**
感恩	0.47**	0.62**	0.32**
量表总分	0.47**	0.69**	0.25**

注：* 表示 $p<0.05$，** 表示 $p<0.01$，*** 表示 $p<0.001$，下同。

表 16-3　积极人格与幸福感各个维度的相关系数

	生活满意	正性情感	负性情感	生命活力	健康关注	利他行为	自我价值	友好关系	人格成长
创造力	0.26**	0.30**	−0.05	0.41**	0.24**	0.26**	0.36**	0.19**	0.32**
判断力	0.29**	0.23**	0.01	0.41**	0.33**	0.35**	0.42**	0.27**	0.40**
洞察力	0.32**	0.22**	0.01	0.35**	0.25**	0.35**	0.35**	0.21**	0.36**
幽默	0.34**	0.36**	−0.13**	0.44**	0.32**	0.28**	0.41**	0.34**	0.39**
热情	0.41**	0.35**	−0.07	0.67**	0.41**	0.30**	0.41**	0.23**	0.33**
爱心	0.36**	0.17**	−0.04	0.38**	0.38**	0.38**	0.47**	0.29**	0.42**
信仰	0.43**	0.30**	−0.13**	0.45**	0.47**	0.44**	0.57**	0.32**	0.52**
坚持	0.23**	0.21**	−0.08	0.37**	0.32**	0.41**	0.39**	0.15**	0.38**
领导力	0.23**	0.17**	−0.14**	0.27**	0.27**	0.44**	0.33**	0.26**	0.32**
公平	0.18**	0.19**	−0.15**	0.23**	0.25**	0.35**	0.23**	0.10*	0.19**
宽容	0.22**	0.17**	−0.14**	0.27**	0.36**	0.39**	0.27**	0.22**	0.28**
希望	0.37**	0.29**	−0.10*	0.49**	0.43**	0.45**	0.50**	0.26**	0.44**
勇敢	0.27***	0.19	−0.04	0.39**	0.35**	0.43**	0.44**	0.24**	0.38**
好奇心	0.42**	0.39**	−0.16**	0.55**	0.43**	0.41**	0.49**	0.43**	0.43**
谨慎	0.23**	0.14**	0.02	0.23**	0.29**	0.34**	0.28**	0.20**	0.28**
真诚	0.25**	0.19**	−0.04	0.32**	0.23**	0.40**	0.23**	0.12**	0.28**
自律	0.20**	0.23**	−0.02	0.33**	0.29**	0.29**	0.18**	−0.03	0.16**
团队协作	0.34**	0.18**	−0.16**	0.39**	0.40**	0.45**	0.41**	0.33**	0.35**
鉴赏	0.19**	0.11**	−0.14**	0.22**	0.32**	0.28**	0.25**	0.27**	0.24**
社会智力	0.35**	0.20**	−0.10*	0.38**	0.36**	0.37**	0.45**	0.35**	0.44**
好学	0.32**	0.23**	−0.08	0.38**	0.40**	0.34**	0.41**	0.30**	0.36**
谦虚	0.17**	0.08	−0.04	0.20**	0.26**	0.28**	0.17**	0.20**	0.20**
善良	0.30**	0.23**	−0.06	0.32**	0.31**	0.36**	0.38**	0.36**	0.32**
感恩	0.49**	0.37**	−0.13**	0.49**	0.43**	0.48**	0.54**	0.46**	0.43**
量表总分	0.47**	0.36**	−0.13**	0.59**	0.53**	0.58**	0.58**	0.39**	0.54**

由表 16-2 和表 16-3 可知，积极人格量表总分及各维度得分与主观幸福感、心理幸福感、幸福指数及幸福感各个维度存在显著相关。24 种积极人格特质与主观幸福感的相关系数为 0.14～0.47，排在前 5 位的积极人格特质分别是感恩、好奇心、信仰(信念)、热情、幽默；24 种积极人格特质与心理幸福感的相关系数为 0.26～0.62，其中排在前 5 位的是感恩、好奇心、信仰(信念)、希望、热情。24 种积极人格特质与幸福指数的相关系数为 0.03～0.32，其中排在前 5 位的是感恩、幽默、好奇心、信仰(信念)、热情、希望。

三、积极人格特质对幸福感的回归分析

通过相关分析我们发现，积极人格特质与幸福感之间存在强相关关系，为进一步了解两者间的作用关系，对数据资料进行多元线性回归分析。

(一)24 种积极人格特质对主观幸福感的回归分析

以主观幸福感为因变量，24 种积极人格特质为自变量进行多元逐步回归分析。结果显示回归效果显著($F=36.282$，Sig. $=0.000$)，进入回归方程的变量有 6 个，分别是感恩、幽默、信仰(信念)、好奇心、自律和判断力，共可解释方差总变异的 32%(见表 16-4)，回归系数及其显著性见表 16-5。

表 16-4　积极人格特质对主观幸福感的回归方程决定系数

R	R^2	调整后 R^2	估计误差
0.574	0.329	0.320	1.778

表 16-5　回归方程的参数估计

	回归系数		标准回归系数	t	Sig.
	B	Std. Error	β		
常数项	−2.05	0.64		−3.21	0.00
感恩	0.75	0.17	−0.23	4.36	0.00
幽默	0.60	0.15	0.20	4.10	0.00
信仰(信念)	0.60	0.16	0.18	3.72	0.00
好奇心	0.49	0.19	0.15	2.63	0.01
自律	0.27	0.11	0.10	2.39	0.02
判断力	−0.39	0.17	−0.11	−2.29	0.02

(二)24 种积极人格特质对心理幸福感的回归分析

以心理幸福感为因变量，24 种积极人格特质为自变量进行多元逐步回归分析。结果显示回归效果显著($F=85.171$，Sig. $=0.000$)，进入回归方程的变量有 7 个，分别是感恩、信仰(信念)、好奇心、勇敢、团队协作、幽默和爱心，可解释方差总变异的 56.8%(见表 16-6)，回归系数及其显著性见表 16-7。

表 16-6　积极人格特质对主观幸福感的回归方程决定系数

R	R^2	调整后 R^2	估计误差
0.758	0.574	0.568	3.184

表 16-7　回归方程的参数估计

	回归系数		标准回归系数	t	Sig.
	B	Std. Error	β		
常数项	1.98	1.22		1.62	0.11
感恩	1.26	0.33	0.17	3.78	0.00
信仰(信念)	1.64	0.29	0.23	5.57	0.00
好奇心	1.19	0.34	0.16	3.51	0.00
勇敢	0.95	0.27	0.13	3.46	0.00
团队协作	0.99	0.29	0.13	3.45	0.00
幽默	0.90	0.25	0.13	3.55	0.00
爱心	0.73	0.31	0.10	2.38	0.02

(三)24 种积极人格特质对幸福指数的回归分析

以幸福指数为因变量，24 种积极人格特质为自变量进行多元逐步回归分析。结果显示回归效果显著($F=15.585$，Sig. $=0.000$)，进入回归方程的变量有 7 个，分别是幽默、感恩、好学、信仰(信念)、善良、谨慎和勇敢，可解释方差总变异的 18.5%(见表 16-8)，回归系数及其显著性见表 16-9。

表 16-8　积极人格特质对主观幸福感的回归方程决定系数

R	R^2	调整后 R^2	估计误差
0.445	0.198	0.185	1.126

表 16-9　回归方程的参数估计

	回归系数		标准回归系数	t	Sig.
	B	Std. Error	β		
常数项	3.36	0.45		7.39	0.00
幽默	0.44	0.09	0.25	5.14	0.00
感恩	0.37	0.11	0.20	3.36	0.00
好学	−0.34	0.11	−0.18	−3.22	0.00
信仰(信念)	0.35	0.10	0.19	3.48	0.00
善良	0.35	0.13	0.16	2.80	0.01
谨慎	−0.21	0.09	−0.11	−2.29	0.02
勇敢	−0.21	0.10	−0.11	−2.19	0.03

根据回归分析，做如下路径分析图。

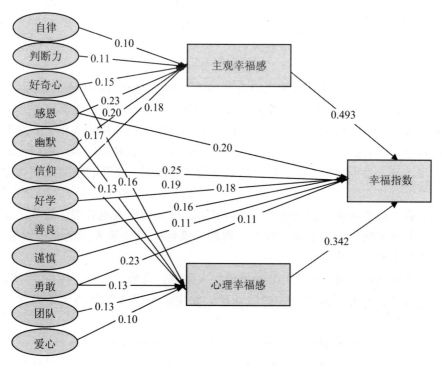

图 16-1　积极人格特质与幸福感的关系路径

第四节　讨论与结论

一、关于大学生积极人格特质的总体状况

研究表明，大学生 24 种积极人格特质得分均在中值以上，表明大学生的积极人格得分较高，大学生群体具有良好的积极人格特质。国内学者郑祥专的研究也表明我国大学生积极人格特质的发展在整体上处于中等偏上水平。[①]

结果表明，在积极人格量表总分上，男女大学生得分不存在显著差异。在具体维度上，男女大学生在创造力、判断力、洞察力、宽容、自律、感恩 6 个维度上存在显著差异，女大学生比男大学生更宽容，更懂得感恩。这符合中国文化背景下的男性和女性的心理特征。本研究与国内学者周嵚的研究结果相一致，周嵚的研究也表明男生的创造性、判断力、洞察力、勇气、谨慎和自制力要优于女生，而女生的感恩品质要优于男生。[②]国外学者帕克（Park）和彼得森（Peterson）的研究也认为，青少年的积极特质存在性别差异，女孩在感恩方面的得分高于男孩。[③]

研究表明，来自城市和来自农村的大学生在判断力、洞察力、幽默、热情、好奇心、团队协作、社会智力、感恩 8 个维度上存在显著差异，来自城市的大学生在这 8 个维度上的得分显著高于来自农村的大学生，可能是由于大学生的生活环境存在差异。由于城市经济相对较发达，所以生活在城市的大学生物质生活比较优越，接收到的知识、文化、信息也更为丰富多彩，眼界开阔，自信心较强，有优越感。而农村的生活环境相对闭塞，接收到的各种文化及新鲜的事物有限，接触到的人也有限。周嵚的研究结果也表明城市学生在洞察力、幽默等维度上得分显著高于农村学生，与本研究基本一致。

研究表明，独生子女与非独生子女在幽默、宽容、自律、谦虚 4 个维度上得分存在显著差异。在幽默维度上独生子女得分显著高于非独生子

---

① 郑祥专：《地方高校大学生积极人格发展研究》，载《中国特殊教育》，2009(6)。

② 周嵚：《大学生积极特质结构的验证性因素分析及影响因素的研究》，硕士学位论文，河北师范大学，2008。

③ Park，N. & Peterson，C. "Assessment of character strengths among youth," *Child Trends*，2003，12(5)：31。

女，但是在宽容、自律和谦虚维度上，独生子女得分显著低于非独生子女，显示出独生子女比非独生子女具有更高的幽默特质，非独生子女比独生子女更宽容，自律水平更高，更谦虚。顾蓓晔对中国独生子女社会行为特征的研究表明独生子女往往比较娇纵、自私，缺少独立性，情感发展不平衡。[①] 本研究的研究结果符合独生子女与非独生子女的心理特点。独生子女这一群体从小得到父母的照顾和关爱，享受着良好的教育，兴趣广泛，知识面广，从小形成了活泼、开朗、敢说、敢想的特征。但是由于相对优越的生活条件，很多父母过分关注、过分保护自己的"独苗"，导致一部分独生子女形成了依赖、任性、专横、以自我为中心等不良心理和行为习惯，所以在具体的积极人格特质上，独生子女在宽容、自律、谦虚维度上与非独生子女存在显著差异。

研究表明，担任过学生干部的大学生和未担任过学生干部的大学生在坚持和社会智力两个维度上的得分存在显著差异，学生干部比非学生干部具有更高的坚持特质，有更好的社会智力水平。分析其原因，在大学里，学生干部除了要面对繁重的学习任务之外，还要承担很多学习之外的工作实践活动。学生干部在举办、组织各种活动中必然面临很多的困难和挑战，圆满完成任何一项活动都必然要付出很多努力，他们坚持不懈的精神是必不可少的。同时做好学生工作就需要很好地与老师沟通协调，很好地与同学沟通合作，只有具备良好的沟通协调能力，具备良好的社会交往能力才能够顺利地开展工作。郑祥专研究发现学生干部积极人格的发展明显高于一般学生。埃里克森(Erikson)对社会心理发展阶段的研究以及专家对积极特质讨论分析所得出的结论也证明了这一结果，社会大环境对培养人的长处与优点提供了一定的程序和规则。例如，学校学生会的工作能够锻炼人们相互协调及合作品质的发展。

研究表明，不同年级的大学生在自律、好学两个维度上的得分存在显著差异。经过多重比较分析可知，在自律维度得分上，大三年级的大学生自律水平最高，显著高于大一和大二年级的学生，在好学维度得分上，大四年级的学生得分最高，大一年级的学生次之，大四年级的学生好学维度得分显著高于大二、大三年级的学生。这可能由于大一年级学生经过高考的严峻考验，心身状况较为疲惫，心理上希望暂时放松一下自我，所以对自我的约束较弱，大三年级的学生随着年级的增长，学业的压力增大，对自我的约束力也随之加强。大四的学生经过了 4 年的大学生活，面临考研

---

① 顾蓓晔：《对独生子女自我中心问题的异质分析》，载《心理科学》，1997(3)。

或就业的压力，而无论是考研还是就业都要以扎实的科学知识为基础，所以他们对知识的渴望变得更为清晰和明确起来。与其他年级的大学生相比，大四学生更深刻地认识到知识的重要性和可贵性，因此求知欲是最强的。

研究表明，不同学科类型的大学生在判断力和洞察力两个维度上的得分存在显著差异，经过多重比较分析可知，在判断力维度上，理工类、文史类和医学类大学生的得分具有显著差异，医学类大学生的得分显著低于理工类和文史类的大学生。在洞察力维度上，理工类和医学类大学生的得分具有显著差异，理工类大学生的洞察力显著高于医学类大学生。不同专业类别的大学生群体由于受到专业特性的限制，他们的能力和具备的素养是有区别的，理工类学生可能由于更多地偏重较强的逻辑思维能力、判断推理能力等，所以在洞察力和判断力上显示出一定的优势性。

二、关于积极人格特质与幸福感的关系

研究表明，24 种积极人格特质与幸福感之间存在较强的相互关系和作用。以往关于人格与幸福感的研究已经证明人格与幸福感之间存在紧密的联系，在预测主观幸福感时，人格因素即使不是最好的预测指标，至少也是最可靠、最有力的预测指标之一。德纳里（DeNene）和库珀（Cooper）对以往 148 项有关的研究分析表明，与幸福感有关的人格特质中，相关最大的是压抑的防御性、信任、情绪的稳定性、机遇—控制点、顽强、积极情绪、内向性集体自尊和紧张。[1] 国外学者麦克雷和科斯塔在 1991 年对大五人格与主观幸福感的研究中均表明神经质与主观幸福感、生活满意度和积极情感存在显著的负相关，与消极情感存在显著正相关。[2] 国内学者郑雪等人的研究证明了这一点。另外，其他一些研究表明与幸福感相关的具体的人格特质主要有自尊、乐观、自我概念和控制点等。[3]

以主观幸福感为因变量，24 种积极人格特质为自变量进行多元逐步回归分析，结果显示回归效果显著，进入回归方程的变量有 6 个，分别是感恩、幽默、信仰（信念）、好奇心、自律和判断力，共解释方差总变异的 32.0%。以心理幸福感为因变量，24 种积极人格特质为自变量进行多元逐

---

① DeNeve，E. M. & Cooper，H.，"The happy personality：A Meta-Analysis of personality and well-being，"*Psychology Bulletin*，1998，124(2)，pp. 197-229.

② McCrae，R. R. & Costa，P. T.，"Adding liebeund arbeit：The full five-factor model and well-being，"*Personality and Social Psychology Bulletin*，1991，17，pp. 227-232.

③ Myers，D. G.，*The Pursuit of Happiness：Who Is Happy and Why*，London，The Aquarian Press，1993.

步回归分析。分析结果显示回归效果显著，进入回归方程的变量有 7 个，分别是感恩、信仰（信念）、好奇心、勇敢、团队协作、幽默和爱心，共解释方差总变异的 56.8%。以幸福指数为因变量，24 种积极人格特质为自变量进行多元逐步回归分析。分析结果显示回归效果显著，进入回归方程的变量有 7 个，分别是幽默、感恩、好学、信仰（信念）、善良、谨慎和勇敢，共解释方差总变异的 18.5%。通过路径分析图我们可以发现，24 种积极人格特质中有 12 种积极人格特质对一个人的幸福感水平有预测作用，分别是自律、判断力、好奇心、感恩、幽默、信仰、团队协作、爱心、勇敢、好学、善良、谨慎。国外有学者研究了积极人格特质与生活满意度的关系，研究发现热情、感恩、希望、爱心等积极人格特质比好奇心、好学等智力品质与生活满意度的联系更为紧密。[1] 还有研究表明父母的节制行为（自律）虽然与父母本人的生活满意度相关较小，却与子女的生活满意度相关较高。一个超过 4000 个样本的研究表明，人类存在 5 项关键的积极人格特质——感恩，乐观，热情，好奇心，爱心，这 5 种积极人格特质与人们的生活满意度的相关，比起其他人格特质来说更为紧密和持久。[2]

总之，本研究初步探讨了积极人格特质对幸福感的预测作用，对于不同的积极人格特质在多大程度上能预测我们的幸福感，到底哪些积极人格特质对幸福感的预测作用是强烈的、持久稳定的，以及积极人格特质是如何影响幸福感等问题还有待于日后更多的研究去发现和证实。

---

① Park，N.，Peterson，C. & Seligman，M. E. P.，"Strengths of character and well-being," *Journal of Social and Clinical Psychology*，2004(5)，23，pp. 603-619.

② Tracy，A.，Steen，L.，Kachorek，V. & Peterson，C.，"Character strengths among youth,"*Journal of Youth and Adolescence*，2003，32(1)，pp. 5-17.

第十七章

心理契约、工作绩效与幸福感的关系

据全国范围内展开的"工作幸福指数调查"显示，中国在职人员总体"工作幸福指数"为 2.57 分(满分为 5 分)，处于中等偏下状态。具体的数据为，近 16% 的被调查者反映与同事的关系并不是很融洽；33% 的被调查者认为他们的工作量不合理；近 40% 的被调查者并不喜欢自己的工作；40% 的被调查者对工作环境和工作关系不满意；将近 50% 的被调查者对自身的发展前途缺乏信心；超过 50% 的被调查者对自己的直接上级不满。以往研究较少涉及心理契约对工作幸福感的直接效应，很少有关于以工作幸福感为中介的心理契约对工作绩效的间接影响关系方面的研究。本研究将从员工与组织双方雇佣关系的角度，探讨员工心理契约、幸福感与工作绩效间的关系。

第一节　心理契约、工作绩效与幸福感的关系研究现状

心理契约是雇员个人以雇佣关系为背景，以许诺、信任和知觉为基础而形成的关于双方责任的各种信念。基于此观点，鲁索(Rousseau)提出了一个狭义的定义，认为心理契约是个体在雇佣关系背景下对雇佣双方相互义务的一种理解或有关信念。[①] 这种信念指的是雇员对外显和内在的雇员贡献(努力、能力和忠诚等)与组织诱因(报酬、晋升和工作保障等)之间的交换关系的承诺、理解和感知。鲁索等人的研究显示心理契约由 3 个维度构成：交易维度、关系维度和团队成员维度。交易维度指组织为员工提供

----

① 魏峰、张文贤：《国外心理契约理论研究的新进展》，载《外国经济与管理》，2004(2)。

经济利益和物质利益，员工承担基本的工作任务；关系维度指员工与组织关注双方未来的、长期的、稳定的联系，促进双方的共同发展；团队成员维度指员工与组织注重人际支持和良好的人际关系。[①] 李(Lee)等人的研究认为员工心理契约由关系因素、交易因素和团队成员因素 3 个维度构成。荷兰学者勒内·沙尔克(Rene Schalk)通过对之前提出的条目进行因素分析，提炼出 3 个维度：一般维度(包括工作、雇佣关系、薪酬、发展)，参与维度，社会和公平维度；对于雇员义务，提炼出 1 个维度(包括忠诚、工作参与、职责、关系、工作态度因素)。

坎贝尔(Campbell)等人认为，绩效是员工自己控制的与组织目标相关的行为。[②] 该定义包含了对绩效的一些观点：①绩效是多维的，没有单一的绩效测量，在大多数背景下，与组织目标有关的工作行为有多种类型；②绩效是行为，并不必然是行为的结果；③这种行为必须是员工能够控制的。[③] 埃贝尔认为："绩效是行为，应该与结果分开，因为结果会受系统因素的影响"。绩效的概念应包括有利于组织效果的主观或周边因素，这些行为不但是合情合理的，且会改善人员间的互相配合，促进团队精神，加强共同合作，以提高组织总体绩效。埃贝尔等人把绩效划分为 8 个独立的成分：工作特定的任务熟练程度；工作非特定的任务熟练程度；书面与口头交流的任务熟练程度；努力；遵守纪律；为团体和同事提供便利；监督与领导；管理。在这 8 种成分中，因特定任务而产生组织成效的绩效行为与因其他方式而产生组织成效的绩效行为被区分开来。

关于心理契约与工作绩效的关系研究，克里斯·阿古里斯(Chris Argyris)认为心理工作契约表现为：如果主管采取一种积极的领导方式，雇员就会产生乐观的表现；如果主管保证和尊重雇员的非正式文化规范(如让雇员有自主权、确保雇员有足够的工资、有稳定的工作等)，雇员就会减少抱怨，而维持高的生产。巴克(Baker)指出，心理契约在员工愿望(如角色、社会、经济等)与其绩效表现之间起重要的调节作用。[④] 这种关

① Rousseaud，M.，Tijioriwala."Perceived legitimacy & unilateral contract change：It takes a good reason to change a psychological contract,"Symposium at the SIOP Meetings，San Diago，1996.

② Campbell，J. P.，McCloy，R. A.，Oppler，S. H. & Sager，C. E. A,"Theory of performance,"in N. Schmitt & W. C. Borman(Eds.)，*Personnel Selection in Organizations*. San Francisco：Jossey-Bass，1993，pp. 35-70。

③ 蔡永红、林崇德：《绩效评估研究的现状及其反思》，载《北京师范大学学报(人文社会科学版)》，2001(4)。

④ 朱晓妹、王重鸣：《员工心理契约及其组织效果研究》，载《管理工程学报》，2006，20(3)。

系受到许多实证研究的支持。赫里奥特（Herriot）在 2004 年对英国企业的实证研究结果显示，员工对企业的经济与物质利益、发展成长机会、支持关怀环境 3 个方面的心理期望对员工绩效的影响系数分别是 0.264、0.154 和 0.311。托马斯（Thomas）在 2004 年对美国的一家机床制造企业的研究发现，员工对公司的心理契约与员工绩效的直接影响效应为 0.25。[①]维利马、姆卡、斯科特和詹姆斯（Willima、Mkar、Scott & James）在 2003 年通过采用在一次大型心理契约调研中的部分数据发现，心理契约的满足程度与员工角色内绩效呈正相关。雅康莱恩（Jacquenline）在 2002 年对心理契约与角色外绩效（组织公民行为）的关系研究中，通过对 480 名员工的调查，雅克兰（Jacquenline）认为员工感知到的组织承诺会对员工的组织公民行为产生积极的作用。国内的研究结果也支持这一结论。余琛调查发现，组织对员工的心理契约履行程度不同，导致员工的组织公民行为存在显著差异。组织对员工的心理契约履行程度越高，员工的组织公民行为也越高。[②]王凯研究发现，心理契约对员工绩效有显著的影响作用。工作投入、组织承诺、公平与发展、工作与参与、外部保障的影响作用比较显著。肖旭荟发现心理契约不仅对员工绩效有显著的正向影响，而且还通过组织承诺和员工行为影响员工绩效，组织承诺也可以通过员工行为影响员工绩效。[③]孙方远对房地产销售人员的调查研究发现，心理契约的满足对其任务绩效和关联绩效均存在正向影响。其中心理契约的满足对关联绩效的影响大于对任务绩效的影响。[④]

　　工作幸福感对员工和管理者绩效的影响，得到了许多研究的证实。管理者对正性情绪倾向高的雇员的工作质量、生产率、可靠性和创造性做出的评价更高。赖特（Wright）及其同事的研究也得到相同的结果，发现上司对快乐的员工评价更高。因此，幸福感（或者说积极情绪）能够比工作满意度更好地预测工作表现。柳博米尔斯基（Lyubomirsky）等人在 2005 年对相关研究进行了总结，并保守估计工作幸福感和工作绩效之间的相关系数为 0.27，也就是说工作绩效的变异至少有 7.3% 是与工作幸福感相关的。另外，工作幸福感使个人绩效产生辐射和累加效应。相应地，组织绩效也受

　　① Thomas.，"Approaches to the employee-organizational Employee pay off," *Academy of Management Journal*，2004(11)，pp. 35-41.

　　② 余琛：《心理契约履行和组织公民行为之间的关系研究》，载《心理科学》，2007，30(2)。

　　③ 肖旭荟：《心理契约对员工绩效的影响研究》，硕士学位论文，湖南大学，2006。

　　④ 孙方远：《基于心理契约的企业员工工作满意度和工作绩效的关系》，硕士学位论文，西北大学，2008。

到积极影响。在一项管理者评价任务中（包括领导能力和对信息的掌握），斯塔夫（Staw）和巴萨德（Barsade）发现快乐的人明显表现得更好。正性情绪倾向高的个体更容易进入管理层，乔治（George）发现有快乐的领导的服务部门更容易得到顾客的好评，营销人员中的快乐气氛是顾客满意度的一项独立预测指标。另外，据研究显示，幸福感也可为组织带来直观的经济效益。"美国最适宜工作的100家公司"都有良好的财务业绩，表明建立令人愉快的工作场所似乎也有良好的经济意义。哈特（Harter）等人提出了与幸福感相似的构念"工作投入"，他们的元分析表明，工作场所的幸福感与部门层次的生产力、雇员保留、顾客满意度、安全，以及公司的盈利和股票价值间存在相关。[1]

本研究以企事业单位员工为研究对象，分别建构员工对组织责任、组织对员工责任，心理契约类型与幸福感和工作绩效关系模型，以深入探究三者间的关系。

第二节　研究对象与研究工具

一、研究对象

以天津市滨海新区企事业单位的员工为研究对象，其中政府及事业单位包括区委区政府及直属机关，事业机关包括民政局、学校、医院；企业包括化工生产、机械制造、商业服务等。共发放问卷 600 份，回收 566 份，有效问卷 477 份，有效回收率为 79.5%。

二、研究工具

（一）《综合幸福问卷》

本研究中，总问卷内部一致性信度 Cronbach α 系数为 0.946，各维度值在 0.822 和 0.938 之间，总问卷分半信度为 0.759，各维度值在 0.780 和 0.891 之间。验证性因素分析结果表明，模型拟合度检验值均达到可接受范围，$\chi^2/df = 3.42$，RMSEA $= 0.079$，SRMR $= 0.071$，NFI $= 0.95$，NNFI $= 0.97$，CFI $= 0.97$，IFI $= 0.97$，表明该问卷具有良好的结构效度。

---

[1] Harter, J., Schmidt, F. & Hayes, T., "Business-unit-level relationship between employee satisfaction, employee e-ngagement, and business outcomes: A meta-analysis," *Journal of Applied Psychology*, 2002, 87(2), pp. 268-279.

(二)《心理契约量表》

采用鲁索(Rousseau)于 2008 年编制的《心理契约量表》(Psychological Contract Inventory，PCI)，该量表分为 4 个分量表：员工对组织的责任、组织对员工的责任、心理契约过渡和心理契约履行。其中员工对组织的责任和组织对员工的责任分量表分别由 3 个维度组成：交易型，关系型，平衡型；心理契约过渡分量表由过渡型维度组成。在本研究中，员工对组织责任分量内部一致性信度 Cronbach α 系数和分半信度分别为 0.889 和 0.825；组织对员工责任分量表 Cronbach α 系数和分半信度分别为 0.733 和 0.521；心理契约过渡分量表 Cronbach α 系数和分半信度分别为 0.934 和 0.927；心理契约履行分量 Cronbach α 系数为 0.869；表明该量表信度较好。

(三)《工作绩效量表》

采用坎贝尔(Campbell)等人编制的《工作绩效量表》。该量表包含关系绩效与任务绩效两个维度。关系绩效维度含有 2 个二级维度：人际促进与工作奉献。在本研究中，总问卷内部一致性信度 Cronbach α 系数为 0.953，其中任务绩效维度 Cronbach α 系数和分半系数分别为 0.900 和 0.864；工作奉献维度 Cronbach α 系数和分半系数分别为 0.866 和 0.817；人际促进维度 Cronbach α 系数和分半系数分别为 0.853 和 0.860；表明该量表信度较好。

第三节　心理契约、幸福感与工作绩效的关系研究结果

一、心理契约、幸福感与工作绩效的相关分析

表 17-1 表明，心理契约各维度与幸福感相关分析结果显示，员工交易与正性情感间相关不显著；组织平衡维度与自我价值间相关不显著。组织交易维度与幸福感多维度相关不显著，心理契约各维度均与幸福感各维度间存在不同显著程度的相关关系。在心理契约各维度与工作绩效维度间的相关分析中，除组织交易维度与工作绩效各维度间相关均不显著，组织平衡维度与任务绩效、人际促进维度间相关均不显著，心理契约各维度与工作绩效各维度间均存在不同显著程度的相关关系。

表 17-1 心理契约各维度与工作绩效、幸福感各维度相关矩阵

	员工交易	员工关系	员工平衡	组织交易	组织关系	组织平衡	过渡型	员工履行	组织履行
生活满意	−0.188***	0.303***	0.189***	−0.006	0.371***	0.222***	−0.285***	0.300***	0.367***
人格成长	−0.176***	0.315***	0.309***	0.043	0.386***	0.282***	−0.276***	0.354***	0.405***
自我价值	−0.260***	0.437***	0.353***	−0.013	0.255***	0.048	−0.181***	0.513***	0.367***
生命活力	−0.093*	0.288***	0.380***	0.038	0.252***	0.176***	−0.213***	0.267***	0.282***
友好关系	−0.139***	0.326***	0.365***	−0.034	0.202***	0.110*	−0.153**	0.283***	0.260***
利他行为	−0.324***	0.439***	0.376***	−0.102*	0.273***	0.106*	−0.273***	0.434***	0.364***
健康关注	−0.159***	0.259***	0.333***	−0.045	0.210***	0.128**	−0.211***	0.290***	0.302***
正性情感	−0.080	0.219***	0.291***	0.086	0.272***	0.215***	−0.105*	0.220***	0.206***
负性情感	0.308***	−0.301***	−0.141**	0.230**	−0.105*	0.144**	0.312***	−0.332***	−0.219***
主观幸福	−0.257***	0.371***	0.282***	−0.062	0.345***	0.141**	−0.316***	0.384***	0.361***
心理幸福	−0.234***	0.423***	0.438***	−0.024	0.323***	0.175***	−0.268***	0.437***	0.405***
幸福指数	−0.140**	0.189***	0.215***	−0.082	0.195***	0.101*	−0.198***	0.216***	0.170***
任务绩效	−0.214***	0.451***	0.415***	−0.025	0.257***	0.046	−0.144**	0.517***	0.356***
工作奉献	−0.219***	0.446***	0.464***	0.020	0.277***	0.145**	−0.136**	0.471***	0.365***
人际促进	−0.231***	0.432***	0.359***	−0.019	0.257***	0.041	−0.169***	0.463***	0.365***

注：* 表示 $p<0.05$，** 表示 $p<0.01$，*** 表示 $p=0.001$，下同。

表 17-2 列出幸福感各维度与工作绩效各维度间相关系数。其中幸福感各维度均与工作绩效各维度间存在显著相关关系。

表 17-2 幸福感各维度与工作绩效各维度相关矩阵

	任务绩效	工作奉献	人际促进
生活满意	0.340***	0.345***	0.355***
人格成长	0.450***	0.440***	0.447***
自我价值	0.555***	0.484***	0.548***
生命活力	0.427***	0.430***	0.419***
友好关系	0.353***	0.367***	0.407***
利他行为	0.498***	0.513***	0.541***
健康关注	0.436***	0.419***	0.454***
正性情感	0.322***	0.311***	0.337***
负性情感	−0.334***	−0.262***	−0.321***

	任务绩效	工作奉献	人际促进
主观幸福感	0.450***	0.417***	0.459***
心理幸福感	0.557***	0.545***	0.579***
幸福指数	0.284***	0.253***	0.294***

二、心理契约、工作幸福感与工作绩效的回归分析

为进一步揭示幸福感、心理契约与工作绩效的关系，我们分别以工作绩效各维度、幸福感各维度为因变量，进行了逐步回归分析，以不同变量为自变量进行了多个回归模型的探索。

(一)以工作绩效为因变量的回归分析

以工作绩效各维度，任务绩效、工作奉献、人际促进为因变量，预测变量分别为 MHQ 中的主观幸福感和心理幸福感两个维度；PCI 中的员工交易、员工关系、员工平衡、组织交易、组织关系、组织平衡及过渡型进行回归分析，各建立 4 个回归模型(见表 17-3)。

表 17-3　幸福感、心理契约各维度对工作绩效各维度回归分析表

因变量	模型	预测变量	回归系数 B	标准回归系数 β	t	F	R	R^2
任务绩效	1	常数项	1.675		6.864***	83.062***	0.509	0.260
		员工关系	0.474	0.331	7.477***			
		员工平衡	0.364	0.266	5.995***			
	2	常数项	3.906		21.530***	22.372***	0.294	0.086
		组织关系	0.442	0.369	6.608***			
		组织平衡	−0.202	−0.182	−3.258***			
	3	常数项	5.149		41.970***	10.012**	0.144	0.021
		过渡型	−0.148	−0.144	−3.164***			
	4	常数项	1.921		9.673***	213.972***	0.557	0.311
		心理幸福感	0.555	0.557	14.628***			

因变量	模型	预测变量	回归系数 B	标准回归系数 β	t	F	R	R^2
工作奉献	1	常数项	1.427					
		员工平衡	0.450	0.329	7.569***	94.738***	0.534	0.286
		员工关系	0.425	0.298	6.845***			
	2	常数项	3.564		20.117***	39.584***	0.277	0.077
		组织关系	0.331	0.277	6.292***			
	3	常数项	4.996		40.794***	8.973**	0.136	0.019
		过渡型	−0.140	−0.136	−2.996**			
	4	常数项	1.860		9.299***	200.583***	0.545	0.297
		心理幸福感	0.541	0.545	14.163***			
人际促进	1	常数项	1.935		7.745***	67.037***	0.470	0.220
		员工关系	0.484	0.339	7.466***			
		员工平衡	0.282	0.206	4.530***			
	2	常数项	3.925		21.697***	23.005***	0.297	0.088
		组织关系	0.448	0.375	6.719***			
		组织平衡	−0.211	−0.190	−3.417**			
	3	常数项	5.225		42.839***	13.958***	0.169	0.029
		过渡型	−0.174	−0.169	−3.736***			
	4	常数项	1.830		9.395***	239.025***	0.579	0.335
		心理幸福感	0.576	0.579	15.460***			

以任务绩效为因变量所建立的 4 个模型中,员工关系和员工平衡依次进入模型 1($F=83.062$,$p<0.001$),可解释任务绩效总变异的 26%;组织关系和组织平衡依次进入模型 2($F=22.372$,$p<0.001$),可解释任务绩效总变异的 8.6%;过渡型进入模型 3($F=10.012$,$p<0.01$),可解释任务绩效总变异的 2.1%;心理幸福感进入模型 4($F=213.972$,$p<0.001$),可解释任务绩效总变异的 31.0%,表明员工关系、员工平衡、组织关系、组织平衡、心理幸福感对任务绩效有直接影响。

以工作奉献为因变量所建立的 4 个模型中,员工平衡和员工关系依次进入模型 1($F=94.738$,$p<0.001$),可解释工作奉献总变异的 28.6%;

组织关系进入模型 2($F=39.583$，$p<0.001$），可解释工作奉献总变异的 7.7%；过渡型进入模型 3($F=8.973$，$p<0.01$），可解释工作奉献总变异的 1.9%；心理幸福感进入模型 4($F=200.583$，$p<0.001$），可解释工作奉献总变异的 29.7%，表明员工平衡、员工关系、组织关系、过渡型、心理幸福感对工作奉献有直接影响。

以人际促进为因变量所建立的 4 个模型中，员工关系和员工平衡依次进入模型 1($F=67.037$，$p<0.001$），可解释人际促进总变异的 22%；组织关系和组织平衡依次进入模型 2($F=23.005$，$p<0.001$），可解释人际促进总变异的 8.8%；过渡型进入模型 3($F=13.958$，$p<0.001$），可解释人际促进总变异的 2.9%；心理幸福感进入模型 4($F=239.025$，$p<0.001$），可解释人际促进总变异的 33.5%，表明员工关系、员工平衡、组织关系、组织平衡、过渡型、心理幸福感对人际促进有直接影响。

(二)以幸福感因变量的回归分析

以心理幸福感、主观幸福感为因变量，以心理契约各维度为自变量进行回归分析，建立回归模型(见表 17-4)。

以心理幸福感为因变量所建立的 3 个模型中，员工平衡和员工关系依次进入模型 1($F=81.251$，$p<0.001$），可解释心理幸福感总变异的 25.5%；组织关系进入模型 2($F=55.159$，$p<0.001$），可解释心理幸福感总变异的 10.4%；过渡型进入模型 3($F=36.662$，$p<0.001$），可解释心理幸福感总变异的 7.2%，表明员工平衡、员工关系、组织关系、过渡型对心理幸福感有直接影响。

以主观幸福感为因变量所建立的 3 个模型中，员工关系、员工平衡和员工交易依次进入模型 1($F=31.353$，$p<0.001$），可解释主观幸福感总变异的 16.6%；组织关系和组织交易依次进入模型 2($F=35.632$，$p<0.001$），可解释主观幸福感总变异的 13.1%；过渡型进入模型 3($F=52.731$，$p<0.001$），可解释主观幸福感总变异的 10%，表明员工关系、员工平衡、员工交易、组织关系、组织交易、过渡型对主观幸福感有直接影响。

表 17-4　工作绩效、心理契约各维度对幸福感各维度回归分析表

因变量		预测 变量	回归 系数 B	标准回归 系数 β	t	F	R	R^2
心理 幸福感	1	常数项	2.085		8.494***			
		员工平衡	0.426	0.310	6.976***	81.251***	0.505	0.255
		员工关系	0.406	0.283	6.374***			
	2	常数项	3.881		22.101***	55.159***	0.323	0.104
		组织关系	0.388	0.323	7.427***			
	3	常数项	5.837		48.700***	36.662***	0.268	0.072
		过渡型	−0.278	−0.268	−6.055***			
主观 幸福感	1	常数项	3.412		9.898***			
		员工关系	0.329	0.243	4.595***	31.353***	0.407	0.166
		员工平衡	0.202	0.156	3.292**			
		员工交易	−0.157	−0.123	−2.582*			
	2	常数项	4.186		17.952***	35.632***	0.362	0.131
		组织关系	0.407	0.359	8.317***			
		组织交易	−0.174	−0.110	−2.554***			
	3	常数项	5.803		52.147*	52.731***	0.316	0.100
		过渡型	−0.309	−0.316	−7.262***			

三、心理契约、幸福感与工作绩效关系模型建构

由于心理契约结构复杂，为保存数据信息的完整性，我们在建立模型时将心理契约分为 3 个部分：员工对组织的责任、组织对员工的责任、心理契约类型。这 3 个部分分别作为模型的外源变量与幸福、工作绩效建立 3 个模型，以探究 3 个模型中独特的影响路径和关系，并根据温忠麟、侯杰泰等人的推荐，采用 χ^2/df、RMSEA、SRMR、NFI、NNFI、CFI、IFI 几个指数检验模型拟合情况。

（一）员工对组织责任、幸福感与工作绩效关系模型建构

为探讨心理契约中员工方责任、义务与幸福感和工作绩效间的关系，参考回归分析结果，我们将心理契约中员工交易维度、员工关系维度和员工平衡维度作为外源变量，幸福感中的主观幸福感、心理幸福感维度及工作绩效各维度作为内生变量建构模型，并剔除几条不显著的路径和维度，

形成最优模型1(见图17-1)。如表17-5所示，模型拟合指数均在可接受范围内，模型对数据拟合良好。

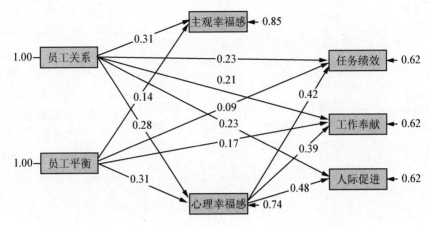

图 17-1 员工对组织的责任、幸福感与工作绩效关系模型

表 17-5 员工对组织的责任、幸福感与工作绩效关系模型拟合指数

	χ^2	df	χ^2/df	RMSEA	SRMR	NFI	NNFI	CFI	IFI
M0	6.93	7	0.99	0.000	0.019	1.00	1.00	1.00	1.00
M1	5.17	4	1.29	0.025	0.016			1.00	1.00

注：M0 为基准模型；M1 为减少员工交易→主观幸福感；减少员工平衡→人际促进。

从图 17-1 中可以看出：①在心理契约中，员工关系、员工平衡对主观幸福感和心理幸福感存在直接正向影响；员工关系对工作绩效 3 个维度存在直接正向影响；员工平衡对任务绩效和工作奉献存在直接正向影响。②心理幸福感对工作绩效 3 个维度存在直接正向影响；③员工关系、员工平衡通过心理幸福感间接影响工作绩效的 3 个维度，其中员工平衡对人际促进的影响完全是借助于心理幸福感的中介作用来传递。

进一步对路径模型中的路径各项效应分解(见表 17-6)发现：①在工作绩效影响因素中，心理幸福感维度对任务绩效($\beta=0.42$，$p<0.001$)、工作奉献($\beta=0.39$，$p<0.001$)、人际促进($\beta=0.48$，$p<0.001$)等维度的影响作用最大；②在员工对组织的责任中，员工平衡对心理幸福感影响最大($\gamma=0.31$，$p<0.001$)；③员工关系、员工平衡维度均借助于心理幸福感的中介作用影响工作绩效的 3 个维度，其中员工关系借助心理幸福感对任务绩效、工作奉献和人际促进的部分间接效应为 0.12($p<0.001$)、0.11($p<0.001$)和 0.12($p<0.001$)；员工平衡借助于心理幸福感对任务绩效和

工作奉献的部分间接效应为 $0.13(p<0.001)$ 和 $0.12(p<0.001)$，对人际促进的完全间接效应为 $0.15(p<0.001)$。

表 17-6　员工对组织的责任、幸福感与工作绩效关系模型路径效应分解表

自变量		因变量(内生变量)				
		Y5 心理 幸福感	Y4 主观 幸福感	Y3 人际 促进	Y2 工作 奉献	Y1 任务 绩效
外源 变量	X1 员工关系					
	直接效应	0.28***	0.31***	0.23***	0.21***	0.23***
	间接效应			0.12***	0.11***	0.12***
	总效应	0.28***	0.31***	0.35***	0.32***	0.35***
	X2 员工平衡					
	直接效应	0.31***	0.14**		0.17***	0.09***
	间接效应			0.15***	0.12***	0.13***
	总效应	0.31***	0.14**	0.15***	0.29***	0.22***
内生 变量	Y5 心理幸福感					
	直接效应			0.48***	0.39***	0.42***
	间接效应					
	总效应			0.48***	0.39***	0.42***

(二)组织对员工责任、幸福感与工作绩效关系模型建构

为发现心理契约中组织方责任、义务与幸福感和工作绩效间的关系，根据回归分析结果，我们将心理契约中组织交易维度、组织关系维度和组织平衡维度作为外源变量，幸福感中的主观幸福感、心理幸福感维度及工作绩效各维度作为内生变量建构模型，形成模型 2(见图 17-2)。如表 17-7 所示，模型拟合指数均在可接受范围内，模型对数据拟合良好。

由图 17-2 可知，①在组织对员工的心理契约中，组织交易对主观幸福感存在直接负向影响，组织关系对主观幸福感、心理幸福感和工作绩效 3 个维度存在直接正向影响；组织平衡对任务绩效、人际促进存在直接负向影响；②心理幸福感对工作绩效的 3 个维度存在直接正向影响；③组织关系通过心理幸福感部分中介作用间接影响工作绩效的 3 个维度。

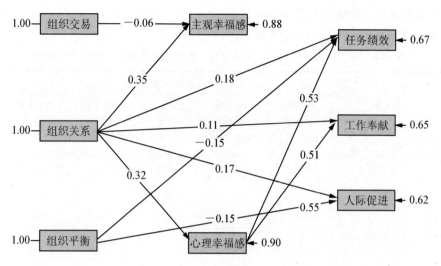

图 17-2　组织对员工责任、幸福感与工作绩效关系模型

表 17-7　组织对员工责任、幸福感与工作绩效关系模型拟合指数

χ^2	df	χ^2/df	RMSEA	SRMR	NFI	NNFI	CFI	IFI
8.81	10	0.88	0.000	0.022	1.00	1.00	1.00	1.00

　　进一步对路径模型中的路径各项效应分解（见表 17-8）发现，①在工作绩效的影响因素中，心理幸福感维度对任务绩效（$\beta=0.53$，$p<0.001$）、工作奉献（$\beta=0.51$，$p<0.001$）、人际促进（$\beta=0.55$，$p<0.001$）维度影响作用最大；②在组织对员工心理契约中，组织关系对主观幸福感影响最大（$\gamma=0.35$）；③组织关系维度对任务绩效、工作奉献和人际促进的影响是部分借助于心理幸福感的中介作用来传递的，间接效应分别为 0.17（$p<0.001$），0.16（$p<0.001$），0.18（$p<0.001$）。

（三）心理契约类型、幸福感与工作绩效关系模型建构

　　为揭示心理契约类型与幸福感、工作绩效的关系，根据回归分析结果，我们将心理契约中关系型、平衡型、过渡型作为外源变量，幸福感中的主观幸福感、心理幸福感及工作绩效的 3 个维度作为内生变量建构，形成模型 3（见图 17-3）。如表 17-9 所示，模型拟合指数在可接受范围内，模型对数据拟合良好。

表 17-8　组织对员工责任、幸福感与工作绩效关系模型路径效应分解表

自变量	因变量(内生变量)				
	Y5 心理幸福感	Y4 主观幸福感	Y3 人际促进	Y2 工作奉献	Y1 任务绩效
外源变量					
X1 组织交易					
直接效应		−0.06			
间接效应					
总效应		−0.06			
X2 组织关系					
直接效应	0.32***	0.35***	0.17***	0.11**	0.18***
间接效应			0.18***	0.16***	0.17***
总效应	0.32***	0.35***	0.35***	0.27***	0.35***
X3 组织平衡					
直接效应			−0.15***		−0.15***
间接效应					
总效应			−0.15***		−0.15***
内生变量					
Y5 心理幸福感					
直接效应			0.55***	0.51***	0.53***
间接效应					
总效应			0.55***	0.51***	0.53***

表 17-9　心理契约类型、幸福感与工作绩效关系模型拟合指数

χ^2	df	χ^2/df	RMSEA	SRMR	NFI	NNFI	CFI	IFI
10.81	9	1.20	0.021	0.020	1.00	1.00	1.00	1.00

　　由图 17-3 可知，①在心理契约类型中，关系型对主观幸福感、心理幸福感及工作绩效的 3 个维度存在直接正向影响；②平衡型对心理幸福感和工作奉献等维度存在直接正向影响；③过渡型对主观幸福感和心理幸福感等维度存在直接负向影响；④心理幸福感对工作绩效的 3 个维度均存在直接正向影响；⑤关系型、平衡型、过渡型均通过心理幸福感间接影响工作绩效的 3 个维度。

　　进一步对路径模型中的路径各项效应分解（见表 17-10）发现，①在工

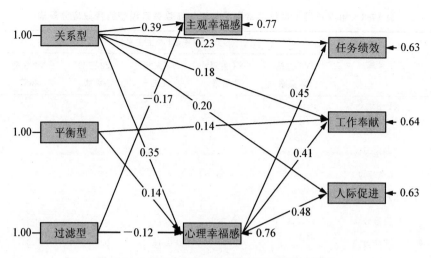

图 17-3　心理契约类型、幸福感与工作绩效关系模型

作绩效的影响因素中，心理幸福感维度对任务绩效（$\beta=0.45$）、工作奉献（$\beta=0.41$）、人际促进（$\beta=0.48$）等维度的影响作用最大；②在心理契约类型中，关系型对主观幸福感（$\gamma=0.39$）和心理幸福感（$\gamma=0.35$）直接影响最大；③关系型、平衡型、过渡型均通过心理幸福感间接预测工作绩效的 3个维度。其中，关系型心理契约通过心理幸福感对任务绩效、工作奉献和人际促进产生的部分中介效应分别为 0.16（$p<0.001$），0.14（$p<0.001$）和0.17（$p<0.001$）；平衡性心理契约通过心理幸福感对工作奉献产生的部分中介效应为 0.06（$p<0.001$），对任务绩效和人际促进产生的完全中介效应为 0.06（$p<0.001$）和 0.07（$p<0.001$）；过渡型心理契约以心理幸福感对任务绩效、工作奉献和人际促进产生的完全中介效应为 -0.05（$p<0.01$），-0.05（$p<0.01$）和 -0.06（$p<0.01$）。

表 17-10　心理契约类型、幸福感与工作绩效关系模型路径效应分解表

	自变量	因变量（内生变量）				
		Y5 心理 幸福感	Y4 主观 幸福感	Y3 人际 促进	Y2 工作 奉献	Y1 任务 绩效
	X1 关系型					
外源 变量	直接效应	0.35***	0.39***	0.20***	0.18***	0.23***
	间接效应			0.17***	0.14***	0.16***
	总效应	0.35***	0.39***	0.37***	0.32***	0.39***

自变量		因变量(内生变量)				
		Y5 心理 幸福感	Y4 主观 幸福感	Y3 人际 促进	Y2 工作 奉献	Y1 任务 绩效
外源 变量	X2 平衡型					
	直接效应	0.14***			0.14***	
	间接效应			0.07***	0.06***	0.06***
	总效应	0.14***		0.07***	0.20***	0.06***
	X3 过渡型					
	直接效应	−0.12**	−0.17***			
	间接效应			−0.06**	−0.05**	−0.05**
	总效应	−0.12**	−0.17***	−0.06**	−0.05**	−0.05**
内生 变量	Y5 心理幸福感					
	直接效应			0.48***	0.41***	0.45***
	间接效应					
	总效应			0.48***	0.41***	0.45***

通过相关和回归分析，我们建立 3 个模型讨论以幸福感为中介的心理契约与工作绩效间关系，主要结果见表 17-11 和表 17-12。

表 17-11　测量模型中路径系数和检验值

模型	结构方程路径	标准化路径系数	t	p
模型 1	员工关系→任务绩效	0.23	5.65	0.001
	员工关系→工作奉献	0.21	5.12	0.001
	员工关系→人际促进	0.23	5.71	0.001
	员工平衡→任务绩效	0.09	3.30	0.010
	员工平衡→工作奉献	0.17	6.10	0.001
	心理幸福感→任务绩效	0.42	10.24	0.001
	心理幸福感→工作奉献	0.39	9.44	0.001
	心理幸福感→人际促进	0.48	12.05	0.001
	员工关系→主观幸福感	0.31	6.47	0.001
	员工关系→心理幸福感	0.28	6.37	0.001
	员工平衡→主观幸福感	0.14	3.03	0.010
	员工平衡→心理幸福感	0.31	6.98	0.001

模型	结构方程路径	标准化路径系数	t	p
	组织关系→任务绩效	0.18	4.02	0.001
	组织关系→工作奉献	0.11	2.81	0.010
	组织关系→人际促进	0.17	4.05	0.001
	组织平衡→任务绩效	−0.15	−4.79	0.001
	组织平衡→人际促进	−0.15	−5.16	0.001
模型2	心理幸福感→任务绩效	0.53	13.25	0.001
	心理幸福感→工作奉献	0.51	12.58	0.001
	心理幸福感→人际促进	0.55	14.11	0.001
	组织交易→主观幸福感	−0.06	−2.03	0.050
	组织关系→主观幸福感	0.35	8.19	0.001
	组织关系→心理幸福感	0.32	7.41	0.001
	关系型→任务绩效	0.23	5.41	0.001
	关系型→工作奉献	0.18	4.10	0.001
	关系型→人际促进	0.20	4.84	0.001
	平衡型→工作奉献	0.14	5.70	0.001
	心理幸福感→任务绩效	0.45	10.76	0.001
模型3	心理幸福感→工作奉献	0.41	9.74	0.001
	心理幸福感→人际促进	0.48	11.76	0.001
	关系型→主观幸福感	0.39	8.95	0.001
	关系型→心理幸福感	0.35	7.27	0.001
	平衡型→心理幸福感	0.14	3.86	0.001
	过渡型→主观幸福感	−0.17	−4.00	0.001
	过渡型→心理幸福感	−0.12	−2.78	0.010

表 17-12 心理契约变量对工作绩效各维度的直接、间接和总效应表

模型	原因变量	结果变量	直接效应	间接效应	总效应
		任务绩效	0.23	0.12	0.35
	员工关系	工作奉献	0.21	0.11	0.32
		人际促进	0.23	0.12	0.35
模型1		任务绩效	0.09	0.13	0.22
	员工平衡	工作奉献	0.17	0.12	0.29
		人际促进	—	0.15	0.15

模型	原因变量	结果变量	直接效应	间接效应	总效应
模型2	组织关系	任务绩效	0.18	0.17	0.35
		工作奉献	0.11	0.16	0.27
		人际促进	0.17	0.18	0.35
模型3	关系型	任务绩效	0.23	0.16	0.39
		工作奉献	0.18	0.14	0.32
		人际促进	0.20	0.17	0.37
	平衡型	任务绩效	—	0.06	0.06
		工作奉献	0.14	0.06	0.20
		人际促进	—	0.07	0.07
	过渡型	任务绩效	—	−0.05	−0.05
		工作奉献	—	−0.05	−0.05
		人际促进	—	−0.06	−0.06

第四节　讨论与结论

一、关于组织责任、幸福感与工作绩效的关系

研究表明，员工关系与员工平衡对主观幸福感和心理幸福感有十分显著的正向影响，而且员工关系和员工平衡主要借助于心理幸福感的中介作用对工作绩效产生间接的正向影响。其中，员工平衡借助于心理幸福感的完全中介作用对人际促进产生间接的正向影响。

显然，员工对组织的责任反映了员工愿意为组织付出的内容。员工愿意在组织中长期工作，并对组织表现出应有的忠诚，愿为组织利益着想，成为一个好的组织公民。他们能够自觉地学习，提高受雇佣的机会，自愿承担履行更多的义务，获得自我展现。这也支持了以往关于心理所有权的研究。心理所有权被定义为个体处于一种觉得目标或目标的一部分好像是"他的"这种状态中。特别地，它使个体觉得对特定的目标负有责任，并体验到关心目标的感觉。有研究表明，心理所有权与角色外行为、组织公民行为有正向的关系；与组织财务绩效之间有正向的联系；雇佣对组织的心

理所有权与雇员的组织承诺、工作满意度和基于组织的自尊之间有正向的关系，与工作行为和绩效间也有同样的关系。可见，员工并不像传统管理所持的"消极"人性假设那样，对工作具有与生俱来的厌恶，胸无大志，安于现状，只要有可能便会逃避工作。人们应从"积极"的角度对人性做出判断，工作对于人来说，不是为了金钱奖赏，而是为了体现自己的价值，展现自己的能力。并且以实现个人"做好一项工作"和追求个人幸福为目的。在对幸福的追求中员工会自我指导，自我控制，不仅学会承担责任，还会主动争取责任。正如沃特曼（Waterman）在1993年对幸福的论述："幸福是指个人在全心全意地投入活动中时，意识自己的潜能得以充分发挥，自我得以展开，进而有助于达成自我实现体验，感受实现自我的愉悦"。

二、关于员工责任、幸福感与工作绩效的关系

研究表明，组织关系对主观幸福感和心理幸福感存在显著正向影响，而且组织关系主要通过心理幸福感的部分中介作用对工作绩效产生间接正向影响。

在组织对员工责任中，组织关系对幸福感有直接正向影响，表明组织环境是员工判断自己幸福程度的另一个来源，并且强制、控制、指挥、威胁及惩罚等组织管理手段并不能提高员工的幸福感，也不能提升绩效。组织应为员工创造一种利于员工获得幸福的环境。其中，组织给予员工一个长期的雇佣关系对于员工的幸福感来说最为重要，因为稳定的雇佣关系为员工展现能力、实现抱负提供基础。满足员工的基本生存和安全需要，员工因此将产生稳定的社会支持、同事之情、自尊、安全感、归属感，以及对组织的忠诚和认同感，而这些因素会提高员工的幸福感受，绩效也会因此而提升。

另外，与原假设不同的是组织平衡对任务绩效和人际促进产生直接的负性影响。这可能是组织为了提高员工的工作能力，提供实践机会，为员工制订培训计划，分配模糊的工作目标。当员工面对不确定的目标、不断升高的工作要求时，或因能力不足，或因时间有限，感到分身乏术，疲惫不堪，士气低落，这些都不利于工作目标的完成。可见员工在怀有寻求晋升的意愿和承诺时会提高绩效，但组织在为这类员工创造组织环境时，首先应考虑员工的个人能力水平能否达到较高的工作要求，并帮助员工解决工作要求提高所带来的困难，否则将事与愿违。

三、关于心理契约、幸福感与工作绩效的关系

研究表明，关系型心理契约和平衡性心理契约对主观幸福感与心理幸

福感存在显著的直接正向影响，过渡型心理契约对主观幸福感和心理幸福感存在显著的直接负向影响。关系型心理契约借助心理幸福感的部分中介作用对工作绩效3个维度产生间接正向影响；平衡型心理契约借助心理幸福感的完全中介作用对任务绩效和人际促进产生间接正向影响，并对工作奉献产生部分中介影响。过渡型心理契约借助于心理幸福感的完全中介作用对工作绩效3个维度产生间接负向影响。

在心理契约类型中，关系型、平衡型心理契约都能够促进工作幸福感的提升，并通过心理幸福感提高工作绩效，但过渡型心理契约会降低工作幸福感并通过心理幸福感阻碍工作绩效的提高。关系型和平衡型心理契约是员工与组织双方承诺或对义务达成情况的契约，员工感觉到内部诉求与外部满足的契合，当诉求与满足相契合时，员工将获得较高的幸福感，特别是获得较高的心理幸福感，并间接提高工作绩效。过渡型心理契约反映了员工诉求与满足的不契合或不对等的状况。当组织一方动荡不安，对员工缺乏信任时，将打破员工原有的内心的平衡，当员工的希望、诉求无法被组织满足时，员工会产生背叛感或不良情绪，其幸福感将受到威胁。该结果也支持了邦德森（Bunderson）的研究，他发现当员工感知到组织未履行其管理性角色职责时，会表现出较高的工作不满意感和离职意愿；当员工感知到组织未履行专业性角色职责时，则表现出较低水平的组织承诺和工作绩效。[1]

四、小结

本研究通过3个模型得出幸福感对工作绩效的直接正向影响，支持了以往的研究。赖特和克罗佩扎诺（Wright，Cropanzano）[2]与柳博米尔斯基（Lyubomirsky）等人在两项研究中分别发现，管理者对员工工作绩效做出的评价与幸福感有显著的相关（相关系数分别为0.32和0.34），而与工作满意度并无显著相关（相关系数分别为0.08和0.08）。辛西娅、费舍和克里斯托弗（Cynthia，Fisher & Christopher）等人采用纵向研究的方法探讨了企业员工的积极情感与工作产出的关系，发现积极的情感状态对于员工的工作技能、工作兴趣及工作中的努力度均有贡献。弗雷德里克森和伊森

---

[1] Bunderson, J. S., "How work ideologies shape the psychological contracts of professional employees: doctors' responses to perceived breach," *Journal of Organizational Behavior*, 2001, 22(7), pp. 717-741.

[2] Wright, T. A. & Cropanzano, R., "The role of psychological well-being in job performance: A fresh look at an age-old quest," *Organizational Dynamics*, 2004, 33(4), pp. 338-351.

(Isen)认为，体验到正性情感的个体更愿意帮助有需要的其他人，接受帮助的人也会产生感谢等积极情感，他们会热切地期待报答帮助他们的人。[1][2] 卡梅伦、布赖特和卡扎(Cameron，Bright & Caza)说："因此放大了最先帮助他人的举动，增大了提高工作效率的可能性。"[3]值得注意的是，3个模型中主观幸福感作为反映员工情绪状态的变量并未对工作绩效产生直接影响。其原因可能是中西文化差异所致，特里安迪斯(Triandis)指出：大多数主观幸福感的心理模型是根据个人主义文化国家的研究建构的。个人主义文化强调个人的感觉、思想和选择，主观幸福感源于他们的情感。但是，由于传统文化或规范等因素的影响，奉行集体主义的东方国家强调集体和谐，主观幸福感来源于外部评价，人们忽视内心情绪感受，更愿意牺牲自己的欲望服从于群体的意志。[4] 无论愤怒还是高兴，只要组织需要，他们会控制自己的情绪完成工作。因此，相比于个人文化国家，我国员工的主观幸福感对工作绩效的直接预测并不强。

① Fredrickson，B. L.，"What good are positive emotions?"*Review of General Psychology*，1998，2(3)，pp. 300-319.

② Isen，A. M.，"Positive affect, cognitive processes and social behavior," *Advances in Experimental Social Psychology*，1987，20(1)，pp. 203-253.

③ Cameron，K. S，Bright，D. & Caza，A.，"Exploring the relationships between organizational virtuousness and performance," *American Behavior Science*，2004，47(6)，pp. 766-790.

④ 苗元江、余嘉元：《跨文化视野中的主观幸福感》，载《广东社会科学》，2003(1)。

第十八章

自我效能感、个人奋斗与幸福感的关系

幸福力是企业的终极核心竞争力。企业作为经济生活的主体，打造幸福企业，促进社会和谐，是企业发展的方向和目标，也是企业应承担的社会责任。企业有责任让员工生活得更加幸福。只有幸福企业才能最大限度地吸引人才、激励人才、留住人才。企业才能做大、做强、做久。本章将从人格的目标动机取向——个人奋斗和自我效能感两个方面研究企业青年员工的幸福感及相关影响。

第一节　自我效能感、个人奋斗与幸福感的关系研究现状

自我效能感(sense of self-efficacy)是指个体对自己是否有能力完成某一行为进行的推测与判断，或一个人对自己在某一活动领域中的操作能力的主观判断或评价。[①]自我效能感是一个不断发展变化的心理特质。班杜拉(Bandura)定义的自我效能感经历了从能力预期到能力知觉和信念的过程，可分为3个层次：①具体任务自我效能感，指针对某一具体任务来说的自我效能。如对解决某一数学难题的自我效能。②领域自我效能感，是比具体任务自我效能感更为一般的、普遍的，针对整个任务领域而言的自我效能感，如学好数学这一门课程的自我效能。③一般自我效能感，指个体应对各种不同环境的挑战或面对新事物时的一种总体性的自信心，是不依领域为转移的自我效能感，如掌握好不同学科知识的自我效能。

---

① Bandura.，"Self-efficacy：Toward a unifying theory of behavior change," *Psychological Review*，1977，84，pp. 191-215.

多项研究表明，自我效能感的高低与人的工作、生活及价值感密切相关，尤其是对个体的身心健康和幸福感有重要影响。王才康等人的研究发现，一般自我效能感与特质焦虑、状态焦虑和考试焦虑之间存在负相关关系。[①] 梁宇颂、王洪礼和答会明等人的研究表明，大学生的学业自我效能感与 SCL－90 症状自评量表各因子得分存在显著负相关，低自我效能感的学生更易产生忧郁症状，人际关系更为紧张，存在较多的心理问题。很多学者研究发现，自我效能感与健康生活方式（包括体育锻炼、疾病预防和康复、戒除成瘾行为等）有密切的关系。另外还有研究发现，自我效能感对多种躯体疾病的预防、转归和康复都有明显相关。

对于自我效能感与幸福感的关系，塞尔沃纳德（Cervoned）的研究表明，自我效能感与主观幸福感、生活满意度之间存在显著正相关，与焦虑水平、抑郁水平之间存在负相关。保罗（Paul）等人的研究表明，自我效能感与抑郁呈负相关，而且自我效能感是压力事件和抑郁的中介变量。佟月华的研究表明，一般自我效能感与积极应对之间有显著正相关，与整体情感指数、生活满意度和幸福感指数也具有显著正相关。[②] 余鹏等人的研究表明，自我效能感对主观幸福感有显著正向预测作用，不同自我效能水平个体的主观幸福感存在显著差异，高自我效能水平学生的主观幸福感要高于低自我效能感水平的学生。[③] 杨慧芳和顾建平以企业管理者为对象的研究表明，情绪智力与自我效能感之间达到中度相关，相关系数为 0.61，情绪智力、自我效能感对高、中、基层企业管理者的绩效有不同的预测力。[④] 此外，自我效能感被证明是预测工作绩效的最佳指标之一。高自我效能感会促进工作绩效的提高，低自我效能感则会影响绩效的增长。同时，一个具有高自我效能感的人对自己的能力有信心，对生活的自我控制感强。伍德（Wood）等人利用计算机模拟程序来探讨管理自我效能感与组织工作绩效关系，实验发现管理者管理自我效能感与整个组织的工作绩效呈高度正相关。奥尼尔（O'Neill）以正在进行裁员组织的员工为研究对象，发现自我

---

① 王才康、刘勇：《一般自我效能感与特质焦虑、状态焦虑和考试焦虑的相关研究》，载《中国临床心理学杂志》，2000，8（4）。

② 佟月华：《低收入大学生的一般自我效能感、主观幸福感研究》，载《中国临床心理学杂志》，2003，11（4）。

③ 余鹏、宿淑华、李丽：《大学生归因方式、自我效能感与主观幸福感的关系研究》，载《中国临床心理学杂志》，2005，13（1）。

④ 杨慧芳、顾建平：《企业管理者的情绪智力、自我效能感、成就动机研究》，载《心理科学》，2007，30（3）。

效能感与组织成员的离职意愿存在着正相关，与工作满意度和组织承诺呈现负相关，麦克唐纳（McDonald）以正在经历技术变革的技术人员为研究对象却发现，自我效能感与工作满意度、承诺水平、工作投入存在显著正相关，与离职意愿、工作懒散等呈显著负相关。

埃蒙斯（Emmons）将个人奋斗定义为：个体希望在不同情境下实现的目标的典型类型，即带有个性化的追求目标的一贯模式。[1] 比如，一个人可能会"努力在异性面前展示魅力""得到尽可能多的快乐""努力做个好人"，这些都可以是个人奋斗的实例。个人奋斗既可以是一种思想、信念，也可以是产生一系列行为的动机原则。埃蒙斯指出个人奋斗具有以下特征：第一，它们对于个体来说是独特的，特别对于构成个人奋斗的目标和个人表达、个人奋斗的方式而言。尽管个人奋斗是独一无二的，但不同个体的个人奋斗可以沿着几种共同的维度来进行评价。利用这些维度，可以对不同个体的个人奋斗进行比较。第二，个人奋斗包括认知的、情感的和行为的成分，它们要么相互联系要么相互独立。第三，尽管个人奋斗比较稳定但并非固定不变，个体所要努力达成的事件随情境变迁而改变。第四，个人奋斗中某一特定部分的实现并不意味着整个奋斗过程的完成。第五，大部分个人奋斗被假定为个体在有意识状态下的选择和行为，是可以被自我报告的。

关于个人奋斗与幸福感关系研究，迪纳的目标理论（telic theory）认为，主观幸福感产生于需要的满足和目标的实现。目标是情感系统重要的参照标准，它影响情绪，影响主观愿望和快乐。许多主观幸福感理论在本质上是目标性的，即认为需要、目标和愿望的实现与幸福感相关。根据不一致理论（discrepancy theories），个体追求的目标和自身实际条件之间的不一致会影响到个体所经历的积极情感和消极情感。研究表明，个人奋斗的不同特征会以不同方式影响主观幸福感的 3 种成分。[2] 积极情感大多与个人奋斗的重要性、过去的成功经验、努力程度相联系，相反地，消极情感大多与较低的实现可能、目标间的冲突相关；较高的生活满意度则与个人奋斗目标的重要性、价值、较少的冲突、较高的目标承诺相关。目标的不同特征以不同方式影响主观幸福感的 3 种成分。当过去的目标已达到时，个体会体验到积极情感；而当个体认为实现未来目标的可能性较

① Emmons，R. A.，"Personal striving：Differentiation and affective reactivity，"*Journal of Personality and Social Psychology*，1989，56(3)，pp. 478-484.

② Emmons，R. A.，"Personal strivings：An approach to personality and subjective well-being，"*Journal of Personality and Social Psychology*，1986，51(5)，pp. 1058-1068.

小时，则会体验到消极情感。个体对其目标赋予的重要性、达到这些目标需要付出的努力程度都与积极情感相关。此外，目标之间的冲突和对目标的矛盾情绪都与消极情感相关，而拥有有价值的目标则与更高的生活满意度相关。坎特（Cantor）和桑德森（Sanderson）在1999年认为对目标的承诺有助于维持个体在逆境中的幸福感。奚恺元（Hsee）和阿贝尔松（Abelson）发现，朝向目标前进的速度比目标的最终实现更能解释情感上的差异。

本研究将以青年企业员工为例，探讨自我效能感、个人奋斗与幸福感之间的关系，了解青年企业员工的幸福感状况，为管理者如何提高青年企业员工幸福感提供建议。

第二节　研究对象与研究工具

一、研究对象

选取西安市及周边地区私人企业、国有企业、三资企业等青年企业员工为对象，共发放问卷350份，回收有效问卷270份，有效回收率为77.1%。

二、研究工具

(一)《综合幸福问卷》(MHQ)

在本研究中，总问卷内部一致性信度Cronbach α 系数为0.890，各维度内部一致性信度Cronbach α 系数在0.738和0.887之间，友好关系维度最高，负性情感最低，表明问卷具有良好的信度。验证性因素分析表明，模型拟合指数均达到可接受范围，其中 $\chi^2/df = 3.729$，RMSEA$=0.08$，NFI$=0.80$，GFI$=0.85$，AGFI$=0.84$，表明问卷具有良好的结构效度。

(二)《一般自我效能感量表》

采用施瓦策尔（Schwarzer）及其同事编制的《一般自我效能感量表》(General Self Efficacy Scale，GSES)。中文版由王才康等人于2001年翻译修订，在本研究中，该量表的内部一致性信度Cronbach α 系数为0.835，达到心理测量学要求。

（三）《个人奋斗量表》

采用埃蒙斯在 1986 年编制的《个人奋斗量表》（Striving Assessment Scales，SAS）该量表由杨慧芳和郭永玉（2006）翻译修订。根据研究需要，本研究拟要求被试列出 5 条个人奋斗条目，并确定选取重要性、成功可能性、清晰性、难度、以往成就 5 个维度作为个人奋斗的评价维度，每一个维度含一个项目。

第三节 自我效能感、个人奋斗与幸福感的关系研究结果

一、自我效能感、个人奋斗与幸福感的关系

（一）员工自我效能感、个人奋斗与幸福感的相关分析

为了解企业青年员工自我效能感、个人奋斗和幸福感之间的关系，对问卷调查结果进行皮尔逊相关分析，见表 18-1。结果表明主观幸福感与个人奋斗的以往成就（$r=0.501$，$p<0.01$）之间存在显著相关，心理幸福感和个人奋斗的清晰性（$r=0.610$，$p<0.01$）、成功可能性（$r=0.452$，$p<0.01$）、以往成就（$r=0.454$，$p<0.01$）之间均存在显著相关，与自我效能感（$r=0.516$，$p<0.01$）之间也存在显著相关。自我效能感和个人奋斗的清晰性（$r=0.396$，$p<0.01$）、成功可能性（$r=0.234$，$p<0.05$）、以往成就（$r=0.353$，$p<0.01$）之间均存在显著相关。

表 18-1　自我效能感、个人奋斗和幸福感的相关矩阵

	重要性	难度	清晰性	成功可能	以往成就	自我效能
生活满意	0.126	−0.047	0.234*	0.242*	0.525**	0.257*
正性情感	0.041	−0.029	0.074	0.173	0.513**	0.215*
负性情感	−0.209*	0.058	−0.231*	−0.223*	−0.226*	−0.181
生命活力	0.069	−0.088	0.408**	0.398**	0.416**	0.495**
健康关注	−0.082	−0.064	0.195	0.149	0.316**	0.202
利他行为	0.238*	−0.125	0.589**	0.412**	0.313**	0.270*
自我价值	−0.063	−0.019	0.415**	0.240*	0.280**	0.467**
友好关系	−0.043	0.030	0.268*	0.112	0.115	0.172

	重要性	难度	清晰性	成功可能	以往成就	自我效能
人格成长	0.320**	0.033	0.482**	0.373**	0.329**	0.391**
主观幸福感	0.009	−0.020	0.078	0.146	0.501**	0.196
心理幸福感	0.160	−0.058	0.610**	0.452**	0.454**	0.516**
幸福指数	−0.012	−0.094	0.130	0.180	0.281**	0.059
自我效能	0.127	−0.092	0.396**	0.234*	0.353**	

注: * 表示 $p < 0.05$, ** 表示 $p < 0.01$, *** 表示 $p < 0.001$, 下同。

(二)自我效能感、个人奋斗与幸福感的回归分析

为揭示青年企业员工自我效能感、个人奋斗与幸福感之间的关系,对青年企业员工的自我效能感、个人奋斗和幸福感进行逐步回归分析,根据因变量的不同建立多个回归模型。

1. 以幸福感为因变量的回归分析

以幸福感和幸福感的各个维度(主观幸福感、心理幸福感和幸福指数)为因变量,以自我效能感和个人奋斗的 5 个维度(重要性、难度、清晰性、成功可能性和以往成就)作为自变量进行回归分析,结果见表 18-2。在以主观幸福感维度总分作为因变量进行回归分析,以往成就总分进入了回归方程($F = 29.480$,$p < 0.001$),可解释主观幸福感变异量的 25.1%,表明个人奋斗的以往成就维度对主观幸福感有显著的预测作用;以心理幸福感总分作为因变量进行回归分析,自我效能感、清晰性和以往成就进入了回归方程($F = 29.903$,$p < 0.001$),可解释心理幸福感总变异量的 51.1%,表明自我效能感、个人奋斗的清晰性和以往成就维度对心理幸福感有显著的预测作用;以幸福指数作为因变量进行回归分析,以往成就进入了回归方程($F = 7.549$,$p < 0.001$),可解释幸福指数总变异的 7.9%,表明个人奋斗的以往成就维度对幸福指数有很好的预测作用;以幸福感总分作为因变量进行回归分析,自我效能感、清晰性和以往成就维度进入了回归方程($F = 25.974$,$p < 0.001$),可解释幸福感总变异量的 47.5%,表明自我效能感和个人奋斗的以往成就对幸福感有显著的预测作用。

表 18-2　以幸福感为因变量的回归分析结果

因变量	预测变量	回归系数 B	标准回归系数 β	t	F	R	R^2
主观幸福感	常数	26.279		4.083***	29.480***	0.501	0.251
	以往成就	9.630	0.501	5.430***			
心理幸福感	常数	64.712		5.615***			
	清晰性	12.085	2.282	5.297***	29.903***	0.715	0.511
	自我效能感	1.121	0.373	3.006**			
	以往成就	7.765	2.651	2.930**			
幸福指数	常数	3.603		4.114***	7.549**	0.281	0.079
	以往成就	0.663	0.281	2.747**			
幸福感	常数	92.923		5.846***			
	以往成就	17.509	0.405	4.789***	25.974***	0.689	0.475
	清晰性	10.719	0.294	3.406***			
	自我效能感	1.250	0.215	2.432**			

2. 以个人奋斗为因变量的回归分析

以个人奋斗各维度，重要性、难度、清晰性、成功可能性和以往成就作为因变量，以主观幸福感、心理幸福感和自我效能感作为预测变量进行逐步回归分析，结果见表 18-3。以个人奋斗的重要性作为因变量进行回归分析，心理幸福感进入回归方程（$F = 7.024$，$p < 0.01$），可解释重要性的 2.6%；以清晰性作为因变量进行回归分析，心理幸福感进入回归模型（$F = 17.170$，$p < 0.001$），可解释重要性的 6%；以成功可能性作为因变量进行回归分析，心理幸福感进入回归方程（$F = 9.350$，$p < 0.01$），可解释重要性的 3.4%；以以往成就作为因变量进行回归分析，主观幸福感和心理幸福感均进入回归方程（$F = 25.583$，$p < 0.001$），可解释重要性的 8.9%。这说明心理幸福感对个人奋斗的 5 个维度（重要性、难度、清晰性、成功可能性和以往成就）均有显著的预测作用，主观幸福感对个人奋斗的以往成就有直接影响关系。

表 18-3　以个人奋斗为因变量的回归分析结果

因变量	预测变量	回归系数 B	标准回归系数 β	t	F	R	R^2
重要性	常数	3.882		13.003***	7.024**	0.160	0.026
	心理幸福感	0.005	0.160	2.650**			
清晰性	常数	2.329		6.064***	17.170***	0.245	0.060
	心理幸福感	0.302	0.245	4.144***			
成功可能性	常数	2.586		7.572***	9.350**	0.184	0.034
	心理幸福感	0.198	0.184	3.058**			
以往成就	常数	1.681		4.816***	13.038***	0.298	0.089
	主观幸福感	0.196	0.207	3.322***			
	心理幸福感	0.168	0.153	2.457**			

(三)自我效能感、个人奋斗与幸福感的关系模型

　　回归分析结果表明,自我效能感、个人奋斗和幸福感三者之间存在密切关系,可推测自我效能感和个人奋斗对幸福感有一定的影响。为进一步验证三者之间的关系,我们根据前面的论述及结果,建立包含 3 个变量的假设模型路径图。参考回归分析结果得出自我效能、个人奋斗与幸福感的关系模型。

　　模型 1:以自我效能感为外生潜变量,个人奋斗和幸福感为内生潜变量,探讨自我效能和个人奋斗对幸福感的直接影响(见图 18-1)。自我效能感只有 1 个维度,基于模型自由度的要求,自我效能感观测变量直接使用问卷项目。个人奋斗的观测变量为重要性、难度、清晰性、成功可能性和以往成就,幸福感直接使用主观幸福感和心理幸福感为观测变量。结果拟合指数在可接受水平(见表 18-4),可以看出自我效能感和个人奋斗对幸福感均存在正向影响作用。

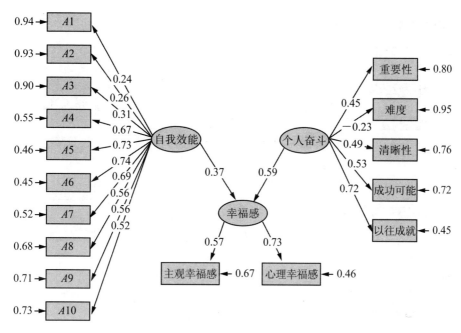

图 18-1　自我效能感、个人奋斗与幸福感关系模型 1

表 18-4　自我效能、个人奋斗与幸福感模型 1 拟合指数

模型	χ^2	df	χ^2/df	RMSEA	NFI	NNFI	CFI	IFI	RFI	GFI
1	410.20	117	3.506	0.094	0.91	0.89	0.91	0.91	0.90	0.97

模型 2：以自我效能感为外生潜变量，个人奋斗和幸福感为内生潜变量。探讨个人奋斗作为自我效能感和幸福感间的完全中介关系（见图 18-2）。模型拟合指数在可接受范围内（见表 18-5），模型数据拟合良好。由图 18-2 可知，个人奋斗可以作为自我效能影响幸福感的中介变量。

表 18-5　员工自我效能、个人奋斗与幸福感模型 2 拟合指数

模型	χ^2	df	χ^2/df	RMSEA	NFI	NNFI	CFI	IFI	RFI	GFI
2	398.61	117	3.407	0.083	0.91	0.87	0.92	0.92	0.91	0.95

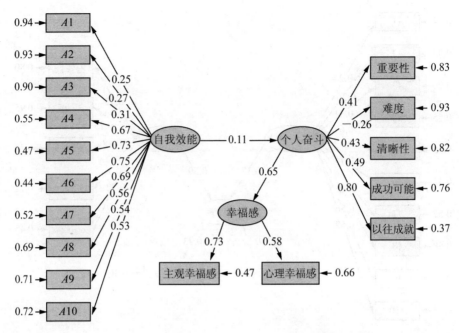

图 18-2　自我效能感、个人奋斗与幸福感关系模型 2

模型 3：以自我效能感为外生潜变量，个人奋斗和幸福感为内生潜变量。探讨自我效能和个人奋斗对幸福感的直接影响（见图 18-3）。模型拟合指数均在可接受范围之内（见表 18-6），说明该模型可以接受。由图可知，自我效能感对幸福感有直接正向影响作用，个人奋斗对幸福感有直接正向影响作用，可以作为自我效能感影响幸福感的中介变量从而对幸福感产生正向影响。

表 18-6　员工自我效能、个人奋斗与幸福感模型 3 拟合指数

模型	χ^2	df	χ^2/df	RMSEA	NFI	NNFI	CFI	IFI	RFI	GFI
3	352.98	116	3.043	0.078	0.91	0.90	0.93	0.93	0.90	0.95

模型 4：为进一步揭示自我效能感、个人奋斗与幸福感之间的关系，以自我效能感为外生潜变量，主观幸福感、心理幸福感和个人奋斗的各个维度为内生潜变量；删除几条不显著的路径和维度，得出自我效能感、个人奋斗与幸福感的结构方程模型（见图 18-4），模型拟合指数均在可接受范围内（见表 18-7），模型数据拟合良好。从图 18-4 中可以看出，①员工自我效能对个人奋斗的清晰性、以往成就、成功可能均存在直接的正向影响，

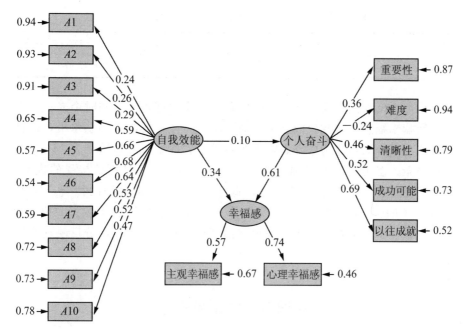

图 18-3　自我效能感、个人奋斗与幸福感关系模型 3

员工自我效能感对心理幸福感存在直接正向影响；②个人奋斗的清晰性和成功可能对心理幸福感存在直接正向影响，个人奋斗的以往成就对主观幸福感存在直接的正向影响；③员工自我效能通过个人奋斗的以往成就维度间接对主观幸福感产生影响，自我效能感通过对个人奋斗的清晰性和成功可能性对心理幸福感产生间接影响。

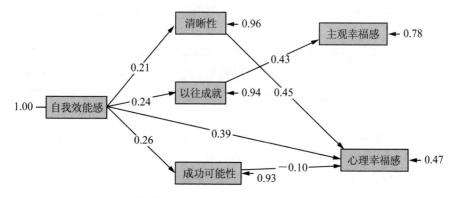

图 18-4　员工自我效能、个人奋斗与幸福感关系模型 4

表 18-7　员工自我效能、个人奋斗与幸福感模型 4 拟合指数

模型	χ^2	df	χ^2/df	RMSEA	NFI	NNFI	CFI	IFI	RFI	GFI
4	17.67	4	4.411	0.093	0.90	0.92	0.97	0.93	0.91	0.98

　　模型 4 反映出自我效能感正向影响心理幸福感水平，同时个人奋斗也正向影响幸福感，自我效能感可以通过个人奋斗来影响幸福感水平，即自我效能感以个人奋斗为中介影响幸福感水平。模型拟合指数见表 18-6，根据侯杰泰、温忠麟、成子娟的建议，χ^2/df 小于 5.0 是可以接受的模型，RMSEA 低于 0.1 表示好的拟合，低于 0.05 表示非常好的拟合，NFI、NNFI、CFI、IFI、RFI、GFI、AGFI 等拟合指数越接近 1 越好。模型 4 的各项拟合指数均符合要求，表示该模型符合条件，可以部分反映现实真实状况。

第四节　讨论与结论

一、对自我效能感、个人奋斗和幸福感的差异分析

　　在本次调查中，男性和女性青年企业员工的自我效能感水平没有显著差异。以往研究表明，大学生群体中男性自我效能感水平显著高于女性。这可能是由于在青年企业员工中，男性和女性之间能力差异并不明显，成功的工作经验并没有太大差距。在教育水平上，不同教育水平的青年企业员工自我效能感之间存在显著差异。本科和大专生的自我效能感水平显著高于硕士及以上学历员工，硕士及以上学历员工的自我效能又显著高于专科以下学历员工。这可能是由于大专生和本科生、硕士生在自己的工作领域中都有较强的解决问题的能力，但是越高教育水平的企业员工很可能从事一些难度较大，挑战性高的职业，因此在自己工作的岗位上对自己的能力的预期可能会比本科生和大专生更低。从单位工龄看，不同工龄青年企业员工之间自我效能水平存在显著差异。总体上青年企业员工自我效能感在工作1～3年的时候呈现出比较高的趋势，随后呈 U 形趋势发展。"11 年以上"工龄的企业员工的自我效能水平又呈现出较高值。这可能是由于员工刚进入工作岗位，认为自己有一定的专业知识和技能，能很好地应对工作和生活上出现的各类问题，但是随着时间的推移，他们发现自己并非能够很好地应对工作和生活中的各类事件，因而，自我效能呈下降的趋势，

但是随着工作经验、专业技能和人际资源等的积累，员工又能比较自如地应对生活和工作中的各类事件，因而随着成功经验的积累，自我效能水平呈增高趋势。从职位类别上看，技术类型的青年企业员工的自我效能感水平显著高于生产员工、业务员工和管理员工。这可能是由于技术员工在工作中更容易进入状态，在学校里接受的教育能很快地应用到工作领域。

从性别上看，男性和女性青年员工在奋斗的重要性和难度方面有显著差异，女性的奋斗水平在重要性和难度两个维度上显著高于男性。从教育水平上看，在个人奋斗的"难度"维度上，"本科"显著高于"大专""专科以下"和"硕士及以上"，其中"大专""专科以下"和"硕士及以上"之间无显著差异。在"清晰性"维度上"本科"显著大于"大专"和"专科以下"，"硕士及以上"显著大于"专科以下"，"本科"和"硕士及以上"之间无显著差异。从单位工龄上看，工龄在11年以上的员工在以往成就维度上显著大于其他工龄的员工，这不难解释，随着工龄的增加，个体经验的积累，外加自身奋斗动力的变化，员工的奋斗目标越来越趋近以往的有过成功经验的奋斗目标。从职位类别上看，在个人奋斗重要性维度上，管理员工显著高于业务员工，这说明管理员工把奋斗的重要性看得更重要些，可能与管理员工的工作性质有关，管理员工在自己的工作职位上面临更多的选择，可能会更倾向于实现更有重要性的目标，因此更看重奋斗的重要性。在个人奋斗的难度上，管理员工显著高于技术员工和生产员工，说明相比较于技术员工和生产员工，管理员工认为个人奋斗的难度更大一些，管理员工在工作中面临的各种事件可能比其他员工更多一些，更困难一些，因此管理员工认为个人奋斗更有难度。在个人奋斗的清晰性和成功的可能性上，技术员工的得分显著高于其他三种职位类型的员工，说明技术员工更看重个人奋斗的清晰性和成功的可能性。

在性别差异上，女性的主观幸福感显著高于男性，在心理幸福感维度和幸福指数上男女两性没有显著差异。主观幸福感侧重于自身的快乐的主观感受层面，包括生活满意度、积极情感、消极情感3个维度。分析起来，可能是因为女性和男性的社会责任不同，女性面临的工作和生活压力也比男性小，因此她们容易满足，生活满意度高。另外，女性比较感性，善于倾诉，这些特性能帮助她们缓解自身的消极情绪，合理宣泄，能获得更多的有效的社会支持，因此更能体验较多的正性情感。从教育水平上看，在主观幸福感维度上，"本科"和"硕士及以上"显著高于"大专"。在心理幸福感维度上，"本科"和"硕士及以上"显著高于"大专""专科以下"。这可能是在工作初期，因为相对于专科和专科以下员工，本科和硕士及以上的员工的工作相对更加理想一些，因此有更多的幸福体验。从单位工龄上看，在幸福指数维度上，"未满1年"显著小于其他各个工龄阶段，"1～3年""4～6年""7～10年""11年以上"4个工龄阶段之间的差异不显著。分析其原因，可能是未满1年的企业员工在刚开始工作的时候还处于适应期，会遇见很多不顺，或者面对复杂的社会关系显得经验不足，因此体验到更多的消极情绪。在心理幸福感维度上，"7～10年"显著小于"未满1年""1～3年""4～6年"3个工龄阶段。7～10年工龄的员工在年龄上很多都在30岁左右，正值而立之年，可能会面对更多的生活压力，如结婚生子、买车买房，因此在心理幸福感层面上低于其他员工。从职位类别上看，生产员工、技术员工、业务员工和管理员工在幸福感的3个维度上均无显著差异。并且从总体来看，职位越高，心理幸福感水平越高。

二、对自我效能感、个人奋斗和幸福感的关系分析

研究表明，自我效能感和幸福感呈显著正相关，自我效能水平越高，幸福感水平越高，个人奋斗的奋斗清晰性、成功可能性、以往成就和幸福感显著正相关，并且自我效能感不仅能直接影响幸福感也可以通过个人奋斗作为中介变量影响幸福感。

从模型可以看出自我效能感对个人奋斗的以往成就、成功可能性和奋斗的清晰性均存在正向影响，奋斗的清晰性、成功可能性均对心理幸福感产生影响，以往成就对主观幸福感产生影响。联系到现实生活中来，即青年企业员工的自我效能感水平越高，在选择奋斗目标的过程中更倾向于选择奋斗思路更清晰、成功可能性更大、与以往成就相关性更高的奋斗目标。

在本研究中，一个和预期结果不同的是青年企业员工的自我效能感和主观幸福感相关并不显著，这个结果和国内外一些其他样本的研究结论不一致。相比较主观幸福感，自我效能感和心理幸福感显著相关（路径系数为0.39），即自我效能感越高，心理幸福感指数越高。分析其原因，这和青年企业员工所处的人生的特殊阶段有关，青年企业员工参加工作时间并不长，大多数工作和家庭收入均处于不稳定状态，各方面的压力使得他们对生活满意度并不高，正性情感指数也不高。主观幸福感是个体的一种主观感受，因而青年企业员工自我效能感的高低和主观感受的相关并不显著，反而心理幸福感更关注自我价值的实现，青年企业员工处于人生目标奋斗和实现的初期阶段，在经济和生活各方面压力的影响下，主观体验的差异并不大，但是自我效能感高的人有更高的自我价值实现水平，即心理幸福感水平较高。

研究结果显示个人奋斗的清晰性和成功的可能性对心理幸福感有正向的影响作用，以往成就维度对主观幸福感水平有正向影响作用。结合到实际，青年企业员工对实现奋斗目标的思路越清晰，成功的可能性越大，则越能增加其自身心理幸福感水平，青年企业员工确定的个人奋斗目标与以往成就的关系越紧密，说明目标和现状的差异并不大，其奋斗目标越容易实现，个体没有太大的压力，主观感受自然会比较高，因此主观幸福感水平比较高。

从模型可以看出，自我效能、个人奋斗对心理幸福感有直接的正向影响，自我效能感对心理幸福感有直接的影响，通过个人奋斗的清晰性、成功可能性维度作为中介变量对幸福感产生影响，个人奋斗的以往成就维度对主观幸福感有直接影响。自我效能感是指个体对自身能力的认知，个人奋斗代表个体目标取向的动机原则，幸福感代表个体对生活的一种情感和认知评价，本研究的结果也可以解释为自我效能感高低和自身快乐或者不快乐的关系不显著，自我效能感和个体自我实现水平的关系显著。个人奋斗作为自我效能感和幸福感关系的中介变量影响幸福感。对自身能力认知比较高的青年企业员工则会选择成功可能性比较大和思路更清晰的奋斗目标，从而员工的自我实现水平比较高，并且这样的选择使个体通过最近几个月或者一段时间的行动，认为自身的努力已经成就了一些相关的目标，相关目标的实现使得个体的主观感受有所提升，从而提升个体的主观幸福感。

第十九章

胜任力、自我效能感与幸福感的关系

关注和提升教师的幸福感，这是新时代学校人本管理的应有之义。在专业引领的道路上，教师品味着教学带来的幸福感。只有真正以教为乐的教师，才会不断挖掘教学生活的内在魅力，把教育中的所有人引向幸福的彼岸。在教师管理走向幸福的实践中，学校管理者要用点点滴滴的人本化理念，构筑教师的幸福大厦，共创教师的幸福人生。

第一节　胜任力、自我效能感与幸福感的关系研究现状

关于教师的幸福感，檀传宝认为，教师的幸福就是教师在自己的教育工作中自由实现自己的职业理想的一种教育主体生存状态。[1] 曹俊军认为，教师的幸福实际上是教师实现职业认同的一种教育主体生存状态，是对自己生存意义的体味及对职场环境的正向价值评判。[2] 冯建军认为，教师的幸福应该包括教师作为一般人的幸福，作为一种职业的幸福和教育活动主体的幸福，它涉及教师的全部生活和生命活动。[3] 影响教师幸福感的因素综合起来可分为 3 个方面。①人口统计学变量。关于性别与教师幸福感的关系，我国的实证研究没有得出统一结论。苏娟娟[4]研究发现小学女教师的总体幸福感高于男教师，杨宏飞对 301 名小学教师的调查研究发现男教

---

①　檀传宝：《论教师的幸福》，载《教育科学》，2002(1)。
②　曹俊军：《论教师幸福的追寻》，载《教师教育研究》，2006(5)。
③　冯建军：《教师的幸福与幸福的教师》，载《中国德育》，2008，3(1)。
④　苏娟娟：《基础教育课程改革中的教师心态剖析——小学教师幸福感和社会支持的问卷调查分析》，载《教育探索》，2005(11)。

师的幸福感高于女教师①，而倪林英研究发现小学教师主观幸福感不存在显著的性别差异，王洪明发现性别对幸福感的影响较小。有研究表明教龄与教师幸福感之间存在 U 形曲线关系。"工作 1 年"和"工作 31 年以上"的教师职业幸福感最高，而"工作 11～20 年"的教师职业幸福感最低。② 有研究发现，教师职业幸福感在年龄上大致呈现出："强—弱—强—更强"的变化趋势。51 周岁以上年龄组教师的职业幸福感最强。31～40 周岁的教师幸福感得分最低。③ 也有研究发现幸福感水平在年龄上无差异。研究表明教师的职称越高，其幸福感水平也越高。但也有研究表明，职称越高，压力越大，幸福感水平越低。大多研究者认为婚姻状况与幸福感有积极联系，已婚教师的幸福感水平优于未婚教师。例如，王艳芝研究发现已婚教师的总体幸福感、自主幸福感水平显著高于未婚教师。④ ②个人特质。研究发现，高校教师的主观幸福感与人格特质之间存在显著相关。精神质与生活满意度、正性情感、自述幸福感呈显著负相关；正向性与正性情感、自述幸福感呈显著正相关；神经质与生活满意度、正性情感、负性情感、自述幸福感均呈极其显著的负相关。③工作环境。研究表明，教师幸福感与组织气氛之间存在显著相关性。工作倦怠对学校组织气氛影响幸福感具有不完全串分效应。研究表明，高校教师职业倦怠与幸福感存在显著负相关关系，职业倦怠中的情感衰竭和非人性化会降低高校教师的幸福感水平。研究发现，教师对职业的情感承诺越高，他们的主观幸福感就越强，两者呈极其显著正相关。可见，教师对自己所从事职业的喜爱、认同及投入程度对教师的幸福感受产生了积极的、正面的影响。在不同管理模式下的教师体验到的职业幸福感程度存在显著性差异，在文化管理模式下教师的幸福感更强。教师在工作中的感受、在组织中的地位、在工作中所获得成就感、学校人际关系与学校管理模式也存在显著性相关。研究表明组织支持感与工作满意度和积极情绪有显著正相关。中小学教师的组织支持感与幸福感有显著正相关，且对教师幸福感有显著的正向影响。国内学者发现，不同收入水平对高校教师和幼儿教师的主观幸福感影响并没有达到显

① 杨宏飞：《301 名小学教师主观幸福感与自我概念测评》，载《中国心理卫生杂志》，2002，16(5)。

② 姜艳：《教师职业幸福感研究》，载《思想理论教育》，2008(9)。

③ 胡姗姗、吴明霞、张大均等：《中学教师工作绩效、社会支持与心理幸福感的关系》，载《内蒙古师范大学学报(教育科学版)》，2008，21(10)。

④ 王艳芝、朱全友、李素英：《幼儿园教师心理幸福感及其相关因素分析》，载《中国学校卫生》，2007(2)。

著差异水平。此外，工作—家庭冲突能够降低工作和生活满意度，降低婚姻调节功能，增加不幸福感、压力、抑郁、焦虑和物质滥用。

迪内克（Dineke）提出，教师胜任力是指教师的人格特征、知识和教学技巧及教学态度的综合。邢强与孟卫青提出，教师胜任力指教师个体所具备的、与实施成功教学有关的一种专业知识、专业技能和专业价值观，它隶属于教师的个体特征，是教师从事成功教学的必要条件和教师教育机构的主要培养目标。目前学者一致认为教师胜任力包括3个内容：专业知识、专业技能或能力、专业态度或价值观。张丽瑛的研究表明，能够区分带班辅导员绩效优秀和一般的胜任特征依次为：学生需求导向、引导与影响、主动性、人际洞察力、信息搜集、培养他人、分析式思维。任嵘嵘等人的研究提出，高校教师胜任力模型包括3个因子：专业能力、驱动能力与个人成熟。此外，很多研究者在研究内容上有很大突破，主要有基于胜任力的教师评价、教师测评、教师招聘、教师培训、教师薪酬体系等。尤其在教师测评上，部分学者开始尝试编制本土化教师胜任力量表。例如，杨继平等人编制出了《大学辅导员胜任力问卷》，并对辅导员胜任力进行了分析。

自我效能感（self-efficacy）指的是个体对自己是否有能力完成某一行为所进行的推测与判断，或对自己在某一活动领域中的操作能力的主观判断或评价。[1] 教学效能感是自我效能感理论在教育领域的具体运用。阿什顿（Ashton）认为，教师教学效能感是教师对完成所有教学任务的信心，教师相信他们有能力影响学生的成就。[2] 纽曼（Newman）等人认为教师教学效能感是教师对自己的教学是否能够引起学生成功学习和个人满足的一种知觉。[3] 伍尔福克和霍伊（Woolfolk & Hoy）把教师效能感界定为教师对学校的教育力量、学生学习成败的责任、学习的功用、一般的教育哲学及教师对学生的影响程度等方面的信念。[4] 俞国良等人将教师教学效能感分为一

---

① Bandura, A., "Self-efficacy: Toward a unifying theory of behavior change," *Psychological Review*, 1977, 84: 191-215.

② Ashton, P. T., "Teacher efficacy: A motivational paradigm for effective teacher education," *Journal of Teacher Education*, 1984, 35(5): 28-32.

③ Newman, F. M. et al., "Organization factors that school sense of efficary, community, and expectations," *Sociology of Education*, 1989, 62(4): 221-238.

④ Woolfolk, A. E. & Hoy, W. K. "Prospective teacher's sense of efficary and be lie about control," *Journal of Educational Psychology*, 1990, 82(1): 81-91.

般教学效能感与个人教学效能感两个方面。① 吴国来等人认为：一般教学效能感是教师对于教与学的关系，对教育在学生发展中的作用等问题的一般看法与判断；而个人教学效能感指教师对自己教学效果的认识与评价，即教师有能力教会学生的信念。②

目前，对于胜任力、教学效能感与幸福感三者的关系研究较少。有研究认为，通过胜任感和自我效能感唤醒内部动机能开发员工的希望水平③，希望水平的开发能明显增强员工的积极情绪体验，提升员工幸福感水平。赖特（Wright）和克罗潘扎诺（Cropanzano）在两项研究中发现，管理者对员工工作绩效做出的评价与幸福感有显著的相关。吕中科探讨了胜任力与幸福感的关系，认为胜任力和心理幸福感存在一定程度的正向相关。④ 目前有关胜任力与幸福感的实证研究还很少，有待后续研究者进一步扩展，对自我效能感与幸福感的相关研究也很少。多项调查表明，自我效能感的高低对个体的身心健康和幸福感有重要影响。关于教师教学效能感与幸福感的相关研究，陈美荣研究发现，教师的个人教学效能感是人格特征对主观幸福感产生影响的中间变量。张萍研究发现，中小学教师教学效能感与工作满意度显著正相关。⑤ 王玲凤的研究发现，抑郁和教师的教学效能感有关。⑥ 教师自我效能感是促进教师心理健康、防止职业倦怠感、提升职业幸福感的重要因素。吕中科证实胜任力和自我效能感之间有显著的正向相关关系。自我效能感会对人们的选择过程产生影响。研究表明，人们会选择那些自认为能应付的环境，回避那些力所不能的环境。进而，由于这种不同的选择，人们培养了不同的胜任能力和兴趣，这些又进一步影响其生活过程。因为能够影响个人选择的任何因素都会深刻地影响一个人的发展，这是因为在自我效能感产生其最初效果之后，一个人选择的特定环境所产生的特定社会影响会进一步提高其在该环境中的胜任力、价值感和

① 俞国良、辛涛、申继亮：《教师教学效能感：结构与影响因素的研究》，载《心理学报》，1995，27（2）。

② 吴国来、王国启：《自我效能感与教学效能感综述》，载《保定师范专科学校学报》，2002，15（7）。

③ 侯奕斌、凌文辁：《积极组织行为学内涵研究》，载《商业时代》，2006（27）。

④ 吕中科：《高中班主任胜任力结构及其与自我效能感和心理幸福感的关系》，硕士学位论文，河南大学，2010。

⑤ 张萍：《中小学教师教学效能感、工作满意度及其关系的研究》，硕士学位论文，安徽师范大学，2007。

⑥ 王玲凤：《中小学教师教学效能感和抑郁状况的相关性分析》，载《中国学校卫生》，2006，27（11）。

兴趣。

综上所述,教师胜任力与教学效能感的作用关系、教学效能感对教师幸福感产生直接影响的结论已经得到研究证实,但以往研究并未涉及胜任力对幸福感的直接效应,以及以教学效能感为中介的胜任力对幸福感的间接影响方面的研究。本研究拟建构胜任力、教学效能感与幸福感的关系模型,深入探讨教师胜任力、教学效能感与幸福感之间的关系。

第二节　研究对象与研究工具

一、研究对象

以南昌市 8 所市属高中教师为研究对象,共发放问卷 460 份,回收416 份,剔除不合格问卷 82 份,剩下有效问卷共 334 份,有效回收率为 72.6%。

二、研究工具

(一)《综合幸福问卷》

在本研究中,总问卷的内部一致性信度 Cronbach α 系数为 0.94,各维度值在 0.82 和 0.90 之间。总问卷分半信度为 0.82,各维度值在 0.77 和 0.89之间。验证性因素分析表明,模型拟合指数均达到可接受范围,$\chi^2/df=$ 4.64,RMSEA=0.105,NFI=0.88,NNFI=0.89,CFI=0.90,IFI=0.90,表明问卷具有良好的信效度。

(二)《教师胜任力测验》

采用徐建平编制的《教师胜任力测验》,包括 10 个分量表,共 50 个项目。[①] 各分量表为个人特质分量表(TRI)、关注学生分量表(CFN)、专业素养分量表(EXP)、人际沟通分量表(CIO)、建立关系分量表(RB)、信息搜集分量表(INFO)、职业偏好分量表(PP)、尊重他人分量表(RO)、理解他人分量表(UO)、测谎量表(UE)。检验结果表明,测验的 Q 系数为0.935,分半信度为 0.903,再测信度为 0.862,表明量表信度较好。

---

① 徐建平:《教师胜任力模型与测评研究》,博士学位论文,北京师范大学,2004。

（三）《教师教学效能感量表》

采用俞国良等人编制的《教师教学效能感量表》[①]，包括一般教学效能感和个人教学效能感两个维度，共 27 个项目。在本研究中，量表内部一致性信度 Cronbach α 系数为 0.832，一般教学效能感分量表的 Cronbach α 系数为 0.807，个人教学效能感分量表的 Cronbach α 系数为 0.815。

第三节　胜任力、自我效能感与幸福感的关系研究结果

一、高中教师幸福感的总体状况

高中教师幸福指数基本情况见表 19-1，幸福指数均值为 6.07，标准差为 1.03，最高分 9 分，最低分 3 分。超过中值（5 分）的占总调查人数的 72.5%。结果表明，高中教师幸福指数居于中间偏上水平，说明高中教师总体上感觉比较幸福。

表 19-1　高中教师幸福指数频数分布表

	3—痛苦	4—有些痛苦	5—居于中间	6—有些幸福	7—幸福	8—很幸福	9—非常幸福
频数	2	12	78	144	73	17	8
百分数/%	0.6	3.6	23.4	43.1	21.9	5.1	2.4

进一步分析幸福感各维度得分情况，从表 19-2 中可以看出，幸福感 9 个维度中除负性情感略低于中值（4 分）外（负性情感是评价幸福感的负向指标，其分值越低越好），其他维度均在中值即中等程度以上。得分高低依次为：自我价值＞友好关系＞利他行为＞健康关注＞人格成长＞生命活力＞生活满意＞正性情感＞负性情感。

表 19-2　高中教师幸福感各维度得分现状

	生活满意	正性情感	负性情感	生命活力	健康关注	利他行为	自我价值	友好关系	人格成长	幸福指数
M	4.63	4.81	2.20	4.97	5.48	5.48	5.67	5.52	4.99	6.07
SD	1.27	1.14	0.96	1.10	1.06	1.02	0.95	1.11	0.97	1.03

---

① 俞国良、辛涛、申继亮：《教师教学效能感：结构与影响因素的研究》，载《心理学报》，1995，27（2）。

二、胜任力、教学效能感与幸福感的关系

(一)胜任力、教学效能感与幸福感的相关分析

为进一步探究三者间的关系，我们通过相关分析得出三者的相关矩阵，见表 19-3。教师胜任力总分与主观幸福感、心理幸福感、个人教学效能感和一般教学效能感均存在显著相关（相关系数分别为 0.23、0.43、0.53、0.21）。在教师胜任力的具体维度上，个人特质、关注学生、专业素养、人际沟通、信息搜索、职业偏好 6 个维度与主观幸福感、心理幸福感和个人教学效能、一般教学效能均存在显著相关（相关系数在 0.13 和 0.51 之间）。建立关系、尊重他人除与一般教学效能感之间的相关不显著外，与主观幸福感、心理幸福感和个人教学效能均存在显著相关（相关系数在 0.13 和 0.49 之间）。理解他人仅与心理幸福感和个人教学效能存在显著相关（相关系数分别为 0.37 和 0.26）。教学效能感的个人教学效能感、一般教学效能感与主观幸福感和心理幸福感均存在显著相关（相关系数分别为 0.19、0.22、0.22、0.11）。

表 19-3　教师胜任力各维度与教学效能感、幸福感各维度的相关矩阵

	个人特质	关注学生	专业素养	人际沟通	建立关系	信息搜索	职业偏好	尊重他人	理解他人	胜任力总分	个人教学效能感	一般教学效能感
生活满意	0.16**	0.12*	0.16**	0.20**	0.09	0.13*	0.24**	0.21**	0.18**	0.22**	0.13*	0.14**
正性情感	0.24**	0.13*	0.15**	0.17**	0.13*	0.15**	0.18**	0.09	0.06	0.19**	0.15**	0.09
负性情感	0.04	0.043	0.13*	0.10	0.03	-0.05	-0.07	-0.03	-0.09	0.01	0.09	0.24**
生命活力	0.27**	0.23**	0.17**	0.16**	0.07	0.11*	0.25**	0.17**	0.21**	0.24**	0.07	0.11*
健康关注	0.29**	0.31**	0.33**	0.29**	0.16**	0.22**	0.25**	0.20**	0.29**	0.34**	0.11	0.02
利他行为	0.27**	0.40**	0.41**	0.40**	0.28**	0.27**	0.21**	0.37**	0.42**	0.44**	0.17**	0.12*

	个人特质	关注学生	专业素养	人际沟通	建立关系	信息搜索	职业偏好	尊重他人	理解他人	胜任力总分	个人教学效能感	一般教学效能感
自我价值	0.28**	0.37**	0.46**	0.43**	0.29**	0.23**	0.21**	0.26**	0.27**	0.40**	0.36**	0.23**
友好关系	0.16**	0.23**	0.25**	0.23**	0.18**	0.19**	0.13*	0.26**	0.24**	0.27**	0.12*	0.01
人格成长	0.18**	0.20**	0.25**	0.29**	0.15**	0.18**	0.24**	0.25**	0.27**	0.30**	0.17**	0.04
主观幸福	0.23**	0.15**	0.22**	0.24**	0.13*	0.13*	0.20**	0.15**	0.10	0.23**	0.19**	0.22**
心理幸福	0.32**	0.38**	0.40**	0.39**	0.24**	0.26**	0.28**	0.33**	0.37**	0.43**	0.21**	0.11*
个人教学效能感	0.45**	0.47**	0.50**	0.51**	0.49**	0.46**	0.31**	0.24**	0.26**	0.53**	1.00	1.00
一般教学效能感	0.19**	0.22**	0.21**	0.20**	0.11	0.17**	0.25**	0.10	0.00	0.21**	1.00	1.00

注：* 表示 $p < 0.05$，** 表示 $p < 0.01$，*** 表示 $p < 0.001$，下同。

(二)教师胜任力、教学效能感与幸福感的回归分析

1. 以教学效能感为因变量的回归分析

（1）教师胜任力对教学效能感的回归分析

采用逐步回归分析法，以教学效能为因变量，教师胜任力总分为预测变量建立回归模型。从表 19-4 可看出，教师胜任力总分进入了回归方程（$F = 128.948$，$p < 0.001$），可解释个人教学效能感总变异量的 28%，可解释一般教学效能感总变异量的 4.2%。表明教师胜任力对教学效能感有显著预测作用。

表 19-4　教师胜任力总分对教学效能感的回归分析表

因变量	预测变量	回归系数 B	标准回归系数 β	t	F	R	R^2
个人教学效能感	常数项	1.521		5.334***	128.948***	0.529	0.280
	胜任力总分	0.764	0.529	11.356***			
一般教学效能感	常数项	1.414		2.572**	14.661***	0.206	0.042
	胜任力总分	0.497	0.206	3.829***			

(2)教师胜任力各维度对教学效能感的回归分析

采用逐步回归分析法,分别以个人教学效能感和一般教学效能感为因变量,教师胜任力中的个人特质、关注学生、专业素养、人际沟通、建立关系、信息搜集、职业偏好、尊重他人、理解他人 9 个维度为预测变量建立回归模型(见表 19-5)。从表 19-5 可看出,人际沟通、个人特质、信息搜索、专业素养、建立关系和尊重他人依次进入了个人教学效能感的回归方程($F = 29.350$,$p < 0.001$),可解释个人教学效能感总变异量的 35%,表明人际沟通、个人特质、信息搜索、专业素养、建立关系和尊重他人等对个人教学效能感有显著的预测作用。职业偏好、关注学生、理解他人依次进入了一般教学效能感的回归方程($F = 12.520$,$p < 0.001$),可解释一般教学效能感总变异量的 10.2%,表明职业偏好、关注学生、理解他人对一般教学效能感有显著预测作用。

表 19-5　教师胜任力各维度对教学效能感的回归分析表

因变量	预测变量	回归系数 B	标准回归系数 β	t	F	R	R^2
个人教学效能	常数项	1399		5.172***			
	人际沟通	0.177	0.149	1.821			
	个人特质	0.203	0.170	3.042**			
	信息搜索	0.174	0.150	2.287*	29.350***	0.592	0.350
	专业素养	0.180	0.160	2.129*			
	建立关系	−0.142	−0.144	−2.569*			
	尊重他人	0.199	0.173	2.411*			

因变量	预测变量	回归系数 B	标准回归系数 β	t	F	R	R^2
一般教学效能	常数项	1.439		2.770**			
	职业偏好	0.383	0.247	4.066***	12.520***	0.320	0.102
	关注学生	0.409	0.193	3.181**			
	理解他人	−0.306	−0.191	−3.141**			

2. 以幸福感为因变量的回归分析

(1)教师胜任力对幸福感的回归分析

采用逐步回归分析法，分别以主观幸福感和心理幸福感为因变量，教师胜任力总分为预测变量建立回归模型。从表 19-6 中可看出，胜任力总分均进入了主观幸福感（$F=17.641$，$p<0.001$）和心理幸福感（$F=77.243$，$p<0.001$）的回归方程，教师胜任力可解释主观幸福感总变异量的 5%，可解释心理幸福感的 18.9%，表明教师胜任力总分对幸福感有显著预测作用。

表 19-6　教师胜任力对幸福感的回归分析表

因变量	预测变量	回归系数 B	标准回归系数 β	t	F	R	R^2
主观幸福感	常数项	3.097		7.920***	17.641***	0.225	0.050
	胜任力总分	0.127	0.225	4.200***			
心理幸福感	常数项	2.049		5.431***	77.243***	0.434	0.189
	胜任力总分	0.782	0.434	8.789***			

(2)教学效能感对幸福感的回归分析

采用逐步回归分析法，分别以主观幸福感和心理幸福感为因变量，教师的个人教学效能感和一般教学效能感为预测变量建立回归模型。从表 19-7 中可看出，一般教学效能感和个人教学效能感依次进入了主观幸福感的回归方程（$F=11.142$，$p<0.001$），可解释主观幸福感总变异量的 6.3%，表明一般教学效能感和个人教学效能感对主观幸福感均有显著的预测作用。只有个人教学效能感进入了心理幸福感的回归方程（$F=15.478$，$p<0.001$），可解释心理幸福感总变异量的 4.5%，表明个人教学效能感对心理幸福感有显著的预测作用。

表 19-7　教学效能感各维度对幸福感各维度的回归分析表

因变量	预测变量	回归系数 B	标准回归系数 β	t	F	R	R^2
主观幸福感	常数项	3.578		11.715***			
	一般教学效能	0.127	0.178	3.133**	11.142***	0.251	0.063
	个人教学效能	0.149	0.125	2.193*			
心理幸福感	常数项	4.098		12.811***	15.478***	0.211	0.045
	个人教学效能	0.263	0.211	3.934***			

（3）教师胜任力、教学效能感对幸福感的回归分析

采用逐步回归分析法，分别以主观幸福感和心理幸福感为因变量，教师胜任力、教师的个人教学效能感和一般教学效能感为预测变量建立回归模型。从表 19-8 中可看出，胜任力和一般教学效能感依次进入了主观幸福感的回归方程（$F=14.955$，$p<0.001$），可解释主观幸福感总变异量的 8.3%，表明胜任力和一般教学效能感对主观幸福感有显著的预测作用。只有胜任力进入了心理幸福感的回归方程（$F=77.243$，$p<0.001$），可解释心理幸福感总变异量的 18.9%，表明胜任力对心理幸福感有显著的预测作用。

表 19-8　教师胜任力、教学效能感对幸福感的回归分析表

因变量	预测变量	回归系数 B	标准回归系数 β	t	F	R	R^2
主观幸福感	常数项	2.911	0.389	7.490***			
	胜任力总分	0.322	0.093	3.473***	14.955***	0.288	0.083
	一般教学效能	0.131	0.038	3.421***			
心理幸福感	常数项	2.409	0.377	5.431***	77.243***	0.434	0.189
	胜任力总分	0.782	0.089	8.789***			

根据巴伦和肯尼（Baron & Kenny）提出的中介效应的检验程序，首先，中介效应的第一个条件为 X（自变量）对 Y（因变量）的回归系数须有统计显著性，第二个条件为 X 对 Me（中介变量）的回归系数须有统计显著性，第三个条件为同时考虑 X 与 Me 对 Y 的影响时，Me 对 Y 的回归系数有统计显著性，第四个条件为当控制中介量 Me 后，原先 X 的净效应消失，即 X 对 Y 的回归系数未达统计显著性水平。如果上述 4 个条件都符合，则 Me 完全中介了 X 对 Y 的效应，即一种完全中介效应。如果 X 的净效应没有

消失，而只是减小了且仍具有统计显著性，则称 Me 部分中介了 X 对 Y 的效应，亦即部分中介效应。

从表 19-9 可以看出，以胜任力为自变量、以幸福感为因变量建立的回归方程显著，胜任力对主观幸福感和心理幸福感的标准回归系数 β 分别为 0.225 和 0.434，均具有统计显著性。胜任力解释主观幸福感的方差变异量为 5%，可解释心理幸福感方差变异量的 18.9%；以胜任力为自变量，教学效能感为因变量建立的回归方程显著，胜任力对个人教学效能感和一般教学效能感的标准回归系数 β 分别为 0.529 和 0.206，均具有统计显著性。以胜任力、教学效能感为自变量，以幸福感为因变量建立的回归方程也显著，胜任力对主观幸福感和心理幸福感的标准回归系数 β 分别为 0.093 和 0.089，胜任力和一般教学效能感共同解释主观幸福感方差变异量的 8.3%，可解释心理幸福感方差变异量的 18.9%。由此可见，引入中介变量教学效能感后，回归方程仍显著，胜任力对幸福感的标准回归系数有所下降，而变异量增加了 3.3%。该结果表明自我效能感在教师胜任力与幸福感之间起部分中介作用。

表 19-9　教师胜任力、教学效能感对幸福感的回归分析表

	因变量	预测变量	回归系数 B	标准回归系数 β	t	F	R^2
第一步	主观幸福感	胜任力	0.127	0.225	4.200***	17.641***	0.050
	心理幸福感	胜任力	0.782	0.434	8.789***	77.243***	0.189
第二步	个人教学效能	胜任力	0.764	0.529	11.356***	128.948***	0.280
	一般教学效能	胜任力	0.497	0.206	3.829***	14.661***	0.042
第三步	主观幸福感	胜任力	0.322	0.093	3.473***	14.955***	0.083
		一般教学效能	0.131	0.038	3.421***		
	心理幸福感	胜任力	0.782	0.089	8.789***	77.243***	0.189

3. 教师胜任力、教学效能感与幸福感的路径分析

(1) 教师胜任力总分与教学效能感和幸福感的路径分析

根据回归分析结果，将胜任力总分与教学效能感和幸福感各维度构建路径模型 (图 19-1)。路径分析结果表明，模型拟合指数均在可接受范围内 (见表 19-10)，可见该模型对数据拟合良好。

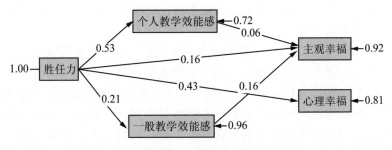

图 19-1　胜任力总分与教学效能感和幸福感路径图

从图 19-1 中我们可以看出：①教师胜任力总分对个人教学效能感和一般教学效能感均存在直接正向影响；②教师胜任力总分对主观幸福感和心理幸福感均存在直接正向影响；③个人教学效能感对主观幸福感存在直接正向影响。一般教学效能对主观幸福感存在直接正向影响；④教师胜任力通过个人教学效能感和一般教学效能感间接影响主观幸福感。

表 19-10　教师胜任力、教学效能感与幸福感路径模型拟合指数

χ^2	df	χ^2/df	RMSEA	SRMR	NFI	NNFI	CFI	IFI
0.50	2	0.25	0.00	0.008	1.00	1.02	1.00	1.00

进一步对路径模型中的各项效应进行分解（见表 19-11）。结果发现：①教师胜任力对幸福感的直接效应和总效应显著，且借助教学效能感影响幸福感的间接效应也显著；②教师胜任力对教学效能感的直接效应显著，且对个人教学效能感的影响作用比一般教学效能感大；③在幸福感影响因素中，个人教学效能感维度对心理幸福感影响最大，一般教学效能对主观幸福感影响最大。

表 19-11　教师胜任力对教学效能感与幸福感路径模型效应分解表

	自变量	Y4 一般教学效能		Y3 个人教学效能		Y2 心理幸福感		Y1 主观幸福感	
		标准化效应	t	标准化效应	t	标准化效应	t	标准化效应	t
外源变量	X1 胜任力								
	直接效应	0.21	3.83***	0.53	11.36***	0.43	8.79***	0.16	2.74**
	间接效应							0.06	2.26*
	总效应	0.21	3.83***	0.53	11.36***	0.43	8.79***	0.22	4.21***

自变量		Y4 一般教学效能		Y3 个人教学效能		Y2 心理幸福感		Y1 主观幸福感	
		标准化效应	t	标准化效应	t	标准化效应	t	标准化效应	t
内生变量	Y3 个人教学								
	直接效应							0.04	1.14
	间接效应								
	总效应							0.04	1.14
	Y4 一般教学								
	直接效应							0.16	3.46***
	间接效应								
	总效应							0.16	3.46***

注：t 值>1.96 时，$p<0.05$；t 值>2.58 时，$p<0.01$；t 值>3.29 时，$p<0.001$。

逐步回归结果表明，自我效能感在胜任力与幸福感之间起中介作用，然而由于教师胜任力、自我效能感与主观幸福感都是潜变量，可能存在测量误差。为进一步验证教学效能感的中介作用，我们通过结构方程中路径分析的方法对变量间的关系进行建模分析。从表 19-11 中可以看出，教师胜任力对幸福感有显著的影响作用，路径系数达到 0.22 和 0.43。这一影响部分是通过教学效能感起作用的，即教师胜任力对幸福感的影响遵循了这样一条路径：胜任力—教学效能感—幸福感。结合表 19-12 可以看出，路径分析模型各项拟合指标较好，表明教学效能感在教师胜任力与幸福感之间起中介作用的假设得到验证。但我们也应该看到，教学效能感起到的仅是部分中介作用。

假设教师胜任力、教学效能感与幸福感之间存在 3 种可能的关系模型。模型 1：教师胜任力与教学效能感直接对幸福感产生影响。模型 2：教师胜任力通过教学效能感对幸福感产生影响。模型 3：教师胜任力直接对幸福感产生影响，以及胜任力通过教学效能感对幸福感产生影响。3 个模型的各项拟合指数的比较情况见表 19-12，可知模型 3 各项拟合指数比较理想，且能够比较好地反映教师胜任力、教学效能感和幸福感三者间的关系。

表 19-12　教师胜任力、教学效能感与幸福感路径模型拟合指数

	χ^2	df	χ^2/df	RMSEA	SRMR	NFI	NNFI	CFI	IFI
模型 1	118.32	5	23.66	0.260	0.13	0.64	0.28	0.64	0.64
模型 2	54.43	3	18.14	0.230	0.09	0.85	0.52	0.86	0.86
模型 3	0.50	2	0.25	0.000	0.01	1.00	1.02	1.00	1.00

（2）教师胜任力各维度与教学效能感和幸福感的路径模型

由于教师胜任力结构复杂，为保存数据信息的完整性，避免漏掉更深层的发现，本研究将分别以教师胜任力的 9 个维度为外源变量，以教学效能感和幸福感各维度为内生变量，构建三者的关系模型。

根据回归分析结果，将胜任力的 9 个维度与教学效能感和幸福感各维度构建模型（图 19-2）。路径分析结果表明，模型拟合指数均在可接受范围内（见表 19-13），可见该模型对数据拟合良好。从图 19-2 中可以看出：①人际沟通、个人特质、信息搜索、专业素养和建立关系对个人教学效能感存在直接正向影响。尊重他人对个人教学效能感存在直接负向影响。职业偏好和关注学生对一般教学效能存在直接正向影响。理解他人对一般教学效能存在直接负向影响；②个人教学效能感对主观幸福感和心理幸福感

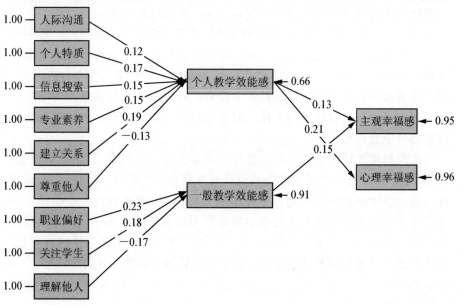

图 19-2　胜任力各维度与教学效能感和幸福感路径图

存在直接正向影响。一般教学效能感对主观幸福感存在直接正向影响；③人际沟通、个人特质、信息搜索、专业素养、建立关系和尊重他人通过个人教学效能感影响幸福感。职业偏好、关注学生和理解他人通过一般教学效能感影响主观幸福感。

表 19-13　教师胜任力、教学效能感与幸福感关系模型拟合指数

χ^2	df	χ^2/df	RMSEA	SRMR	NFI	NNFI	CFI	IFI
105.38	64	1.65	0.045	0.04	0.98	0.99	0.99	0.99

　　进一步对路径模型中的各项路径效应进行分解(见表 19-14)。结果发现：①在对幸福感的影响因素中，个人教学效能感对心理幸福感影响最大，而一般教学效能对主观幸福感影响最大；②建立关系对个人教学效能感影响最大，职业偏好对一般教学效能感影响最大；③教师胜任力借助教学效能感的中介作用间接影响幸福感。其中，人际沟通、个人特质、信息搜索、专业素养、建立关系和尊重他人通过个人教学效能感影响幸福感。职业偏好、关注学生和理解他人通过一般教学效能感影响主观幸福感。

表 19-14　教师胜任力对教学效能感与幸福感路径模型效应分解表

	自变量	Y4 一般教学效能		Y3 个人教学效能		Y2 个人教学效能		Y1 个人教学效能	
		标准化效应	t 值	标准化效应	t 值	标准化效应	t 值	标准化效应	t 值
	X1 人际沟通								
	直接效应			0.12	1.53				
	间接效应					0.03	1.43	0.02	1.29
	总效应			0.12	1.53	0.03	1.43	0.02	1.29
	X2 个人特质								
外源变量	直接效应			0.17	3.07**				
	间接效应					0.04	2.40*	0.02	1.88
	总效应			0.17	3.07**	0.04	2.40*	0.02	1.88
	X3 信息搜索								
	直接效应			0.15	2.36*				
	间接效应					0.03	2.02*	0.02	1.68
	总效应			0.15	2.36*	0.03	2.02*	0.02	1.68

自变量		Y4 一般 教学效能		Y3 个人 教学效能		Y2 个人 教学效能		Y1 个人 教学效能	
		标准化效应	t 值	标准化效应	t 值	标准化效应	t 值	标准化效应	t 值
外源变量	**X4 专业素养**								
	直接效应			0.15	2.10*			0.02	1.57
	间接效应					0.03	1.84		
	总效应			0.15	2.10*	0.03	1.84	0.02	1.57
	X5 建立关系								
	直接效应			0.19	2.75**			0.03	1.80
	间接效应					0.04	2.24*		
	总效应			0.19	2.75**	0.04	2.24*	0.03	1.80
	X6 尊重他人								
	直接效应			−0.13	−2.46*			−0.02	−1.71
	间接效应					−0.03	−2.08*		
	总效应			−0.13	−2.46*	−0.03	−2.08*	−0.02	−1.71
内生变量	**X7 职业偏好**								
	直接效应	0.23	3.77***						
	间接效应							0.03	2.53*
	总效应	0.23	3.77***					0.03	2.53*
	X8 关注学生								
	直接效应	0.18	3.03**						
	间接效应							0.03	2.27*
	总效应	0.18	3.03**					0.03	2.27*
	X9 理解他人								
	直接效应	−0.17	−2.85**						
	间接效应							−0.03	−2.19*
	总效应	−0.17	−2.85**					−0.03	−2.19*
	Y3 个人教学								
	直接效应					0.21	3.86***	0.13	2.38**
	间接效应								
	总效应					0.21	3.86***	0.13	2.38**
	Y4 一般教学								
	直接效应							0.15	3.41***
	间接效应								
	总效应							0.15	3.41***

注：t 值＞1.96 时，$p<0.05$；t 值＞2.58 时，$p<0.01$；t 值＞3.29 时，$p<0.001$。

第四节 讨论与结论

一、高中教师幸福感现状及差异的分析

研究表明，高中教师在总体上感觉比较幸福。作为高中教师，他们承受来自学校、家庭和教学等各方面压力的同时，也体验着独有的幸福，那就是教师从学生身上体验到的教育成就，他们培养了一批又一批的学生，分享了他们的失意和喜悦，见证了学生的成长和成材。另外，研究还发现教师职业的稳定性能够大大提高教师幸福感。

从性别角度看，男女教师在负性情感、自我价值和友好关系上存在显著差异。这与已有研究结果相一致，女性在生活满意度和幸福感指数量表上的总分高于男性。男教师注重的是工作成就和社会交往，女教师注重的是情感体验和人际关系。

从学历角度看，高学历教师在学校地位、经济收入及其他待遇等方面优于较低学历教师，因此，他们对生活显示了更高的满意度，幸福指数自然也较高。田荷梅等人的研究显示：学历程度为大专与学历程度为本科的教师在生活满意度上差异接近显著水平。

从学校类别角度看，重点高中教师在生活满意、健康关注、自我价值和幸福指数上显著高于重点建设高中教师，而重点建设高中教师在负性情感、健康关注、自我价值和幸福指数上显著高于普通高中教师。田荷梅等人的研究表明，不同类别的学校的高中教师在生活满意和消极情感上显示出极其显著差异。也有研究证实不同类型中学的教师职业幸福感有显著性差异，重点中学的教师比普通中学的教师更能体验到职业幸福感，主要是因为重点高中具有生源、财政、政策、教学条件等多方面的优势，因此在重点高中教学的教师较重点建设高中教师体验到更多的生活满意，显示了更高的幸福指数。而普通高中由于缺乏优秀生源、师资力量和政府重视，所以在普通高中任教的教师较重点建设高中教师体验到更多的负性情绪，显示了较低的幸福指数。

从收入角度看，月收入为3000～4000元的教师在生活满意、正性情感、利他行为、友好关系和幸福指数上显著高于月收入3000元以下者。有研究显示，不同级别收入的高中教师在生活满意、正性情感和负性情感上存在极其显著的差异。经济收入是影响教师幸福感的重要因素已被众多研究者认同。

在年龄、教龄和职称等其他维度上，高中教师幸福感差异还没有一个统一的看法。对于本研究来说，不同年龄、教龄、是否班主任、从教年级、从教学科、职称、婚姻状况及子女个数的高中教师的幸福感水平不存在显著差异。当然，这一结果还有待以后研究的证实。

二、胜任力、教学效能感与幸福感的相关关系

研究表明，教师胜任力、教学效能感与幸福感三者之间均存在显著正相关。佟月华研究发现，自我效能感与主观幸福感存在显著相关关系，自我效能感是影响主观幸福感的重要变量。[①] 陈美荣和曾晓青研究表明，一般教学效能感和个人教学效能感与主观幸福感总分及其他各因子均呈正相关。[②] 潘焱的研究表明：高校辅导员的工作效能感与主观幸福感之间存在非常显著的相关。[③] 在教师胜任力与教学效能感、教师胜任力与幸福感的关系上，目前这方面的实证研究还不多，吕中科的研究表明，高中班主任的胜任力和自我效能感之间有显著的正向相关，胜任力和心理幸福感存在一定程度的正向相关。[④] 总体表明，教学效能感水平的高低会决定教师对胜任力的期望。较高的教学效能感会增强教师对自己胜任力的期望，较低的教学效能感会使教师失去教学自信，从而削弱对自己胜任力的期望。

研究发现教师胜任力对个人教学效能感、一般教学效能感、主观幸福感和心理幸福感均有显著预测作用。教师的个人教学效能感对主观幸福感和心理幸福感有显著预测作用，一般教学效能感只对主观幸福感有显著预测作用。这与胜任力具体维度对教学效能感和幸福感的回归结果相一致。以往研究表明，个人教学效能感对主观幸福感具有较好的预测作用，自我效能感对生活满意度、正性情感具有一定的预测作用，高中班主任胜任力对自我效能感和幸福感有不同程度的影响，尤其对心理幸福感有一定的预测作用。教师教学效能感通常被认为是教师对自己教育教学能力高低的主观判断和估计。如果教师拥有较高的个人教学效能感，意味着具有较高自信心水平，这种较高自信心水平会使教师产生较高胜任力期望和积极情

---

① 佟月华：《大学生一般自我效能感、应对方式及主观幸福感的相关研究》，载《中国学校卫生》，2004(4)。

② 陈美荣、曾晓青：《中小学教师教学效能感与主观幸福感的关系研究》，载《江西教育学院学报》，2008，29(5)。

③ 潘焱：《重庆市高校辅导员工作效能感现状及其与主观幸福感的关系》，硕士学位论文，西南大学，2009。

④ 吕中科：《高中班主任胜任力结构及其与自我效能感和心理幸福感的关系》，硕士学位论文，河南大学，2010。

感，从而增强他们的幸福感。

研究比较了教师胜任力、教学效能感与幸福感三种可能模型，结果证实，教师胜任力直接对幸福感产生影响，并通过教学效能感间接对幸福感产生影响。教师胜任力直接影响主观幸福感和心理幸福感，同时教师胜任力还通过个人教学效能感和一般教学效能感间接影响主观幸福感。在教师胜任力具体维度上，人际沟通、个人特质、信息搜索、专业素养、建立关系和尊重他人通过个人教学效能感影响主观幸福感和心理幸福感。职业偏好、关注学生、理解他人通过一般教学效能感影响主观幸福感。

由此可见，无论是在总体上还是具体维度上，教学效能感在胜任力和幸福感之间均起部分中介作用。这是因为作为体现教师个人能力和信念的教学效能感是较为稳定的内部因素，这些稳定的，同时又不可控的因素能长期持久地影响个人的情绪体验，进而影响个体的主观幸福感水平，故而它们可以成为主观幸福感的有力预测变量。陈美荣的研究表明，教师的个人教学效能感是人格特征对主观幸福感产生影响的中间变量。[①] 胜任力也被认为是潜在的、持久的个人特征，可以看作个体较为稳定的人格特征的一部分。自我效能感是一个动态的、多层面的信念体系，它对工作不安全感—心理紧张、工作不安全感—工作绩效之间的关系具有调节作用。

胜任力高低固然会影响幸福感的高低，但关键还取决于教学效能感。邓仁丽等人的研究认为，自我效能感低的人在与情境作用时，会过多地想到个人的不足，使其将注意力更多地转向可能的失败或不利的结果，而自我效能感较高的人将注意力和努力集中于情境的要求上，并被障碍激发出更多的努力。这说明自我效能感对人的行为、感受及体验有很强的影响作用。现有的国内外研究也为本结论提供了一定的支持。比如，班杜拉和艾伯特（Bandura & Albert）的研究表明自我效能感水平低的人会因为怀疑自己的能力而在困难面前犹豫不决、不知所措，甚至对能够从事的工作和完成的任务也不敢问津。面临由胜任力决定的教师评价压力时，教学效能感高的教师能更加积极地处理压力，因此应尽量提高教师教学效能感，使教师获得较高幸福感。

---

① 陈美荣、曾晓青：《中小学教师教学效能感与主观幸福感的关系研究》，载《江西教育学院学报》，2008，29(5)。

第二十章

职业韧性与幸福感的关系

职业韧性作为员工遭遇组织变化或职业逆境仍能保持良好适应的积极心理资源，在工作压力的应对过程中显得尤为宝贵。知识型员工追求个人价值的实现，普遍接受这样的理念：工作是为了更幸福的生活，幸福地生活才能更好地工作。探究作为抵抗工作压力、保持工作高效能的积极心理品质的职业韧性与公民幸福指数的关系具有重要的社会价值。

第一节　职业韧性与幸福感的关系研究现状

心理韧性作为个体处于不利情形中却仍能获得良好发展的积极心理资源，在压力对身心的影响中起重要调节作用。[1] 心理韧性意味着内在的优势品质、能力、乐观、灵活性等有效应对困境的素质。它强调人类面对危险性因素时如何调用自身的积极力量进行应对，而不是消极地逃避压力。职业韧性是心理韧性在工作领域中的反映，它是员工面对组织变化或职业逆境时仍能良好适应的心理状态。职业韧性相对应于工作压力而提出，亦是经过职业生活历练而获得的心理品质。员工在工作环境中的韧性状态早在 20 世纪 80 年代即受到研究者的关注，直至积极组织行为学与心理资本的提出使得韧性在组织管理领域得到了极大的关注。科巴萨（Kobasa）和她的同事们研究了企业执行官在一定压力下的耐受性（hardiness）后发现，耐受性高的执行官不易患与压力有关的疾病，而且他们具备明显的特征：高

---

① Davydov, D. M, Stewart, R., Ritchie, K., et al., "Resilience and mental health," *Clinical Psychology Review*，2010，30(5)，pp. 479-495.

度卷入自己的工作、喜欢挑战（相信变化才是常态）、有控制感（感到能够影响周围的事物）。[1] 库蒂（Coutu）描述了工作场所中的高韧性个体有更强的认知度、现实性、灵活性、适应性和灵机应变的能力。杰克逊（Jackson）和沃特金（Watkin）认为员工的韧性涉及七大能力，包括情绪控制、冲动控制、因果分析、自我效能感、现实的乐观、共情和交流，当然一个有韧性的人未必拥有以上所有的心理能力。积极组织行为学专家卢坦斯（Luthans）将韧性定义成"能够从逆境、不确定、冲突和失败中，甚至从积极事件、进步及与日俱增的责任中恢复过来的能力，以及超越平凡的意志力"[2]。沃特曼（Waterman）如此总结具有高韧性的员工：不仅信奉持续学习的理念，而且随时准备改造自己以跟上变革的步伐；不仅对自己的职业发展负责，而且愿意为组织的成功承担责任。[3] 然而最早提出职业韧性（career resilience）概念的是伦敦（London），他于1983年开发了第一个操作性定义，视韧性为职业动机的多维结构中的一部分，继而又总结为在逆境中对职业生涯的坚持[4]；伦敦提炼的职业韧性的行为表现有：适应变化的环境、欢迎工作与组织的变革、愿意与不同的人一起工作、表现出自信、愿意冒险。[5] 福里（Fourie）和万彪仁（van Vuuren）在伦敦等人研究的基础上，将职业韧性看作从工作相关的逆境中"回弹"的能力，认为有韧性的员工更能适应迅速变化的职业环境，愿意接受工作或组织的变革，喜欢体验工作中的新异。[6]

职业韧性的影响因素可分为危险性因子与保护性因子，保护性因子好比能够帮助形成高水平韧性的良性资产，为个体的良好适应带来积极的结果；危险性因子是消耗积极心理资源的劣性资产，将对个体的适应状况造成威胁。无论是哪种性质的因素，都可以从个体自身、群体层次、组织

---

① Kobasa，S. C，Maddi，S. R. & Kahn，S.，"Hardiness and health：A perspective study," *Journal of Personality and Social Psychology*，1982，42(1)，pp. 168-177.

② Luthans，F.，"The need for and meaning of positive organizational behavior," *Journal of Organizational Behavior*，2002，23(6)，pp. 695-70.

③ Waterman，R. H.，Waterman，J. A. & Collard，B. A.，*Toward a Career-Resilient Workforce*，Harvard Business Review，1994，72，pp. 87-95.

④ London，M.，"Toward a theory of career motivation," *Academy of Management Review*，1983，8(4)，pp. 620-630.

⑤ London，M.，"Relationships between career motivation，empowerment and support for career development," *Journal of Occupational and Organizational Psychology*，1993，66(1)，pp. 55-69.

⑥ Fourie，C. & van Vuuren，L. J.，"Defining and measuring career resilience," *Journal of Industrial Psychology*，1998，24(3)，pp. 52-59.

内、组织外找到对应的根源。然而现实的情况远比这样的分类复杂，由外在环境带来的危险性因子通常对不同的个体产生有差异的影响；同时危险性因子并非只有破坏作用，韧性水平往往随着逆境的克服有很大的提高；而且也无法比较出哪项保护性因子在韧性的形成中占有更重要的地位。

职业韧性在其描述中是一种动态的、有延展性的、可开发的心理能力或心理优势。美国管理学会前主席卢坦斯（Luthans）评价道，"在急剧变化的时代，组织研究并善用韧性这种心理资本，将是一个非常明智的投资。"[①]至今已有诸多专家参与到开发与提高员工心理韧性的项目。组织行为学专家马斯特和雷德（Master & Reed）提出了开发工作场所的心理韧性的三大策略：一是提高韧性资产；二是加强对危害因素的管理；三是拥有良好的价值观和道德。凌文辁与许诺建议了"职业履历制订"的培养方法[②]，通过职业履历的写作，帮助员工反思与总结工作经历，了解自身的工作能力与专业技能，发现自身的价值和职业兴趣所在。职业履历的意义不仅仅在于发展职业规划，重要的是员工通过分析自身的优点和缺点，心理得到了成长，从而更有信心去面对困难、接受挑战，在工作中更富有韧性。实践证明，心理韧性可以通过短期的、高度聚焦的干预来开发。萧爱玲于2004年至2005年间为10家组织机构进行工作压力管理培训，分别在训练前、训练后、训练后6个月至10个月中的三个时间点测量包括心理韧性在内的指标。发现参加者在培训后个人及工作方面都有更佳的表现，其中心理韧性的培训在三个时间点上逐次提高，显示了良好的培训效果及长时间的巩固效果，相比于积极情绪，心理韧性的形成要稳定也有效的多。韦特和理查森（Waite & Richardson）设计了针对政府组织的员工的干预实验。被试被分到控制组与干预组，在经过5个培训阶段之后（每个阶段总共含8小时），干预组的韧性品质发生了显著而积极的变化。[③]

国内外研究证明，心理韧性与幸福感积极相关，且能一定程度上预测幸福感。麦基和希瑟（McKee & Heather）对30个儿童的研究发现，与心理韧性水平较低的个体相比，具有较高心理韧性水平的个体幸福感水平更

---

① Luthans, F., Avolio, B. J., Walumbwa, F. O., et al., "The psychological capital of Chinese workers: Exploring the relationship with performance," *Management and Organization Review*, 2005, 1, pp. 247-269.

② 许诺、凌文辁：《初探职业韧性的培养》，载《企业经济》，2007(9)。

③ Waite, P. J. & Richardson, G. E., "Determining the efficacy of resiliency training in the worksite," *Journal of Allied Health*, 2004, 33(3), pp. 178-183.

高，在这项研究中的韧性维度主要包括环境掌控、个人成长和自我接纳。[①]
穆托（Muto）等人的研究显示，心理韧性的自我掌控维度与心理幸福感的个
人成长维度相关。[②] 克里斯托福（Christopher，2000）在 100 个移民美国的
爱尔兰人中进行了调查（平均年龄为 31 岁），研究表明心理韧性与幸福感积
极相关，同时，心理韧性与生活满意度是幸福感强有力的预测因素。马奇
（March）研究了生活逆境与韧性形成的关系，她发现心理韧性得分与信念
显著正相关，而与生活压力与压力事件呈负相关。生活压力将导致低的韧
性水平，同时心理韧性也是生活逆境与幸福感中间的缓冲器。她同时强
调，心理韧性不能单一解释生活中的主观幸福感，社会支持等其他影响因
素也十分重要。陈迎利在对贫困大学生所做的研究中总结道，高、低两组
复原力水平的贫困大学生，在复原力、幸福指数、总体情感指数及生活满
意度上都存在极其显著的差异，且高复原力组的指标均高于低复原力组。[③]
胡夏娟对大学生所做的调查中也显示，复原力和心理幸福感呈显著正相
关，压力对心理幸福感起负向预测作用，在高压力组里，复原力起完全中
介作用；在低压力组里，复原力起部分中介作用。[④] 莱珀特（Leppert）等人
发现心理韧性作为老年群体（年龄在 60 岁以上）中的保护性因子，是能积极
预测幸福感的个人特质[⑤]，老年人的心理韧性水平越高，对于主观性的身
体不适感的报告越少，而且这种趋势与年龄无关。

目前涉及职业韧性与幸福感的关系研究较少，不过职业韧性已经与职
业定位、职业动机、工作满意度等均有相关性研究。工作满意度出现在积
极心理学的指标范畴内，与幸福感密切相关，是其测量结构的重要组成部
分，因此它与职业韧性的相关具有一定的说明性。本研究将以知识型员工
为研究对象，深入探究职业韧性与幸福感的关系。

---

① Mckee，H.，"The British children evacuees：A life-span developmental perspective on resilience and psychological well-being,"*The Sciences and Engineering*，2006，66(10)，pp. 57-69.

② Ishige，M. & Muto，T.，"Psychological well-being，resilience，and social support expectancy：Junior high school students facing high school entrance examinations,"*Japanese Journal of Educational Psychology*，2005，53(3)，pp. 356-367.

③ 陈迎利：《贫困大学生的复原力及其与主观幸福感的关系研究》，硕士学位论文，西南师范大学，2007。

④ 胡夏娟：《大学生压力知觉、复原力和心理幸福感的关系研究》，硕士学位论文，河北师范大学，2009。

⑤ Leppert，K.，Gunzelmann，T.，Schumacher，J.，et al.，"Resilience as a protective personality characteristic in the elderly," *Psychotherapie • Psychosomatik • Medizinische Psychologie*，2005，55(8)，pp. 365-369.

第二节　研究对象与研究工具

一、研究对象

选取北京、浙江、江苏、湖南、江西等地高新科技企业的员工为研究对象，共发放问卷 380 份，回收后剔除无效问卷，得到 325 份有效问卷，有效回收率为 85.5%。

二、研究工具

(一)《职业韧性问卷》

由本书作者翻译修订，正式问卷包括自我调适、挑战性、自我规划和独立性 4 个维度，共 21 个项目。在本研究中，总问卷内部一致性信度 Cronbach α 系数为 0.720，各维度内部一致性信度 Cronbach α 系数分别为 0.698、0.647、0.605 和 0.556，各因子间呈中等相关，相关系数在 0.194 和 0.402 之间，均达到显著相关。验证性因素分析显示，模型各项拟合指数分别为 $\chi^2 = 311.40$，$df = 113$，$\chi^2/df = 2.75$，AGFI $= 0.75$，CFI $= 0.85$，NFI $= 0.83$，SRMR $= 0.075$，RMSEA $= 0.074$。总体表明，修订的问卷的信效度较好，达到心理测量学要求。

(二)《综合幸福问卷》(MHQ)

在本研究中，总问卷 Cronbach α 系数为 0.925，各维度的 Cronbach α 系数在 0.677 和 0.906 之间。总问卷分半信度为 0.822，各维度分半信度在 0.569 和 0.881 之间。验证性因素分析表明，MHQ 模型各项拟合指数分别为：$\chi^2/df = 3.06$，RMSEA $= 0.078$，SRMR $= 0.074$，NFI $= 0.87$，NNFI $= 0.90$，CFI $= 0.91$。总体表明，在本调查中《综合幸福问卷》具有良好的信效度。

(三)《心理韧性量表》

采用瓦格尼德(Wagnild)及其同事编制的《心理韧性量表》。[1] 量表共有 5 个维度：控制感(equanimity)、坚持性(perseverance)、自我独立(self

---

[1] Wagnild，G. M. & Young，H. M.，"Development and psychometric evaluation of the Resilience Scale,"*Journal of Nursing Measurement*，1993，1(2)，pp. 165-178.

reliance)、生活意义(meaningfulness)、存在感(existential aloneness)，共25个项目，最后一题"我很坚韧"作为待选题。该量表内部一致性系数在0.76和0.91之间，重测信度在0.67和0.84之间。[①]

第三节　职业韧性与幸福感的关系研究结果

一、职业韧性与幸福感的相关分析

对职业韧性与幸福感进行相关分析(见表20-1)，结果表明，职业韧性总分与综合幸福感存在($r=0.605$)显著正相关，与心理幸福感相关($r=0.593$)，与主观幸福感相关($r=0.446$)。

表 20-1　职业韧性各维度与幸福感各维度相关分析

	自我调适	挑战性	自我规划	独立性	职业韧性
生活满意	0.297**	0.292**	0.08	0.389**	0.378**
正性情感	0.231**	0.270**	0.236**	0.291**	0.407**
负性情感	0.104	0.119*	−0.088	0.03	0.061
生命活力	0.213**	0.375**	0.174**	0.273**	0.398**
健康关注	0.204**	0.414**	0.243**	0.134*	0.386**
利他行为	0.078	0.433**	0.306**	0.243**	0.359**
自我价值	0.247**	0.510**	0.329**	0.312**	0.484**
友好关系	0.289**	0.337**	0.165**	0.335**	0.204**
人格成长	0.384**	0.598**	0.319**	0.506**	0.667**
主观幸福感	0.282**	0.329**	0.134*	0.348**	0.446**
心理幸福感	0.264**	0.579**	0.352**	0.367**	0.593**
综合幸福感	0.323**	0.549**	0.285**	0.421**	0.605**

注：* 表示 $p<0.05$，** 表示 $p<0.01$，*** 表示 $p<0.001$，下同。

二、幸福感对职业韧性的回归分析

多元回归分析的功能是描述多个自变量对1个因变量发生影响作用的数量关系。以职业韧性的4个维度为因变量，幸福感的9个因子为自变量，采用多元回归分析中的全部引入法(Enter)，建立4个回归模型(见

---

① Gail，W.，"A Review of the Resilience Scale，"*Journal of Nursing Measurement*，2009，17(2)，pp.105-118.

表 20-2）：①以自我调适为因变量、幸福感各维度为自变量做回归分析，进入方程的有生活满意、人格成长、自我价值、利他行为 4 个因子，解释率为 20.3%。其中，自我价值与利他行为有负向的预测作用；②以挑战性为因变量，幸福感各维度为自变量做回归分析，进入方程的有人格成长、自我价值、利他行为，解释率为 41.8%；③以自我规划为因变量，幸福感各维度为自变量做回归分析，进入方程的生活满意、人格成长、自我价值、健康关注、正性情感、负性情感，解释率为 22.1%。生活满意与负性情感有负向的预测作用；④以独立性为因变量，幸福感各维度为自变量做回归分析，进入方程的有生活满意、人格成长、健康关注、正性情感，回避对幸福感的解释率为 31.6%。健康关注对幸福感有负向的预测作用。

表 20-2　幸福感各因子向职业韧性的回归模型

回归模型	因变量	入选因子	标准回归系数 β	t	Sig.	回归参数
1	自我调适	生活满意	0.167	2.601	0.010**	$R=0.450$ $R^2=0.203$ $F=33.851**$
		人格成长	0.368	4.972	0.000**	
		自我价值	0.167	2.408	0.017*	
		利他行为	−0.214	−3.278	0.001**	
2	挑战性	人格成长	0.409	6.480	0.000**	$R=0.647$ $R^2=0.418$ $F=25.140**$
		自我价值	0.238	4.018	0.000**	
		利他行为	0.115	2.067	0.040*	
3	自我规划	生活满意	−0.256	−4.031	0.000**	$R=0.470$ $R^2=0.221$ $F=9.930**$
		人格成长	0.182	2.493	0.013*	
		自我价值	0.227	3.311	0.001**	
		健康关注	0.130	1.996	0.047*	
		正性情感	0.164	2.662	0.008**	
		负性情感	−0.108	−1.965	0.050*	
4	独立性	生活满意	0.130	2.195	0.029*	$R=0.562$ $R^2=0.316$ $F=16.173**$
		人格成长	0.503	7.348	0.000**	
		健康关注	−0.130	−2.143	0.034*	
		正性情感	0.128	2.213	0.028*	

4 个回归模型分析显示，幸福感各指标中除了友好关系、生命活力之外，均对职业韧性各维度有不同程度的影响。首先人格成长在每个模型中都是正向预测指标，进入职业韧性的 4 个维度，这说明人格成长对职业韧性的预测力最大。其次是自我价值，进入职业韧性的 3 个维度，均是正向预测指标。健康关注、利他行为、正性情感分别进入职业韧性的两个维度，健康关注与自我规划正性相关，负向预测独立性且相关度较低（$r=0.134$）；利他行为与自我调适的相关几乎为零（$r=0.078$），对自我调适呈现负向预测作用，但与挑战性维度中等程度相关（$r=0.466$）且为正向预测指标；正性情感与自我规划、独立性正相关并能正向预测这两个维度。生活满意与自我规划的相关几乎为零（$r=0.08$）且为负向预测，但与独立性、自我调适是正相关且正向预测。

三、职业韧性对幸福感的回归分析

以主观幸福感、心理幸福感及幸福感的 9 个维度为因变量，职业韧性的 4 个因子为自变量，采用多元回归分析中的全部引入法，建立回归模型（见表 20-3）：①以主观幸福感为因变量，职业韧性各因子为自变量做回归分析，进入方程的有自我调适、挑战性、独立性 3 个因子，解释率为20.3%。其中，自我价值与利他行为有负向的预测作用；②以心理幸福感为因变量、职业韧性各因子为自变量做回归分析，进入方程的有自我调适、挑战性、自我规划、独立性，解释率为 41.8%；③以生活满意为因变量，职业韧性各因子为自变量做回归分析，进入方程的有自我调适、挑战性、独立性，解释率为 18.7%；④以人格成长为因变量，职业韧性各因子为自变量做回归分析，进入方程的有自我调适、挑战性、自我规划、独立性，解释率为 50.3%；⑤以自我价值为因变量，职业韧性各因子为自变量做回归分析，进入方程的有挑战性、独立性，解释率为 32.3%；⑥以生命活力为因变量、职业韧性各因子为自变量做回归分析，进入方程的有自我调适、挑战性、独立性，解释率为 16.6%；⑦以友好关系为因变量、职业韧性各因子为自变量做回归分析，进入方程的有自我规划，解释率为 6%；⑧以利他行为为因变量、职业韧性各因子为自变量做回归分析，进入方程的有挑战性、独立性，解释率为 21.6%；⑨以生活满意为因变量、职业韧性各因子为自变量做回归分析，进入方程的有自我调适、挑战性、独立性，解释率为 18.7%；⑩以健康关注为因变量、职业韧性各因子为自变量做回归分析，进入方程的有自我调适、挑战性、自我规划，解释率为18.6%；⑪以负性情感为因变量、职业韧性各因子为自变量做回归分析，进入方程的有挑战性、自我规划，解释率为 3%。

表 20-3　职业韧性各因子向幸福感及各维度的回归模型

回归模型	因变量	入选因子	标准回归系数 β	t	Sig.	回归参数
1	主观幸福感	自我调适	0.192	3.348	0.000**	$R=0.466$
		挑战性	0.215	3.747	0.001**	$R^2=0.217$
		独立性	0.216	3.806	0.000**	$F=22.185$**
2	心理幸福感	自我调适	0.187	2.749	0.006**	$R=0.637$
		挑战性	0.275	8.281	0.000**	$R^2=0.406$
		自我规划	0.271	3.706	0.000**	$F=54.710$**
		独立性	0.290	3.769	0.000**	
3	生活满意	自我调适	0.153	2.610	0.009**	$R=0.432$
		挑战性	0.208	3.551	0.000**	$R^2=0.187$
		独立性	0.229	3.960	0.000**	$F=18.378$**
4	人格成长	自我调适	0.134	2.926	0.004**	$R=0.709$
		挑战性	0.421	9.202	0.000**	$R^2=0.503$
		自我规划	0.144	3.241	0.001**	$F=80.952$**
		独立性	0.313	6.936	0.000**	
5	自我价值	挑战性	0.405	7.616	0.000**	$R=0.575$
		自我规划	0.165	3.193	0.002**	$R^2=0.323$
		独立性	0.194	3.713	0.000**	$F=39.597$**
6	生命活力	自我调适	0.163	2.752	0.006**	$R=0.408$
		挑战性	0.230	3.875	0.000**	$R^2=0.166$
		独立性	0.125	2.145	0.033*	$F=15.963$**
7	友好关系	自我规划	0.185	3.010	0.003**	$R=0.244$ $R^2=0.060$ $F=5.078$**
8	利他行为	挑战性	0.363	6.310	0.000**	$R=0.465$
		独立性	0.144	2.545	0.011*	$R^2=0.216$ $F=22.068$**

回归模型	因变量	入选因子	标准回归系数 β	t	Sig.	回归参数
9	健康关注	自我调适	0.216	3.691	0.000**	$R=0.431$
		挑战性	0.273	4.668	0.000**	$R^2=0.186$
		自我规划	0.163	2.850	0.005**	$F=18.274**$
10	正性情感	自我调适	0.191	3.246	0.001**	$R=0.417$
		自我规划	0.207	3.597	0.000**	$R^2=0.173$
		独立性	0.187	3.217	0.001**	$F=16.791**$
11	负性情感	挑战性	0.175	2.740	0.006**	$R=0.174$
		自我规划	−0.130	−2.083	0.038*	$R^2=0.030$
						$F=2.488**$

结果显示，职业韧性对幸福感各个因子均有一定的解释力。最高的是对人格成长的解释力，职业韧性 4 个因子联合解释了人格成长的 50.3%。其次是对自我价值的解释力达到 32.3%。最低的是对负性情感和友好关系的解释，分别是 3% 与 6%，基本上可以忽略。

职业韧性 4 因子共同对心理幸福感的解释率（40.6%）高于对主观幸福感的解释率（21.7%）。这表明回归模型 2 能更加有效地解释职业韧性对幸福感的预测。图 20-1 直观地显示了职业韧性主要通过对心理幸福感的作用而提升总体的幸福感。

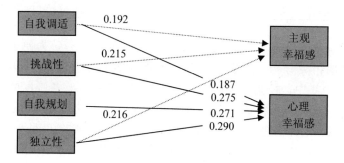

图 20-1　职业韧性对幸福感影响的路径图

（一）职业韧性与心理韧性的关系分析

由表 20-4 可知，职业韧性与心理韧性存在较高相关，总分相关系数达到 0.613，其余大部分因子间也达到了显著性相关，数值在 0.173 和 0.596 之间。但是职业韧性中的自我调适与心理韧性中的生活意义、坚持性相关不显著。职业韧性中的自我规划与心理韧性中的控制感不存在显著相关。

表 20-4　职业韧性与心理韧性的相关分析

	自我独立	生活意义	控制感	坚持性	存在感	心理韧性
自我调适	0.225**	0.058	0.328**	0.093	0.173**	0.222**
挑战性	0.581**	0.405**	0.457**	0.513**	0.596**	0.653**
自我规划	0.294**	0.273**	0.102	0.294**	0.338**	0.349**
独立性	0.473**	0.313**	0.444**	0.302**	0.253**	0.456**
职业韧性	0.551**	0.385**	0.523**	0.404**	0.465**	0.613**

（二）职业韧性、心理韧性与幸福感各维度相关分析

为了解职业韧性、心理韧性与幸福感的关系，对职业韧性、心理韧性、幸福感各维度进行相关分析，见表 20-5。

表 20-5　职业韧性、心理韧性与幸福感各维度的相关

	生活满意	正性情感	负性情感	生命活力	健康关注	利他行为	自我价值	友好关系	人格成长
心理韧性	0.474**	0.396**	−0.212**	0.634**	0.495**	0.633**	0.619**	0.284**	0.730**
职业韧性	0.408**	0.393**	−0.071	0.400**	0.385**	0.376**	0.468**	0.207**	0.672**

由于职业韧性与心理韧性的相关度较高（$r=0.613$），为便于比较，本研究采用偏相关分析，分别考查两个韧性量表与幸福感各维度之间的关系。在表 20-6 中，控制心理韧性后，职业韧性与幸福感各维度的相关程度大幅度下降，除了人格成长与自我价值之外，均未达到显著性水平（$p<0.01$）。而控制职业韧性后，心理韧性与幸福感各维度仍呈现显著水平（$p<0.01$）。研究表明，职业韧性与幸福感各维度存在相关是由于心理韧性与职业韧性的相关造成的。

表 20-6 职业韧性、心理韧性与幸福感各维度的偏相关

	生活满意	正性情感	负性情感	生命活力	健康关注	利他行为	自我价值	友好关系	人格成长
心理韧性(控制职业韧性)	0.314**	0.199**	−0.235**	0.524**	0.316**	0.554**	0.479**	0.180**	0.576**
职业韧性(控制心理韧性)	0.235*	0.229*	−0.098	0.026	0.143*	−0.043	0.317**	0.055	0.397**

第四节　讨论与结论

一、企业员工职业韧性与幸福感的现状分析

根据不同人口学变量对职业韧性的影响分析，不同工作年限的员工对自我规划与独立性的评价不同，工龄逐级增长，对自我规划的评价逐次降低；3～10 年工龄的员工独立性最强，其次是 10～20 年的员工、1～3 年的员工、1 年以下的员工。可见刚进入职场的员工更重视职业目标的设定与规划，而工龄越长者，可能对自我的职业定位有更固定的看法，在企业中的地位也比较巩固，因此在职业规划或变更职业的行动中表现得更加谨慎，也更加稳健。3～10 年工龄的员工是企业最年富力强又工作经验丰富的员工，通常执行比较核心与攻坚的任务，如变动性较大的项目管理等，能在工作要求比较模糊、上级指导不具体的情况下进入工作状态，因此独立性最高是符合现实情况的。

在不同岗位上工作的员工对挑战性、自我规划、独立性的评价也有显著差异，其中担任项目管理职务的评价最高，居于末位的是财务和人力资源岗位。项目管理者主要面对一次性、多任务的工作，具有明确的时间要求、特定的工作范围、资金人员预算和要达到的特定绩效水平。因此，项目管理者在企业中通常接手非常规性、具有挑战性的任务，面临的压力比较大。在问题解决过程中的计划制订、资源协调、进度管理、风险管理、组织管理、沟通管理、交接管理等锻炼了项目管理人员全方位的能力。结合统计情况来看，项目管理者喜欢充满变化的工作环境，并有超强的工作纪律，能在非结构化的情境中保持良好的工作表现，对自我的要求也很高，有非常强的规划能力，对自身的职业规划早有准备。

进入管理层的员工比普通员工对自我调适、挑战性和独立性的评价更

高。管理层员工本来就是企业的精英员工,从工作实战中成长起来,在面对压力时能自动调整情绪、始终保持高度的工作纪律等,他们的综合素质比普通员工强是合乎实情的。与已往研究一致,工作年限与由此获得的工作经验能够提升韧性。

总体上,当前调查中的员工的职业韧性水平较高,处于中等偏上。其中工作年限越长、职位越高、职位要求越高,则职业韧性越高,但男女员工在职业韧性各维度无显著性差异,教育程度与单位性质在职业韧性上也无显著性差异。

根据不同人口学变量对幸福感的影响分析,不同工作年限的员工对幸福感的评价不同,在生活满意、人格成长和自我价值 3 个维度上,工作年限越长,自我评价越高;对健康关注和正性情感的评价,1~3 年工龄的员工评价高于其他组;在友好关系、利他行为、负性情感 3 个维度上没有差异。在正性情感、生活满意和人格成长 3 个维度上,进入管理层的员工比普通员工的评价要高。

在不同岗位上工作的员工在人格成长的评价上,项目管理者居先;在友好关系上,行政人员居先;在负性情感上,销售与项目管理者居先。项目管理者比其他职位的员工经历更多的工作压力,也可能产生较多的负面情绪,同时他们也在压力环境中积累起应对困难的心理力量,感受到自身人格的成长。管理层员工是从基层员工中成长起来的企业精英,他们通常工作经验丰富,在某一领域能独当一面,获得了企业较高的薪酬回报与管理上的主动权,因此体验到更高的主观幸福感与人格成长。

总体上,工作年限越长,幸福感越高,管理层员工比普通员工幸福,项目管理者比其他岗位员工体验到更多的心理幸福感,但是性别、年龄、单位性质因素在幸福感各维度无显著性差异。

二、企业员工职业韧性与幸福感的关系分析

通过对职业韧性与幸福感的相关分析与回归分析我们可以发现,心理幸福感中的人格成长、自我价值与职业韧性高度相关,自我价值进入职业韧性 3 个因子的正向回归(除了独立性),人格成长进入所有职业韧性因子的正向回归。反之,职业韧性对幸福感各个因子均有正向的解释力。职业韧性 4 个因子联合解释了人格成长的 50.3%,对自我价值的解释力达到 32.3%。最低的是对负性情感和友好关系的解释,基本上可以忽略。对主观幸福感的解释力达到 20.3%,对心理幸福感的解释力达到 41.8%。这个研究结果也印证了穆托等研究者的结论,心理韧性的自我掌控维度与心理

幸福感的个人成长维度相关。① 以往的研究显示，人格特质与心理韧性存在相关关系。坎贝尔-西尔斯(Campbell-Sills)等研究者探讨了"大五"人格与心理韧性的关系，发现心理韧性与人格的神经质、外向性、责任性、开放性有显著相关，与宜人性不存在显著性相关；神经质、外向性对心理韧性具有显著的预测作用，责任心需要通过应对方式对心理复原力产生影响。② 中谷(Nakaya)等人对大学生进行的调查发现，青少年在心理复原力量表上的得分与神经质呈显著负相关，与外向性、开放性、宜人性呈显著正相关，且能有效预测大学生的心理韧性水平。③ 国内研究者徐迎利的研究结果显示，稳定性、怀疑性、适应与焦虑型、怯懦与果断型、心理健康者、创造性强者、新环境成长的能力是影响心理复原力的核心人格因素。④ 对于感知到自己的人格成长从而促进韧性的形成，布朗(Brown)等人进一步解释道，这种积极感知可增加人们对工作意义的理解，鼓励其投入更多的认知和情绪资源，提高对工作角色和组织的认同感。⑤ 由此也可以佐证知识型员工的特点，他们将个人成长放在职业选择的首位，成长性目标的存在也是他们克服逆境从而获得职业韧性的动力。

① Muto，T. & Ishige，M.，"Psychological well-being，Resilience，and social support expectancy：Junior high school students facing high school entrance examinations,"*Japanese Journal of Educational Psychology*，2005，53(3)：356-367.

② Campbell-Sills，L.，Cohan，S. L. & Stein，M. B.，"Relationship of resilience to personality，coping，and psychiatric symptoms in young adults,"*Behaviour Research and Therapy*，2005，44(4)：585-599.

③ Nakaya，M.，Oshio，A. & Kaneko，H.，"Correlations for adolescent resilience scale with big five personality traits,"*Psychological Report*，2006，98(3)：927-930.

④ 徐迎利：《贫困大学生的复原力及其与主观幸福感的关系研究》，硕士学位论文，西南大学，2007。

⑤ Brown，S. P.，Leigh，T. W.，"A new look at psychological climate and its relationship to job involvement，effort，and performance,"*Joural of Applied Psychology*，1996，81(4)：358-368.

第二十一章

幽默干预对幸福感的影响

幽默作为 24 种积极人格特质之一，可以带给人一种精神上的愉悦，它体现出一个人自居优越的心理和智慧修养。通过使用幽默，人们可以维护自尊、领袖地位，保持风格，拒绝平庸，可以保持心理健康，最终实现幸福。幽默感并不完全是天生的，还可以通过后天的学习进行培养，因此，培养个体的幽默感对于提升个体的幸福感显得尤为重要。

第一节　幽默感与幸福感的关系研究现状

对幽默的表达与理解和个体所处的社会文化背景存在很大的关联，不同的社会文化有不同的幽默观、不同的幽默欣赏，以及将幽默作为应对机制的方式。艾森克(Eysenck)曾提出，如果满足以下 3 个条件：①其他人因他的做法而发笑；②他大笑并且很容易逗乐其他人；③他讲的有趣的故事让人发笑，就说明这个人有幽默感。后来其他学者拓展了艾森克的幽默含义，提出了至少 7 种解释，包括幽默笑话的程度、幽默方式的表达、幽默欣赏和使用幽默作为应对机制的趋势等。马丁(Martin)研究认为，幽默和人格特质一样存在个体差异，是一种与家庭有关的特质，包括幽默欣赏、幽默创造和幽默理解[1]。马丁还对幽默的类型进行了研究，将幽默分为适应性幽默感和非适应性幽默感，其中适应性幽默感包括友好幽默和自我增强幽默，非适应性幽默感包括自我挫败幽默和挑衅幽默。

---

① Martin, R. A., Puhlik-Doris, P., Larsen, G., et al., "Individual differences in uses of humor and their relation to psychological well-being: Development of the humor styles questionnaire," *Journal of Research in Personality*, 2003, 37(1), pp. 48-75.

《心理大辞典》对幽默的定义为："通过象征、讽喻、双关等修辞手法，揭露生活中矛盾、乖讹和不通情理之处，使人情不自禁发笑的机智言语活动或行为现象。比滑稽含蓄，比讽刺轻松温和，带有快乐的色彩，常使人产生微笑、苦笑或会心的笑。"幽默使人们看出人生和人性中的可笑和荒谬之处，且能善意地把它们表达出来。李梅综合以往学者的观点，认为幽默感是一种稳定的人格特质或个体差异变量，是个体在感受、理解、欣赏、创造、传递和使用幽默的过程中认知、情绪、行为倾向的整合。① 陈煦海和黄希庭从心理学角度将幽默感界定为个体在幽默活动中表现出来的习惯性的行为、经验、情感、态度和能力差异，是一种稳定的人格特质。②

对幽默感的测量方法较多，索尔森和鲍威尔（Thorson & Powell）编制的《多维幽默感量表》包括 4 个维度，共 24 个项目。4 个维度分别为幽默创作、幽默应对、幽默态度和幽默欣赏。③ 国内学者一般认为幽默感是个体理解、欣赏、创作和使用幽默的一种习惯性倾向，基于这一概念编制了许多问卷和量表，然而不同编制者在编制问卷时的侧重点不同，有侧重于幽默感多个维度的量表，有侧重于幽默应用的量表。谢（Hsieh）等人编制的《中国护士幽默量表》，包括幽默创作、笑的倾向性、幽默知觉、幽默态度4 个维度，共 30 题。④ 陈学志和陈淑蓉编制的《多向度幽默感量表》，包括幽默理解能力、幽默创作能力、幽默适应能力、社交情境的幽默能力、幽默态度、笑的倾向性 6 个维度，共 52 题。⑤ 然而，根据幽默的社会理论，幽默的重要功能之一就是委婉沟通功能，但是目前编制的幽默感问卷均没有设置这一维度，也没有编制相应的题目进行测量。

研究表明，幽默具有双重优势，幽默有助于减少压力、抑郁和焦虑等负性指标。有学者证实，参与幽默干预的被试前、后测比较发现，压力、抑郁和焦虑均出现不同程度地降低，而对照组则没有出现。休斯敦（Houston）等人发现幽默感能给养老院中的老人带来心理幸福感的积极影

---

① 李梅：《幽默感对压力的调节作用：效果及其机制》，博士学位论文，东北师范大学，2008。

② 陈煦海、黄希庭：《幽默感研究述评》，载《西南大学学报（人文社会科学版）》，2007，33(2)。

③ Thorson, J. A. & Powell, F. C., "Development and validation of a multidimensional sense of humor scale,"*Journal of Clinical Psychology*, 1993, 49(1), pp. 13-23.

④ Hsieh, C-J., Hsiao, Y-L., Liu, S-J., & Chang, C., "Positive psychological measure: constructing and evaluating the reliability and validity of a chinese humor scale applicable to professional nursing,"*Journal of Nursing Research*, 2005, 13(3), pp. 206-215.

⑤ 陈淑蓉、陈学志：《幽默感的定义与测量：多向度幽默感量表之编制》，载《应用心理研究》，2005(26)。

响，同时还能降低焦虑和抑郁水平。[1] 研究发现，被试在感受到压力时，观看一段幽默视频不仅能降低其焦虑水平，还能增加积极情绪体验。其他研究显示，幽默感与轻度抑郁、压力和焦虑均呈现负相关，幽默感与较高积极情绪体验、社会关系、长寿和疼痛耐受性存在正相关。另外，幽默感还与恐惧、紧张和孤独感呈负相关，同时，已有研究证明幽默与社会功能、积极乐观、自尊、希望与活力、赞同与控制存在正相关。

幽默的双重优势在于它能够使个体增加积极情绪体验的能力，帮助个体减少对逆境的消极反应。研究显示，幽默能给个体一种积极乐观看待生活的态度和面对逆境的应对技能。与塞利格曼（Seligman）的"学会乐观"训练一样，幽默干预课程给人们提供从不同的视角看待问题的机会。在一项等待手术的癌症患者的乐观性和应对策略的调查研究中，卡弗（Carver）等人指出幽默的运用和乐观积极的建构存在相关，自我接纳和幽默能使癌症患者感受到更少的悲痛体验。[2] 幽默使人们重新认识周围的环境，增加控制感的同时减少被威胁感，失去控制感将导致个体心理发生很大的变化。弗思（Firth）等人认为那些自我效能感较低和缺乏控制感的个体，在遭遇困境时倾向于产生被威胁感、无助感和消极情绪。[3] 有研究者以最近1个月经历过重大生活事件的志愿者为被试，研究他们自控能力与情绪、思维和身体反应的关系，研究发现，高水平自控能力的被试的生理和心理症状困扰更少。[4] 索洛蒙（Solomon）的研究发现，认知控制感较高的老年人更能在大多数生活情境中找到幽默之处，并且更善于运用幽默去应对逆境。[5] 另外，麦吉（McGhee）认为幽默感水平高的个体更倾向将困难看成是挑战而

① Houston, D. M., McKee, K. J., Carroll, L. & Marsh, H., "Using humor to promote psychological wellbeing in residential homes for older people," *Aging and Mental Health*, 1998, 2 (4), pp. 328-332.

② Carver, C. S., Pozo, C., Harris, S. D., Noriega, V., Scheier, M. F., Robinson, D. S. & Clark, K. C., "How coping mediates the effect of optimism on distress: A study of women with early stage breast cancer," *Journal of Personality and Social Psychology*, 1993, 65 (2), pp. 375-390.

③ Firth, N., Cunningham, E. & Skues, J., "Primary and secondary perceived control: A comparison of adolescent students with and without learning disabilities," *Australian Journal of Learning Disabilities*, 2007, 12(1), pp. 11-17.

④ Pallant, J. F., "Development and validation of a scale to measure perceived control of internal states," *Journal of Personality Assessment*, 2000, 75, pp. 308-337.

⑤ Solomon, J., C., "Humor and aging well: A laughing matter or a matter of laughing? (Aging well in contemporary society, Part 2: choices and processes)," *American Behavioral Scientist*, 1996, 39(3), pp. 249-272.

不是威胁。① 早期，弗里和萨拉马(Fry & Salameh)发展了一套幽默训练课程，其包含了幽默的优点、阻碍幽默的态度、进入幽默天地、笑声的描述、述说幽默故事、发现内在的幽默经验、幽默工具、治疗性对伤害性幽默等12项技巧。② 洛伊斯和尼乌沃特(Lowis & Nieuwoudt)将幽默训练的前、后测幽默评量结果进行比较，发现幽默训练课程能在特定的幽默表现向度(幽默应对)上产生显著的效果。③ 普热罗斯特(Prerost)发展了一套教导老年人应对生活压力的幽默创造程序，其运用到的幽默创造技巧包括荒谬、失谐、夸大等。④ 随后，内沃、阿哈龙森、克林曼(Nevo, Aharonson & Klingman)提出了理论较完整且有实际效果的幽默训练课程，在其研究中，设计了14个单元、20小时的幽默训练课程，采取实验组控制组前、后测实验设计，以以色列北部4所都会学校的101位女教师为被试。结果发现，在幽默量表的后测得分上，实验组得分显著高于控制组。⑤

为什么幽默能有效地增进个体的积极情绪呢？弗雷德里克森的拓展—建构理论认为，有规律的积极情绪体验能促使个体成功地应对逆境，积极情绪体验越多越能够促进幸福感各个指标的提升。弗雷德里克森等人的实证研究表明，认知的拓展伴随着积极情感体验，这种认知的拓展，使得通常在消极情绪状态下变得狭窄的思维和行为重新变得开阔，这种积极情绪体验激起了幸福感的螺旋形上升。⑥ 该理论模型预测，由幽默产生的积极情绪体验不仅扩大了注意广度，增强了行为应对机制⑦，而且还建立了持久的认知幸福体验。弗雷德里克森及其同事发现，伴随着反复的积极情绪

① McGhee, P. E., *Health, Healing and the Amuse System：Humor as Survival Training* (3rd ed.), Iowa, Kendal/Hunt Publishing, 1999.

② Fry, W. F. & Salameh, W. A., *Handbook of humor and psychotherapy：Advances in the clinical use of humor*，FL：Professional Resource Exchange，1987, pp. 195-240.

③ Lowis, M. J. & Nieuwoudt, J. H., "Humor as a coping aid for stress," *Social Work*, 1994, 30, pp. 124-131.

④ Prerost, F. J., "A strategy to enhance humor production among elderly persons：Assisting in the management of stress," *Activities, Adaptation and Aging*, 1994, 17(4), pp. 17-24.

⑤ Nevo, O., Aharonson, H. & Klingman, A., "The development and evaluation of a systematic program for improving sense of humor," in W. Ruch (ed.) *The sense of humor：Explorations of a personality characteristic*, NY, Mouton de Gruyter, 1998, 385-404.

⑥ Fredrickson, B. L. & Joiner, T., "Positive emotions trigger upward spirals toward emotional well-being," *Psychological Science*, 2002, 13, pp. 172-175.

⑦ Fredrickson, B. L. & Branigan, C. A., "Positive emotions broaden the scope of attention and thought-action repertoires," *Cognition and Emotion*, 2005, 19, pp. 313-332.

体验，人们掌握应对危机的方法得到了补充和提升，同时在面对灾难时有了更多的弹性和灵活性。弗雷德里克森进一步指出，虽然大部分积极情绪是转瞬即逝的，但这些瞬时状态正是获得更多持久资源的原因所在，正是它们拓展和建构了个体未来应对逆境的能力。

幽默感的社会性和认知性可以促进个体重新建构消极事件与提高社交联系。有学者尝试将海德（Heider）的认知平衡理论应用于解释幽默的认知过程，提出幽默感知的态度调整理论（the adjustment theory of humor appreciation）。在控制个体日常的积极情感体验的频率和强度方面，幽默不同于其他积极情感。由于人自身无法控制积极情绪体验的频率和强度，所以积极情绪是属于典型的被动接收方式。然而，主动选择发挥幽默感的人更能够建构一件积极的、令人开心的情境。因此，幽默技能可以使自我更好地控制积极情绪体验的频率和强度，从而适时提高情绪幸福感的水平。同时，幽默还可以通过增强自我效能感、积极想法、乐观性、控制感，以及减少消极想法、压力、抑郁、焦虑和紧张等帮助提高情绪幸福感。显然，探讨幽默中产生的积极情绪体验对拓展和提升个体幸福指数的作用很有必要。

但是，不同性质的幽默感对个体心理影响是否相同有待进一步探讨。马丁的研究证明幽默性质不是单一的，而是存在多种类型的。对幽默感的不同类型及其不同的适应性区分，突破了以往幽默感研究中仅注重幽默感水平高低这一维度的局限，给研究者提出了在实证研究中注意幽默感类型差异这一维度的任务。关于幽默感类型的研究主要关注个体在应付生活挑战过程中不同类型的幽默感的作用，强调适应性幽默对个体的心理健康和心理适应具有保护作用，而非适应性幽默也许在表面上有利于巩固个体自我的地位和解决目前面临的问题，却对个体自身的心理健康无益。目前对这一问题的研究现状是，有研究直接证明适应性幽默有利于心理健康和心理适应，但是还没有发现直接证明非适应性幽默感不利于心理健康的研究。研究者可以通过证明如下假设来间接说明这一问题，即证明适应性幽默感与非适应性幽默感对心理健康的调节作用之间的差异显著。但目前还没有看到关于区分适应性幽默和非适应性幽默后，比较两者对心理健康调节作用差异的研究，所以该问题还有待进一步或更多的实证研究，才能确定不同类型的幽默感对心理健康的调节作用是否肯定不同。鉴于此，本研究以大学新生为研究对象，检验适应性幽默感的团体干预训练对提升幽默感和幸福感的效用。

第二节　研究对象与实验设计

一、研究对象

在珠海市某高校招募122名大学生为被试，在正式实验时，实验组60人，对照组57人，至结束实验时，实验组流失6人，最终参与实验54人，对照组流失8人，最终参与实验49人。

二、研究工具

(一)《大学生多层次幽默感等级量表》

该量表由索尔森和鲍威尔(Thorson & Powell)编写，经田伟翠修编，总量表内部一致性信度系数为0.80，各分量表内部一致性信度系数在0.74和0.82之间，说明量表具有较好信度。该量表将幽默感定义为：幽默感是人们在接受、欣赏、表达和创造幽默的过程中，认知、情感和行为上习惯性的整合，且具有个体差异性，幽默感包括由低到高4个层次：幽默接受、幽默欣赏、幽默表达和幽默创造，分别定义如下。

第一，幽默接受：对于呈现的幽默刺激，个体以理解为基础不排斥并且接纳它，但并未达到喜爱的程度，不会去有意记忆它，因此，个体遗忘它的速度较快，不一定会给个体带来笑的反应。这是幽默感的最低层次。

第二，幽默欣赏：一般情况下，个体在接受幽默刺激的基础上，对该刺激达到了喜爱的程度，会带给个体笑的反应，并有将其分享给他人的冲动，同时会去有意记忆它，因此能够记忆较长时间，日后仍会回味该幽默刺激。这是幽默感的较低层次。

第三，幽默表达：指个体在幽默欣赏的基础上，将记忆深处的幽默刺激用自身语言、肢体等方式再现出来，并且这一行为会带给他人笑的反应。这是幽默感的较高层次。

第四，幽默创造：指个体自己创造出一种新的幽默刺激，并以口语、肢体语言或者文字、设计作品等方式表现出来，而不是再现已有的幽默刺激，且这种行为能带给他人微笑或大笑的反应。这是幽默感的最高层次。

(二)《综合幸福问卷》

包括1个指数(幸福感)、2个模块(主观幸福感和心理幸福感)和9个维度。量表同质性信度在 0.67 和 0.91 之间，分半系数在 0.66 和 0.88 之间，重测信度为 0.86，各分量表的重测信度在 0.33 和 0.83 之间。

(三)《满意度自评问卷》

由研究者编制，以收集被试接受实验后的满意度水平。

三、实验设计

采用不相等实验组和对照组前测—后测时间序列设计，由研究者担任幽默干预课程领导者。实验组辅导活动 4 周，每周 2 次，每次 90 分钟，总辅导时间为 12 小时。活动作为一个总体，分成初创、运作、高潮、结束 4 个阶段，每次活动严格按照心理干预的标准模式分成热身—活动—反思—分享—总结 5 个过程。每次活动都提前选定主题，包括"一见如故""喜闻乐见""品味欢乐""放声大笑""拨开迷雾""快乐老家""乐不思蜀""我的幸福我做主"。对照组则处于常规自然学习状态，不参加干预课程也不给予任何干预处理。

本实验的团体方案以幽默感为主要内容，主要围绕幽默感的 4 个维度（幽默接受、幽默欣赏、幽默表达和幽默创造）分 8 步展开，以认知语言和认知行为为理念，以技术为导向来促进实验组成员认知、情感和行为层面的改善。在干预开始前，领导者给实验组每位被试 1 本实验手册，告诉他们每次活动的主题和基本情况，每次活动结束后领导者都会调查实验组成员的满意度，并根据满意度情况和成员建议改善下周的活动。整个课程结束后，成员都可以参与一次最高价值为 1000 元的抽奖活动，以吸引成员下周继续参加，避免干预结束后缺失人数太多。

实验方案融入了国外的幽默技能课程，从了解幽默、接受幽默到形成新的表达和创造幽默的技能，以循序渐进的方式进行，具体分为认知准备、欣赏与感悟、学习技能与演练、练习与应用 4 个阶段。4 个阶段的理念如下。

第一，认知准备阶段。主要目标是通过互动活动向实验组成员介绍幽默的功能和反应模式，并使他们了解幽默接受的理论原理，让其思考自己在遇到各种情景时是如何保持幽默的心态及利用幽默的方式处理的。强调认知行为理论、重视主观的认知及人类自主的特性。

第二，欣赏与感悟阶段。主要目标是通过播放喜剧视频和喜剧模仿秀让成员充分感受幽默，并且感受自己在面对特定幽默刺激时的反应；协助被试学习欢乐、大笑对人行为和身心的影响；帮助被试学会宣泄情绪的方法。让被试了解自己的幽默类型；协助被试提高自我效能感；帮助被试建立自信。

第三，学习技巧与演练阶段。主要目标是在领导者的带领下通过活动及成员的行为演练，让被试了解幽默形成的途径；协助被试找到害怕表达的原因；帮助被试体会使用幽默的过程。通过情景模拟和角色扮演使实验组成员能了解适合自己的幽默方式。

第四，创造与应用阶段。目标是让被试了解幽默创造的概念，协助被试掌握幽默创造的方法和技巧，帮助被试学会唤醒积极情绪的有效策略；提供演练情境，鼓励成员经由角色扮演所学的技术类化到实际情境，循序渐进地运用幽默技巧，最终认识到自己就是幸福的源泉。

幽默干预课程方案设计的主要目的是协助每个成员认识自己以及有效调整和发掘自己，在学习诸多幽默表达和幽默创造的技能后，能够减少非理性信念，促进幸福指数的提升。幽默干预课程从 2014 年 2 月 16 日开始，到 3 月 16 日结束。每周 2 次，每次 90 分钟，共进行 8 次。具体团体干预方案及活动安排见表 21-1。

四、实验程序

第一步：确定实施方案，抽取样本并实施样本试调查。

第二步：确定参加实验的被试，对实验组被试进行访谈和测量，以确定最后真正参加实验的被试，建立实验组和对照组。

第三步：确定幽默训练方案并实施干预课程，在幽默干预开始前对所有被试进行前测。

第四步：进行为期 1 个月的幽默训练。

第五步：在训练结束后对所有实验组被试进行后测，收集前、后测数据，对数据进行统计分析。前、后测采用量表测验，此外还通过每次活动前的团体分享、主观评价、他人评估、领导者观察等方式了解干预效果。

第三节　幽默干预对幸福感的影响实验结果

一、实验组和对照组前测结果比较

（一）实验组和对照组幽默感前测结果比较

采用 t 检验考查干预前实验组和对照组在幽默感总分及各维度评定结果的差异，见表 21-2。

表 21-1 团体幽默干预方案及活动安排

周次	目标	课次	主题	目标	活动内容	道具	日期
1	幽默接受	1	一见如故	1. 使成员了解实验的活动方式及目标； 2. 协助被试互相认识并建立正式的关系； 3. 明确实验流程和规则。	1. 热身——诺亚方舟 2. 我想认识你 3. 开门见山 4. 晾晒幸福	电脑（音乐） 海报纸 软性水笔 糖果（甜味与酸味）	2 月 22 日
		2	喜闻乐见	1. 让被试了解了幽默感提升的重要性； 2. 协助被试认识到幽默感是可以提升的，并学习幽默的概念和功用； 3. 帮助被试学会接受幽默。	1. 幽默感欢迎 2. 幽默的魅力 3. 幽默非天生 4. 幽默之我见	电脑（音乐） 白板笔 白板 演示器材	2 月 23 日
2	幽默欣赏	3	品味欢乐	1. 让被试认真观察自己，并感受自己在面对特定幽默刺激时的反应； 2. 协助被试学习欢乐、大笑对人行为和身心的影响； 3. 帮助被试学会宣泄情绪的方法。	1. 热身——放松 2. 播放喜剧视频 3. 欢乐感悟 4. 布置作业（模仿喜剧）	电脑（音乐） 肌肉放松指导语 白板笔 白板 演示器材 喜剧剧本演稿	3 月 1 日
		4	放声大笑	1. 让被试了解了自己的幽默类型； 2. 协助被试提高自我效能感； 3. 帮助被试建立自信。	1. 热身——大风吹 2. 喜剧模仿秀 3. 为自己喝彩 4. 颁奖进行时	电脑（音乐） 喜剧剧本演稿 小礼品 海报纸	3 月 2 日

周次	目标	课次	主题	目标	活动内容	道具	日期
3	幽默表达	5	拨开迷雾	1. 让被试了解了幽默形成成的途径； 2. 协助被试找到善怕表达的原因； 3. 帮助被试体会使用幽默的过程。	1. 热身——解开干干结 2. 幽默情境再现 3. 拨开云雾见太阳 4. 我很棒，你很棒，他也很棒	电脑(音乐) 白板笔 白板 演示器材	3月8日
		6	快乐老家	1. 让被试了解了幽默的结构； 2. 协助被试掌握幽默表达的方式； 3. 帮助被试用自身语言、肢体表达幽默。	1. 热身——捆绑过关 2. 分享幽默 3. 放飞心情 4. 幽默乐观训练	电脑(音乐) 绳子 面包 笔和纸 塑料水壶 纸张数个	3月9日
4	幽默创造	7	乐不思蜀	1. 让被试了解幽默创造的概念； 2. 协助被试掌握幽默创造的方法和技巧； 3. 帮助被试学会改善自己的心情、唤醒积极情绪的有效策略。	1. 热身——圆球游戏 2. 疯狂派对 3. 糖果飞舞 4. 因人而异	电脑(音乐) 乒乓球(3) 卡片 软性水笔 绳子(3) 糖果(100) 乐观量表(60)	3月15日
		8	我的幸福我做主	1. 让被试了解应用幽默的重要性； 2. 协助被试懂得自己才是幸福的主宰，善于发现生活中的幸福元素； 3. 巩固成员之间的友谊，处理离别情绪。	1. 热身——心心相印 2. 天使与精灵 3. 我的幸福我做主 4. 告别——"收获"糖罐"	电脑(音乐) 绳子(3) 便签条(60) 抽签盒 量表(60) 问卷(60) 小礼物	3月16日

表 21-2　实验组和对照组幽默感前测结果描述性统计

	组别	M	SD	t	Sig.
幽默接受	实验组	3.83	0.55	−0.13	0.89
	对照组	3.84	0.49		
幽默欣赏	实验组	3.69	0.64	−0.051	0.61
	对照组	3.76	0.61		
幽默表达	实验组	3.11	0.81	−1.26	0.21
	对照组	3.33	0.98		
幽默创造	实验组	3.03	0.88	−1.31	0.19
	对照组	3.25	0.78		
总分	实验组	3.48	0.53	−1.04	0.30
	对照组	3.59	0.56		

由表 21-2 可见，在干预前，实验组和对照组在幽默感水平上无显著差异（$p>0.05$）。

（二）实验组和对照组幸福感前测结果比较

采用 t 检验考查干预前实验组和对照组在幸福感、幸福指数评定结果的差异，见表 21-3。

表 21-3　实验组和对照组幸福感前测结果描述性统计

	组别	M	SD	t	Sig.
主观幸福感	实验组	5.01	0.83	−2.94	0.00
	对照组	5.42	0.55		
心理幸福感	实验组	5.22	1.06	−0.59	0.55
	对照组	5.32	0.66		
幸福指数	实验组	6.46	1.38	−1.48	0.14
	对照组	6.82	0.99		

由表 21-3 可见，在干预前，实验组和对照组在心理幸福感、幸福感指数上无显著性差异，但是实验组和对照组在主观幸福感水平存在显著差异（$p<0.01$）。

二、实验组和对照组后测结果比较

（一）实验组和对照组幽默感后测结果比较

采用 t 检验考查干预后实验组和对照组在幽默感及各维度评定结果的差异，见表 21-4。

表 21-4　实验组和对照组幽默感后测结果描述性统计

	组别	M	SD	t	Sig.
幽默接受	实验组	3.88	0.51	−0.83	0.41
	对照组	3.96	0.52		
幽默欣赏	实验组	3.86	0.53	−1.66	0.10
	对照组	4.04	0.56		
幽默表达	实验组	3.33	0.83	−0.51	0.61
	对照组	3.42	0.92		
幽默创造	实验组	3.37	0.67	−0.56	0.57
	对照组	3.46	0.87		
总体	实验组	3.66	0.49	−1.18	0.24
	对照组	3.78	0.51		

由表 21-4 可见，在实验后，实验组和对照组的幽默感总体水平上仍无显著差异。

（二）实验组和对照组幸福感后测结果比较

采用 t 检验考查干预后实验组和对照组在幸福感、幸福指数评定结果的差异，见表 21-5。

表 21-5　实验组和对照组幸福感后测结果描述性统计

	组别	M	SD	t	Sig.
主观幸福感	实验组	5.22	0.71	−1.08	0.28
	对照组	5.38	0.75		
心理幸福感	实验组	5.24	0.81	0.37	0.71
	对照组	5.18	0.79		
幸福指数	实验组	6.54	1.08	−0.76	0.45
	对照组	6.69	1.00		

由表 21-5 可见，在实验后，实验组和对照组在幸福感总体水平上无显著差异。

三、对照组前、后测结果比较

（一）对照组幽默感前、后测结果比较

采用配对样本 t 检验考查对照组幽默感前测和后测的差异，见表 21-6。

表 21-6　对照组幽默感前、后测结果描述性统计

		M	SD	t	Sig.
幽默接受	前测	3.84	0.49	−1.25	0.22
	后测	3.96	0.52		
幽默欣赏	前测	3.76	0.61	−2.44	0.02
	后测	4.04	0.56		
幽默表达	前测	3.33	0.98	−0.45	0.66
	后测	3.42	0.92		
幽默创造	前测	3.25	0.77	−1.31	0.20
	后测	3.46	0.87		
总分	前测	3.60	0.56	−1.92	0.06
	后测	3.78	0.51		

由表 21-6 可见，对照组前测和后测幽默感总体水平无显著差异，但是在幽默欣赏水平上存在显著差异（$p < 0.05$）。

（二）对照组幸福感前、后测结果比较

采用配对样本 t 检验考查对照组前测和后测幸福感的差异，见表 21-7。

表 21-7　对照组幸福感前后测结果描述性统计

		M	SD	t	Sig.
主观幸福感	前测	5.42	0.55	0.27	0.79
	后测	5.38	0.75		
心理幸福感	前测	5.32	0.66	0.89	0.38
	后测	5.18	0.79		
幸福指数	前测	6.82	0.99	0.69	0.50
	后测	6.70	1.00		

由表 21-7 可见，对照组前测和后测幸福感水平无显著差异。

四、实验组前、后测结果比较

（一）实验组幽默感前、后测结果比较

采用配对样本 t 检验考查实验组前测和后测幽默感水平及各维度上的差异，见表 21-8。

表 21-8 实验组幽默感前后测结果描述性统计

		M	SD	t	Sig.
幽默接受	前测	3.83	0.55	-0.49	0.63
	后测	3.88	0.51		
幽默欣赏	前测	3.69	0.64	-1.73	0.09
	后测	3.86	0.53		
幽默表达	前测	3.11	0.81	-1.25	0.22
	后测	3.33	0.83		
幽默创造	前测	3.03	0.88	-2.03	0.05
	后测	3.36	0.68		
总体	前测	3.48	0.53	-1.85	0.07
	后测	3.66	0.49		

由表 21-8 可见，在干预后，实验组的幽默感总体水平无显著性差异，但在幽默创造上存在显著性差异（$p < 0.05$）。可以看出在幽默干预后实验组成员更善于采用积极方式创造幽默。

（二）实验组幸福感前、后测结果比较

采用配对样本 t 检验考查实验组前测和后测幸福感水平的差异，见表 21-9。

表 21-9 实验组幸福感前后测结果描述性统计

		M	SD	t	Sig.
主观幸福感	前测	5.01	0.83	-1.41	0.05
	后测	5.22	0.71		

		M	SD	t	Sig.
心理幸福感	前测	5.22	1.06	−0.13	0.90
	后测	5.24	0.81		
幸福指数	前测	6.46	1.38	−0.33	0.74
	后测	6.54	1.08		

由表 21-9 可见，在实验后，实验组主观幸福感水平呈现显著性差异（$p<0.05$）。

五、幽默训练的干预效果分析

(一)实验组学生满意度自评效果分析

在每周课程结束后，研究者立即要求学生填写满意度评估表，评估结果见表 21-10。

表 21-10　幽默干预课程的学生满意度评估

	满意	一般	不满意
第 1 周	36.5%	48.6%	14.9%
第 2 周	47.9%	39.5%	12.7%
第 3 周	59.6%	32.9%	7.5%
第 4 周	54.0%	39.2%	6.7%

总体来说，实验组在前 3 周对实验的满意度持上升状态。随着干预的进展，实验组满意度不断提高，成员之间以及成员与领导者之间达到较高的信任度。但由于实验组成员初次见面，彼此交流不多，会影响对干预效果的评价，因此他们在第 1 周时的满意度水平较低。第 4 周的第 2 次干预是结束整个活动，成员之间有不舍之情，感到意犹未尽也会影响他们对干预效果的评价。

(二)领导者的观察记录

第一次会面：大家陆续走进心理辅导室，在我的引导下落座后，大部分同学都各自低头玩手机。等到大家都到齐后，先通过热身活动增进大家的距离。这时气氛比刚进来之前稍显热烈起来。随后同学们一块做"开门见山"的游戏，大家都慢慢知道了彼此的名字。此时，鼓励大伙说出自己做过让别人感到幸福或接收到他人的关爱，感受到很幸福的事情。

第二次会面：辅导室的气氛已经不像第一次那般的陌生，经过上次活动，同学们相互有了认识，相熟的还开起玩笑来。通过对幽默及相关知识的介绍和举例，我让大家对幽默有了理论上的了解，使同学们明白幽默并不一定是与生俱来的，还可以来自后天培养，并让大家提出对幽默的个人看法。

第三次会面：现在，成员越来越融入这个集体，每个人都非常准时地来到活动室，相互交谈，留联系方式，在相互放松的热身游戏中，进一步活跃了集体氛围。通过播放轻松幽默的喜剧视频，同学们保持在一个开心愉悦的气氛中，我在此时不断地向学生提问，要求他们说说生活中发生过哪些类似的滑稽幽默的事情，同学们一块讨论这些欢乐的瞬间且各有所感悟。最后布置作业——让成员们在课堂上寻找搭档，并在下次会面时一起表演一个幽默情景剧。

第四次会面：在多个情景表演中，两位同学出色地表演出在公交车上发生的事情，其他同学都有同感并纷纷发表了自己的看法。在我的引导下，同学们讨论如何能更好地处理这样的情景。情景剧的精彩表演引出了今天的辅导内容——为自己喝彩，同学们纷纷和大伙分享自己在编写情景剧时发生的趣事，肯定自己的精彩演出。最后让同学们选出一个自己觉得最好的表演并给予一份礼物进行奖励。

第五次会面：同学们很快进入心理辅导室，自觉地安静下来，脸上大都露出期待的表情，似乎已经越来越喜欢我的课程。在这节课开始前，同学们进行了"解开千千结"的热身活动，我观察到大部分同学都非常投入，只是有个别同学似乎依然还是表现得比较生涩。在与同学交流幽默案例时，我向一个之前活动表现生涩的学生提问，让他解释选取的案例为何带给人幽默，以及当他面对类似情况时该如何表现出幽默，这位同学说自己可能会不知所措，也很害怕表达得不好让场面尴尬。我立刻询问其他同学是否也有这类疑惑，很多成员也都赞成了陈同学的看法，随后我与他们讲解幽默形成的过程，让他们尝试思考自己害怕表达的原因，再让大家组队模拟一些案例，在这个过程中包括这位同学在内的成员逐渐找到了适合自己的幽默表达方法。最后我看着他们开心的面庞，鼓励大家一起大声说："我很棒，你很棒，他也很棒。"

第六次会面：我在这节课上给同学们讲解了一些幽默的理论结构，望着同学们不太明白的表情，我依旧让同学们像上节课那样尝试着使用适合自己的幽默表达方式来与组队的同学模仿案例交流。不少同学的表现越来越好，一旁欣赏的同学都情不自禁地发出了笑声。另外，我让同学们试着将肢体语言加进去，尽情地发挥想象力去表达。其中顾同学的表现非常精彩，让大家捧腹大笑，他也赢得了大家的集体称赞。

第七次会面：一进门我便发现大家的情绪似乎不太高涨，可能因为他们知道课程就快要结束了，有些不舍。我立刻让大家玩起了圆球游戏来活跃气氛，正如我的期望，大家在游戏中心情都变得愉悦起来，不时传出欢笑声。随后同学们又进行了"疯狂派对"和"糖果飞舞"的游戏，同学们学着利用自己的创造力和技巧来表现自己，这些都让活动变得更加精彩。活动之后同学们早就一扫不悦的心情，欢乐地和其他同学分享适合自己的幽默方法及表达技巧，大家开心地听着别人的介绍，同时也对其他同学有了更为全面的认识。

第八次会面："天使与精灵"的游戏让大家似乎都感觉到了只有自己才是幸福的主宰者，幸福需要一双善于发现的眼睛，在"我的幸福我做主"的活动中，大家都积极讲述自己在这8次团体活动中收获的知识、友情、感想。每个人也都说出了自己对其他同学的感受，以及承诺在以后的生活中无论任何情况下都会学着用幽默心态和方式来面对。之后，我分发了糖果给每个同学，祝愿他们每天都能拥有乐观的心情来面对每件事每个人，感受生活带给自己的幸福。

最后大家手挽手在音乐的伴奏声中唱出《我要的幸福》，依依惜别，结束幽默干预课程。

第四节　讨论与结论

本研究表明，在实施幽默干预后，实验组的主观幸福感水平显著提升，具体表现在生活满意度水平上前、后测存在显著性差异，正性情感体验也有所提升，这说明实验组成员更善于采用积极有效的方式改善自我幸福感水平。同时心理幸福感和幸福指数也有不同程度提升，但不显著。并且实验组和对照组在主观幸福感前、后测的差异比较，说明通过幽默干预课程可以帮助实验组被试改善生活满意度和增加正性情感体验，提升实验组被试的主观幸福感水平。总体表明，幽默干预可以有效提高个体的主观幸福感水平。研究还发现，实验组的幽默感总体水平无显著性差异，但在幽默创造上存在显著性差异，说明幽默干预实验使得实验组成员更积极主动地创造幽默。并且，在实验前后，实验组被试在幽默感各个维度上的均值均有所提升，说明幽默实验能够在不同程度上改善实验组被试的幽默欣赏能力和幽默创造能力。干预后实验组和对照组分别在幽默感水平上的前、后测差异比较也表明，通过幽默干预实验能够帮助实验组被试提高幽默欣赏能力和幽默表达能力、增加幽默创造的次数，从而提升了实验组被试的幽默创造水平，但总体上，幽默干预实验对个体的幽默感水平的影响效果不明显。其可能原因有以下几种。首先，幽默接受是理论预设中幽默感的最低层次。相应地，幽默接受能力是最基本的一种能力。由此，大学生在幽默接受分量表上的题项均值得分较高则不难理解。其次，幽默欣赏能力也是较基本的一种能力，虽然研究证明，幽默欣赏能力存在个体差异，但随着其知识储备的增加、视野的开阔及多元文化的影响，大学生在总体上基本具备了幽默欣赏的能力。很多研究者研究发现，幽默感的性质差异比较大，健康的心理机能是与幽默感的不同性质相联系的。最后，对于大学生的幽默表达能力和幽默创造能力来说，只有部分大学生基本具备了一种或两种这样的能力。因此，我们需要在实际生活中，鼓励大学生抓住更多表现自我的机会，不论是言语还是行为上，使其在提升自己幽默表达能力和幽默创造能力的同时，进一步提高自身的幽默感。

总之，本研究验证了一套幽默干预课程，它不仅能提升主观幸福感水平，也能在不同程度上培养幽默欣赏能力。因此，个体首先应该接受幽默，了解幽默的功用，寻找适合自己的幽默形式，积极地去表达幽默，同时享受这个过程中的快乐，幽默活动不仅能帮助个体处理好人际关系，更能帮助个体提升心理健康水平，增强其心理应对能力和幸福感水平。个体应积极参加各种幽默活动，培养自己的幽默感，让幽默内化成自己的品质。同时，幸福感也是个体乃至整个社会一直追求的目标，在使用幽默的同时，提升自我的积极情绪体验，提高自我效能感，挖掘自身的幽默潜力，还能使自己更好地融入社会，培养人际交往能力，拓展人际关系，有效地提升自身的幸福指数。同时个体还应积极参加幽默训练课程，在互动和合作中提升生活满意度与积极情绪体验，从而提升自身的幸福指数。此外，在中国文化中，对幽默的研究经历了整整一个世纪之久，中国人不乏幽默，但是对待幽默的态度则保守甚至带着批判性，而幽默其实是中国人固有的人格特质，并非是西方文化的舶来品。因此，当代中国社会宜大力提倡幽默，并大力发展幽默技巧干预技术，从而有效提升全民的幸福指数。

第二十二章

正念训练对幸福感的影响

从探索积极品质的效用到挖掘美德的力量，心理学从宗教和东方文化中找到许多灵感，如冥想、慈心禅和正念。不同于以往强调行为或者认知的改变的干预手段，正念禅修式训练强调不做判断、用感知当下的方式去接受事物与情绪。这种方式相比于从前强制性修正的方法，显得更加容易使人接受。随着心理学越来越融入人们的日常生活，正念训练被当作一种精神训练活动进入人们的生活。越来越多的人开始练习正念，以达到放松身体、减少压力和缓解不良情绪等目的。因此，研究正念与幸福感提升的关系变得尤为重要。

第一节 正念训练与幸福感的关系研究现状

正念也称专念，英文为 mindfulness，原义是留心、专注、全神贯注，是一种注意力或观察力。正念从正念冥想发展而来，是佛教修行的核心，用以解除痛苦。在佛教体系中，正念可以简单地解释为了了分明，即对当下自己所思所想、所作所为都能精确感知。修行正念，是为了"戒"，为了防止杂念与妄想生起，使人在每一刻都能够清醒自知。

心理学对正念的定义有特质说和状态说两种取向，因而正念有两层含义：①正念作为名词，指一种特质，即正念觉知，是一种持续的意识和表现为内心自由的深度知觉；②正念作为动词，指一种状态，即正念练习，是一种有意识地用开放、接纳、不评判的方式觉知当下的所有体验。如卡巴特-津恩(Kabat-Zinn)视正念为一种觉知力，是通过有目的地将注意力集中于当下，不加评判地觉知每个瞬间所呈现的体验。① 马拉特和克里斯泰勒（Marlatt & Kristeller）认为正念是个人在练习中的一种意识状态，在练习正念时，人们只是客观地观察自身的认知、情绪和感受，而不去判断好坏、真假、利弊或轻重。② 贝尔（Bear）提出的定义是，正念是一种对内部和外部出现的刺激进行非评判的观察方式，即把当下的注意力集中于个体内部或外部环境的体验上，但不做评判。③ 对身体内部的体验对象包括身体内部的感觉、个人的情绪、意象、想法等，而对外部环境的体验对象则是指感官感知到的外部刺激。利里和泰特（Leary & Tate）认为正念包括 5个部分：有意识注意、减少自我对话、不评断、不反应及一系列价值观。④虽然不同取向的心理学者对正念提出了不同理解，但对正念的定义都强调几个特点，即有意识地觉察、活在当下和不做判断。

正念是一种用于自我调节的精神训练方法。心理学认为心理问题的产生是由先前经验和错误认识造成的，正念疗法使人们专注于当下，重新形成一套面对困境的行为方式，以正念为核心的干预训练被称为认知行为疗法的"第三浪潮"。正念练习主要包括一系列复杂的情绪和注意调节训练，通过正念训练可以增强身心联系，帮助自我调节，促进心理健康，提升个体的幸福感水平，对于个体的工作生活有良好的促进效果。正念训练的主要技术包括以下 5 种。①身体扫描。身体扫描是正念训练常用方法之一，旨在精细觉知身体的每一个部位。身体觉知能力的增强可以帮助我们处理情绪，同时把注意力从思维状态中转移到对身体的觉知上来。在身体扫描中，练习者闭上眼睛，按照一定的顺序（从头到脚或从脚到头）逐个扫描并觉知不同身体部位的感受。②静坐冥想。静坐冥想是正念训练最核心的技术，也是最基本、最主要的技术。类似佛教里的"坐禅"，不要求盘腿，以被试认为舒服的方式坐着即可。在练习中，有意地、不逃避、不加评判地、如其所是地观察伴随呼吸时腹部的起伏，观察身体的各种感觉，注意周围的声音，注意想法的升起、发展、变化，以至消失。③正念瑜伽。正

① Kabat-Zinn J., *Full catastrophe living：Using the wisdom of your body and mind to face stress，pain，and illness*，Delta：Random House Publishing Group，1990，p. 11.

② Marlatt，G. A. & Kristeller，J. L.，"Mindfulness and meditation,"in W. R. Miller(Ed.)，*Integrating spirituality into treatment*. Washington，DC，American Psychological Association，1999，pp. 67-84.

③ Baer，R. A. "Mindfulness training as a clinical intervention：A conceptual and empirical review,"*Clinical Psychology：Science and Practice*，2003，10，pp. 125-143.

④ Leary，M. R. & Tate，E. B.，"Commentaries：The multi-faceted nature of mindfulness,"*Psychological Inquiry*，2007，18(4)，pp. 251-225.

念瑜伽是博奇（Bocci）博士发展的 4 套瑜伽姿势，整合了正念训练和瑜伽。正念瑜伽不追求动作姿势的完美，而是强调在练习瑜伽的过程中体验运动和拉伸时躯体的感觉。训练时由于场地（不方便拖鞋）尤其是季节（冬季寒冷）的限制，全部采用的是站姿瑜伽。④三分钟呼吸空间。三分钟呼吸空间是一个更加灵活、简单、耗时短而非常有效的正念训练技术。在练习中，练习者采用坐姿，闭上双眼，体验此时此刻的想法、情绪状态、身体的各种感觉。慢慢地把注意力集中到呼吸，注意腹部的起伏。围绕呼吸，将身体作为一个整体去觉知。快速地做一次身体扫描，注意身体的感觉，将注意力停留在异样的感觉上，并对这种感觉进行命名。⑤行禅。行禅又叫作正念行走，是在行走中进行的正念训练。练习中，将注意力集中在脚部，注意脚底与地面接触的感觉，注意行走中脚的抬起、移动、放下，注意脚部、小腿等部位的各种感觉。速度要慢，重要的是体验这种身体感觉。整个过程自然地呼吸，不加控制。当注意力移开的时候，注意到注意的离开，重新回到对脚和腿的觉知。除去西方根据正念概念发展出的训练外，根源于东方佛教的很多传统方法在本质上也是正念训练，如佛教传统中的禅修，道教传统中的气功、太极，以及起源于印度的瑜伽、超脱静坐（transcendental-meditation）等。

正念减压疗法是运用最为广泛的正念疗法，在 1979 年，J. 卡巴特-津恩（J. kabat-zinn）在美国麻省理工学院附属医院创建了减压诊所，他将正念引入心理治疗并创建了正念减压疗法（MBSR），运用正念减压疗法帮助病人进行疼痛和压力管理。这种疗法通过连续 8～10 周的团体训练进行治疗，训练内容包括躯体扫描（以坐着或躺着的姿势，闭上眼睛去觉察身体的每一个部分的感觉）；坐禅（以清醒而放松的姿势坐好，将注意力集中在自己的呼吸上）；哈他瑜伽（通过伸展、拉伸肢体来感知躯体感觉的方式）等。此外，正念训练在焦虑障碍、药物滥用、成瘾行为、进食障碍等有关问题的治疗中，都进行了证实，得到了运用，并取得一定的效果。[①] 国内学者也逐渐关注正念训练的干预与治疗效用。王玉正等人用正念训练对不同注意偏向的大学生痛苦程度的影响进行了研究，发现正念训练能有效降低疼痛带来的痛苦，并且有助于从疼痛中恢复；郭璐通过研究无聊倾向与正念水平的关系，发现可以通过正念水平训练改善大学生的无聊倾向。王岩和辛婷婷等人发现正念训练的去自动化效应，能够抗自动化干扰以及阻止随

---

① Anonymous，G. J.，"Study finds Zen meditation alleviates pain,"*Psychosomatic Medicine*，2009，21，pp. 197-198.

任务熟悉加工。① 邓玉琴研究了正念训练对大学生心理健康水平的干预效果，结果显示大学生参与者总体在效果评估量表上的症状困扰、社会角色绩效、人际关系得分和整体生活质量有显著改善②；田唤用正念训练干预研究女戒毒人员身心症状的变化，研究显示正念训练可以降低戒断症状，提高生活质量③；庞娇艳将正念减压疗法应用在护士职业倦怠干预中，研究显示该法对医护人员的压力管理和职业倦怠有很好的干预作用④；李开强对注意缺陷多动障碍（ADHD）儿童正念与工作记忆干预训练进行了比较研究，结果显示正念训练能有效改善多动冲动型儿童的症状；徐慰等人使用正念训练对参与者注意偏向干预效果进行了研究，结果显示正念训练能降低参与者对灾难化词回避的注意倾向，且对于灾难化词的反应趋于稳定；刘兴华以正念认知疗法对强迫症患者进行治疗证明了疗法有效。⑤

目前关于正念能否提升人的幸福感以及如何提高人的幸福感，出现了越来越多的研究。瑞安和德西（Ryan & Deci）认为正念对个体从自动思想、习惯和不健康的行为模式中脱离至关重要，因此能够在培养自我支持行为管理中扮演重要的角色，这些与幸福感的增强有长足的关系。通过增加清晰生动的体验，正念也能够直接对幸福感产生作用。通过正念增加幸福感的一个直接途径是将之与更高质量或更理想的体验相联系。⑥ 勒贝尔和杜布（LeBel & Dube）的研究发现，将注意集中在吃巧克力时感觉体验上的个体比吃巧克力时忙于任务而注意力分散的个体报告更多的快乐体验，也就是说正念式进食能够带来更多的正性情绪。布伦斯特伦（Bränström）及其同事在 2010 年以 60 名癌症患者作为被试，采用随机对照设计求证了正念在心理幸福感对降低压力干预中的中介作用。同样是采用正念减压疗法（MBSR）进行 8 周正念训练课程，研究结果显示训练组的知觉压力有效地

---

① 王岩、辛婷婷、刘兴华等：《正念训练的去自动化效应：Stroop 和前瞻记忆任务证据》，载《心理学报》，2012，44(9)。

② 邓玉琴：《心智觉知训练对大学生心理健康水平的干预效果》，硕士学位论文，首都师范大学，2009。

③ 田唤：《心智觉知训练对女性戒毒人员生理和心理症状的干预研究》，硕士学位论文，暨南大学，2012。

④ 庞娇艳、柏涌海、唐晓晨等：《正念减压疗法在护士职业倦怠干预中的应用》，载《心理科学进展》，2010，18(10)。

⑤ 刘兴华、韩开雷、徐慰：《以正念为基础的认知行为疗法对强迫症患者的效果》，载《中国心理卫生杂志》，2011，25(12)。

⑥ Ryan & Deci., "Self-determination theory and the facilitation of intrinsic motivation, social development, and well-being," *American Psychologist*, 2000, 55(1), pp. 68-78.

降低、积极心态得到提升，同时《五因素正念量表》的测试显示正念水平显著提高。研究表明，正念与心理幸福感存在显著相关，心理幸福感的提高来自正念减压训练。正念水平的提升潜在地影响了干预，正念作为中介变量影响对压力的干预。值得注意的是该研究采用的测评心理幸福感的问卷为应激压力量表（PSS）、医院焦虑抑郁量表（HADS）、积极心态量表（PSOM）和事件影响量表（IES），本质上这些问卷都是测量正负性情绪的，因此该研究仍然属于对主观幸福感的研究范畴。库森（Cusens）及其同事对呼吸式正念训练（如身体扫描、慈心禅等）对幸福感的影响进行了研究，结果表明正念能够扩大意识范围，更集中于情绪最突出的知觉方面，如疼痛和负性情绪，其结果支持了正念在接受和意识中的作用。数据分析显示干预组在所有幸福感指标的测量中都发生了积极的改变。基于正念对慢性疼痛的干预效果的研究显示了幸福感要素对病患功能性调整的重要性。幸福感的提高并未伴随疼痛的减轻，这一结果揭示了临床疗效上疼痛接受的重要性。正念可以通过自我管理活动和基本心理需求的实现促进幸福感（Hodgins & Knee）。也就是说，意识增加了对来自基本需求的关注，使人民更趋向于管理行为以满足需求。这里的幸福感指的是心理幸福感。布朗和瑞安使用经验取样法对1253名被试测试了自编的《正念注意觉知量表》（MAAS）。结果显示《正念注意觉知量表》与自我调节和心理幸福感有关的许多指标有相关关系，正念是一种与大量幸福感指标相关的不同的意识和注意状态。在临床研究中，被试为41名乳腺癌或前列腺癌病人，采用正念减压疗法的8周训练进行干预，结果显示在正念减压疗法的干预之后，更高的正念水平与更低的情绪困扰以及更少压力有关，并且自主性、胜任力等与自我实现有关的水平皆有提高。该研究显示正念能够预测主观幸福感和心理幸福感。正念可以促进意识在情绪体验中不做判断，有人认为这种情绪意识的控制可以起到连接正念与幸福感的作用。科里、帕特里夏和朗达（Corey，Patricia & Rhonda）的研究报告说正念训练对不同幸福感维度有积极影响并且显示正念能够降低压力、物质滥用和负性情绪，同时增加生活满意度。但研究样本限于临床人口。希尔和格雷（Shier & Graham）的研究则发现正念对社会工作者的主观幸福感有促进作用，并且对幸福感的许多维度都有影响。

　　大多数研究显示正念能够提升幸福感，也有一些研究得出正念训练对幸福感没有显著影响的结果。克里斯泰勒和哈利特（Kristeller & Hallett）研究了以正念为基础的训练对暴食症的干预效果。研究得到出乎意料的结果，即团体成员的正念练习时间跟正念意识的改变没有相关关系，即正念练习时间的多少与成员在进食时候否更加集中于当下没有显著的关系。夏皮罗、布朗和比格德(Shapiro，Brown & Biegd)统计发现每周总的正念练习时间并不能预测压力状况和主观幸福感的变化。哈因(Jain)等人在2007年曾经对比了正念训练和放松式训练对减少压力的影响效果。统计发现，正念训练组和放松训练组的练习时间不能预测心理压力、分心及穷思竭虑思维方式在量表上的得分。而两组各自的练习时间与测量积极心理状态的问卷分数只显现出边缘显著的相关关系。这样的结果表明，正念练习的多少难以预测出与主观幸福感有关的积极心理状态。

国内关于正念与幸福感之间的研究多以正念训练为干预手段，主要集中在主观幸福感上，如赵晓晨和刘兴华等人的研究都表明，正念训练可以提高人们的主观幸福感，也有研究发现正念练习对主观幸福感无显著改变，如丁媛慧的研究，这与国外研究一致。一些研究从主观幸福感的3个指标入手。在对生活满意度的研究中，马佳得出正念训练可以提升被试生活满意度的结论。许多研究从情绪切入，正念到底是降低了消极情绪还是增加了积极情绪，抑或两者皆有。例如，刘兴华等人的随机对照实验虽然得到正念促进主观幸福感的结论，同时也得出在具体因子上的不一致效果。任俊和黄璐的研究发现正念训练可以显著提高α波，使人的情绪变得平和，但改变在消极情绪上显著，而在积极情绪方面不显著。谭钧文和吴和鸣对抑郁的研究发现，正念训练可以通过改善睡眠、提高自尊来调节情绪。井巍巍发现类似方法对初中生也有效。吴琼等人的研究发现，不同时长和内容的训练对抑郁的干预效果不同，训练时长与训练效果成正比，严谨正规的训练能得到更好的效果。刘娟在对焦虑的干预研究发现，正念水平与焦虑呈负相关，正念训练可以降低状态特质焦虑和应激期的焦虑水平。刘兴华等人在对强迫症的治疗中发现，以正念为基础的认知疗法减轻了强迫性思维和行为的症状的同时，也缓解了与之伴随的焦虑、抑郁的情绪。田唤使用正念训练对女戒毒人员的身心症状进行的干预研究显示，正念能够减轻稽延性戒断症状。李晓云通过对情绪调节自我效能感与正念的干预研究，发现正念可以提高积极情绪的表达和管理消极情绪的自我效能感。还有研究以心理健康为变量，其实也是在讨论幸福感或是情绪与正念的关系。在针对大学生的研究中：邓玉琴经过8周正念训练得到积极情绪增强和消极情绪减少的结果，且在3个月后的追踪仍有效；石贞艳的4周正念禅修也得到了类似的结果。针对中学生的研究中：郑春鱼的6周正念训练测得的幸福感指数得分与正念无关，但在"有觉知的行动"和"不做判断"两项得到了正相关；耿岩的研究显示健心操训练降低了抑郁和适应不良。

综上所述，心理学界对正念的关注呈现上升态势，诸多研究都显示正念练习能够改善诸如抑郁、焦虑等负性情感，或提高生活满意度和正性情绪，但相比国外已有研究对两者的关系得出"提升改善"的正相关和"无显著影响"无相关两种相矛盾的结果，国内大多数研究得到正向结果。基于此，本研究将同时探讨正念训练对主观幸福感和心理幸福感的影响。

第二节　研究对象与实验设计

一、研究对象

通过宣传招募选取 38 名南昌大学大三学生为被试，随机分配 19 名为训练组，另外 19 人则为对照组。训练组由于出勤率低剔除 4 名被试，对照组因为问卷漏填、信息不全等问题剔除 5 名被试。最后得到有效被试为：训练组 15 名，对照组 14 名。被试年龄为 20～22 岁，男 22 人，女 7 人，城市 4 人，乡镇 25 人，独生子女 9 人，非独生子女 20 人。

二、研究工具

(一)《五因素正念量表》(FFMQ)

该量表是由贝尔、史密斯、霍普金、克里特迈尔和托尼(Baer，Smith，Hopkins，Krietemeyer & Toney)于 2006 年通过对《正念注意觉知量表》(MAAS)、《弗莱堡正念量表》(FMI)、《肯塔基州正念量表》(KIMS)、《多伦多正念量表》(TMS)以及《正念认知与情绪量表》(CAMS)5 个量表的 112 个项目的基础上进行因素分析，得出总共 39 个项目，5 个相对独立的因子：观察(observing)、描述(describing)、有觉知地行动(acting with awareness)、不判断(no-judging)、不反应(no reactivity)。《五因素正念量表》的使用既可以分别计算 5 个因子分，也可以使用总分；5 个因子得分或者总分越高，说明个体的正念水平越高。在本研究中，实验前以 101 名大学生为被试，对《五因素正念量表》进行信效度检验表明，总量表及其 5 个因子的同质性信度分别分：总量表为 0.837、观察为 0.786、描述为 0.788、觉知地行动为 0.781、不判断为 0.768、不行动为 0.416。分半信度中总量表为 0.745，各个维度的分半信度在 0.419 和 0.831 之间。采用量表的因子与总分间的相关系数检测问卷的结构效度，结果表明，量表的因子与总分的相关系数在 0.551 和 0.715 之间，因子间的相关系数在 0.150 和 0.458 之间，各个因子与总分间的相关均达到在 0.05 水平上显著，说明该量表达到了心理测量学的要求。

（二）综合幸福问卷（MHQ）

在本研究中，《综合幸福问卷》的总体内部一致性信度为 0.928，各个因子上的内部一致性信度在 0.709 和 0.872 之间，显示该量表具有良好的信度。以实现幸福感为校标，采用校标效度对问卷进行效度分析，结果显示，两问卷的皮尔逊相关系数为 0.602，达到了显著相关（$p < 0.01$），表明问卷效度良好。

三、实验设计

采用完全随机实验组和对照组前、后测设计，自变量为干预方式（即正念训练），因变量为两个量表的得分。将招募的被试随机分配至训练组和对照组。训练组每周进行一次正念训练，共经历 8 次，对照组不做训练并以此水平为基准线。

正念训练的内容以正念减压疗法（MBSR）中的内容为参考，该训练于 1979 年由美国麻省大学医学院附属的"减压门诊"（stress reduction clinic）的卡巴特-津恩（Kabat-zinn）博士创立，原称为减压与放松疗程（stress reduction and relaxation program，简称 SR-RP）。主要包括葡萄干练习、正念呼吸、全身扫描、三分钟呼吸空间、正念瑜伽、正念静坐和正念行走。本实验中的 8 次训练涵盖主要的 7 种正念技术，每周安排的训练内容不同，具体见表 22-1。在每次活动开始时都会说明前提事项，或是关于训练安排和测试，或是通过一个话题或故事引入正题。训练前都会对有关概念进行讲解，训练后布置当周需要完成的家庭作业。

表 22-1　正念训练的内容及安排

训练周次	前提事项	概念讲解	训练内容	家庭作业
第一周	说明训练安排；规则介绍；签订心理契约；前测	正念减压疗法（MBSR）	正念呼吸	呼吸练习 15 分钟/次/天，记录练习情况，此后相同。

训练周次	前提事项	概念讲解	训练内容	家庭作业
第二周	成员问题释疑；心理游移—专注	注意 有意识地觉察	全身扫描 葡萄干练习	1. 进食中的正念练习；2. 身体扫描 15 分钟/次/天，记录练习情况，此后相同。
第三周	话题讨论：复旦投毒→情绪对行为的影响	情绪调适与放松（情绪与事物关系，理性ABC）	正念呼吸、全身扫描	1. 继续内观呼吸练习；2.《觉知愉悦事件》记录。
第四周	话题讨论：梦	意识 感觉 不做判断	三分钟呼吸空间、正念冥想	1. 三分钟呼吸空间 15 分钟/次/天，记录练习情况，此后相同；2. 在生活中的各种场合体会觉知呼吸。
第五周	小活动：错觉图	错觉 想法只是想法	正念瑜伽、三分钟呼吸空间	1. 每天 30 分钟的正念瑜伽练习；2. 每天至少一次的三分钟呼吸空间练习。
第六周	话题引入：缸中之脑、中文屋	压力 活在当下	正念静坐、正念瑜伽	1. 每天 50 分钟的正念静坐练习；2. 刷牙、洗脸、行走和人际互动等训练内观圆周与圆心的觉知力。
第七周	故事引入：国际铁轨标准宽度	惯性思维 路径依赖	正念行走	1. 每天 30 分钟的正念行走练习；2. 在不愉快事件发生时有意识地去关注它，并记录。
第八周	小活动：莫比乌斯环→在生活中去发现；后测	发现快乐 顺其自然	正念冥想、正念在日常生活中的运用	1. 每天一次允许的练习：我同意（允许）；2. 每天进行有意识的正念倾听。

  在 7 种正念训练技术中，葡萄干练习是正念进食的一种，指在品尝葡萄干的时候进行的正念训练。首先观察葡萄干的大小、形状、纹理等。在练习过程中，将注意力集中在葡萄干在口中的变化上，先含着葡萄干，感受葡萄干在口中带来的味觉变化，再慢慢地咬碎，仔细体会口腔（唾液的分泌、味道、肌肉）的变化。此练习可推广于其他进食场合。正念呼吸是指用正念的方式进行呼吸的一种训练方法。在训练的过程中，要求将全部注意力放在呼吸上，注意力跟随着呼吸，观察在呼气和吸气时空气从鼻腔

进入体内或从口腔呼出的感觉。对练习过程中产生的念头与情绪，保持不判断的态度，并且尽量将注意力重新集中到呼吸上，只关注呼吸时空气的流动。其他5种技术是在综述中提到过的身体扫描、静坐冥想、正念瑜伽、三分钟呼吸空间和行禅。

除了正念训练的内容之外还包括训练前概念的讲解和训练后的团体分享。概念讲解是为了让被试理解正念以及与其相关的情绪等的含义。分享的目的一方面是为了使被试之间建立良好的关系，愿意彼此交流感受，另一方面是为了让主试观察被试的反应与训练效果，了解在分享中成员对该技术的好恶和优缺点的评价，畅所欲言并分享自己在训练中的感受。被试的主观报告能够在一定程度上反映训练的效果及训练中存在的问题。当然，一方面这些报告可能存在主观臆断的问题，另一方面成员有可能受到社会赞许性的影响，说出的是他认为主试想要听的话，而非其真实的想法与感受。以下列举几个例子作为参考（用不同字母表示不同被试）。

葡萄干练习——被试Q：刚开始觉得有点搞笑，吃那么小个葡萄干还弄的煞有其事的。但当你开始严肃对待这件事情的时候就不一样了。真的跟平常不太一样，因为平常吃东西的时候一般都边讲话或者看手机边吃，就是没那么专注。这次活动的时候是很专注的，你可以感觉到味觉的层次变化，含着的时候、开始嚼的时候、咽下去以后的感觉是不一样的。大多数人从来没有这么仔细地观察生活中常见的东西，原来仔细地观察事物是可以有不一样的体会的。

正念呼吸——被试L：睁开眼睛的时候头脑一片空白，什么都想不起来。还以为就过了两三分钟，没想到已经过了这么久，反正感觉比实际的短。背景音乐很赞，很有感觉，身体很放松，暂时忘掉所有烦恼是种很舒服的感觉。

身体扫描——被试Y：这种有意识地去搜索自己身体的感觉还真的注意到了平常没注意的一些不舒服的地方，可能平常都太不关注，忽略掉了和习惯了这种不舒服。经过这种"扫描"之后确实有种久违的轻松的感觉。

正念瑜伽——被试P：看起来很简单的动作，但是只要保持超过10秒就开始打战。当按照你（指主试）说的把注意力放在肌肉的变化与感觉上的时候，好像时间就不知不觉过去了，我发现还是可以坚持住的。肌肉酸痛应该是缺少运动的表现吧，没有要求动作到位，反而是要注意自己身体感觉的变化，这个是跟平常瑜伽不太一样的地方。做完以后都出汗了，这个蛮实用，还可以锻炼身体。

正念行走——被试X：我的理解就是很专心地走路。平常不会去关注走路的时候是个什么感觉，还挺新鲜的。我感觉这样去注意自己脚的时候，会让自己慢慢地进入一个自我的世界，因为你在全神贯注地走。很慢地走的话，有时候身体会失衡，但走快了就好了。一边静静地走一边看看天，很久没有独处了，这种独处的感觉，挺好的。

训练组在训练之后，要求每日完成当周布置的家庭作业。家庭作业的完成至关重要，短暂的训练需要日常的巩固，家庭作业对实验结果的影响较大。

训练组和对照组均在训练前后采用《五因素正念量表》(FFMQ)和《综合幸福问卷》(MHQ)进行现场测试。8周训练结束后，再过3个月，对实验组进行追踪测试，以了解训练效果的持续状况。

四、实验准备

第一，场地准备。本实验选择了南昌大学29栋4楼的心理调研室为实验场地。该地安静、不易被打搅，且宽敞明亮。

第二，设备和工具准备。除了前、后测必备的问卷，实验过程中的一系列训练需要使用一些道具，如椅子，音乐播放器（如冥想中需要冥想音乐营造环境），训练用品（如葡萄干训练中的葡萄干）和一些小道具（如讲解概念时使用到的图片、卡片等）。

第三，训练方案和主试的知识准备。在实验开始前，关于整个实验具体流程的方案应该准备好，主试应提前熟悉整个实验过程，避免临场混乱影响实验效果。在实验中，主试的讲解和成员的分享互动中，要求主试具备充足的相关知识并能够应对提问。此外，还需要做排除个体差异较大的被试、与实验助理进行沟通、维持主试的态度稳定等准备。

第三节　正念训练对幸福感的影响研究结果

一、对照组的正念与幸福感前后测情况

以对照组的前、后测比较结果为基准参照，主要是对实验组的前、后测结果进行比较。研究使用配对样本 t 检验分析两组的前、后测差异。如表22-2所示，对照组在前后两次测量中正念水平的各个因子和正念总分均无显著差异。从表22-3可知，对照组在前后两次测量中主观幸福感、心理

幸福感的各个因子和综合幸福感指数均无显著差异。①

表 22-2　对照组正念各因子及总分比较结果

	M	SD	t	Sig.
观察—观察 2	1.21	4.25	1.070	0.304
描述—描述 2	1.07	7.89	0.508	0.620
觉知地行动—觉知地行动 2	1.21	4.81	0.945	0.362
不行动—不行动 2	2.14	4.24	0.534	0.603
不判断—不判断 2	0.43	3.01	1.891	0.081
正念总分—正念总分 2	3.07	7.44	1.545	0.146

表 22-3　对照组幸福感各因子及总分比较结果

	M	SD	t	Sig.
生活满意—生活满意 2	0.03	1.19	0.090	0.930
人格成长—人格成长 2	0.11	0.92	0.454	0.657
自我价值—自我价值 2	0.17	0.81	0.791	0.443
生命活力—生命活力 2	0.18	1.04	0.641	0.533
友好关系—友好关系 2	0.52	1.25	1.565	0.142
利他行为—利他行为 2	0.06	1.01	0.213	0.835
健康关注—健康关注 2	0.16	1.38	0.426	0.677
负性情感—负性情感 2	0.04	1.09	0.122	0.905
正性情感—正性情感 2	0.27	0.83	1.229	0.241
主观幸福感—主观幸福感 2	0.11	0.73	0.575	0.575
心理幸福感—心理幸福感 2	0.12	0.77	0.977	0.346
综合幸福感—综合幸福感 2	0.16	0.62	0.942	0.363

二、实验组的正念与幸福感前、后测情况

正念得分在训练后普遍得到提高，低分者变少，由 110 以下提高到将近 120，众数值提高到 130，有的受训者得分甚至超过 140。曲线分布由负偏态变得更加趋向正态，这种形态变化说明了受训者之间的差异减小，均值的代表性提高。

---

①　项目后加"2"表示后测结果，下同。

在 8 周训练后，受训者的幸福指数有所提高，得分 30 以下的消失，40 以上的有所增加，并且分布开始向中心靠拢，曲线由负偏态向正态转变，这种形态变化说明了受训者之间的差异减小，均值的代表性提高。

实验组前后对比情况见表 22-4 和表 22-5。在表 22-4 中可以看出，实验组正念水平的各个因子在训练前后未呈现显著差异，但是正念的总体水平产生显著改变。如表 22-5 所示，在幸福感的各个因子中，只有正性情感和健康关注两个因子在实验组的前、后测中存在显著差异（$p<0.05$），而其余因子则无显著差异。总体上，综合幸福感及其包括的两个因子（主观幸福感和心理幸福感）都没有产生显著变化。

表 22-4　实验组正念各因子及总分比较结果

	M	SD	t	Sig.
观察—观察 2	−0.47	4.42	−0.409	0.689
描述—描述 2	−2.07	5.20	−1.539	0.146
觉知地行动—觉知行动 2	−1.60	4.52	−1.372	0.192
不判断—不判断 2	−0.47	3.64	−0.496	0.627
不行动—不行动 2	−1.27	4.15	−1.183	0.257
正念总分—正念总分 2	−5.87	6.68	−3.404	0.004

表 22-5　实验组幸福感各因子及总分比较结果

	M	SD	t	Sig.
生活满意—生活满意 2	−0.19	1.15	−0.627	0.541
人格成长—人格成长 2	−0.25	1.07	−0.940	0.363
自我价值—自我价值 2	−0.25	1.05	−0.938	0.364
生命活力—生命活力 2	−0.07	1.24	−0.209	0.837
友好关系—友好关系 2	−0.04	1.36	−0.126	0.901
利他行为—利他行为 2	0.01	0.74	0.070	0.946
健康关注—健康关注 2	−0.53	0.73	−2.839	0.013
负性情感—负性情感 2	0.37	0.85	1.670	0.117
正性情感—正性情感 2	−0.78	1.02	−2.968	0.010
主观幸福感—主观幸福感 2	−0.12	0.51	−1.529	0.148
心理幸福感—心理幸福感 2	−0.19	0.89	−0.820	0.426
综合幸福感—综合幸福感 2	−0.20	0.60	−1.258	0.229

三、实验组与控制组的正念与幸福感前、后测比较

从图 22-1 可知，实验组的正念水平在后测中有显著提高，幸福指数也有所提高；控制组的正念水平和幸福感在后测中均有所下降。两组的差异在后测中的正念水平最大，幸福感差异在前、后测都不大。

进一步对实验组和对照组在前测中的正念各因子及总分进行差异检验，结果表明，正念总水平及其各个因子之间均无显著差异。进一步对实验组和对照组在后测中正念水平各因子及总分进行差异检验，除了"不行动"这一因子，正念水平的其他 4 个因子（观察、描述、觉知行动和不判断）均有显著差异，且总分差异显著。检验值如表 22-6 所示。

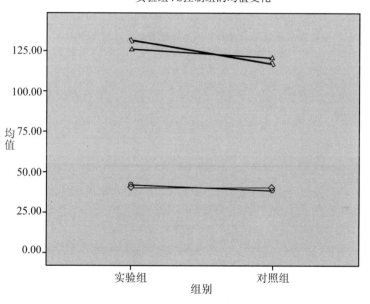

图 22-1　实验组与控制组正念与幸福感总分

表 22-6　实验组与控制组前测与后测正念水平各因子比较结果

	t	Sig.		t	Sig.
观察	-0.426	0.673	观察 2	2.503	0.019
描述	1.136	0.266	描述 2	2.537	0.017
觉知地行动	0.806	0.428	觉知行动 2	2.955	0.006
不判断	2.114	0.051	不判断 2	2.154	0.040

	t	Sig.		t	Sig.
不行动	1.134	0.267	不行动 2	1.100	0.281
正念总分	1.673	0.106	正念总分 2	2.698	0.012

　　进一步对实验组和对照组在幸福感前测总分及各因子均分进行差异检验，结果表明，2 个总分和各个因子上均未显示出差异。进一步对实验组与控制组后测幸福感各因子及总平均分进行差异检验，结果表明，实验组和对照组在友好关系、健康关注、心理幸福感 3 个因子上显示出了显著差异，其中友好关系和健康关注都是心理幸福感维度中所属的因子。检验值如表 22-7 所示。

表 22-7　实验组与控制组前测与后测幸福感各因子比较结果

	t	Sig.		t	Sig.
生活满意	-0.006	0.995	生活满意 2	0.692	0.495
人格成长	0.516	0.610	人格成长 2	1.800	0.083
自我价值	1.167	0.253	自我价值 2	1.968	0.059
生命活力	0.789	0.437	生命活力 2	1.309	0.201
友好关系	1.231	0.229	友好关系 2	2.327	0.028
利他行为	0.963	0.344	利他行为 2	0.632	0.532
健康关注	1.019	0.317	健康关注 2	2.849	0.008
负性情感	0.110	0.913	负性情感 2	-1.038	0.308
正性情感	-0.568	0.575	正性情感 2	1.766	0.098
主观幸福感	-0.252	0.803	主观幸福感 2	0.844	0.407
心理幸福感	1.093	0.284	心理幸福感 2	2.538	0.017
综合幸福感	0.759	0.454	综合幸福感 2	1.785	0.086

　　进一步采用独立样本 t 检验对实验组和对照组前、后测得分的差值进行差异检验。如表 22-8 所示，实验组在后测的各因子得分的均值均比其前测有所提高，并且也高于对照组。其中，两组被试在正念水平上的差值及其因子观察和描述差异显著；在幸福感及其两个维度上均没有显著的差异，但在正性情绪上实验组和对照组显示出了明显的差异。

表 22-8　实验组—对照组前、后测差值比较

	组别	M	SD	t	Sig.
正念差值	实验组	5.867	6.675	3.411	0.002
	对照组	−3.071	7.437	3.398	0.002
观察差值	实验组	0.350	0.577	3.123	0.004
	对照组	−0.438	0.773	3.091	0.005
描述差值	实验组	0.592	0.676	2.261	0.032
	对照组	−0.036	0.817	2.245	0.034
觉知差值	实验组	0.892	0.973	1.679	0.105
	对照组	0.259	1.057	1.674	0.106
不判断差值	实验组	0.008	0.629	0.071	0.944
	对照组	−0.009	0.678	0.071	0.944
不反应差值	实验组	0.057	0.606	−0.635	0.531
	对照组	0.246	0.968	−0.625	0.538
综合幸福差值	实验组	1.742	6.182	1.472	0.153
	对照组	−1.537	5.784	1.476	0.152
主观幸福差值	实验组	0.598	1.514	1.343	0.191
	对照组	−0.338	2.200	1.325	0.198
心理幸福差值	实验组	1.144	5.399	1.254	0.221
	对照组	−1.199	4.593	1.261	0.218
正性情绪差值	实验组	0.778	1.015	3.036	0.005
	对照组	−0.274	0.834	3.057	0.005
健康关注差值	实验组	0.533	0.728	1.701	0.100
	对照组	−0.157	1.382	1.667	0.112
生活满意差值	实验组	0.187	1.153	0.494	0.625
	对照组	−0.029	1.192	0.494	0.626
负性情感差值	实验组	−0.367	0.850	−0.913	0.369
	对照组	−0.036	1.094	−0.905	0.374
人格成长差值	实验组	0.259	1.068	0.999	0.327
	对照组	−0.111	0.915	1.005	0.324
自我价值差值	实验组	0.253	1.046	1.216	0.235
	对照组	−0.171	0.811	1.227	0.231

	组别	M	SD	t	Sig.
生命活力差值	实验组	0.067	1.236	0.575	0.570
	对照组	−0.179	1.043	0.579	0.568
友好关系差值	实验组	0.044	1.362	1.167	0.253
	对照组	−0.524	1.252	1.171	0.252
利他行为差值	实验组	−0.013	0.742	0.134	0.894
	对照组	−0.057	1.006	0.133	0.896

四、出勤率对正念水平和幸福感的影响

卡巴金于2003年在研究中提到过，每天有规律地进行正式或非正式的正念练习是培养正念的重要途径。关于这点，指导者在被试参与练习前和每节课上也一直在强调。因此，从某种程度上来说，参与者的出勤率可以反映其是否愿意每天投入时间进行正念练习。根据李、森普尔、罗莎和米勒(Lee，Semple，Rosa & Miller)的研究，真正的完成状态是指达到至少80％出勤或者在8周训练中只缺席一次。在本研究中，我们以此作为区分参与者是否坚持练习的指标。实验组中有4名被试因出勤率低被剔除数据，男女各占2人，共有11名被试属于坚持完成者，即11名被试为全勤；2名为缺席一次者；2名为缺席3次者。将正念的所有因子分别从以上3组中区别全部参与者的训练结果，以出勤率为变量做单因素方差分析，考查不同出勤率在正念水平和幸福感的各个因子上有无差异，结果如表22-9所示。事后多重比较如表22-10所示。

表 22-9　不同出勤率对正念水平和幸福感的影响

		平方和	df	均方	F	Sig.
观察2	组间	1.229	2	0.614	4.115	0.044
	组内	1.792	12	0.149		
	总数	3.021	14			
不判断2	组间	1.560	2	0.780	4.276	0.040
	组内	2.190	12	0.182		
	总数	3.750	14			
正念总分2	组间	434.833	2	217.417	16.255	0.000
	组内	160.500	12	13.375		
	总数	595.333	14			

		平方和	df	均方	F	Sig.
	组间	3.478	2	1.739	3.994	0.047
人格成长2	组内	5.225	12	0.435		
	总数	8.703	14			

表 22-10　不同出勤率的事后检验

因变量	(I)出勤率	(J)出勤率	均值差(I−J)	标准误	Sig.	F
观察2	全勤	缺席一次	0.716*	0.297	0.033	0.241
		缺席三次	−0.347	0.297	0.266	
	缺席一次	全勤	−0.716*	0.297	0.033	
		缺席三次	−1.063*	0.386	0.018	
	缺席三次	全勤	0.347	0.297	0.266	
		缺席一次	1.063*	0.386	0.018	
不判断2	全勤	缺席一次	−0.960*	0.328	0.013	0.304
		缺席三次	−0.148	0.328	0.661	
	缺席一次	全勤	0.960*	0.328	0.013	
		缺席三次	0.813	0.427	0.081	
	缺席三次	全勤	0.148	0.328	0.661	
		缺席一次	−0.813	0.427	0.081	
念总分2	全勤	缺席一次	1.500	2.811	0.603	16.255
		缺席三次	16.000*	2.811	0.000	
	缺席一次	全勤	−1.500	2.811	0.603	
		缺席三次	14.500*	3.657	0.002	
	缺席三次	全勤	−16.000*	2.811	0.000	
		缺席一次	−14.500*	3.657	0.002	
人格成长2	全勤	缺席一次	0.717	0.507	0.183	1.241
		缺席三次	−1.116*	0.507	0.048	
	缺席一次	全勤	−0.717	0.507	0.183	
		缺席三次	−1.833*	0.660	0.017	
	缺席三次	全勤	1.116*	0.507	0.048	
		缺席一次	1.833*	0.660	0.017	

注：* 表示均值差的显著性水平为 0.05。

如表 22-9(表中数据来源于实验组后测分析)所示，在"观察""不判断"两个因子和"正念总分""人格成长"上不同出勤率出现了显著差异。其中，"观察""不判断"和"人格成长"3 个因子在 0.05 水平上达到了差异显著，而"正念总分"在 0.01 水平上达到了差异显著。事后检验结果表明，在"正念总分"和"人格成长"两项中，缺席 3 次者与缺席 1 次者和全勤者之间均有显著差异，而全勤与缺席 1 次之间无显著差异；在"观察"和"不判断"两个因子中，均出现缺席 1 次者与全勤者和缺席 3 次者存在显著差异，反而全勤者和缺席 3 次者却无显著差异。除此 4 项外，正念的其他因子与幸福感的所有因子均未出现差异。

第四节 讨论与结论

对照组在前后两次测量中，正念水平各个因子和正念总分均无显著差异，主观幸福感和心理幸福感各个因子也均无显著差异，说明对照组符合实验心理学中空白对照组的要求，其取样是可以作为基准线做参考的。

实验组《五因素正念量表》数据分析显示，正念水平的各个因子在训练前后未呈现显著差异，但正念总分呈现显著差异，后测的正念水平比前测有所提高，说明训练效果总体明显，但组内各被试间在各个因子上的提高比较均匀。《综合幸福问卷》的数据分析显示，在幸福感的 9 个因子中，"正性情感"和"健康关注"两个指标在实验组前、后测中存在显著差异，说明训练有效提高了被试的正性情感与健康关注，健康关注的提高可能与正念训练内容大多存在将意识集中在身体某部位去关注身体变化这一点有很大关系。幸福感的其余因子则无显著差异，说明训练在这些因子上没有产生显著效果。

从实验组与对照组的结果比较看，在前测中，实验组和对照组在两个问卷的得分、因子及各个因子之间均无显著差异，说明两个样本属于同质样本，来自同一总体，符合测量心理学的取样要求，适合设计的后续研究。在后测中，实验组在后测各因子得分的均值均比前测有所提高，并且也高于对照组。由于要去除前测的影响，随机对照设计的显著性检验需要对差值分数(即后测分数－前测分数)进行检验。结果显示，实验组和对照组在正念水平上及其因子观察和描述的差值差异显著，说明训练的效果明显，训练的实验组正念水平有了显著提高。在幸福感的检验中，两组仅在正性情绪 1 个因子上显示出显著差异，其他因子和维度均未产生显著差异。

由此可见正念训练并未改变被试的主观幸福感和心理幸福感。需要注意的是，在实验组前、后测对比中并没有出现幸福感维度显著差异，但在实验组和对照组的后测比较中却出现心理幸福感的显著差异，

对照组的心理幸福感在后测有所下降，实验组的心理幸福感有所上升，虽然两组在组内进行比较时没有产生显著变化，但两组变化累积之后便出现了显著差异。对照组的心理幸福感发生下降的原因可能与期末的考试压力有关，根据李耶邦（Bong-Jae Lee）的研究表明压力会降低心理幸福感[①]；而实验组因为有正念训练所以消除了下降的趋势。尽管如此，研究结果显示在心理幸福感差值的检验中差异并不显著，说明正念训练未对心理幸福感产生影响，故研究者仍然认为正念训练未能提升心理幸福感。在国内近几年有关正念与幸福感的研究中，大都得出正念训练能提升幸福感的结论，但在国外研究中，既存在提升幸福感的结果也存在对幸福感无显著影响的结果，本研究属于后者范畴。其可能原因是，在正念减压训练中，家庭作业的重要性不容忽视。虽然被试的主观报告显示他们在非训练的时间里坚持完成了家庭作业，但由于缺乏有效的监督，无法判定被试的家庭作业是否有质有量地完成。此外，由于正念与幸福感之间未得出显著相关关系，故取消了原定于训练结束三个月后对实验组进行的追踪测试。

实验组测量的结果显示其正念水平发生显著提高，但5个因子中独一项"不行动"没有发生显著变化，或许因为行动未必是经过深思熟虑做出的，意味着行为在很多时候是自发的，这可以解释为短时间的训练未必能纠正一些习惯性的东西。

在"正念总分"中，缺席3次者与缺席1次者和全勤者之间均有显著差异，而全勤与缺席一次之间无显著差异。缺席3次者与全勤者之间的均值相差16，而缺席1次者和全勤者之间的均值相差1.5，说明参与次数越多正念水平的提高越显著。

在"观察"这1因子中，缺席1次者与其他两种出勤率者有显著差异，但全勤者和缺席3次者之间无显著差异；"不判断"一项中显著差异仅出现在缺席1次者与全勤之间；"人格成长"一项的结果虽然出现了类似缺席3次者正念总分与其他两种出勤率之间产生了显著差异，结果却显现缺席3次者＞全勤＞缺席一次者。在这3个因子中缺席3次者的表现异于常理。

---

① Bong-Jae lee., "Moderating effects of religious/spiritual coping in the relation between perceived stress and psychological well-being," *Pastoral Psychology*, 2007, 55(6), pp. 751-759.

经过观察发现，缺席 3 次者皆为女生，因此猜测出现这种现象的原因可能与被试的性别有关，女生训练的效果可能比男生更好。

综上表明，①正念训练能有效改善受训者的正念水平；②正念训练对主观幸福感和心理幸福感改善不显著，故本研究认为正念训练不能较好地提升主观幸福感和心理幸福感，但能有效提升被试的正性情感。

参考文献

曹大宇.环境质量与居民生活满意度的实证分析[J].统计与决策,2011(21):84-87.

曹大宇.阶层分化、社会地位与主观幸福感的实证考量[J].统计与决策,2009(10):89-91.

陈浩彬.幸福感理论模型探索——基于大学生的实证研究[D].南昌:南昌大学,2008.

陈惠雄.快乐经济学的理论难点、发展向度与现实价值[N].光明日报,2006-11-20(10).

陈婉婷,张秀梅.我国居民主观幸福感及其影响因素分析——基于CGSS2010年数据[J].调研世界,2013(10):9-15.

邓玉琴.心智觉知训练对大学生心理健康水平的干预效果[D].北京:首都师范大学,2009.

丁媛慧.正念练习对正念水平及主观幸福感的影响[D].北京:首都师范大学,2012.

樊胜岳,王曲元.云南省丽江市古城区居民的生活质量与幸福感评价[J].甘肃社会科学,2009(3):74-78.

冯骥,苗元江,白苏好.主观幸福感的心理机制探析[J].江西社会科学,2009(9):228-232.

弗雷德·阿松桑.心理资本(第1版)[M].李超平译.北京:中国轻工业出版社,2008.

高红英.南昌市社区老年人幸福感研究[D].南昌:南昌大学,2007.

耿岩.正念健心操对中学生心理健康的影响[D].北京:首都师范大学.2013.

郭璐.体育院校大学生无聊倾向特征及其与正念水平的关系[C]// 第十五届全国心理学学术会议论文摘要集.2012.

郭永玉,李静.武汉市居民幸福感现状的调查与思考[J].华中师范大学学报(人文社会科学版),2009(48):136-140.

侯杰泰,温忠麟,成子娟.结构方程模型及其应用[M].北京:教育科学出版社,2004.

井巍巍.心智觉知训练对初中生抑郁情绪的干预[D].长春:东北师范大学,2011.

李晓云.大学生情绪调节自我效能感及其正念干预研究[D].苏州:苏州大学.2011.

李桢业.城市居民幸福指数的省际差异——沿海地区 12 省(区、市)城市居民统计数据的实证分析[J].社会科学研究,2008(3):41-48.

林江,周少君,魏万青.城市房价、住房产权与主观幸福感[J].财贸经济,2012(5):114-120.

刘会驰,吴明霞.大学生宽恕、人际关系满意感与主观幸福感的关系研究[J].中国临床心理学杂志,2011,19(4):531-533.

刘娟.正念训练对大学生实验室应激条件下的焦虑情绪的干预效果[D].北京:首都师范大学,2012.

刘兴华,韩开雷,徐慰.以正念为基础的认知行为疗法对强迫症患者的效果[J].中国心理卫生杂志,2011,25(12):915-920.

刘兴华,徐慰,王玉正,等.正念训练提升自愿者幸福感的 6 周随机对照试验[J].中国心理卫生杂志,2013,27(8):597-601.

吕中科.高中班主任胜任力结构及其与自我效能感和心理幸福感的关系[D].开封:河南大学,2010.

罗伯特·斯特宾斯,刘慧梅.休闲与幸福:错综复杂的关系[J].浙江大学学报(人文社会科学版),2012(1):31-43.

罗楚亮.城乡分割、就业状况与主观幸福感差异[J].经济学(季刊),2006(3):817-840.

罗栋.城乡统筹视角下的中国居民生活质量研究[J].经济问题探索,2011(2):115-120.

罗新阳.幸福指数:和谐社会的新追求[J].桂海论丛,2006(6):21-24.

马佳.觉知训练对中学教师生活满意度的干预研究[D].曲阜:曲阜师范大学,2012.

孟慧,梁巧飞,时艳阳.目标定向、自我效能感与主观幸福感的关系[J].

心理科学,2010,33(1):96-99.

苗元江.从幸福感到幸福指数——发展中的幸福感研究[J].南京社会科学,2009(11):103-108.

苗元江.心理学视野中的幸福——幸福感理论与测评研究[M].天津:天津人民出版社,2009.

苗元江.影响幸福感的诸因素[J].社会,2004(4):20-23.

苗元江,余嘉元.跨文化视野中的主观幸福感[J].广东社会科学,2003(1):120-124.

苗元江,朱晓红,陈浩彬.从理论到测量——幸福感心理结构研究发展[J].徐州师范大学学报(哲学社会科学版),2009,35(2):128-133.

倪鹏飞,李清彬,李超.中国城市幸福感的空间差异及影响因素[J].财贸经济,2012(5):9-17.

庞娇艳,柏涌海,唐晓晨,等.正念减压疗法在护士职业倦怠干预中的应用[J].心理科学进展,2010,18(10):1529-1536.

彭聪华,谢开颜.国企青年员工自我效能感与其幸福感的关系[J].科教文汇(上旬刊),2011(5):179-180.

任俊,黄璐,张振新.冥想使人变得平和——人们对正、负性情绪图片的情绪反应可因冥想训练而降低[J].心理学报,2012,44(10):1339-1348.

任俊.积极心理学[M].上海:上海教育出版社,2006.

荣鹏飞,葛玉辉,王菁,等.员工幸福度的管理现状、影响因素及对策研究[J].中国人力资源开发,2012(8):18-20.

沈杰.从"GDP崇拜"到幸福指数关怀——发展理论视野中发展观的几次深刻转折[J].江苏行政学院学报,2006(3):65-70.

石贞艳.正念禅修团体对大学生心理健康的影响[D].曲阜:曲阜师范大学,2011.

孙伟增,郑思齐.住房与幸福感:从住房价值、产权类型和入市时间视角的分析[J].经济问题探索,2013(3):1-9.

谭钧文,吴和鸣.正念训练治疗抑郁症案例报告[J].安徽卫生职业技术学院学报,2009,8(1):99-100.

唐洁,孟宪璋.大中学生主观幸福感的比较研究[J].中国临床心理学杂志,2002,10(4):316-320.

唐嵩林.城市居民主观幸福感研究——以长沙市为例[D].长沙:湖南师范大学,2012.

田唤.心智觉知训练对女性戒毒人员生理和心理症状的干预研究[D].

广州:暨南大学,2012.

王彤,黄希庭,毕翠华.身体健康对中国人幸福感的影响:宗教信仰的调节作用[J].中国临床心理学杂志,2014(6):1053-1056.

王岩,辛婷婷,刘兴华,等.正念训练的去自动化效应:Stroop和前瞻记忆任务证据[J].心理学报,2012,44(9):1180-1188.

王玉正,王偲偲,刘兴华.正念训练对不同注意偏向大学生疼痛和痛苦程度的影响[C]//增强心理学服务社会的意识和功能——中国心理学会成立90周年纪念大会暨第十四届全国心理学学术会议论文摘要集.2011.

温忠麟,侯杰泰,张雷.调节效应和中介效应的比较和应用[J].心理学报,2005,37(2):268-274.

温忠麟,张雷,侯杰泰,等.中介效应检验程序及其应用[J].心理学报,2004,36(5):614-620.

吴明霞.30年来西方关于主观幸福感的理论发展[J].心理学动态,2000,8(4):23-28.

吴琼,石林,夏志鹏,等.不同时长和内容的正念训练对抑郁的干预效果[J].中国临床心理学杂志,2013,21(4):685-689,654.

奚恺元,张国华,张岩.从经济学到幸福学[J].上海管理科学,2003(3):4-5.

邢占军.测量幸福——主观幸福感测量研究[M].北京:人民出版社,2005.

邢占军.城乡居民主观生活质量比较研究初探[J].社会,2006(1):32-37.

邢占军,黄立清.当前主要社会群体主观生活质量研究——以沿海某省调查为例[J].南京社会科学,2007(1):83-87.

邢占军,金瑜.城市居民婚姻状况与主观幸福感关系的初步研究[J].心理科学,2003,26(6):234-242.

邢占军,刘相等.城市幸福感——来自六个省会城市的幸福指数报告[M].北京:社会科学文献出版社,2008.

徐安琪,叶文振.婚姻质量:度量指标及其影响因素[J].中国社会科学,1998(1):145-149.

徐维东,吴明证,邱扶东.自尊与主观幸福感关系研究[J].心理科学,2005,28(3):562-565.

徐慰,王偲偲,刘兴华.正念训练对参与者注意偏向干预效果探究[C]//增强心理学服务社会的意识和功能——中国心理学会成立90周年纪念大会暨第十四届全国心理学学术会议论文摘要集. 2011.

严标宾. 基于情绪智力背景的幸福智力研究[D]. 广州：华南师范大学,2008.

严标宾,郑雪. 大学生社会支持、自尊和主观幸福感的关系研究[J]. 心理发展与教育,2006,22(3):60-64.

严标宾,郑雪,邱林. SWB和PWB:两种幸福感研究取向的分野与整合[J]. 心理科学,2004,27(4):836-838.

严标宾,郑雪,张兴贵. 大学生幸福智力量表的适应性检验[J]. 华南师范大学学报(自然科学版),2011(2):73-78.

杨秀君,孔克勤. 主观幸福感与人格关系的研究[J]. 心理科学,2003,26(1):121-123.

叶南客,陈如,饶红,等. 幸福感、幸福取向:和谐社会的主体动力、终极目标与深层战略——以南京为例[J]. 南京社会科学,2008(1):87-95.

叶鹏飞. 农民工城市生活主观幸福感的一个实证分析[J]. 青年研究,2011(3):39-47.

余鹏,宿淑华,李丽. 大学生归因方式、自我效能感与主观幸福感的关系研究[J]. 中国临床心理学杂志,2005,13(1):43-44.

余鹏,宿淑华,李丽. 大学生归因方式、自我效能感与主观幸福感的关系研究[J]. 中国临床心理学杂志,2005,13(1):43-44.

喻丰,郭永玉. 自我宽恕的概念、测量及其与其他心理变量的关系[J]. 心理科学进展,2009,17(6):1309-1315.

袁莉敏,张日昇,赵会春,等. 大学生乐观与心理幸福感的关系[J]. 中国临床心理学杂志,2006,14(6):644-645.

袁小帆. 大学生人格、主观幸福感与宽恕的关系研究[D]. 曲阜:曲阜师范大学,2010.

袁岳,张慧. 2007年中国居民生活质量调查报告[A]. 汝信,陆学艺,李培林. 2008年:中国社会形势分析与预测[C]. 北京:社会科学文献出版社,2005.

臧振力. 大学生体育锻炼对身体自我和主观幸福感的影响研究[D]. 北京:首都师范大学,2009.

曾忠禄,张冬梅. 澳门居民的主观幸福水平及影响因素研究[J]. 广东社会科学.2010(6):85-91.

张海霞. 大学生宽恕倾向与自尊、主观幸福感的关系[D]. 武汉:华中师范大学,2009.

赵汀阳.知识,命运和幸福[J].哲学研究,2001(8):36-41.

赵晓晨.内观禅修对心智觉知与主观幸福感的影响[D].上海:华东师范大学,2011.

郑春鱼.正念训练在中学生心理健康教育中应用的效果[D].北京:首都师范大学.2012.

钟永豪,林洪,任晓阳.国民幸福指标体系设计[J].统计与预测,2001(6):45-47.

仲理峰.心理资本对员工的工作绩效、组织承诺及组织公民行为的影响[J].心理学报,2007,39(2):328-334.

Allen N. J. & Meyer,J. P. The Measurement and Antecedents of Affective, Continuance and Normative Commitment to the Organization[J]. Journal of Occupational Psychology,1990,63:1-18.

Argyle,M. Causes and correlates of happiness[M]//Kahneman,D., Diener E. ,Schwarz N. Well-being:The foundations of hedonic psychology. Russell Sage Foundation. New York,1999:353-373.

Ashton P. Teacher efficacy: A motivational paradigm for effective teacher education[J]. Journal of Teacher Education,1984,25(5):28-32.

Baer R. A. Mindfulness training as a clinical intervention:A conceptual and empirical review[J]. Clinical Psychology:Science and Practice,2003, 10:125-143.

Bandura A. Self-efficacy:The exercise of control[M]. New York,NY: W. H. Freeman and Co. , 1997.

Baron R. M. & Kenny D. A. The moderator-mediator variable distinction in social psychological research:Conceptual,strategic, and statistical considerations[J]. Journal of Personality and Social Psychology. 1986,51(6):1173-1182.

Bryant F. B. & Veroff J. Savoring:A new model of positive experience[M]. Mahwah,NJ:Lawrence Erlbaum Associates,2007,108-110.

Christopher A. N. , Kuo S. V. , Abraham, K. M. , Noel, L. W. , Linz, H. E. Materialism and affective well-being:The role of social support[J]. Journal of Personality Individual Difference,2004,37(3),463-470.

Christopher P,Martin E. P. Seligman. Character strengths and virtues: A hand book and classification[M]. Oxford University press, 2004, pp. 260-265.

Corey S. M. ,Patricia A. P. & Rhonda S. C. A brief mindfulness-based stress reduction intervention for nurses and nurse aides [J]. Applied Nursing Research,2006,19(2):105-109.

Csikszentimaihalyi. Happiness in everyday life:The uses of experience sampling[J]. Journal of Happiness Studies,2003,14(2):185-199.

Cusens B. , Duggan G. B. , Thorne K. & Burch V. Evaluation of the breathworks mindfulness-based pain management programme:Effects on well-being and multiple measures of mindfulness[J]. Clinical Psychology & Psychotherapy,2010,17(1):63-78.

Diener E. & Biswas-Diener R. Will money increase subjective well-being? [J]Social Indicators Research,2002,57:119-169.

Diener E. D. & Diener, R. B. New direction in subjective well-being research:the cutting edge [J]. Indian Journal of Clinical Psychology,2000, 27(1):21-33.

Diener E. D. Subjective well-being: The science of happiness and a proposal for a national index [J]. American Psychologist,2000,55(1): 34-43.

Diener E. Introduction to the special section on the structure of emotion[J]. Journal of Personality and Social Psychology,1999,76(5): 803-804.

Diener E, Napa-Scollon C. K. Oishi S. , et al. Positivity and the construction of life satisfaction judgments:Global happiness is not the sum of its parts[J].Journal of happiness studies,2000,1(2):159-176.

Diener E. Subjective well-being[J]. Psychological Bulletin,1984,95: 542-575.

Emmons R. A. Personal strivings:An approach to personality and subjective well-being[J]. Journal of Personality and Social Psychology, 1986,51(5):1058-1068.

Haller M. & Hadler M. How social relations and structures can produce happiness and unhappiness:An international comparative analysis[J]. Social Indicators Research,2006,75(2):169-216.

Hodgins H. S. & Knee R. The integrating self and conscious experience[M]//E. L. Deci & R. M. Ryan. Handbook on self-determination research. Rochester, NY:University of Rochester Press,2002:87-100.

Hsee C. K. & Abelson R. P. Velocity relation: Satisfaction as a function of the first derivative of outcome over time[J]. Journal of Personality and Social Psychology, 1991, 60(3): 341-347.

Ishige M. & Muto T. Psychological well-being, resilience, and social support expectancy: Junior high school students facing high school entrance examinations[J]. Japanese Journal of Educational Psychology, 2005, 53(3): 356-367.

Jain S. , Shapiro S. L. & Swanick S. et al. A randomized controlled trial of mindfulness meditation versus relaxation training: Effects on distress, positive states of mind, rumination, and distraction [J]. Annals of Behavioral Medicine, 2007, 33(1): 11-21.

Keyes C. L. M. Social well-being[J]. Social Psychology Quarterly, 1998 (61): 121-140.

Kim B. A conceptual framework for leisure and subjective well-being[D]. Indiana University, 2009.

Krause N. & Ellison C. G. Forgiveness by God, forgiveness of others and psychological well-being in late life[J]. Journal for Scientific Study of Religion, 2003, 42(1): 77-93.

Kristeller J. L. & Hallett C. B. An exploratory study of a meditation-based intervention for binge eating disorder [J]. Journal of Health Psychology, 1999, 4(3): 357-363.

Leary M. R. & Tate E. B. Commentaries: The multi-faceted nature of mindfulness[J]. Psychological Inquiry, 2007, 18(4): 251-25.

LeBel J. L. & Dubé L. The impact of sensory knowledge and attentional focus on pleasure and on behavioral responses to hedonic stimuli[C]. Paper presented at the 13th annual American Psychological Society Convention, Toronto, Ontario, Canada, 2001, June.

Lee B. J. Moderating effects of religious/spiritual coping in the relation between perceived stress and psychological well-being [J]. Pastoral Psychology, 2007, 55(6): 751-759.

Lee J. , Semple R. J. , Rosa D. & Miller L. Mindfulness-based cognitive therapy for children: Results of a pilot study[J]. Journal of Cognitive Psychotherapy, 2008, 22(1): 15-28.

Luthans F. , Avolio B. J. , Walumbwa, F. O. , et al. The psychological capital of Chinese workers:Exploring the relationship with performance[J]. Managerial and Organization Review,2005,1:247-269.

Luthans F. , Luthans K. W. & Luthans B. C. Positive psychological capital: beyond human and social capital[J]. Business Horizons, 2004, 47(1):45-50.

Luthans S. F. Differential effects of incentive motivators on work performance[J]. Academy of Management Journal,2001,44(3):580-590.

Masten A. S. & Reed M. G. J. Resilience in development[M]// Snyder C. R. & Lopez. S. J. Handbook of Positive Psychology. Oxford:Oxford. 2002:74-88.

Meyer J. P. & Allen N. J. Affective and continuance commitment to the organization: Evaluation of measures and analysis of concurrent and time-lagged relations[J]. Journal of Applied Psychology,1990,75(6):710-720.

Miriam T. "Money worlds" and well-being:An integration of money dispositions,materialism and price-related behavior[J]. Journal of Economic Psychology,2002,23(1):103-126.

Mock S. E. , Eibach R. P. Aging attitudes moderate the effect of subjective age on psychological well-being: Evidence from a 10-year longitudinal study[J]. Psychology and aging,2011,26(4):979-986.

Newmann F. M. , Rutter R. A. & Smith M. S. Organizational Factors that Affect School Sense of efficacy, community, and expectations[J]. Sociology of Education,1989,62(4):221-238.

Oishi S,Schimmack U. Culture and well-Being:A new inquiry into the psychological wealth of nations[J]. Perspectives on Psychological Science, 2010,5(4):463-471.

Oswald A. J. Happiness and economic performance [J]. Economic Journal,1997,107(445):1815-1831.

Park N. , Peterson C. & Seligman M. E. P. Strengths of character and well-being[J]. Journal of Social and Clinical Psychology, 2004, 23 (5): 603-619.

Peterson S. J. & Luthans F. The positive impact and development of hopeful leaders [J]. Leadership & Organization Development Journal, 2003,24(1):26-31.

Ryan R. M. & Deci E. L. On happiness and human potentials:A review of research on hedonic and eudaimonic well-being[J]. Annual Review of Psychology,2001,52:141-166.

Ryan R M & Deci E L. Self-determination theory and the facilitation of intrinsic motivation, social development, and well-being [J]. American Psychologist,2000,55(1):68-78.

Ryff C. D. & Keyes C. L. M. The structure of psychological well-being revisited. Journal of Personality and Social Psychology[J]. 1995,69(4):719-727.

Ryff C. D. & Singer B. Interpersonal flourishing: A positive health agenda for the new millennium [J]. Journal of Personality and Social Psychology. 2000(4):719-767.

Shapiro S. L. , Brown K. W. & Biegel G. M. Teaching self-care to caregivers: Effects of mindfulness-based stress reduction on the mental health of therapists in training[J]. Training and Education in Professional Psychology,2007,1(2):105-115.

Shier M. L. & Graham J. R. Mindfulness, subjective well-Being, and social work: Insight into their interconnection from social work practitioners[J]. Social Work Education,2011,30(1):29-44.

Shiqing Jiang, Ming Lu, Hiroshi Sato. Identity, inequality, and happiness:Evidence from urban China[J]. World Development, 2012, 40(6):1190-1200.

Sirgy J. M. ,Michalos A. C. & Ferriss A. L. The quality-of-life(QOL) research movement: Past, present, and future [J]. Social Indicatiors Research,2006,76(3):343-466.

Sonja Lyubomirsky. Why are some people happier than others: The role of cognitive and motivational processes in well-being[J]. American Psychologist,2001,56(3):239-249.

Srivastava A. ,Locke E. A. & Bartol K. M. Money and subjective well-being:It's not the money, it's the motives[J]. Journal of Personality and Social Psychology,2001,80(6):959-971.

Tao M. ,Takagi H. ,Ishida M. & Masuda K. A study of antecedents of organizational commitment[J]. Japanese Psychological Research, 1998, 40(4):198-205.

Wagner, S. H. , Parker, C. P. & Christiansen, N. D. Employees that think and act like owners: Effects of ownership beliefs and behaviors on organizational effectiveness [J]. Personnel Psychology, 2003, 56 (4): 847-871.

Waite P. J. & Richardson G. E. Determining the efficacy of resiliency training in the work site [J]. Journal of Allied Health, 2004, 33 (3): 178-183.

Waterman A. S., Schwartz S. J., Zamboanga B. L. et al. The questionnaire for eudaimonic well-being: Psychometric properties, demographic comparisons, and evidence of validity[J]. Journal of Positive Psychology,2010,5(1):41-61.

Waterman A. S. Two conceptions of happiness: Contrasts of personal expressiveness (eudaimonia) and hedonic enjoyment [J]. Journal of Personality and Social Psychology,1993,64(4):678-691.

Wells R. E. & Iyengar S. S. Positive illusions of preference consistency: When remaining eluded by one's preferences yields grater subjective well-being and decision outcomes[J]. Organizational Behavior and Human Decision Processes,2005,98(1):66-87.

Woolfolk A. E., Rosoff B. & Hoy W. K. Teachers' sense of efficacy and their beliefs about managing students [J]. Teaching & Teacher Education,1990,6(2):137-148.

Wright T. A & Cropanzano R. The role of psychological well-being in job performance[J]. Organizational Dynamics,2004,33(4):338-351.